# 主流媒体系统性变革

## 生态重塑与未来版图

李明德　李宛嵘●主　编

## 图书在版编目（CIP）数据

主流媒体系统性变革：生态重塑与未来版图 / 李明德，李宛嵘主编. -- 厦门：厦门大学出版社，2025.7. -- ISBN 978-7-5615-9840-5

Ⅰ. G219.2

中国国家版本馆 CIP 数据核字第 2025SC3909 号

| 责任编辑 | 刘　璐 |
| 美术编辑 | 张雨秋 |
| 技术编辑 | 朱　楷 |

出版发行　厦门大学出版社
社　　址　厦门市软件园二期望海路 39 号
邮政编码　361008
总　　机　0592-2181111　0592-2181406(传真)
营销中心　0592-2184458　0592-2181365
网　　址　http://www.xmupress.com
邮　　箱　xmup@xmupress.com
印　　刷　厦门市竞成印刷有限公司

开本　720 mm×1 020 mm　1/16
印张　19.5
插页　2
字数　335 千字
版次　2025 年 7 月第 1 版
印次　2025 年 7 月第 1 次印刷
定价　98.00 元

本书如有印装质量问题请直接寄承印厂调换

厦门大学出版社
微信二维码

厦门大学出版社
微博二维码

# 引 言

在当前技术日新月异、媒体生态深刻变革的时代背景下，主流媒体正站在前所未有的充满挑战与机遇的历史交汇点。罗杰·菲德勒认为："传播媒介的形态变化，通常是由于可感知的需要、竞争和政治压力，以及社会和技术革新的复杂相互作用引起的。"[1]新兴媒体的蓬勃兴起与信息技术的迅猛进步，从根本上重塑了信息传播的模式，传统媒体的权威地位遭受前所未有的冲击；同时，政策导向与规范的不断调整，对媒体的角色与定位提出了新的要求；社会的快速变迁，则使得公众对信息的需求呈现出更加多元化与个性化的特点；国际形势的变化，对我们在国际舞台上发出中国声音、讲好中国故事提出了更高要求。面对种种挑战，主流媒体必须积极应对、把握机遇，以全新的姿态和系统性的变革来迎接未来的挑战，真正实现"主力军全面挺进主战场"。

近年来，习近平总书记就媒体深度融合发展作出了一系列重要论述，为媒体融合向更深层次推进、构建更完善的全媒体传播体系指明了前进方向、提供了行动指南。2013年8月19日，习近平总书记在全国宣传思想工作会议上提出"加快传统媒体和新兴媒体融合发展"；2014年，《关于推动传统媒体和新兴媒体融合发展的指导意见》出台；2020年，中央全面深化改革委员会审议通过《关于加快推进媒体深度融合发展的意见》；"十四五"规划提出，推进媒体深度融合，做强新型主流媒体；党的二十大报告提出，加强全媒体传播体系建设，塑造主流舆论新格局；在此基础上，党的二十届三中全会进一步提出了"构建适应全媒体生产传播工作机制和评价体系，推进主流媒体系统性变革"的战略要求，为主流媒体在复杂多变的媒体环境中保持竞争力提供了根本遵循，也标志着历经十年探索的媒体融合发展迈入了一个崭新阶段，成为媒体进一步深

---

[1] 罗杰·菲德勒.媒介形态变化：认识新媒介[M].明安香，译.北京：华夏出版社，2000：19.

I

化全面改革的关键转折点。本书正是基于这样的时代背景与变革要求，旨在深入探讨主流媒体的系统性变革过程、生态重塑策略及未来发展趋势。

本书中的"主流媒体"特指我国体制框架下的中央、省、地市级媒体，包括通讯社、纸媒、广播电视及网络媒体等。这些媒体机构或直接受政府领导，或在政府指导下运作，首要任务是肩负政治责任，积极传播主流价值观念。在信息传递过程中，它们展现出强大的主题宣传引导力与内容影响力，对社会舆论具有显著的塑造与导向作用。

"系统性"在主流媒体变革的语境中，标志着一种根本性的转变。本书所探讨的"系统性变革"，要求主流媒体直面自媒体、网络媒体和国际媒体等新兴传播力量带来的竞争压力，进行一场深刻的"自我革命"，以实现"主力军全面挺进主战场"的战略转型目标。这一变革超越了传统意义上零敲碎打式的局部调整，摒弃了表面化的修修补补，是一场具有深远意义的全方位转型。具体而言，"系统性"包含两个核心维度：其一是"全方位变革"，即对主流媒体的体制机制、内容生产传播模式、人才战略等各个层面进行深度重构；其二是"颠覆性变革"，即通过对制约主流媒体发展的历史性因素进行深刻剖析，实施具有"破而后立"性质的彻底革新。这种双重维度的变革，将推动主流媒体实现从形式到本质的全面转型升级。

不过，我们所探讨的"系统性变革"并不是对传统媒体模式的彻底否定，而是一种基于过去十年主流媒体在融合探索过程中经验的扬弃。这种变革既提倡保留并进一步发扬那些经过实践检验、证明有效的宝贵经验，又主张对那些陈旧的、阻碍主流媒体发展的元素进行颠覆性革新，以适应不断演变的媒体环境和公众期待。

在深刻理解主流媒体当前所面临的严峻挑战——包括信息技术的广泛渗透所带来的生存危机、受众基础的流失、广告收入的急剧下降、传统运营模式的冲击，以及人才流失和技术挑战等问题的基础上，本书精心布局了11章内容。第一章"变革之基：媒介生态的嬗变"作为开篇，深入剖析了当下传播生态的结构性变革，着重探讨了数字技术革命驱动下的传播范式转型、用户主体性觉醒带来的行为模式重构，以及媒介融合进程中涌现的创新实践，系统勾勒了主流媒体系统性变革的时代图景，为后续研究奠定了坚实的理论基础，提供了实践依据；第二章"守正创新：主流媒体的变与不变"强调了价值坚守与内容建设在主流媒体系统性变革中的关键作用，探讨了坚守新闻价值这一核心竞争力的重要性和部分主流媒体在新闻内容创新中的成功探索与实践,并提出了进一步巩固核心优势与加强内容建设的战略路径;第三章"技术赋能:主流媒体生产传播的深度重塑"探讨了人工智能、大数据与区块链等技术在主流媒体内容生产、个性化推荐及版权保护等方面的应用实践与前景,展示了技术如何全面重塑主流媒体的生产消费链条,展望了主流媒体未来如何更好开创与技术"协同共舞、各展所长"的新局面;第四章"组织变革:主流媒体的组织架构再造"系统探讨了主流媒体在组织战略、架构设计、管理模式和文化建设等维度的创新实践,深入剖析了媒体机构为适应新传播格局而实施的全方位组织变革路径;第五章"经营破圈:从传播力到经营力"聚焦主流媒体经营模式的创新转型,主张主流媒体通过内容付费、品牌重塑和跨界融合等多元化路径,构建"社会效益＋经济效益"双轮驱动的可持续发展模式,为系统性变革提供坚实的经济保障;第六章"人才战略:主流媒体系统性变革的强力引擎"从理论维度深入阐释了人才战略对于系统性变革的关键作用,系统梳理了当前主流媒体人才队伍建设面临的现实困境,全面总结了创新实践中涌现的人才战略成功范式,并前瞻性地构建了适应未来媒体生态的人才战略优化框架;第七章"受众策略:主流媒体受众的分化与回归"深入剖析了新媒体环境下主流媒体面临的受众群体碎片化与用户流失的双重挑战,提出以智能技术、系统开放、情感共鸣等为核心的聚合策略,为主流媒体实现传播力、影响力、引导力与公信力的系统性重塑提供了实践路径;第八章"激浊扬清:正面宣传与舆论监督相统一"论述了全媒体时代主流媒体如何构建正面宣传与舆论监督的协同机制,通过价值引领与问题导向的有机统一,实现传播效能与社会责任的良性互动,从而更好巩固主流舆论阵地;第九章"角色重塑:主流媒体参与社会治理新图景"聚焦主流媒体的角色转变,剖析其面临的困境与现实需求,并探索其在新时代社会治理中的新定位与系统性实践路径;第十章"全球视野:讲好中国故事的主流媒体担当"深入剖析了中国主流媒体在国际传播中的现状与挑战,分析了从"他塑"到"自塑"的困境与突围路径,并提出了创新传播策略和构建中国话语体系的实践方向;第十一章"责任与规范:主流媒体的自律与他律"强调了主流媒体在职业道德、伦理准则、内部审核、外部法规约束及社会监督等方面的自律与他律机制,以及它们对主流媒体健康发展的协同作用。每一章都从不同的角度深入剖析了主流媒体系统性变革的关键议题,包括目前的实际情况、过往的成功经验、部分媒体的创新实践、当前面临的挑战,以及对未来发展趋势的预测和展望。书中不仅提供了丰富的案例分析,还汇集了来自业界和学术界专家的深刻见解,旨在为读者提供全面、多维度的视角,以洞察主流媒体在数字化时代的"系统性变革"之路。

本书的创新之处在于系统性梳理了主流媒体在十年媒体融合实践中的先进经验,深入剖析了实现系统性变革所面临的挑战与机遇,并提出了具体的生态重塑策略与未来发展路径,形成了问题导向型逻辑闭环。

本书的优势在于其全面性与实践性。全书对标"系统性",涵盖了技术赋能、组织变革、人才战略、受众策略、社会担当和国际传播等系统性变革涉及的各个方面,构成了一个完整、全面的论述体系,还结合大量各级主流媒体前期成功探索实例,使得论述更加生动、具体、可信。在此基础上提出的前瞻性策略与建议具有较强的可操作性,能够为主流媒体制定发展战略提供借鉴与参考。

囿于篇幅与时间,本书未能穷尽主流媒体系统性变革的所有议题,留待后续深耕。若本书能为主流媒体转型升级、生态重塑略献绵薄,则为幸甚;更盼各方贤达不吝斧正,以启未来。

# 目 录

**第一章 变革之基：媒介生态的嬗变** ………………………………… 001
第一节 传播环境的宏观演变 …………………………………………… 002
第二节 用户行为模式的变迁 …………………………………………… 011
第三节 媒体融合的探索与实践 ………………………………………… 015

**第二章 守正创新：主流媒体的变与不变** …………………………… 029
第一节 价值守正：守护主流媒体的核心竞争力 ……………………… 030
第二节 内容创新：以创新创意让主旋律更高昂 ……………………… 037
第三节 未来已来：打造更具竞争力的主流媒体 ……………………… 045

**第三章 技术赋能：主流媒体生产传播的深度重塑** ………………… 052
第一节 AI赋能新闻生产：技术革命引领全流程生产新范式 ………… 053
第二节 大数据驱动下的传播逻辑重塑：从"大水漫灌"到
　　　　"精准滴灌" ……………………………………………………… 062
第三节 挑战与未来：主流媒体技术应用的前景展望 ………………… 067

**第四章 组织变革：主流媒体的组织架构再造** ……………………… 080
第一节 现状与困局：主流媒体组织架构的"阿喀琉斯之踵" ………… 081
第二节 破局之道：主流媒体组织变革的多维路径 …………………… 093
第三节 未来图景：主流媒体组织变革的趋势与展望 ………………… 107

I

| 第五章 | 经营破圈：从传播力到经营力 | 113 |
|---|---|---|
| 第一节 | 内容破局：付费模式和品牌价值的双引擎驱动 | 114 |
| 第二节 | 跨界融合："新闻＋"模式下的服务拓展与生态构建 | 124 |
| 第三节 | 布局未来：拓展主流媒体运营新版图 | 128 |

| 第六章 | 人才战略：主流媒体系统性变革的强力引擎 | 139 |
|---|---|---|
| 第一节 | 困局：主流媒体人才战略的现状与反思 | 140 |
| 第二节 | 破局：主流媒体人才战略的探索与启示 | 149 |
| 第三节 | 前瞻：面向系统性变革的人才战略优化路径 | 154 |

| 第七章 | 受众策略：主流媒体受众的分化与回归 | 161 |
|---|---|---|
| 第一节 | "解构分化"：受众群体的多维画像 | 162 |
| 第二节 | 受众的散落与分化对主流媒体的冲击 | 168 |
| 第三节 | 受众回归策略 | 173 |

| 第八章 | 激浊扬清：正面宣传与舆论监督相统一 | 186 |
|---|---|---|
| 第一节 | 正面宣传：筑牢主流舆论阵地 | 187 |
| 第二节 | 舆论监督：净化社会舆论生态 | 193 |
| 第三节 | 未来展望：构建正面宣传与舆论监督相统一的传播生态 | 201 |

| 第九章 | 角色重塑：主流媒体参与社会治理新图景 | 215 |
|---|---|---|
| 第一节 | 角色重塑的动因：角色困境与现实需求的交织 | 216 |
| 第二节 | 角色重塑的指向：主流媒体的定位与方向 | 220 |
| 第三节 | 角色重塑的实践：主流媒体的前行路径与探索 | 231 |

| 第十章 | 全球视野：讲好中国故事的主流媒体担当 | 243 |
|---|---|---|
| 第一节 | 现状与挑战：从"他塑"到"自塑"的困境与突围 | 244 |

第二节　破局与实践：中国主流媒体国际传播策略的创新探索………… 253

第三节　未来展望：构建与中国国际地位相匹配的国际传播能力……… 262

**第十一章　责任与规范：主流媒体的自律与他律** …………………… 276

第一节　自律与他律：主流媒体的内在追求与外部约束………………… 277

第二节　困境与破局：自律与他律的突围之道…………………………… 290

第三节　主流媒体的"双轮驱动"：自律与他律的协同发展 …………… 294

**结　语**……………………………………………………………………… 300

**后　记**……………………………………………………………………… 304

# 第一章
# 变革之基：媒介生态的嬗变

在全球化与数字化的双重浪潮下，媒介生态正经历着前所未有的深刻变革。从媒体融合、媒体深度融合，到主流媒体系统性变革，主流媒体每一次革新的背后都存在巨大的环境推动力。作为一种传播介质，媒体在社会环境、技术环境及文化环境的共同作用下不断发展，逐渐超越传递信息或获取信息的功能，成为能够建构人类生态文明的基础设施。媒介生态，指媒介与其所处的社会环境、技术环境及文化环境之间相互依存、相互作用、共同演进的复杂系统。它强调媒介不仅是信息传播的工具，更是社会文化、经济、政治等多因素交织影响下形成的动态平衡系统，系统内包含受众、媒介、信息等维度，以及人力资源、财力资源、自然资源等支持要素。媒介生态学认为，实体化媒介组织与机构构成了社会媒介系统，而媒介系统正是社会生态系统的组成部分，它借用生态学视角来探索人、媒介、社会、自然四者之间的相互关系及其发展变化的规律[①]。

在媒介体系化、复杂化和智能化的今天，对媒介生态的研究不应局限于媒介内部的功能与结构，更应当重视媒介与外部环境要素的互动关系，以及这种互动如何影响媒介的发展和社会文化的变迁。主流媒体在发展进程中，受到整个社会系统中其他因素的影响尤为显著，通过研究媒介生态的变化及其各个要素对媒介系统的影响，能够深入理解主流媒体系统性变革的时代动因，并从中汲取宝贵的经验。本章以"媒介生态的嬗变"为切入点，从传播环境的宏观演变、用户行为模式的变迁及媒体融合的探索与实践三个维度，深入剖析主流媒体系统性变革的外部驱动因素与内在逻辑，为主流媒体的生态重塑与未来版图构建提供理论支撑与实践指引。

---

[①] 胡翼青，李璟.媒介生态学的进路：概念辨析、价值重估与范式重构[J].新闻大学，2022(9):1-13,117.

## 第一节　传播环境的宏观演变

自2014年中央提出《关于推动传统媒体和新兴媒体融合发展的指导意见》正式开启媒体融合,到2024年《中共中央关于进一步全面深化改革 推进中国式现代化的决定》中提出"推进主流媒体系统性变革",主流媒体走过了融合转型的"第一个十年",正步入系统性变革的"新十年"。十年之间传播环境发生巨变,数字技术毫无疑问对传媒行业形成了巨大冲击。随着数字媒体技术的不断发展,全球范围内的传媒行业正经历着一场持续性变革,数字媒体技术重新塑造了新闻业的各个方面。社会政策、文化交流等要素与媒体发生碰撞,在动态的互构中一同塑造着媒介生态。因此,本节内容将以媒介技术、社会文化、政策指导三个影响媒体的外界环境为线索,挖掘十年间我国主流媒体所处传播环境的宏观演变,以及这些要素之间复杂的动态关系。

### 一、技术跨越:媒介进化引领行业革新

推进主流媒体系统性变革是适应信息技术迅猛发展新趋势的迫切需要。移动媒体产业生态的关键在于技术,坚持技术赋能是主流媒体创新发展的生命线。以移动互联网为典型代表的技术平台,对传统的信息传播格局及媒体发展模式产生了根本性的颠覆性效应。随着数字媒体基础设施的日益完善与普及,全球新闻业正置身于一场持续演进且影响深远的变革浪潮之中。媒介技术已全面融入新闻的制作与传播流程,受众的角色不再局限于信息的被动接受者,而是转变为积极参与新闻信息发布、传播及再创造的主体,这一过程经历了深刻的重构。新闻内容的呈现形式同时发生显著变迁,视觉导向的新闻直播与短视频形式脱颖而出,成为受众最为偏好的新闻产品类型。尤为重要的是,新闻理念正经历着根本性转变,传统上以客观性和公正性为基石的新闻观念,逐渐让位于更加强调情感共鸣与参与性的建设性新闻理念。因此,媒

介技术的每一次变革都能引领一场业界革命。李良荣等[①]立足纵向视野,以四代移动通信技术的发展时间为序分析技术演进给传媒业带来的变革。本节融入媒介生态要素视角,将中国特色社会主义进入新时代以来的媒介技术作为整体,横向连接技术要素与传媒业发展需要。

（一）数据处理技术

数据已经成为继劳动力、技术、资本和土地之后的第五大生产要素,数据处理技术是各类媒介技术应用的基础。对于主流媒体而言,数据已演变为驱动媒体业态系统性革新的核心动力。充分利用海量的数据资源,对于拓宽业务范畴、增强用户忠诚度、提高新闻传播效率及媒体服务质量具有至关重要的作用；有效运用大数据等相关技术,能够优化内容创作流程,促进创新应用的涌现。大数据对主流媒体而言,是"催化剂""净化剂""塑化剂"。它已深度融入传播内容的采编、传播渠道的拓展、传媒内容的制播流程,以及传媒效果的评估体系之中,成为媒体运营的中枢指挥系统。在复杂多变的网络环境下,媒体行业借助大数据构建的数据取证公共服务平台,通过实时的数据采集与验证,旨在辨识虚假信息,从而达到净化数据环境的目的。大数据平台还是制造各种媒介形态技术的基础,数据的多样化形式呈现,促使"数据新闻"成为新闻新样态,把抽象事物形塑为有形和可见的事物,促进了媒体与用户的互动。

（二）内容生产技术

内容生产技术改变了内容生成形态和新闻制作流程。传播技术发展最直接的影响是传播速率提升,从而带来内容形态变化,从图文并茂到视频化主导。升级最直观、对生活影响最为深入的技术便是移动通信技术。移动技术升级实现了传播元素与传播介质的突破,加快了网络传播速率,加速了图像、音乐、视频等多媒体内容在互联网这一新传播平台的传播,"全媒体"概念基于技术发展得以产生。新时代以来,网络传播的内容形态经历了显著的变革,高质量图像、音频与视频逐渐成为网络传播的主导形式。这一趋势不仅改变了用户接触信息的方式,更推动了从二维的文字与图片向以视频为代表的三维

---

① 李良荣,辛艳艳.从2G到5G:技术驱动下的中国传媒业变革[J].新闻大学,2020(7):51-66,123.

"场景"的转变,视频凭借更强的视觉冲击力和情感感染力,成为网络传播中的主流内容形式。以移动通信技术为支撑,AR(增强现实)/VR(虚拟现实)、虚拟引擎、驱动算法、3D建模等软硬件技术也逐渐成熟,衍生出了新的内容形态,包含图文、音视频、H5(超文本5.0)、VR/AR、XR(扩展现实)、CG(开场动画)、裸眼3D等多种展现形式。

技术的发展是提升传播速率的过程,也是提升新闻制作效率的过程。网络传播即时、移动、多媒体和互动使内容生产在"一次生产、多次传播"的基础上,实现"移动优先"。媒体行业需要在移动互联网的加持下,做到第一时间接入社会变动的沟通与呈现。随着AI(人工智能)、机器学习、NLP(自然语言处理)等技术的发展,内容生产变得更加高效和个性化,新闻写稿机器人应运而生。2015年,国内传媒业开始大范围"试水"自动化新闻生产,新华社、南方都市报、腾讯财经等新闻媒体相继推出"快笔小新""小南""Dreamwriter(梦幻写手)"等写稿机器人。伴随技术发展,传媒业逐步突破AI技术赋能自动写稿的局限,以闭环式的数据流动激发新闻生产的创造性,形成"聚合信息+内容生产"的高效模式。新华社研发的"新闻雷达(NewsRadar)",能够自动预警突发事件,并根据事件性质和规模预测事件热度,其还自主打造了可控、可靠、多智能体融合生产引擎"新华新语",在内容核查、虚假信息鉴别、智能态势分析、知识增强的智能策划、视觉增强的智能创作等方面均有突出表现。

### (三)传播分发技术

传播分发技术着眼于如何将内容有效地传递给受众。移动通信技术在不断提高数据传输速度的同时,还不断增加上传、下载的数据储存量,以及信号覆盖范围、热点区域容量、连接功耗及延时程度等多项功能,这给智能技术带来了广阔发展空间。在内容分发领域,人工智能技术通过整合和分析海量数据,助力媒体深入洞察用户需求,构建精准的用户画像,并与用户建立紧密的联系,以实现更加精确的内容推送。如今,基于算法技术的个性化推荐已经成为新闻分发的核心手段。媒体的推荐机制不仅依赖于用户的历史浏览数据,还融入了更多细致的数据维度,确保内容能够更准确地抵达目标用户群体。新闻聚合平台如今日头条、短视频平台如抖音等,都对用户数据进行了深入分析,根据用户的点击率、浏览时长、偏好内容等因素进行综合评估,从而指导内容的策划、运营和推广工作。此外,基于先进大型语言模型的生成式人工智能技术,还能够实现

"一对一"的信息传播。这种技术通过集成搜索引擎中的相关信息，使得智能分发无需依赖于其他商业平台，从而开辟了新的流量入口和新闻分发途径。

### （四）交互体验技术

交互体验技术关注于提升用户与媒体内容之间的互动性。随着智能设备和物联网技术的发展，以及人工智能技术与新闻媒体的深度结合，用户不仅能够消费内容，还能与内容进行更深层次的互动。人工智能技术具有"跨越时空"的能力，智能推送也开始具备场景化功能，在任何时间、任何空间、任何场景，新闻信息都能到达用户。全息通信技术结合了先进的算法和强大的算力，使得高清晰度的数字化图像能够实时展现。用户可以转化为与自己体型相仿的虚拟形象，在虚拟空间中通过"数字分身"进行即时互动。这不仅促进了人与人之间更深层次的情感联系，还让用户能够"亲自体验"那些在现实中难以获得的独特经历。中央广播电视总台曾利用"虚幻引擎＋XR＋虚拟演播室技术"，在台风"摩羯"等相关报道中实现室内与户外多场景的丝滑转场，不仅显著增强了信息传递的有效性，也提升了报道的艺术表现力；国内首档"融媒体"新闻评论节目《中国舆论场》引入"在线观众席"形式，给用户提供"上电视"实时互动的效果。大模型技术给用户交互技术创造了更多可能性，不仅能够给用户带来交互体验，还能实现情感满足。

## 二、文化交融：社会变迁改变信息格局

推进主流媒体系统性变革是建设全媒体传播体系的迫切需要，全媒体传播体系是主流媒体为适应社会变化而制定的发展目标。社会是重要的媒介生态要素，社会塑造文化，社会结构、社会关系和社会实践对文化的形成和发展有着决定性的影响。文化又通过其价值观、信仰、习俗和艺术等，影响社会成员的行为和思维方式，进而影响社会结构和社会实践。在社会与文化的互构过程中，技术成为二者的中介，为社会互动提供平台，并成为文化传播的渠道。因此，针对媒介环境的演变的研究，不仅需要分析技术发展脉络，还需要分析社会与文化在其中的作用及三者如何共同演化。

## （一）网络社会：多元主体传播打破传统议题设置权力

传播学者卡斯特（Manuel Castells）提出了网络社会的概念，他认为网络社会即信息化社会，指社会的转型都已经被信息化的范式所转化，并且连接上依此逻辑运作的财富、权力与象征的全球化网络。[①] 网络社会是一个以网络为基础、具有高度活力的开放性系统，能够通过创新活动使自身保持平衡。这种网络化的社会结构改变了传统的层级结构，使得社会运作更加灵活和互联。在网络社会中，信息和权力的流动不再局限于地理空间，而是通过数字化网络在全球范围内重新配置。作为一个信息全球性流动的社会，数字网络没有边界，信息交流能够在全球范围流通，个体在该信息流通环境下重新配置自身。全球网络的流通性与便捷性，导致全球经济和社会活动的网络化，如金融市场、跨国生产和分销、高技能劳动力、科技、媒体和文化等都在全球网络中实现组织和控制。在这种社会形态下，社会关系不再仅仅是面对面的互动，而是通过数字化网络连接的个体和集体之间的互动。这种关系的变化导致了社会互动的新模式，如社交媒体渠道成为基础设施，人们必须在虚拟空间中建立和维护社会关系。

网络化逻辑的扩散实质地改变了生产、经验、权力与文化过程中的操作和结果。工作、教育、娱乐等社会实践都受到了网络社会的影响，变得更加数字化和网络化。网络社会中的权力结构也发生了变化。在网络化的世界中，控制他人的能力在于两个基本机制：赋权（programming）和交换（switching）[②]。赋权指的是设定网络目标和协议的能力，而交换则是连接和确保不同网络之间合作的能力。这些能力使得某些个体或集体在网络社会中拥有更大的权力。在这种技术赋权下，普通用户也能参与到信息的生产和传播中，改变了传统媒体对新闻传播的主导地位，形成了传播主体共生的复杂形态。主流媒体的传统议题设置权力由此打破。

---

[①] 卡斯特.网络社会的崛起[M].夏铸九，王志弘，译.北京：社会科学文献出版社，2003：3-9.

[②] Verona L，Oliveira J，da Cunha Hisse J，et al. Metrics for Network Power Based on Castells' Network Theory of Power：a Case Study on Brazilian Elections[J]. Journal of Internet Services and Applications，2018(9)：23.

## （二）媒介社会：技术创新成为重夺话语权的难题

技术以"赋权"的形式打破了传统主流媒体的信息垄断地位，改变传播格局。传媒大亨默多克说："谁掌握了传播的入口，谁就掌握了世界。"媒介社会中，信息和传播成为社会运作的核心。政治、经济、文化等社会活动都依赖于信息的传播和交流。随着印刷、广播、电视和互联网等媒介技术的发展，信息的传播方式和速度发生了革命性的变化，极大地扩展了人们的交流范围和影响力。人们的社会互动越来越多地通过媒介进行，如社交媒体、即时通信等，这些平台成为人们建立和维护社会关系的重要工具。媒介社会中，文化的生产和消费方式也发生了变化，文化内容更加多样化，消费更加个性化和即时化。哈贝马斯提出的"公共领域"概念在媒介社会中也经历了转型，公共讨论和民主参与越来越多地通过媒介进行。现实生活和虚拟生活之间的界限变得模糊，人们的身份和社交活动越来越多地在数字空间中展开。媒介不仅是信息传播的工具，也是权力和控制的工具。政府、企业和个人都试图通过控制媒介来影响公众意见和行为。

以广播网、电视网、互联网、物联网等多网合一的媒介社会，基于技术发展得以迭代更新，掌握新技术能够帮助主流媒体不断增强革新意识。但如今，物联网、互联网、机器人新闻写作、5G生态等技术的兴起及运用，都挑战着主流媒体的技术能力和运作思维，对技术人员的能力要求早已不可同日而语，加之VR、AR、MR（混合现实）等呈现方式不断挑战传统媒体报道的呈现方式，也就是说未来谁获得了技术，谁就先掌握了主动权。

## （三）风险社会：传播渠道不平衡加剧风险社会难题

德国社会学家乌尔里希·贝克（Ulrich Beck）将后现代社会诠释为风险社会[1]，他认为风险和不确定性成为社会结构和日常生活的核心特征。与传统社会相比，由于全球化推进、现代化发展、科学技术进步与人对工具理性依赖加深，后现代社会表现出形式多样、跨时空、波及范围广和破坏程度大、高度的不确定性与不可预测性。风险社会下，传统社会结构和规范的解体，传统的职业、家庭结构和社会阶层受到挑战，社会变得更加流动和多元化。不同群体和个体承

---

[1] Beck U. Risk Society：Toward a New Modernity[M]. London：SAGE Publications，1992.

担的风险不同,也导致新的社会不平等和社会紧张。在这一背景下,个体必须自己面对和处理风险,这也促进了社会中的个体化进程,个体的自我认同和社会角色越来越多地受到个人经历和选择的影响。不同地区和文化的人们在风险面前相互依赖,社会关系扩展到全球层面,形成了复杂的全球社会网络。

风险社会给传媒业带来的影响包括内在发展与外在环境两个维度。外在环境方面,全球视野下,"西强我弱""信息主权博弈"是中国长期面临的巨大风险挑战,传播秩序的失衡与风险不断挑战中国语境,对主流媒体乃至中国媒体行业提出了更高要求。就媒体自身发展而言,传播渠道还面临着层级、地域方面的不均,带来了信息与数字鸿沟的风险。此外,智能技术还给信息生态带来了包括数据安全、算法伦理等新的问题。因此,为了应对社会实践中的种种风险,风险识别、评估和管理的需求增加,对主流媒体提出了更高的内部政策制定、体制机制规划与决策要求。

### (四)沉浸社会:未来传媒行业发展方向

纵使当前社会连接加强、传播权力变迁、不确定性增强,不能否认的是,当智能技术不断形塑社会,"沉浸式体验"是技术主导下的传媒行业的发展方向。阿尔温·托夫勒(Alvin Toffler)在《未来的冲击》一书中提出"体验经济"[①],预见体验可能会成为服务之后经济的基础。VR、AR等技术的应用为人们提供了能够在一个高度沉浸的环境中互动的"沉浸式环境",完全沉浸在活动中的"心流"状态能够为人们带来高度的满足感和幸福感。总的来说,"沉浸社会"是一个随着技术进步和社会发展而逐渐形成的概念,它强调人们在高度沉浸的环境中进行互动和体验。沉浸社会给传媒业带来的影响是巨大的,在场景化、平台化、智能化的促进下,未来传媒行业向着沉浸化积极迈进。主流媒体更应通过积极布局,以技术与平台为抓手,抢先一步在沉浸式传播时代,打好基础、定好标准、筑牢高地、抢占先机。

## 三、政策保障:顶层设计护航有序竞合

以技术为原点的嬗变对社会、文化、用户等媒介生态系统内的主体要素产

---

① 阿尔温·托夫勒.未来的冲击[M].北京:中信出版社,2006.

生了深刻影响。政府作为制度设计的主体,持续适应着传播格局的动态变迁,重新界定其职能边界,以确保传媒产业能够在有序的环境中实现差异化发展。中国特色社会主义进入新时代以来,我国制定了《中华人民共和国网络安全法》《互联网信息内容管理行政执法程序规定》《互联网新闻信息服务管理规定》《网络信息内容生态治理规定》等多部法律法规,对危害网络环境、不利于媒体有序竞争的行为进行规定与约束,维护了互联网信息生态。作为制度供给的主体,政府在强化网络内容治理与监管的同时,还在国家层面提出"媒体融合"战略。战略发展规划与监管治理制度相结合,一同为传媒业良性竞争与主流媒体适应新的媒介生态提供政策保障,具体政策及主要内容见表1-1。

表1-1 主流媒体相关政策概览

| 时间 | 政策 | 颁布机构 | 主要内容 |
| --- | --- | --- | --- |
| 2014年8月 | 《关于推动传统媒体和新兴媒体融合发展的指导意见》 | 中央全面深化改革领导小组 | 通过融合发展,使主流媒体科学运用先进传播技术,增强信息生产和服务能力,更好地传播党和政府声音,更好地满足人民群众的信息需求。同时,强调要遵循新闻传播规律和新兴媒体发展规律,强化互联网思维,坚持正确方向和舆论导向、坚持统筹协调、坚持创新发展、坚持一体化发展、坚持先进技术为支撑 |
| 2016年7月 | 《关于进一步加快广播电视媒体与新兴媒体融合发展的意见》 | 国家新闻出版广电总局 | 力争两年内,广播电视媒体与新兴媒体融合发展在局部区域取得突破性进展,形成几种基本模式 |
| 2017年1月 | 《关于促进移动互联网健康有序发展的意见》 | 中共中央办公厅、国务院办公厅 | 大力推动传统媒体与移动新媒体深度融合发展,加快布局移动互联网阵地建设,建成一批具有强大实力和传播力、公信力、影响力的新型媒体集团 |
| 2017年4月 | 《中国记协深化改革方案》 | 中共中央办公厅 | 新增中华全国新闻工作者协会(简称中国记协)联系引领新兴媒体职能内容,确立中国记协联系引领新兴媒体工作机构。探索团结服务新兴媒体的组织形式,将新兴媒体从业人员纳入中国记协联系服务范围 |
| 2017年5月 | 《国家"十三五"时期文化发展改革规划纲要》 | 中共中央办公厅、国务院办公厅 | 推动媒体融合发展。扶持重点主流媒体创新思路,推动融合发展尽快从相"加"迈向相"融",形成新型传播模式 |

续表

| 时间 | 政策 | 颁布机构 | 主要内容 |
| --- | --- | --- | --- |
| 2018年11月 | 《关于加强县级融媒体中心建设的意见》 | 中央全面深化改革委员会 | 要深化机构、人事、财政、薪酬等方面改革,调整优化媒体布局,推进融合发展,不断提高县级媒体传播力、引导力、影响力 |
| 2019年1月 | 《县级融媒体中心建设规范》 | 中共中央宣传部、国家广播电视总局 | 县级融媒体中心整合县级媒体资源,巩固壮大主流思想舆论,不断提高县级媒体传播力、引导力、影响力、公信力 |
| 2019年4月 | 《关于建立"国家广播电视总局媒体融合发展专家库"的通知》 | 国家广播电视总局 | 通过建立"国家广播电视总局媒体融合发展专家库",贯彻落实好中央"推动媒体融合发展、构建全媒体传播格局"重大战略部署,为总局推进媒体融合发展决策提供重要参考 |
| 2019年9月 | 《关于创建广播电视媒体融合发展创新中心有关事宜的通知》 | 国家广播电视总局 | 择优创建广播电视媒体融合发展创新中心,以改革创新的思路举措,汇聚各方力量、深入研究探索、强化应用示范,加快推进广播电视媒体与新兴媒体深度融合一体发展 |
| 2019年11月 | 《关于批准建设媒体融合与传播等4个国家重点实验室的通知》 | 科技部 | 为适应全媒体时代发展需求,推动媒体融合向纵深发展,强化科技支撑,批准建设"媒体融合与传播国家重点实验室""传播内容认知国家重点实验室"等4个实验室 |
| 2020年9月 | 《关于加快推进媒体深度融合发展的意见》 | 中共中央办公厅、国务院办公厅 | 尽快建成一批具有强大影响力和竞争力的新型主流媒体,逐步构建网上网下一体、内宣外宣联动的主流舆论格局,建立以内容建设为根本、先进技术为支撑、创新管理为保障的全媒体传播体系 |
| 2020年11月 | 《关于加快推进广播电视媒体深度融合发展的意见》 | 国家广播电视总局 | 明确了媒体深度融合发展的总体要求,包括打造具有强大影响力和竞争力的新型主流媒体,满足人民群众美好生活新需要,强化先进技术创新引领 |
| 2024年7月 | 《中共中央关于进一步全面深化改革 推进中国式现代化的决定》 | 中国共产党第二十届中央委员会 | 加快适应信息技术迅猛发展新形势;构建适应全媒体生产传播工作机制和评价体系,推进主流媒体系统性变革 |

指导政策的演进与信息传播格局的转变相互影响与塑造,政府制定融合策略时,基于政治沟通视角希望最大程度地发挥主流媒体在国家治理中"沟通政府与多社会治理主体的新价值,并拓展公众政治参与机会"的价值①。得当的战略不仅帮助重建与各媒体行动者的连接,还有望为新型主流媒体提供行动框架。2014年媒体融合上升至国家战略以来,中国的媒体融合进程便按下了加速键,从"全媒体"到"中央厨房"再到"县级融媒体",无论是体制层面、资本层面还是模式层面,都做出了积极尝试,也取得了较为出色的成绩。因此,在从传统型主流媒体走向"新型主流媒体",从单一体系走向"全媒体传播体系"的过程中,政策作为媒介生态中的特殊主体,起到了积极的引导作用,为主流媒体发展"保驾护航"。

## 第二节　用户行为模式的变迁

推进主流媒体系统性变革是巩固壮大主流舆论的迫切需要。② 人民中心是马克思主义新闻观的核心原则,主流媒体必须始终坚持全心全意为人民服务的工作宗旨和"以人为本"的工作理念。互联网时代,网络已成为大众生活中不可或缺的一部分,"网上群众路线"更成为新型主流媒体引领舆论、服务群众的重要抓手。从 Web 2.0 时代开始,UGC(用户生成内容)被越来越多的网民所青睐,信息的即时和交互传播激发了普通网民的表达欲望,"草根媒体"开始崛起。UGC 在新闻领域的兴起,既以用户主体性的增强为先决条件,又与互联网的迅猛发展及新闻行业的深刻转型紧密相连。草根媒体对传媒业产生了巨大冲击,传媒业开始重新理解技术驱动下媒介格局与社会形态的变化,从以"传者为中心"转向以"用户为中心",再造融合性平台,并且意识到只有打造完整的信息生产系统,才能凝聚网络主体人群、壮大主流价值与主流舆论。用户走向媒介生态的主体位置,影响着主流媒体的发展与变革。

---

① 朱春阳.政治沟通视野下的媒体融合:核心议题、价值取向与传播特征[J].新闻记者,2014(11):9-16.
② 《党的二十届三中全会〈决定〉学习辅导百问》编写组.党的二十届三中全会《决定》学习辅导百问[M].北京:学习出版社,2024:154.

## 一、用户"技术赋权":主流媒体"再中心化"

在数字化时代,技术赋权(technological empowerment)已成为媒体和信息传播领域的核心议题。技术赋权是指技术进步,尤其是互联网技术的发展,赋予了普通用户更多的信息生产、传播和消费的能力,从而改变了传统的传播格局。技术赋权的核心在于它打破了传统媒体对信息传播的垄断,实现了从"受众"到"用户"的转变。在传统媒体时代,信息传播呈现出单向流动的特征;伴随着互联网技术与社交媒体的蓬勃兴起,用户的角色发生了根本性转变,他们不再局限于信息接收者的身份,而是跃升为信息的生产者与传播者。这种转变标志着传播格局的去中心化,信息传播变得更加民主化和多元化。去中心化的传播格局意味着信息传播的权力不再集中在少数媒体机构手中,而是分散到了广大用户手中。用户可以通过社交媒体平台等渠道发布信息,形成自己的影响力。

在技术赋权的背景下,用户在传播格局中的声量越来越大,这种变化催生了机构媒体、自媒体和平台媒体等多种形式的媒体。随着用户声量的增长,主流媒体的影响力逐渐削弱,权力越来越小。用户有更多的选择来获取信息,不再依赖于传统的主流媒体,传播格局呈现"去中心化"。这种权力的转移,对主流媒体构成了挑战,迫使它们寻找新的方式来维持其影响力和公信力,在网络这个全新场域,进行"再中心化"。"再中心化"并不意味着回归到传统的垄断地位,而是在新的传播格局中重新确立自己的核心地位和影响力。主流媒体作为专业媒体,拥有专业的新闻采编能力和公信力,这是其他媒体形态难以替代的。内容创新、媒体融合、平台合作、用户参与、品牌建设等都成为主流媒体的应对手段。

## 二、用户参与"策展":新闻话语体系革新

随着信息技术的持续演进,新媒体经历了从门户网站、社交媒体至智能传播的三大阶段性变迁,这一进程不仅颠覆了传统的信息生成与传播范式,还塑造了一个多元、开放且立体交叉的传播生态系统。特别在智能传播降临的时代,传统媒体、机构媒体及自媒体均被裹挟进智能平台所驱动的信息洪流之

中。公民个体与社会机构通过用户生成内容的方式，跃升为社会化传播网络中不可或缺的节点，从而打破了传统媒体对新闻生产与传播渠道的垄断地位。新闻业的参与者及生态结构因此发生了深刻变革，智能传播平台一跃成为传媒发展的领航者。[①] 面对智能平台中浩如烟海的信息资源，主流媒体需承担起专业筛选与整合的职责，以在信息海洋中为用户发掘并呈现具有价值、意义深远、事件完整且逻辑清晰的内容。

"新闻策展"正是在这一背景下成为记者新闻生产的基本运作方式。"策展"，是传统新闻业为了适应新媒体环境、重获新媒介生态下职业合法性的努力。[②] 新闻策展，指新闻记者遵循特定的逻辑框架，对新闻素材进行系统性整理后，向公众传递具有整合价值的信息的过程。此过程要求新闻记者从庞杂且碎片化的信息环境中，甄别并遴选出最具真实性和价值的信息内容。记者需清晰地展现事件的发展轨迹，还原事件的本来面目，并通过评论、解析乃至对事件未来变化的预判等方式，深化新闻报道的深度，提炼并凸显报道的主题。

进入智能传播时代，记者、企业、用户、互联网公司等不同策展主体及其策展行动之间开始呈现多元共存。研究发现，在过去十年的"新闻策展"中，社交平台博主、有影响力的人、视频博主、互联网公司等策展主体不断凸显，"新闻策展"的个性化与定制化趋势也不断增加。[③] "混合型策展"成为主流，"新闻策展"已经成为智能传播阶段各类用户共同参与内容传播的生产形式。在用户参与"策展"的背景下，主流媒体的新闻话语体系需要不断适应与调整。具体而言，主流媒体在新闻生产的过程中，在信息传播的信源、渠道、接受的全过程中，都十分注重用户要素的参与，公民新闻、博客新闻、视频新闻、播客新闻、众包新闻、互动新闻等用户生产、制作或参与互动的新闻形式越来越多地被主流媒体所接纳。如人民网通过战略融资的形式与众包新闻网站梨视频展开合作，吸纳更多用户声音。

---

[①] 张志安,汤敏.新新闻生态系统:中国新闻业的新行动者与结构重塑[J].新闻与写作,2018(3):56-65.

[②] 董天策,刘创,周润哲,等.从"新闻策划"到"新闻策展"的学理进路:基于文献计量与文本细读的理论分析[J].新闻界,2024(3):38-49,96.

[③] 官璐,师文,李泓,等.非职业化、公共性流失与平台化:新闻传播学视阈下"策展"语义动态的计算分析[J].新闻大学,2023(3):28-44,120-121.

## 三、用户需求满足：主流媒体功能转向

在数字化和网络化的背景下，用户对主流媒体的需求经历了显著的转变。这种转变不仅反映了信息消费模式的变化，也促使主流媒体重新审视和调整其功能和角色。一方面，用户对主流媒体提供新闻的要求发生改变。用户期望能够根据自己的兴趣和偏好接收个性化和定制化的新闻信息；就新闻内容与其他用户进行评论、讨论和分享新闻等互动；通过多种媒介（如视频、音频、图像）和多个平台（如社交媒体、移动应用）获取新闻；关注新闻的来源和制作过程，要求新闻内容具有更高的透明度和真实性。另一方面，用户不仅要求主流媒体作为传递信息的中介，还希望其能够实现更多的功能性价值。

因此，"新闻+服务"逐渐成为主流媒体的建设核心，服务的重点在于精准挖掘人民群众的当务之急，并借助媒体的力量服务百姓民生。新闻业务层面，主流媒体利用大数据和算法技术，为用户提供个性化的新闻推荐。努力建设互动平台，在其网站和移动应用上增加了评论、讨论和分享功能，使用户能够参与到新闻内容的互动中。为了满足用户对即时性和实时性的需求，主流媒体提供了实时报道和直播服务。这些服务包括对重大新闻事件的现场直播，以及通过社交媒体平台进行的即时更新。与此同时，增加了视频、音频和图像等多媒体内容的生产，以适应用户在不同场景下的信息消费需求。这些多媒体内容不仅包括传统的新闻报道，还包括解释性视频、数据可视化和虚拟现实体验。主流媒体通过多个平台分发新闻内容，并多采取参与性报道的方式，公开新闻来源、提供背景信息和解释新闻制作的过程，一些媒体还开发众包新闻项目，邀请用户参与到新闻的调查和制作中。

服务功能层面，主流媒体树立用户思维，了解用户痛点，发挥在地优势，联动政务、行业、社区资源，打造权威问政平台，形成共建共享的治理格局，力图防范化解社会矛盾风险。目前，除了政务新媒体与融媒APP，基于解决困难、民生服务、公益服务的新闻产品与平台不断涌现。如重庆日报报业集团新闻门户客户端上游新闻"帮帮"频道通过"曝光台""帮你问""找答人""玩社群""城事通"的功能，满足群众市政服务需求。北京广播电视台在其客户端北京时间中开设"接诉即办"功能，实现了LBS（基于位置服务）、大数据、数据同步技术与智慧用户服务的对接，助力城市基层治理体系和治理能力现代化建设。

## 第三节　媒体融合的探索与实践

基于技术、社会等媒介环境的演变及用户行为模式对主流媒体话语权的冲击，在政策的推动下，主流媒体向媒体融合展开积极探索实践。媒体融合，指人类传播活动中技术、经济、主体、内容、规范等诸要素界限日益模糊的状态。从2014年8月《关于推动传统媒体和新兴媒体融合发展的指导意见》(以下简称《指导意见》)到2020年9月《关于加快推进媒体深度融合发展的意见》，从"推动""融合"到"加快推进""深度融合"，我国媒体融合发展以两步走的发展态势逐步改革创新、逐点突破，开辟了中国媒体发展的特色路径。媒体融合实践为主流媒体系统性变革提供了改革经验，本节总结并反思媒体融合在"第一个十年"间的成功经验与现存问题，为主流媒体系统性变革提供变革方向与推进指南。

### 一、媒体融合的实践阶段

媒体融合作为一项国家战略，在十年探索间，经历多个探索阶段，不断朝着建成新型主流媒体，建立全媒体传播体系的目标迈进。众多学者通过不同的视角审视媒体融合进程。作为多种逻辑相互作用的结果，本节融合历史逻辑、政策逻辑与行动逻辑，将十年间的媒体融合实践分为点面扩散、纵深推进、深度交融三个阶段。

#### (一) 2014—2017年：点面扩散

"媒介融合"概念于1978年由麻省理工学院的尼古拉·尼葛洛庞帝提出、2005年蔡雯研究员引入国内，其间一直作为一项实践策略被主流媒体践行。20世纪末起，我国传统媒体经历了数字报、手机报、二维码报网互动等一系列数字化转型的尝试与探索，这些努力在总体上并未能彻底摆脱传统的固化思维与路径依赖，导致媒体转型的成效并不显著。媒体不仅具备产业的经济属性，还承载着重要的意识形态功能。2014年《指导意见》的出台标志着媒体融合从产业层面的变革转变为国家层面的战略部署，这一转变赋予了媒体融合以正当性，并使其得到了政策的指导和扶持，同时也受到了相应的监管和规范，进入了国家主导的全面规划和实施的新阶段。2016年2月，习近平总书记在党的新闻舆论工作座谈会提出"融合发展关键在融为一体、合而为一"的要求，为我国媒体融合发展提供了根本遵循。2017年5月，中共中央办公厅、国务院办公厅印发《国家"十三五"时期文化发展改革规划纲要》，提出"形成一批新型主流媒体和主流媒体集团""扶持重点主流媒体创新思路，推动融合发展尽快从相'加'迈向相'融'，形成新型传播模式。支持党报党刊、通讯社、电台电视台建设统一指挥调度的融媒体中心、全媒体采编平台等'中央厨房'，生产全媒体产品"等目标任务和发展规划。由此，该阶段的顶层设计探索基本完成。

主流媒体在该阶段的实践探索中，可以分为采编体系建构、全媒体矩阵打造两大行动策略，并形成从中央到地方的点面扩散态势。采编体系建构领域，自2014年起，九家中央级媒体机构围绕客户端研发、采编架构构建、数据资源中心设立及播控系统搭建四大核心领域，启动了十五项重点发展项目。如人民日报社加快实施"新闻客户端、'中央厨房'全媒体平台、数据中心"三大媒体融合项目。人民日报的"中央厨房"全媒体平台于2016年2月19日正式启用，使得新闻生产的各环节界限不再清晰，有效节约了时间与财务成本。凭借其一次采集、多次生成的优势，提高了传播效率，实现了资源共享。在2017年时任中宣部部长的刘奇葆在座谈会上强调"推进媒体深度融合要建好、用好'中央厨房'这一龙头工程"后，更多"中央厨房"相继投入运营。以浙江广电为例，其在北京设立了"全国两会全媒体新闻中心"和全媒体演播室，实现了浙江卫视、浙江之声、浙江新闻广播、新蓝网、中国蓝新闻客户端等平台之间的数据互连。

全媒体矩阵打造领域，主要分"自建平台＋平台合作"两大模式。自建平台方面，主要通过打造客户端实现。2013年10月重组的上海报业集团从解放日报和东方早报着手，积极加速客户端建设。四川日报报业集团打造、华西都市报融合转型的新型主流媒体封面传媒正式成立，其核心产品"封面新闻"被业界认为是实现了技术和内容交融的新生典范。平台合作模式则更为多样化。最基本的形式为主流媒体通过入驻社交媒体平台，生产适应该平台的内容，打造主流媒体"两微一端"品牌。在媒体融合领域处于领先地位的机构团队，积极尝试并创新了多种适应微博、微信等社交媒体特性的报道方式。通过制作数据新闻、漫画新闻及 H5 等形式多样、易于阅读的轻量化内容,有效提升了社交媒体用户对严肃话题的接受程度和兴趣。主流媒体也积极探寻与互联网公司的其他合作模式,实现资源共享,如 2017 年浙江日报报业集团与阿里巴巴共同建设"媒体融合服务体系",在内容创作、数据洞察、平台运营等多个方面探索融合发展模式[①]。

### (二)2018—2019 年:纵深推进

2018 年 8 月 21 日,习近平总书记在全国宣传思想工作会议上发表重要讲话,强调了加强县级融媒体中心建设的重要性,通过县级融媒体以有效地引导和服务广大人民群众。仅 2018 年,就启动了 600 个县级融媒体中心项目。在县级融媒体的政策推动下,中央、省、市、县级媒体的一体化格局得以形成,为构建全媒体传播体系打下了坚实的基础。县级融媒体是在国家统一体制和改革框架下孕育而生的县级新型传媒主体,它基于县级广播电视台,通过整合县域范围内的报刊、广播电视、新闻网站及新兴媒体等多种传播媒介资源,构建起一个具备多元功能的新型信息传播体系。该体系不仅承载着主流舆论引导的重任,还兼具综合服务提供、社区信息汇聚与分发等多重职能,有效打通了主流媒体与基层民众之间的信息融合传播"最后一公里"。2019 年 1 月 25 日,习近平总书记在主持中共中央政治局第十二次集体学习时发表重要讲话,从国家战略层面明确了媒体融合及全媒体传播体系构建的重要性。该体系内含"全程媒体、全息媒体、全员媒体、全效媒体"四大目标与理念,从制度层面明确了媒体在政治引导、经济发展、公益服务等关键领域的价值定位,并正式确立了以中央、省、市、县四级媒体为结构的现代融媒体体系框架。自此,媒体融合实践突破了第一阶段点面扩散的网状结构,形成了纵深推进格局。

在县级融媒体推进和全媒体传播体系的建设过程中,浙江凭借自身资源优势,一直走在示范前列。在建设县级融媒体的过程中,浙江省坚持整合资源、优化采编、立足本土的发展路径,对县域范围内的报纸、广播、电视、网站、新媒体等新闻机构进行整合重构;搭建"中央厨房",升级再造采编播全平台生产流程;并立足不同县域打造差异化服务平台。直到 2023 年,浙江实现了全

---

① 窦锋昌,傅中行,李爱生.中国媒体融合十年历程研究[J].青年记者,2023(11):57-62.

省90个县（市、区）融媒体中心全覆盖，取得了16家县融会员单位新媒体用户数达1.1亿人、县融经营总收入超1亿元的优异效果。浙江省还积极调配现有资源，浙江广电集团"中国蓝云"为各个县（市、区）融媒体中心提供技术支持，形成了各层级协同发展、各领域共同发展的良性发展局面。

### （三）2020年至今：深度交融

2019年6月6日，工信部正式向中国电信、中国移动、中国联通三大运营商和中国广电发放了5G商用牌照；2020年，中国5G技术的发展加快了新型网络基础设施的建设进度。技术的跃进给媒体融合带来新的发展机遇。2020年9月，中共中央办公厅、国务院办公厅印发了《关于加快推进媒体深度融合发展的意见》，要求深刻认识全媒体时代推进这项工作的重要性紧迫性，推动传统媒体和新兴媒体在体制机制、政策措施、流程管理、人才技术等方面加快融合步伐。广电总局在2024年全国广播电视媒体融合典型案例评选中，首次设置"新媒体平台建设、体制机制改革、融合生产传播、综合信息服务"四类奖项，表明了体制机制、平台建设、信息服务已经成为主流媒体进行媒体深度融合亟待发展的方向。

中国在智能物联网时代的迅猛发展，加速了媒体融合进程，使其迈入了一个以数据为核心驱动、以生态化特性为显著标志的新发展阶段。在这一阶段，智能化、生态化和平台化构成了媒体深度融合的关键要素。实现这些要素的具体途径包括：通过技术手段构建内容生产系统、推动媒体向数字服务平台转型、将媒体纳入多元化的治理体系。凭借多元化的技术框架、数据服务体系、业务形态架构及社会化网络结构，媒介网络内的各节点能够通过互动与资源整合协同创造价值。这彰显出全媒体对场景化应用的日益重视，其内容与服务的供给以用户的实时位置与情境为基准，功能也逐渐由单一的信息发布拓展至相互联结的生态系统组成部分。由此，内容生产转变为一个涵盖生产、消费、文本形态、政治及资本等多个维度的交互与竞争的系统化流程。

伴随媒体改革的深入，主流媒体深度融合的优秀案例相继涌现。以河南广播电视台为例，在媒体深度融合的政策驱动下，2021年，河南卫视推出"2021河南省春节晚会"，融合5G、AR技术，将虚拟场景和现实舞台结合，在全网实现火爆出圈。随后几年，河南卫视连续推出"中国节日"系列节目，已将其打造成舞台艺术精品创作的代表性文化产品。每一次舞台展演，都能通过技术更新与内容精进,带给观众不同的视觉体验和文化感受。2024年,河南广播电视台汲取成功经验,打造国内首款以"东方审美+国风国潮"为核心特色的AI创作与应用平台——"大象元"AI创作与应用平台,积极把握生成式AI的崛起和沉浸式传播时代的机遇,积极培育和发展新质生产力,深入推进媒体深度融合,实现主流媒体的转型迭代升级。

## 二、媒体融合过程中的问题与挑战

如今,媒体融合的实践进程已经行至第二个十年。在各类优秀融合案例涌现的同时,我们需要正视目前存在的问题与挑战,更好地向着主流媒体系统性变革的目标迈进。媒体融合过程中的问题,涉及组织与管理、技术与内容、资源与协同、安全与文化等多个维度,反映了媒介融合工作的复杂性和多维性。为挖掘深层次原因,本研究将问题分为转型思维桎梏、市场价值痛点、资源共享壁垒三类。

### (一)转型思维桎梏:政策驱动与用户思维的冲突

当前的媒体融合实践,不仅是一个技术和业务层面的问题,更是一个涉及政治逻辑和意识形态的复杂问题。在中国特殊的政治场域和历史文化背景下,媒体的政治功能始终占据重要地位。媒体融合不仅要求技术上的整合和业务上的创新,更要求在政治逻辑和意识形态上保持一致性。面临政治逻辑与媒体融合需求之间的张力,部分机构出于惰性思维,依赖政策驱动而忽视用户需求,使政策驱动与用户需求之间存在脱节。政策红利虽然为媒体融合提供了资金和资源支持,但很大程度导致媒体过分依赖政策导向,忽视了用户的实际需求和市场变化的问题。这种依赖性可能导致媒体内容和服务与用户需求不匹配,难以形成有效的用户连接和互动。部分传媒从业者频繁提及"互联网思维""用户思维""流量思维"等理念,然而主观上仍坚持了传统的"精英主义"。思维上的自我设限最直接的反映就是接纳新事物和新技术的低开放性与低适应性,最终导致媒体融合用户参与度低,主流媒体机构的传播力和影响力难以有效提升。

## （二）市场价值痛点：体制机制与市场竞争的冲突

在媒体融合的实践进程中，主流媒体传统体制与互联网平台竞争市场不兼容的情况经常发生。主流媒体作为事业单位，其运营模式、内容生产和传播方式与完全市场化的机构媒体、自媒体、平台媒体等存在显著差异。这种体制上的限制导致主流媒体在内容创新、资本运作、人才引进等方面面临挑战。例如，商业平台能够展现出对营销策略的深刻理解，对新兴领域迅速捕捉并布局；主流媒体却难以像其他市场化媒体那样灵活地进行资本运作和激励机制的创新，限制了其在互联网平台中的竞争力。主流媒体金字塔型的组织结构和决策机制，使得其在快速响应市场变化方面显得不够灵活，影响了媒体融合的效率和效果。纵观全国主流媒体，虽然各媒体机构根据其地域特色有所专长，但尚未形成可大规模复制、普遍推广的市场化、产业化、链条化的产品和项目。因此，这些媒体机构的主导能力、市场影响力和话语权不断减弱，难以适应创新型商业节奏的步伐。

市场价值痛点又引申出主流媒体盈利问题。我国主流媒体一直以来都实行"双轨制"制度，该制度表现为"事业性质、企业化管理"，即媒体具备典型的事业单位属性，其在人事管理、业务运营及意识形态等诸多方面，均需无条件地遵循政府和执政党的监管与指导。媒体融合的发展需要稳定的盈利模式来支撑，当前大多主流媒体在盈利模式与融合发展之间面临困境。一方面，传统媒体主要依靠广告收入来维持运营，伴随着互联网平台崛起，用户注意力分散，广告效果大打折扣，传统媒体广告收入下滑。另一方面，尽管新媒体提供了多种盈利渠道，如内容付费、电商带货等，但主流媒体由于当前与商业媒体的竞争劣势，未能形成稳定有效的盈利模式。这些问题导致媒体融合在推进过程中缺乏足够的资金支持，难以持续深入发展。媒体盈利不足还使得起初受财政支持而推进的各级融媒体中心无法继续运营。一项针对广西壮族自治区的调研显示，在财政支持撤出后，众多县级融媒体中心面临财政自给的压力，难以承担客户端的更新、运营和维护等费用。这导致大量县级融媒体APP面临无法更新版本的尴尬处境。[1]

---

[1] 朱鸿军,王涛.省域全媒体传播体系建设中的成效、问题与应对策略：以广西壮族自治区为例[J].传媒,2024(15):26-29.

### （三）资源共享壁垒：媒体层级与资源分配的冲突

技术、人才、资金等关键资源的分配不均，已成为制约媒体融合深入发展的另一个重要问题。东、中、西部的资源分配不均已经在宏观上导致新型主流媒体建设呈现出明显地域差异。聚焦于主流媒体层级的资源分配，中央、省级媒体由于其地位和资源优势，能够更容易地获取资金支持和先进技术，从而在媒体融合中取得较好的效益。相比之下，市、县级媒体由于资源有限，面临资金短缺、技术落后、人才匮乏等问题，这些因素严重限制了它们在媒体融合过程中的发展。缺乏资金使得市、县级媒体难以投资于新技术的引进和基础设施的升级；缺乏技术导致它们无法有效利用数据和平台进行内容创新；缺乏人才则影响了媒体融合战略的制定和执行。这种资源分配的不均衡性加剧了地域间的发展差异，使得媒体融合的效益在不同地区呈现出显著的不平衡性，呈现"腰部塌陷"和"新真空"的发展局面。这种资源共享壁垒，不仅会影响媒体融合的推进效率和效果，更有可能加剧数字鸿沟，影响均衡传播与社会的整体进步。

## 三、媒体融合经验总结与主流媒体系统性变革展望

在过去十年的媒体融合实践中，尽管面临诸多挑战和问题，但这一过程无疑为主流媒体的持续发展积累了宝贵经验，并为"第二个十年"的系统性变革指明方向。具体来说，这一实践深化了主流媒体对媒体融合多维度影响的理解，包括技术演进、社会信息传播机制的范式转变，以及在专业逻辑、商业逻辑和政治逻辑等维度的变迁。伴随着媒体融合来到"下半场"，系统性变革来到"起跑线"，主流媒体前进的脚步仍不能停歇。探索主流媒体发展的视角，应当突破主流媒体本身，将其放置在技术、社会、政策、用户的行动者网络中进行研究。因此，基于当前经验展望未来变革趋势，可以划分为深度融合、智能化、平台化三个方向。

### （一）深度融合

主流媒体系统性变革不是媒体深度融合的终点，而是主流媒体深度融合"不破不立"的新起点。习近平总书记曾指出，改革更多面对的是深层次体制

机制问题①。因此,在主流媒体系统性变革中,体制机制变革问题至关重要。主流媒体要在媒体深度融合的政策推进下,打破重组发展状况不平衡、不协调的组织领导机制、运行管理机制和保障机制。在内部层面,主流媒体需构建并强化对新媒体业务的市场化支持,以及项目化的运作模式,依据全媒体传播体系的发展战略,构建和完善考核、评价及激励机制。同时应当打破四级媒体之间的资源共享壁垒,明确四级媒体的功能定位,实现资源的合理、迅速流通。在外部层面,主流媒体应展现出资源整合的能力,打破资源壁垒,从宏观到微观层面积极寻求官方和商业的背书与合作机会,将潜在的政务和商务资源进行有效整合,以形成协同效应,共同发挥"组合拳"的策略优势。当前,已经有部分头部媒体勇敢尝试并取得良好的传播效果,如江苏省广播电视总台探索具有鲜明视听特色的改革实践路径,在工具应用、模型研发、平台建设上探索的同时,深入学习贯彻党的二十届三中全会精神,积极展开体制机制变革,改进创作生产的引导、组织、服务机制。②

推进主流媒体系统性变革是适应信息技术迅猛发展新趋势的迫切需要③,加快适应新技术新应用也是推进系统性变革及主流媒体连接用户的迫切需要。技术是媒体融合发展的核心驱动力,只有掌握先进技术,才能够实现主流媒体在内容生产、分发和用户体验上的升维,才能够增加主流媒体探索新业务模式和收入模式的可能性。主流媒体在结合新闻传播规律加强技术探索实践方面具备专业前瞻性,如湖南广电打造的数字文博大平台"山海"APP让人民再次看到数字传播赋能文博事业的无限可能。媒体要勇于在新闻及视听内容采集、生产、分发、接收、反馈的各环节多尝试运用AIGC(生成式人工智能)、大模型等前沿技术,实现"主动"融合。

### (二)智能化

智能化是指新型主流媒体在技术逻辑的推动下,实现新闻生产的多维再

---

① 习近平.关于《中共中央关于坚持和完善中国特色社会主义制度 推进国家治理体系和治理能力现代化若干重大问题的决定》的说明[EB/OL].(2019-11-05)[2024-11-08].https://www.gov.cn/xinwen/2019/11/05/content_5449035.htm.
② 葛莱.视听主流媒体系统性变革的探索与实践[J].新闻战线,2024(19):12-14.
③ 《党的二十届三中全会〈决定〉学习辅导百问》编写组.党的二十届三中全会《决定》学习辅导百问[M].北京:学习出版社,2024:154.

造,推动组织架构虚拟化、生产流程自动化和从业者技能多元化。技术伴随时间的推移及环境的变迁不断演变,从技术发展的视角出发,新闻所依托的技术至少经历了三个阶段的发展变迁:传统技术、数字技术,以及以算法、人工智能为代表的智能技术。智能技术带来了传播生态结构性而非功能性的变革,颠覆并重塑了新闻业。

在智能化新闻生产模式下,系统性变革下的主流媒体在组织架构方面需要实现"虚拟化",并重构新闻生产流程。这包括在实体组织框架的基础上引入基于平台的"虚拟化"组织架构,以及将自动化手段纳入新闻采编流程,以消除新闻生产的间接性和延时性。① 新闻从业者需重新界定其核心技能,以重塑自身在新闻生产与传播中的主体地位。从业者不仅应提升内容生产的专业能力,包括融合生产内容产品的能力、将内容传播与社会公共议程相结合的社会连接能力,以及新闻专业精神与公共服务能力等,还需深度掌握新兴技术,以实现人与技术之间的共生关系。这种技术应用的策略并非简单地追求技术的扩张,而是通过合理驾驭技术,遏制其可能带来的偏向,从而推动新闻生产与传播的高质量发展。

场景化是智能化趋势的深化与拓展,它以大数据和泛在网络为基石,促使人成为媒介的延伸,消弭了媒介内外的边界,实现了虚拟与现实的深度融合。在场景化逻辑框架下,技术与人的融合被置于核心位置,二者的逻辑相互交织、互为嵌入。此模式下,技术层面与生物体实现叠加,打破了实体社会网络与虚拟信息网络之间的壁垒,使得个体能够即时性地在不同网络系统中穿梭。新闻与人的接触方式超越了传统的视觉观看范畴,更加注重个体的沉浸式体验与情感共鸣。全息化、直播形式的新闻产品将逐渐成为主流趋势,而视频化内容仍将持续受到用户的青睐,短视频和网络直播的繁荣态势将持续保持。

### (三)平台化

平台化是指新型主流媒体在经济逻辑的影响下,追求新型媒介样态,一方面打造自主可控的互联网媒体平台,另一方面为原有商业平台建设提供技术

---

① 强月新,胡青山.主流化、平台化、智能化:新型主流媒体的演进逻辑与实践进路[J].新闻大学,2024(8):30-42,118.

支撑与综合性服务的"平台的平台"。[①] 平台的运作机制具有商业属性,其通过构建连接多方的多边市场,将用户、内容提供者及广告商等多元主体紧密联结。此模式以流量为基础,流量规模越大,平台越倾向于通过广告业务及虚拟消费途径获取收益。伴随着智能技术的不断进步,平台已广泛渗透至社会的各个领域,成为连接生活的基础设施,与信息产业息息相关的新闻业可以借鉴平台制度进行转型。

主流媒体系统性变革的平台化路径包括转型打造自主可控的互联网媒体平台,以及退居幕后,打造"平台的平台"。这要求主流媒体以媒体的公共逻辑重新统合平台的经济逻辑,避免与商业互联网媒体平台直接竞争。在主流媒体系统性变革引领下,新型主流媒体需要发挥自身独特的优势,走出具有差异性的平台化路径,利用资源和内容优势,打造服务于机构媒体和其他组织的平台。这种平台化转向需要整合人员、技术、设备等配套资源,为服务对象提供技术支撑和综合性服务,实现平台打造、平台运维、监督管理、品牌营销等一体化运营。由于主流媒体层级、地域发展的不均衡,当前主流媒体打造自主可控的互联网媒体平台有以下三种方式:首先,中央级权威媒体及部分具备全国性影响力的省级媒体,利用其平台优势和资金实力,对发展态势良好的传统网站实施联合重组,并着重发展技术,为商业平台提供服务;其次,党媒与民营媒体的领先企业可以通过平台嵌套的模式,互补各自的优势和不足,实现互利共赢的合作;最后,以地方广电为基础的县级融媒体加速推进垂直整合进程,重新激发平台活力。

## 本章案例

### 广电总局连续六年评选全国广播电视媒体融合典型案例

随着媒体融合进程的深入,全媒体传播体系的构建步伐明显加快,内容与技术的融合进一步加深,主流媒体的影响力得到进一步增强。自2019年国家广播电视总局启动媒体融合优秀案例评选工作以来,至2023年的五年间,评

---

[①] 郭全中,张金熠.一体化、智能化、服务化:主流媒体平台建设的回顾与展望[J].青年记者,2024(1):5-9.

选活动主要分为"先导单位、典型案例、成长项目"①三大类别,成功推出了众多具有示范效应的优秀案例,为推动广播电视媒体行业的深度融合、促进全媒体传播格局的形成及培育和壮大新型主流媒体提供了重要的引领作用。2019—2023年全国广播电视媒体融合典型案例征集和推选类别及数量见表1-2。

表1-2　2019—2023年全国广播电视媒体融合典型案例征集和推选类别及数量

| 年份 | 类别 | 数量 |
| --- | --- | --- |
| 2023 | 全国广播电视媒体融合先导单位 | 10家 |
| | 全国广播电视媒体融合典型案例 | 15个 |
| | 全国广播电视媒体融合成长项目 | 15个 |
| 2022 | 全国广播电视媒体融合先导单位 | 10家 |
| | 全国广播电视媒体融合典型案例 | 15个 |
| | 全国广播电视媒体融合成长项目 | 15个 |
| 2021 | 全国广播电视媒体融合先导单位 | 10家 |
| | 全国广播电视媒体融合典型案例 | 15个 |
| | 全国广播电视媒体融合成长项目 | 15个 |
| 2020 | 全国广播电视媒体融合先导单位 | 10家 |
| | 全国广播电视媒体融合典型案例 | 15个 |
| | 全国广播电视媒体融合成长项目 | 15个 |
| 2019 | 全国广播电视媒体融合先导单位 | 10家 |
| | 全国广播电视媒体融合典型案例 | 15个 |
| | 全国广播电视媒体融合成长项目 | 14个 |

在2024年,为了更全面地反映各级广电机构在深度融合中的实践成果,评选活动进一步细化,分为"新媒体平台建设、体制机制改革、融合生产传播、综合信息服务"四大类别。这些项目不仅致力于核心领域的深入探索与关键问题的突破性进展,而且呈现出前所未有的创新特质与多元化发展态势,特色亮点更加鲜明,全媒体、强智能的特点更加突出。经过严格的筛选,一批具有较强示范引领作用的典型案例脱颖而出,充分体现了"典型引路、项目驱动"的理念,成为广电媒体深度融合发展进程中的又一重要里程碑。这些典型案例的生动实践,为我们全面深入了解广播电视领域媒体深度融合发展的最新状

---

① 国家广播电视总局. 融合发展进行时 2019[EB/OL]. [2024-11-08]. https://www.nrta.gov.cn/col/col3781/index.html.

况,深刻把握广电媒体融合阶段性新特点和新趋势,对未来行业采取更加精准有效措施,推动全媒体传播体系建设、塑造主流舆论新格局,提供了重要的参考价值。[1]

入选媒体涵盖中央、省、市、县(区)四级媒体,东、中、西部及东北地区,以及广电播出机构、广电网络、广电新媒体机构等各类单位。以中央广播电视总台、浙江台、江苏台、四川台、河南台等为代表的中央级和省级广电媒体,以及以苏州台、青岛台、攀枝花市融等为代表的地市级广电媒体,还有以綦江区融、巴东县融、玛纳斯县融等为代表的区县级广电媒体等,各层级的广电媒体机构通过一系列积极的探索和创新实践,为广电媒体的深度融合发展树立了标杆,以典型示范引领媒体融合继续向纵深发展。2024年全国广播电视媒体融合典型案例见表1-3[2]。

表1-3 2024年全国广播电视媒体融合典型案例

| 奖项类型 | 单位 | 获奖案例 |
| --- | --- | --- |
| 新媒体平台建设 | 北京广播电视台 | 北京时间新媒体传播矩阵 |
| | 上海广播电视台 | 第一财经融媒平台建设 |
| | 苏州市广播电视总台 | "苏周到"APP:城市生活服务典范,数智融媒引领未来 |
| | 江阴市融媒体中心 | "最江阴"APP——城市超级入口赋能城市发展新未来 |
| | 浙江广播电视集团 | Z视介:浙江广电集团合力打造重大文化传播平台 |
| | 福建省广播影视集团 | 以"Hola Fujian"为核心 打造新型国际传播平台 |
| | 江西广播电视台 | 今视频:打造区域传播平台 培育新媒体品牌 |
| | 河南广播电视台 | 大象元AI数字资产创作和应用平台 |
| | 湖南广播影视集团有限公司 | 文博数字化工程和AIGC衍生IP孵化平台 |
| | 湖南芒果融创科技有限公司 | 数智音视频生产与管理平台"芒果云" |

---

[1] 李秋红,冯雯欣,靳丹.40个典型案例脱颖而出,树立媒体深度融合发展的新标杆[EB/OL].(2024-08-28)[2024-11-08]. https://mp.weixin.qq.com/s/fkQJEjuK7zz5no_5oCKN4A.

[2] 国家广播电视总局.融合发展进行时2024[EB/OL].[2024-11-08]. https://www.nrta.gov.cn/col/col3952/index.html.

续表

| 奖项类型 | 单位 | 获奖案例 |
| --- | --- | --- |
| 融合生产传播 | 中央广播电视总台 | 《大国外交最前线·正直播》融媒体报道 |
| | 河北广播电视台<br>北京广播电视台<br>天津海河传媒中心 | 《京津冀 十年同心向未来》 |
| | 内蒙古广播电视台 | 九省区大型新媒体联动直播《大国治沙》——重大主题报道跨省区融合传播实践 |
| | 上海广播电视台 | "ShanghaiEye 魔都眼"国际传播 |
| | 江苏省广播电视总台 | 《中国智慧中国行》 |
| | 江西广播电视台 | 大型绿色生态融媒体活动《中国森林歌会》 |
| 融合生产传播 | 湖南广播电视台 | "文化＋科技"赋能现象级纪录片——《中国》第三季全链路融创探索 |
| | 广西广播电视台 | 《新民歌大会》：解锁民歌破圈新密码 |
| | 海南广播电视总台 | 《大使家宴》开创节目与产业融合之路 |
| | 新疆广播电视台 | 《国宝里的新疆》(第二季) |
| 综合信息服务 | 内蒙古广播电视台 | 《雷蒙帮忙团》融媒体报道的创新突破 |
| | 上海广播电视台 | 新闻坊同心服务平台 |
| | 无锡广播电视集团(台) | "潮立太湖湾"品牌赋能无锡产业发展实践探索 |
| | 芜湖传媒中心 | 大江看看APP——打造智慧生活综合信息服务平台 |
| | 长沙市广播电视台长沙数智融媒科技有限公司 | "星城"移动服务 |
| | 广州市广播电视台 | 花城＋客户端"新闻＋教育服务"运营模式 |
| | 重庆市綦江区融媒体中心 | 乡村振兴"四级直播体系" |
| | 成都市双流区融媒体中心 | 创新打造四大应用场景"小屏端"构筑服务群众"大通道" |
| | 陕西广电融媒体集团(台) | 综合信息服务的陕西实践 |
| | 玛纳斯县融媒体中心<br>(玛纳斯县广播电视台) | 搭建"玛上办"平台 提升基层治理水平 |

续表

| 奖项类型 | 单位 | 获奖案例 |
| --- | --- | --- |
| 体制机制改革 | 鄂尔多斯市融媒体中心 | 地市级媒体体制机制改革的"鄂尔多斯实践" |
| | 沈阳广播电视台 | 融媒改革赋能音频内容生产向新而行——2024年度沈阳广播电视台原创基地实践案例 |
| | 南京广播电视集团 | 汇聚资源 融合创新——小微传媒探索新型主流媒体平台运营新路径 |
| | 温岭市融媒体中心 | 全媒思维 全域变革 温岭融媒打造全国一流的县域治理现代化服务平台 |
| | 青岛市广播电视台 | 青岛广电深化体制机制改革,构建新生态,打造新时代视听超媒 |
| | 河南广播电视台 | 河南广播电视台媒体人大V孵化打造计划 |
| | 湖北广播电视台 | 重塑新型生产关系 助建融媒新质生产力——@主持人阿喆融媒工作室改革与创新实践 |
| 体制机制改革 | 巴东县融媒体中心 | 改革破樊篱,融媒从头越——湖北巴东县融媒体中心体制机制改革案例 |
| | 四川广播电视台 | 四川观察公司化探索实践 |
| | 攀枝花市融媒体中心 | 以"一三三三"机制改革为抓手 推进媒体深度融合 做强新型主流媒体 |

（左　畅）

# 第二章
# 守正创新：主流媒体的变与不变

在技术革新与媒介生态剧变的时代背景下，主流媒体正面临前所未有的挑战与机遇。一方面，信息传播的碎片化、娱乐化趋势及"流量至上"的行业生态对主流媒体的传统优势构成了冲击；另一方面，新兴技术的赋能与用户需求的多元化，也为主流媒体的转型升级提供了新的可能性。在这一背景下，主流媒体如何既坚守核心价值与使命，又实现内容与形式的创新突破，成为其系统性变革的关键命题。

主流媒体的"不变"在于对新闻价值与社会责任的坚守，这是其核心竞争力的根本所在。新闻真实性、权威性、深度报道等传统优势，是主流媒体区别于其他信息传播主体的关键标识。在信息泛滥、真假难辨的媒介环境中，主流媒体必须始终坚守新闻专业主义，以真实、客观及具有深度的内容为公众提供"思想大餐"，在"快餐式"信息环境中树立权威与公信力。这种坚守不仅是主流媒体履行社会责任的体现，更是其在激烈竞争中立于不败之地的根基。

主流媒体的"变"则体现在内容与形式的创新上。面对瞬息万变的媒介生态，主流媒体必须主动适应技术变革与用户需求的变化，创新内容生产与传播方式。从"说教"到"引人共鸣"的转变，要求主流媒体在传播主流价值观的同时，注重与受众的情感连接与价值共鸣；从"单向传播"到"多元互动"的升级，要求主流媒体打破传统的传播模式，充分利用社交媒体的互动特性，增强用户参与感；从"单一平台"到"全媒体矩阵"的拓展，则要求主流媒体构建多元化的传播渠道，实现内容的多维度触达。这些创新不仅是技术驱动的必然选择，更是主流媒体提升传播效能、扩大影响力的必由之路。

主流媒体在推进系统性变革过程中需要平衡好"变"与"不变"的关系。在坚守新闻真实性、权威性等核心竞争力的基础上，必须通过创新进一步提升传播效果和效能。这种平衡既是对传统的继承与发扬，也是对未来的探索与开拓。本章以"变"与"不变"的辩证关系为逻辑主线,深入剖析主流媒体在新时代的转型路径,揭示其如何通过"守正"与"创新"的有机统一,在坚守核心价值的同时实现传播效能的跨越式提升。

## 第一节　价值守正:守护主流媒体的核心竞争力

在传播格局深刻重塑的时代背景下,主流媒体的核心竞争力始终根植于其不可替代的新闻专业价值。新闻的真实性、客观性、平衡性与深度性等历经时间检验的专业准则,构成了主流媒体区别于网络媒体、自媒体的本质特征。这种价值坚守不是简单的路径依赖,而是在信息泛滥时代为公众提供可靠坐标的必然选择。当浅阅读、碎片化、蹭热度成为常态时,主流媒体对新闻深度的坚持;当观点先行、情绪煽动大行其道时,主流媒体对事实本真的守护;当算法推荐制造信息茧房时,主流媒体对多元平衡的追求——正是其在激烈媒体竞争中保持优势的关键所在。

### 一、迷失在"流量迷宫":主流媒体的现实困境

在移动互联网时代,自媒体和网络平台的崛起给传统主流媒体带来了前所未有的冲击。这种冲击不仅深刻改变了信息传播的速度与形式,也对主流媒体的运作模式、新闻生产方式和受众互动方式产生了深远影响。在此过程中,传统主流媒体不仅需要面对自媒体和网络平台在流量竞争中带来的巨大压力,还要应对部分主流媒体在迎合这一流量导向潮流的过程中所陷入的迷茫与困境。走出"流量迷宫",是主流媒体在系统性变革过程中需要面对的关键议题。

以流量为核心驱动力,通过追求快速、广泛的传播迅速吸引大量用户,是自媒体和网络平台运转的底层逻辑。许多自媒体和网络平台为了最大化流量,往往会采取不负责任的报道方式,常常为迎合受众的猎奇心理和娱乐需求而制造轰动效应。它们通过吸引眼球的标题、耸人听闻的负面消息和恶意炒作等,不断刷新用户的关注度和点击量。毕竟,在信息爆炸的互联网上,用户的注意力就是稀缺资源,猎奇、夸张甚至是低俗的内容的确很容易在短时间内

吸引用户的注意力。如发生于 2024 年的"秦朗巴黎丢作业"事件就典型地反映了自媒体以流量为核心驱动力的运作逻辑。然而，尽管这些内容能够迅速积累流量，但却忽视了新闻的核心价值——真实性和社会责任。这类低价值、有误导性甚至虚假的信息，尽管短期内获得了观众的关注，却并未对社会带来任何积极影响，反而容易误导公众的认知。

更为棘手的是，当前各大社交媒体平台的算法推荐系统早已悄然改变了受众的信息消费模式。如今的媒体环境中，无论是图文报道还是视频节目，都要遵循平台的规则。那些由主流媒体生产的兼具深入挖掘与独立思考特性的内容，往往被自媒体海量的娱乐性、搞笑、八卦信息所淹没，浅尝辄止的新闻报道充斥网络。这些信息占据了大量本应由主流媒体引导的舆论空间，使主流媒体在激烈的流量争夺战中处于被动局面。

在此背景下，主流媒体面临着巨大的生存压力，陷入了追求"内容质量"还是"流量效益"的两难境地。许多传统媒体在面对自媒体和网络平台的压力时，开始不自觉地迎合"流量至上"的互联网思维，将"吸引眼球"作为内容创作的核心目标。为了追逐流量，一些主流媒体逐渐加入"标题党"和泛娱乐化的行列，推崇快餐式的新闻消费。曾经在新闻业界具有至高无上地位的新闻价值现在也开始受到流量和即时性的压力的侵蚀。原本专注于政治、社会深度分析的报道，逐渐被明星绯闻、娱乐八卦和各类负面事件所替代，新闻的内容质量和深度都在下降，形成了"快而不深"的报道模式。

这种转变无疑对主流媒体的信誉和公信力造成了严重影响。一方面，如果越来越多的主流媒体选择依赖吸引眼球的标题和话题，而轻视信息的深度和背景分析，那么就会造成"劣币驱逐良币"的局面，那些原本致力于深入报道和打造原创内容的专业记者和媒体机构，将愈发被边缘化。随着时间的推移，新闻生产的专业性和深度被大幅削弱，传统的新闻价值观与新闻专业主义将再无立足之处。另一方面，以流量为标准的新闻生产也会稀释公众对主流媒体的信任。在重大社会事件的报道中，主流媒体应承担起引导舆论和发出主流声音的责任，但一旦公信力遭到削弱，媒体在关键时刻便无法发挥应有的作用，也就无从承担引导舆论、促进社会进步的基本使命。

可以说，"流量至上"的信息市场是传统媒体进行系统性变革的根本驱动力。主流媒体需要在保持自身新闻价值的基础上，找到适应新时代的创新路径。在巨大的流量诱惑与社会责任之间找到平衡，在不失去公众信任的同时实现自我发展,将是未来主流媒体重塑自身生态版图的关键所在。

## 二、喧嚣背后的坚守：对新闻价值的捍卫与重塑

新闻价值是新闻业用以判断事件或议题是否具有报道价值的标准[①],它主导着新闻机构和新闻从业者对于新闻内容的选择、呈现与传播,新闻价值观的革新方向决定了新闻内容的创新方向。在当前媒介融合及平台化的背景下,新闻的生产、消费与业态等都在发生显著变迁。[②] 因此,有必要在新的背景下探讨新闻价值观的变迁与未来新闻价值观的重塑。

作为信息传播的主导力量,主流媒体的特殊地位赋予其坚守并重塑新闻价值的重要责任。一方面,在如今信息多元化的背景下,自媒体和网络平台往往为了追求流量而放大一些低价值的内容,如明星私生活或耸人听闻的负面新闻,虽然这些内容能够吸引大量眼球,却往往忽视了新闻的社会价值和对公众认知的正向引导,对于社会发展和民众的理性思考并没有实际的推动作用。相比之下,主流媒体作为社会责任的承担者,只有坚守新闻价值的核心要素,才能确保在信息泛滥的时代为公众提供真实、准确、有益的新闻内容,从而促进社会健康和谐发展。另一方面,在部分传统的新闻价值观已不再适用于新的传播格局的背景下,主流媒体如果未能在融合转型中及时调整和重塑新闻价值观,就可能会失去在复杂舆论场中的领导地位,从而导致公信力与影响力难以为继。因此,坚守并重塑新闻价值,既是主流媒体在新的信息生态中找准自身定位的关键,也是其在系统性变革中实现价值再造的关键。

主流媒体对新闻价值标准的重塑首先体现在由"时新性"向"即时性""全面性"的转变。速度和时效是新闻业自诞生起就追求的目标。在传统媒体时代,由于报纸、广播、电视等媒介具有的周期性,新闻工作者需要在每天或每周固定的截止时间前完成工作。[③] 而媒体融合时代的来临不仅对新闻的时效性

---

① Park C S, Kaye B K. Applying News Values Theory to Liking, Commenting and Sharing Mainstream News Articles on Facebook[J]. Journalism, 2023, 24(3):633-653.

② 丁方舟,程辛仪. 媒介融合及平台化背景下新闻价值观的变迁与重塑[J].青年记者,2022(9):23-26.

③ 丁方舟,程辛仪. 媒介融合及平台化背景下新闻价值观的变迁与重塑[J].青年记者,2022(9):23-26.

要求更加苛刻，而且对新闻的全面性提出了前所未有的高要求。一方面，受众需求及激烈的市场竞争要求新闻报道必须做到实时更新，也因此催生出了"全程媒体"这一概念。新闻已经从一种需要被"及时"生产的信息变成了持续性的"即时"存在。另一方面，在当前媒介环境下，个体以数字化的形式作为信息节点存在，活跃的节点每天都会生产或二次传播大量信息，其中不乏许多"鲜为人知"的信息，这就要求主流媒体提供的信息要更加全面，迅速整合各节点的信息碎片，深度挖掘事物背后的本质及事物之间的联系，提供给受众全面的信息、权威的解读、科学的预测与展望。[①]

内容的多元化生产与舆论场中话语权的下放促使传统新闻价值观中的"重要性"和"显著性"向"共情性"转变。重要性指的是新闻报道对社会及公众产生的影响，而显著性则强调事实信息所涉及的事件、人物或地点在公众中引发关注的特质。在传统媒体时代，这二者经常同时出现，涉及国计民生的大事往往兼具显著性和重要性。然而，媒介赋权使得普通人尤其是弱势群体能够在公共领域自由表达情感，并使个体情感转化为"集体兴奋"。在情感转向的背景之下，情感传播的意义愈发突出。因此，当下的新闻实践不仅关注信息的传递，而且注重与受众的情感连接，即倡导具备"共情性"的新闻内容生产。主流媒体更是将情感性因素融入话语表达、叙事风格及内容生产模式等多个层面，强调通过情感叙事激发公众的情感共振。如在对"燃灯校长"张桂梅事迹的报道中，人民日报、新华社等媒体十分注重对张校长生活细节的刻画，以细腻的笔触唤起公众对教育奉献的深刻共鸣，报道内容绝大部分表现出感动、敬佩等情感倾向。这些报道运用了情感叙事的手法来构建情感共同体，不难看出，共情性已经成为当下新闻价值判断的一种取向。

新兴媒介技术的发展进一步推动了传统新闻价值观中的"接近性""趣味性"向"在场性""参与性"转变。接近性指的是事实信息在地理、心理或利益上的亲近感，即新闻事件与公众之间的距离感；而趣味性则是指新闻内容满足公众在休闲娱乐或追求新奇方面的需求。过去的接近性主要诉诸地缘上的近距离，而随着媒介技术的发展，可以通过创建逼真的新闻场景让受众仿佛置身于事件发生的现场，拉近受众与任何地点发生的新闻现场的距离，使受众获得更

---

① 周琼."四全媒体"时代新闻价值的消解与重塑[J].新闻研究导刊，2020，11(23)：59-60.

加真实和深刻的新闻体验,进而增强受众的沉浸感。尤其是 AR、VR、XR 等虚拟现实技术的出现,更进一步打破了虚拟和现实的隔膜,将文字、声音、图像等元素融合起来,为受众提供全方位的感官体验。这种体验不仅限于视觉和听觉,还包括触觉、嗅觉等。在这种虚拟环境下,受众的参与度和互动性得到极大提升,信息消费也从传统媒体时代的"现场感"转变为更加深刻的"在场感"。

而过去对趣味性的强调,主要是希望媒介内容或媒介形式可以凭借其视觉魅力和情感魅力调动人的审美情绪,这也是对受众心理的一种善意迎合。而在互联网时代,让受众参与到新闻实践的过程中能够在最大限度上适应受众的视听心理和审美需求。在这一过程中,信息发布后的传播效果,包括受众是否愿意参与转发、讨论,以及转发和讨论的频率和数量,成为衡量该信息是否具备新闻价值的重要指标。以近年来各主流媒体在全国两会期间的报道为例,以新华网、光明网、央视网、网易新闻等为代表的多家媒体在每年的两会报道中持续推出 VR 新闻作品,包括 VR 绘画、5G 全息异地同屏、虚拟主播等多种可视化产品,涉及有关教育、法治、医疗等多重政策性议题。由此可见,参与性在新闻产品的设计与传播中扮演着越来越重要的角色。

当然,尽管新闻价值标准发生变迁,但新闻价值的核心要素依然保持不变。真实性与客观性始终是新闻报道的基石。新兴媒介环境下,新闻客观性逐渐式微,为了更好地顺应变化,"新闻透明性"理念作为对客观性原则的替代性概念顺势而生。它是指新闻采集、组织和传播对公众公开,将新闻生产的"后台"行为及其决策意图置于"前台"。新闻透明性原则包括"公开透明性"和"参与透明性"两个方面。前者指的是新闻生产者对新闻制作过程保持开放和透明,具体表现为向公众揭示事实的来源,并明确指出报道中涉及的各方利益团体。后者则强调公众在新闻生产中的参与,允许受众对报道内容进行贡献,常见方式包括使用 UGC 等形式。这两者共同推动了新闻制作过程的透明度,使新闻内容更加可信并增强了公众对信息来源和报道公正性的理解。如今,在新闻生产领域,透明性已经成为客观性的一种延续,与真实性、客观性一起承载着媒体对"事实至上"新闻使命的追求。

由此可见,即使在新兴媒介环境下,传统的新闻价值并未被抛弃,而是随着新闻生产环境、生产主体和生产关系的变化而不断得到丰富与升华。长远来看,主流媒体对新闻价值观的坚守与重塑,不仅是对当前传播环境的适应和优化,更是在系统性变革中对未来媒体生态结构的深远布局。因此,这一过程更应当兼顾灵活机动与长期主义,主流媒体既需要积极应对时代的变迁,又要坚守新闻的基本原则。如果一味追求创新与吸引力而放弃了对新闻本质的坚守,那么就难免陷入短视和浮躁的陷阱。

## 三、专业化生产与深度报道:"快餐式"环境下的"思想大餐"

专业化内容生产,是传统媒体区别于自媒体和网络平台等新兴传播力量的核心竞争力。在过去,主流媒体的优势主要体现在强大的资源整合能力、完善的生产流程和较为规范的内容生产标准上,这些优势使其能够在社会整体舆论格局中占据主导地位。然而,随着信息传播渠道的多元化,尤其是在互联网和社交平台的冲击下,传统媒体的优势逐渐被削弱。在这样的背景下,通过专业化的内容生产继续巩固主流媒体的优势,成为其在媒体融合时代持续发展的关键。这也是主流媒体在这一时代中始终坚持和守望的核心。

在这一过程中,深度报道作为主流媒体引导舆论、塑造公共价值的重要方式,是主流媒体彰显其专业化内容生产能力的核心优势。融媒体时代,表面化的新闻报道虽然得到了快速传播,但受众更期望能够通过深度报道获得对社会现象、热点问题的全面剖析与反思。从这一角度来看,深度报道兼具揭示事实与传递主流价值观的双重作用,其所承载的深刻分析与独立观点是主流媒体区别于其他信息来源的独特优势。凭借详细的调查研究和全面的背景分析,深度报道能够从多角度、多层次揭示事件真相,帮助受众形成更加清晰和立体的理解,在信息过载的背景下提供一种稳定的内容输出方式,为公众建立起一座"知情桥梁"。对于主流媒体而言,这一优势是确保其在系统性变革过程中继续占据话语主导地位的关键。

主流媒体对于深度报道的守正创新,首先体现在对于记者团队专业素养与调研能力的重视。深度报道以深刻见长,要求记者不仅拥有扎实的新闻基础、敏锐的洞察力和丰富的知识储备,还要具备对新闻事件深入研究、持续挖掘的决心与能力。主流媒体一方面在积极培养记者的调研能力,使其通过查阅资料、实地走访和多方采访等手段,全面了解事件的背景与真相;另一方面也在提升新闻从业者在新闻采编、数据分析和信息整合等方面的技能,为深度报道提供高质量的内容支持。为制作高质量的深度报道,贵州省铜仁市融媒体中心的"张勇名家工作室"主持人张勇带领青年记者王安宏,在德江县桶井乡下坪蹲点、调研、采访共计5天,在"没有新闻的角落"挖地三尺,采写出《十八弯山路到下坪》《"牛倌"原是归乡人》等17篇接地气、沾泥土、带露珠、聚人气的系列报道①,引起各界强烈反响。

媒介技术的发展是提升深度报道质量的另一重要武器。数字化时代赋予了媒体前所未有的传播能力,传统的文字报道已难以满足现代受众的需求。通过视频、音频和数据可视化等多种形式的结合,主流媒体能够为深度报道增添丰富的视角,帮助受众更全面地理解复杂的社会现象。如第33届中国新闻奖一等奖《习主席的国礼故事》融合了原创文稿、国礼图片、朗读音频、短视频等多元形式,在微信公众号、抖音短视频等多个平台发布,受众不仅可以阅读报道、欣赏国礼图片,还能听故事、观看短视频,从而体验到更加丰富和立体的新闻呈现方式。这种多媒体融合的报道形式,内容兼具深度与准确性,整体报道形式新颖且高质量,成功吸引了受众的注意,也增强了信息的传递效果。

兼具专业性与深刻性的深度报道不仅在社会新闻中受到受众的信任与依赖,在垂直领域的细分受众群体中也同样表现优秀,如财新网作为一个独立的财经新闻平台,一直专注于财经领域,坚持原创内容,长期以来一直维持着稳定提供独特、准确、具有深度的财经新闻的能力。特别是融合转型之后,财新网通过专栏作者的深度分析和精准的财经解读,能够满足政界、金融界及学界等专业群体的信息需求,成为这些领域用户获取高质量信息的重要平台。在呈现形式上,财新网将专业内容与简单易懂的可视化数据相结合,既保持了财经报道的深度,又降低了信息的理解门槛,兼顾了专业性与大众化的平衡。因此,财新网不仅稳居中国财经媒体的领先地位,更在行业发展与舆论引导中发挥了重要作用。

从更为长远的角度来看,作为主流媒体的"变与不变"之间的重要桥梁,以深度报道为代表的专业化内容生产既是传统媒体在系统性变革中突破创新的力量源泉,又是其保持长期竞争力的根基所在。它应当成为主流媒体推动社会认知、塑造公共议题和引导舆论走向的关键抓手。其带来的长期效应在于

---

① 杨勇,陈杨.市级融媒体中心深度报道创新路径研究:以"张勇名家工作室"为例[J].新闻研究导刊,2024,15(18):103-106.

帮助主流媒体在复杂的信息环境中建立自己独特的话语体系,确保其在多元化、碎片化的信息流中保持权威性和影响力。因此,主流媒体若要实现系统性变革就需要在报道策略、技术运用、人员素质和传播渠道等方面实现全面升级,这正是主流媒体应对未来媒体生态重塑、塑造传播竞争力的战略突破。

## 第二节　内容创新:以创新创意让主旋律更高昂

在信息过载的时代,内容创新成为推动主流媒体系统性变革的重要引擎。在表达姿态方面,传统的"说教"式传播已无法满足现代受众的需求,主流媒体需通过创意内容的构建,从单纯的告知转向情感共鸣,打造与受众心灵契合的传播方式。在表达形式方面,从过去的"单向传播"到如今的"多元互动",主流媒体不仅要向公众传递信息,更要激发公众的参与感,使其成为信息传播中的活跃主体。在传播渠道方面,主流媒体逐渐从单一平台向全媒体矩阵扩展,借助跨平台的联动效应,使信息在更广泛的领域内得到传播,触及更加精准的受众群体。只有通过创新内容形式、传播路径和互动方式,主流媒体才能在碎片化、去中心化的舆论环境中继续占据一席之地,持续发挥承担社会责任与发扬公共价值的作用。

### 一、内容建设:从"说教"到"共鸣"

在当今的媒介生态中,主流媒体的内容建设不再是简单的信息传递,更是一个与受众深度互动的过程。内容创新的核心驱动力之一便是对用户需求的精准把握。传统的媒体内容生产往往侧重于"我想说什么",即从生产者的视角出发,更多关注信息的传达与宣传的目的。在这一时期,主流价值观通常以单一的、自上而下的形式传递,容易忽视个体声音。然而,随着受众的需求逐渐多样化,现代媒体的内容生产必须从"我想说什么"转变为"用户想看什么"。这种思维方式的转变,不仅要求媒体生产者更好地理解用户的兴趣、需求和情感,还要求他们精准预测并满足用户的个性化需求,打造具有针对性和互动性的内容。

内容精准定位实施的第一步就是对全网数据的监测与追踪。通过对全网数据进行监测和分析,如微博热搜、微信、抖音的传播热点等,主流媒体能够迅速捕捉热点话题和受众偏好,生成更具针对性的内容。例如,四川日报集团旗下产品封面新闻,其封巢系统拥有热点监控平台,通过该平台可以对全网数据进行监测和分析,其中既包括对第三方平台的数据监测,如微博热搜、微信、抖音的传播热点等,也包括对自有原创稿件传播数据的直观再现。技术赋能之下,选题不再单凭职业敏感与专业经验判断,而是增加了数据支撑和行业参考。[①]

在形成热点信息图谱的基础上,内容精准定位需进一步聚焦受众行为分析。通过收集和处理用户的浏览记录、互动行为等数据,主流媒体能够精准描绘出受众的用户画像,从而掌握不同群体的需求差异。例如,新华社自主研发的国内首个媒体人工智能平台"媒体大脑"(Media Brain),可实时获取用户对于特定新闻推送的点击量、停留时长及转、评、赞等数据并进行分析,以此为基础调整内容的生产和分发,以更好地满足不同受众的喜好和需求。

基于对用户画像的深刻洞察,内容建设亟须在叙事方式上进行转型升级。过去,主流媒体的新闻呈现方式偏向于正式和庄重,这种"高高在上"的传播态度往往让受众感到距离感,缺乏情感上的共鸣。为了唤起共鸣并与受众建立深层的情感连接,主流媒体不仅需要在内容上更加贴合受众的情感和价值取向,还要通过精心设计的传播策略,使信息呈现更加生动、富有感染力,从而有效激发受众的兴趣和认同感。故事化叙事正是主流媒体近年来所作出的最为鲜明的尝试之一。相比单纯的信息输出,故事化叙事更加注重细节的呈现,通过生活中看似不起眼但充满意义的元素、高潮迭起的生动情节、鲜活立体的人物塑造来增强叙事的真实感和代入感,不仅能传达事实,还能拉近新闻与受众的距离。以央视推出的系列微纪录片《茉莉花开》为例,该片从小人物出发,采用以小见大的方式,讲述了五位外籍艺术创作者在中国追寻非遗技艺的故事。创作团队将人物采访与引人入胜的叙事技巧相结合,找到外籍艺术创作者们与大众情绪的共通点,深入呈现了他们与中国非遗文化的独特关系,展现了中国不同地域、民族的非遗技艺。该纪录片最终在CCTV纪录频道、央视网、YouTube等海内外平台热播,取得了良好的传播效果。可以预见,在未来主

---

① 吕尚彬,李雅岚.新型主流媒体智能内容生产模式:基于封面新闻的观察[J].当代传播,2023(4):71-78,84.

流媒体系统性变革的进程中,新闻报道的发展趋势必将从单纯的事实堆砌转向更具情感深度和人文关怀的叙事方式。

此外,在流动性极强的媒介环境中,要吸引和留住大规模的用户,单靠主流媒体自身的原创内容是远远不够的。新媒体用户不仅是信息的消费者,同时也是信息的生产者。以更为开放的姿态让用户进入信息生产过程,也是主流媒体内容建设的重要策略之一。例如,澎湃新闻通过"澎湃号"这一开放平台,汇聚了来自各个领域的专业创作者,共同提供更加多元化和高质量的内容。目前,入驻该平台的个人或机构"湃客"数量已过万,形成了金字塔结构的内容创作者生态。在此基础上,澎湃新闻将原有的互动社区产品"问吧"升级为"澎友圈",通过整合多种用户关系,进一步增强了用户生态、内容生态和舆论生态的融合。这种由用户生成的内容打破了传统新闻制作的单向性,使得新闻内容更具灵活性,能够快速响应受众的即时需求,从而提升了内容的共鸣感和贴近度,推动了内容建设的深层次变革。

在媒体融合时代,主流媒体实现内容建设并非一蹴而就,而是一个持续迭代的过程。从精准数据监测到用户画像分析,从叙事方式的转型升级到开放平台和用户生成内容的引入,在变化中追求变化是主流媒体系统性变革的深层逻辑。随着这一过程的深入发展,主流媒体必将建立起与受众的深度连接,并为媒体生态的进一步革新提供新的动力。

## 二、表达革新:从"单向传播"到"多元互动"

面对信息多元化和受众个性化的信息消费趋势,主流媒体的内容不仅要在内容定位与叙事方式上注重创新,更要在语言表达与互动形式的变革上持续发力。在要求以互联网思维创新融媒传播质效的当下,传播理念的创新奠定了表达革新的基调。由于媒介技术的发展带来了受众主体性意识的提升,受众需求的变化迫使主流媒体不得不重新审视其传播理念,并在根本上进行转变。以往主流媒体传播理念的核心是强调权威性和信息的控制性,极少考虑与受众的互动和对话。然而随着受众对信息参与度和互动性的要求逐渐增加,其局限性也愈发明显。因此,主流媒体亟须转向更加平易近人、互动性强的双向交流模式,以适应新兴平台的多元化需求,建立与受众之间更加紧密的情感联结。

语态变革是表达革新中最为直观的表现之一,直接反映了主流媒体传播理念的转变。在重塑主流媒体话语表达的过程中,媒体不仅要坚持主流价值观的核心地位,还需有效融合"主流"与"网感",实现语言表达的现代化与亲和力。具体而言,就是将积极向上的内容与年轻化的表达方式相结合,以"接地气"的语言和形式增强传播的吸引力。例如,中央广播电视总台推出的《主播说联播》短视频栏目,一改央视以往宏大、严肃的新闻播报风格,转而采用了更加日常、口语、亲民的语言模式,由大众熟知的央视主持人通过聊天的形式评论时事,再配以活泼、生动的字幕,极大地拉近了与受众的距离,增强了官方新闻在网络上的话语权。除了常规的新闻播发以外,评论区也成为主流媒体与受众亲密互动的主阵地。新华网微信团队就以"90后"编辑为主,通过巧妙设定的"小编人设"吸引关注,在其微信公众号的评论区大量运用热门网络梗,打造幽默风趣的互动氛围,营造"反差感",成功吸引了大量读者参与讨论,有效提高了主流媒体的参与度和传播力。

与此同时,内容形式的创新也愈发得到主流媒体的重视。信息传播的多样性要求媒体必须突破传统的文字和图片表现形式,灵活运用视频、海报、H5页面及新闻动画等多种媒介技术,使内容呈现更加生动、丰富和富有表现力。例如,2025年3月6日,"人民日报"微信公众号推出的全国两会报道《误发消息到工作群了!》(见图2-1),大胆突破传统严肃、晦涩的两会宣传报道模式,创新性地采用微信群聊天记录截图的形式,通过引人入胜的趣味标题、群聊中同事们的妙语连珠和互动交流,将两会的核心内容巧妙地穿插其中,使原本严肃的政治新闻焕发出轻松、富有参与感的氛围,令不少网友直呼"一字不落地看完了""知识以一种猝不及防的方式进入我的脑子里"(见图2-2)。这种创新表达方式不仅大大降低了受众的理解门槛,还增强了新闻的可读性和趣味性,让原本可能被忽略的政策信息在潜移默化中走进公众视野,从而实现更广泛的传播与影响。

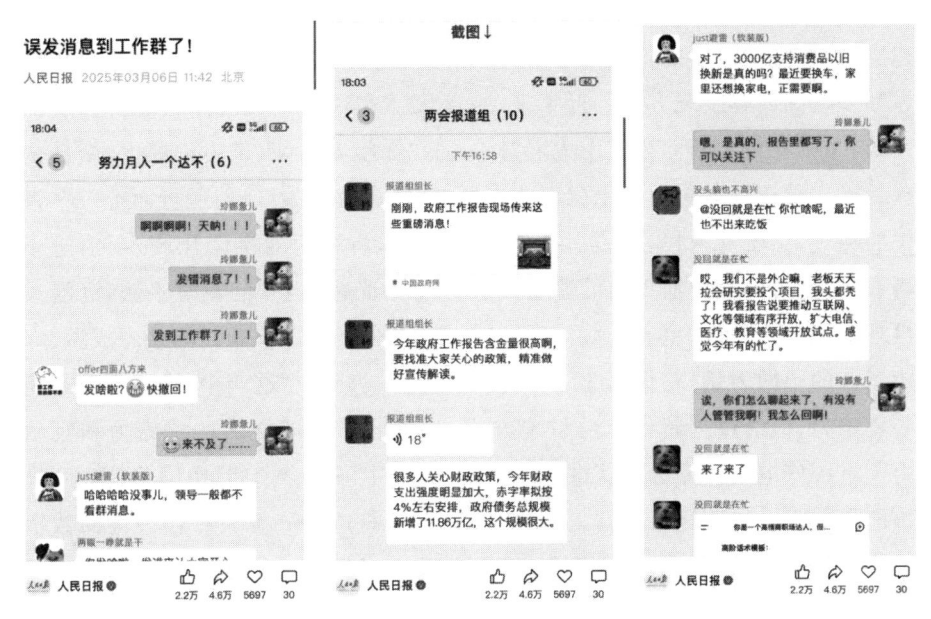

第二章 守正创新：主流媒体的变与不变

图 2-1 "人民日报"微信公众号 2025 年两会报道《误发消息到工作群了!》

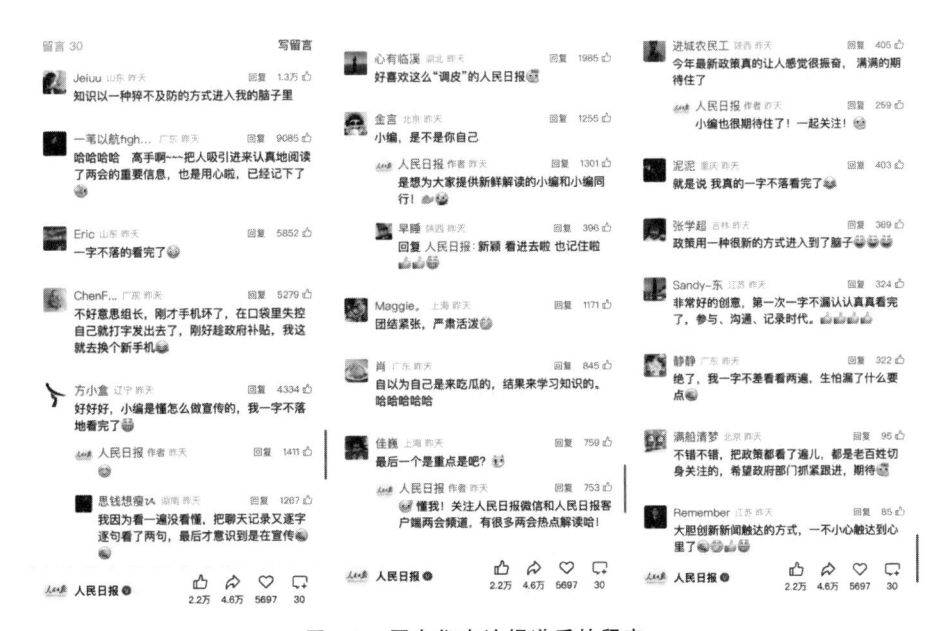

图 2-2 网友们在该报道后的留言

041

AR、VR、XR等虚拟现实技术的广泛应用则进一步拓宽了主流媒体的表达空间，使得信息传播不局限于平面展示，而是通过沉浸体验提供了更加立体和多维的内容呈现方式。近年来，主流媒体在这一领域的探索取得了质的飞跃，尤其在重大新闻报道中大展身手。2022年8月，重庆山火肆虐，牵动全球目光。重庆广电集团推出融媒体专题《重庆山火突发 他们逆行而上——人民的英雄，英雄的人民!》，以凡人英雄为主角，将视角对准摩托骑士、消防小哥、志愿者等山火中涌现出的普通人，以"3D+光影长卷"的叙事手法，沉浸式再现"人墙传送带""星光长城"等震撼场景，充分展现出灾难面前众志成城、守望家园的中国力量，获得第33届中国新闻奖一等奖。"这当中，内容当然是核心竞争力，但通过创新作品的呈现方式，让内容产生了更大的感染力和吸附力。"重庆广电集团原台长管洪说。在2023年中国两会期间，中国移动咪咕推出的全国人大代表比特数智人，利用虚拟技术打造出一个具有代表性的数字人物，该人物能够在"鼓浪屿元宇宙"中与岛上居民互动，收集多方意见，也可以在"元宇宙人民大会堂"中为两会建言献策，邀请更多年轻人加入中国建设队伍中来，共同向世界传递中国两会声音。通过使用前沿媒介技术，主流媒体在提升内容表现力与感染力的同时，还为受众提供了多元互动和更具思考空间的信息消费体验，也为弘扬主旋律、传播正能量提供了更为有效的平台，为舆论引导和公共交流开辟了更加广阔的空间。

## 三、渠道拓展：从"单一平台"到"全媒体矩阵"

如果说传播内容与表达形式是信息的种子，承载着思想、情感和价值，那么传播渠道则是令种子在广袤的受众群体中生根发芽、开花结果的土壤。在主流媒体不断推动内容创新与表达方式更新的基础上，渠道建设是实现传播效果最大化的关键环节。多平台传播模式的兴起促使主流媒体必须摒弃以往的单一平台传播模式，转向具有系统性和整体性特征的全媒体平台矩阵建设，形成跨平台、全方位的传播格局，以此来实现更加高效和精准的受众覆盖，推动整体传播体系的深度变革。

在向全媒体格局转型的过程中，平台化运营范式与社交媒体矩阵的深度融合，已然成为媒体生态重构的核心驱动力。主流媒体通过打造自有平台来增强自身的传播能力和市场竞争力，自有平台不仅有助于主流媒体更好地控制内容生产、发布和与受众互动的全流程,还能够使其更精准地获取和分析受众数据,以便与受众建立长期稳定的关系。同时,自有平台的建设还可以为主流媒体带来新的盈利模式。通过会员订阅、付费内容、定向广告等方式,主流媒体能够实现收入来源的多样化,从而支持其进一步转型变革。因此,当前主流媒体的自有平台并不是简单的内容提供,而是将内容搭载于服务上,依托"两微一端"平台构建媒体矩阵,形成以"新闻＋地点＋服务""新闻＋商品＋服务""新闻＋政务＋服务"等为特点的智能服务生态体系,强调新闻内容的场景应用和服务导向。安吉融媒体中心便是在这一背景下,秉持"新闻＋"理念,结合技术优势推动"新闻智慧＋"的创新发展,探索智慧产品的研发与推广,以及文创旅游等多元化发展路径。

为了增强分众化传播效果并扩大影响力,主流媒体不仅需要打造自有平台,还应积极借助第三方平台的力量,利用其庞大的流量池和多样化的传播方式,以实现内容传播的最大化。中央广播电视总台打造的"央视频"全媒体传播矩阵不仅包括自有的"央视频"客户端,还在抖音、快手、西瓜视频、微信视频号等多个平台上设立了同名账号,并根据各平台的特性进行内容创意的调整。在抖音平台,"央视频"采用了轻松、娱乐化的内容形式,通过短小精悍的视频吸引了大量年轻用户的关注,其特点是快速、便捷、娱乐性强;在快手平台,"央视频"则聚焦于生活化、接地气的内容,以此引发草根用户的情感共鸣与文化认同;而在以中长视频为主的西瓜视频平台,"央视频"更加注重深度新闻报道和文化类内容的传播;在微信视频号上,"央视频"依托该平台的社交属性,强调内容的互动性与话题性,并通过多场直播成功激发了用户的参与热情,形成了广泛的社会传播效应。通过"央视频"全媒体传播矩阵建设,中央广播电视总台进一步强化了其各类节目的分众化传播。以《新闻联播》为例,根据不同媒体平台的特点,总台创新推出了《主播说联播》《联播精编》《联播一瞬》《上联播啦》《联播划重点》等融媒体产品,并综合运用竖屏短视频、热门音效、评论互动等年轻人喜闻乐见的方式,使《新闻联播》新媒体直播年均观看量近14亿次,成功让"打开手机看联播"成为一种习惯,《主播说联播》微博话题总阅读量超128亿次,全平台观看量超150亿次。

平台化运营还涉及跨平台内容的同步传播和精准触达,主流媒体在相关方面的尝试主要聚焦于对用户的个性化推送与动态反馈机制的建立两方面。通过算法推荐系统,媒体能够根据用户的兴趣和行为自动调整内容推荐,从而确保每位用户都能在海量信息中快速获取最相关的内容,有效增加了内容的传播效应。例如,今日头条凭借其强大的数据分析能力,能够根据用户实时的行为分析,自动生成个性化的内容推荐。因此,全国党媒平台积极与今日头条等商业平台建立合作,在互联网渠道开通"党媒推荐"频道,推送地方党媒优质内容,保障党媒优质内容及时触达更多用户。全国党媒平台还通过渠道大数据反馈,编发"区域新闻热榜",入驻的党媒单位可随时知晓自己新闻产品的受欢迎程度。[①] 据此,内容发布者可以迅速识别哪些话题更受关注,从而进行内容调整。这种反馈不仅限于内容层面,还可以涉及传播方式、发布时间等策略,确保内容能够在最佳时机以最佳方式触达目标受众。

作为渠道拓展战略的有机组成部分,场景化传播的作用同样不可小觑。其核心优势在于将内容置入与用户生活场景高度契合的环境中,以此触及更为精准的用户群体,从而有效提升信息的接受度和影响力。在当前的场景化传播实践中,其应用场域已从政务新媒体主导的"新闻+"服务场景延伸至文化遗产传播领域。比如由新华社全媒编辑中心与故宫博物院携手打造的"数字故宫"小程序,集文物数字化成果、新文创产品、知识普及和功能性导览于一体,使得传统博物馆和艺术馆不再局限于线下场所,观众可以通过互联网进入虚拟的文化空间,进行线上参观、互动与体验。

主流媒体进行渠道拓展的实践不仅有助于打破传统媒体与新兴媒体之间的界限,还能够帮助其在不断变化的传播环境中,找到适合自身发展的创新路径。在未来的媒体生态中,平台化运营与场景化传播必将成为主流媒体适应系统性变革的重要手段。但同时,值得警醒的是,尽管各大社交平台的兴起让主流媒体得以开辟新的传播格局,却也可能导致媒体过度依赖渠道创新而弱化内容质量,进而诱发信息失真与价值偏离等风险。因此,主流媒体在传播实践中的系统性变革不应仅仅局限于简单的渠道与形式变换,而是更应将它们视作延续主流价值的新途径,使媒体的"变"始终服务于"不变"这一核心。

---

① 人民日报社.融合体系:中国媒体融合发展年度报告(2018—2019)[M].北京:人民日报出版社,2020:73-74.

## 第三节　未来已来：打造更具竞争力的主流媒体

通过内容创新与表达革新，主流媒体应对着来自移动互联网和自媒体的猛烈冲击，在系统性变革的万里长征中取得了阶段性的胜利。然而，尽管新的传播方式和技术手段为主流媒体开辟了更多维度的表达空间，但是内容创新不应该仅仅是形式和技术的更新，更应是对主流价值传递的深刻再思考。未来的主流媒体不仅要维持现有优势，更需在内容质量上不断发力，进一步加强专业性和权威性的建设。面对自媒体与网络媒体的蓬勃发展态势，主流媒体更应当以开放包容的姿态，在借鉴其创新优势的同时，始终保持"扬弃"的批判性思维，坚定不移地履行引领与传播社会主流价值观的根本使命。

### 一、内容为王：以内容质量取胜兼顾流量

在当前媒体环境中，内容的质量依然是主流媒体竞争力的核心，而流量的获取则是评估传播效果的重要指标。尽管主流媒体的身份和性质决定了其必须坚守"内容为王"的原则，但是单纯依赖内容质量而忽视流量的获取和传播效果，显然无法适应当前竞争激烈的媒体环境。未来，主流媒体仍然需要在确保内容质量的基础上兼顾流量，在满足受众需求与坚守社会责任和新闻伦理两方面同时发力。

兼顾内容质量与流量，主流媒体既要真实客观公正也要有情感温度。一方面，主流媒体还是应当坚持报道的真实性和公正性，尤其是在报道的初期，媒体要通过简明扼要的方式将事件的基本事实传递给公众，避免任何可能的偏见或错误信息。然而，随着事件的深入和调查的推进，媒体的报道不能仅仅停留在表面，而应深入挖掘事件背后的多重因素，结合背景、人物、社会影响等方面展开深度分析，以增强报道的深度和情感温度。另一方面，以往传统媒体深度报道中的人物多为典型的正面形象，这类报道往往以政治宣传为目的，难以引发受众的情感共鸣。未来，主流媒体需要将更多重心放在对微小人物的挖掘之上，采用去宏大叙事化的报道倾向，以此来缩短与读者之间的心理距离，实现情感上的共振。事实上，许多主流媒体已经在这一方面做出了不少尝

试:"冰点周刊"微信公众号在其深度报道《不要钱,剪个头发,从头再来》中,讲述了一对普通母子自发为灾区人民提供免费理发服务的感人故事,获得了广泛的赞誉。从情感角度来看,报道的主要优势在于通过对母子情感的细腻描绘,将灾难叙事与人性光辉结合,成功触动了读者的情感,引发了深层次的共鸣。

兼顾内容质量与流量,主流媒体既要专业也要接地气。当Z世代逐渐成为信息消费主力,受众对于新闻的需求就不仅仅局限于真实性与深度,而是对内容的可读性与互动性提出了更高要求。因此,当下大部分主流媒体都选择了在内容生产中积极融入网络流行文化元素,通过巧妙运用网络热词、热点话题等贴近性表达方式,提升内容的传播力与影响力。然而,值得注意的是,对于"网感"的过度追逐可能导致主流媒体核心价值的自我消解。失去专业底色的娱乐化表达,不仅会弱化舆论引导效能,更可能助长传播场域的虚无主义倾向。未来主流媒体还需要在系统性变革中构建起更具弹性的内容生产机制,将网络热梗转化为符合新闻伦理的表达方式。这要求主流媒体的内容生产不能止步于简单的符号拼贴,而需实现网络话语体系的创造性转化,既保留网络文化的鲜活特质,又赋予其主流价值内涵,在共情传播中完成舆论引导。

兼顾内容质量与流量,主流媒体既要有深度也要有速度。随着信息更新速度的加快,媒体报道不仅要具备深度分析能力,还需要迅速响应和快速报道热点事件,从而在第一时间占领公众舆论的高地,获得更多的关注和讨论。然而,如果片面强调深度,而忽视了报道的时效性,媒体可能会错失最佳传播时机,导致报道失去关注度。因此,主流媒体下一阶段的核心任务仍然是在"深度"与"速度"的平衡中探索新路径。随着5G、AI等技术的快速发展,媒体将迎来更多智能化、即时化的新机遇。通过构建"深度内容+快速响应"的新型传播体系,媒体不仅能够实现优质内容的高效传播,更将在舆论引导、价值传递等方面发挥更大作用。这种转型将重塑媒体生态,推动新闻传播迈向更精准、更智能的新阶段。

坚定不移地坚持"内容为王"原则,同时灵活应对流量时代的种种挑战,是主流媒体系统性变革的不二法门。通过深度与速度的平衡、专业与接地气的结合、情感温度与真实公正的融合,主流媒体方能在激烈的媒体竞争中立于不败之地。

## 二、人无我有：强化专业、深度与权威

在碎片化、快餐式的媒体消费模式盛行的背景下，主流媒体要在激烈的信息生态中始终立于不败之地，成为人们可信赖的资讯源，必须通过独特的内容优势和专业能力确保其在信息生态中的主导地位。特别是在事实核查、深度报道和权威性方面，要实现自媒体与网络媒体无法轻易复制的独特价值。

事实核查（fact-checking）指对报道对象的事实性进行核实、确认的行为，包括事前核查和事后核查。[①] 本质上，事实核查属于新闻行业内部一种自我纠偏的行业实践，往往由专业的新闻机构与职业记者展开。在互联网及社交平台的普及下，假新闻和谣言泛滥成为全球范围内的严峻问题。与之相对的是，公众对信息的真伪缺乏辨识能力，这使得主流媒体履行事实核查的使命愈加重大。为了更好地履行这一使命，已经有不少主流媒体进行了积极探索，例如澎湃新闻于2021年9月上线的全球事实核查平台"澎湃明查"，现已成为国内领先的事实核查专业品牌。然而，AI时代带来的深度伪造注定主流媒体的事实核查之路任重道远，未来只有不断进化事实核查能力，增强对新闻内容的筛查和验证力度，主流媒体才能在捍卫公信力的同时保证自身的独特竞争力。

同时，主流媒体应当进一步对专业知识和数据进行挖掘，依托更为严谨的专业能力来建立主流话语体系。特别是在社会重大事件、复杂的政治问题、经济趋势等领域，主流媒体应当通过数据支撑、专家访谈等手段进行细致剖析，从多个角度提供立体化的信息，以满足受众对知识深度的需求。2020年新冠疫情暴发初期，公众对疫情的关注空前，《中国新闻周刊》通过对涉及疫情的专业领域包括流行病学、临床医学和病毒学等三个领域进行精细划分，邀请专业人士进行深入解读，迅速推出具有深度的分析报告，为公众提供了及时且权威的信息。由此可见，提供兼具深度与专业性的信息不仅能丰富报道内容，促进受众对事件的思考，也能在碎片化信息中脱颖而出，形成更加专业、深刻的媒体形象。

在深度报道之外，主流媒体还应当创新报道形式，探索体验性报道、全景

---

[①] 林嘉琳,师文.主流媒体事实核查应对AIGC的问题分析与路径探索[J].青年记者,2023(23):19-22.

式报道、全程式报道等新的内容形式,以增强新闻报道的多样性和沉浸感。虚拟现实技术是把双刃剑,虽然其加剧了当下信息生态中的信息造假,但也为媒体提供了前所未有的工具。依托 AR、VR 等技术手段,媒体能够打造沉浸式的新闻体验,让受众更加全面、直观地感知事件的全过程,获得多维度的信息。

当然,万变不离其宗,主流媒体在创新的过程中,最重要的还是应始终坚持对真相的守护、对事实的尊重。无论是深度报道,还是创新形式的尝试,最终的目的都是提供真实、可靠的内容。这种对真相的坚守,是媒体自身获得公信力和权威性的关键。只有在信息的真实性和准确性上不妥协,媒体发出的声音才能成为公众信赖的声音。

## 三、择善而从:虚心向自媒体和网络媒体学习

自媒体和网络媒体之所以能够迅速崛起,最根本的原因在于它们能够以其灵活多变的形式与内容创新,迅速捕捉受众需求的变化。与传统主流媒体依赖专业记者和编辑队伍的模式不同,自媒体的特点在于门槛低、传播速度快、形式多样化,极大地满足了现代社会对信息即时性、个性化与互动性的需求。尤其是在新闻报道、社会事件的传播与舆论引导方面,自媒体更能精准地洞察社会热点,及时发布与跟进,形成强大的信息流动与互动效应。

以往的主流媒体常常受限于其较强的意识形态属性,创新的步伐相对较慢。而自媒体和网络媒体能够快速适应信息化社会的需求变化,其灵活多变的传播方式使其能够迅速捕捉并回应受众的兴趣点和需求变化,其传播经验为传统主流媒体的系统性变革提供了宝贵的启示。一是紧追当下信息社会的发展趋势,时刻把握快速变化的舆论环境和受众需求,以随时调整自身的传播策略。二是吸引更多年轻用户,在 Z 世代逐渐成为信息消费主力军的背景下,年轻群体的关注与参与对媒体未来的发展起到至关重要的作用。三是继续加强自有平台的建设与原创性内容的生产。自有平台能够确保媒体对内容生产、传播路径和受众管理的掌控,并形成独特的用户黏性和品牌认同,而原创内容始终是媒体保持竞争力的核心。当前,许多自媒体虽然赢得了大量流量,但其内容仍然主要依赖于转载与复制,"流量"无法转化为"留量",其发展终究不会长久。主流媒体则需要汲取这一经验教训,依托创新思维,持续输出高质量原创内容,提高受众认同度和互动性,构建强大用户生态。

此外,主流媒体还应关注内容的个性化定制。网络媒体和自媒体通过大数据分析、算法推荐等技术手段,能够为用户推送符合其兴趣和需求的内容,这种精准化的内容分发方式,大大提高了用户的黏性和满意度。主流媒体要想保持竞争力,必须在内容生产上更加精细化,依靠数据分析与受众行为的深度洞察,调整报道内容和形式,做到更加精准地满足不同群体的需求。

立足当下,展望未来,主流媒体系统性变革的趋势必然是构建一个更加开放、包容、互动的传播平台。从宏观视角来看,即打造高度融合、多元共生的生态系统。在这一过程中,守正与创新并重成为不可或缺的战略方针。"守正"意味着坚持其核心价值观,承担社会责任,确保其在信息传播中发挥引导作用;"创新"则代表了勇于探索的精神,要求媒体不断突破传统局限,采用更灵活的方式吸引和维系受众,特别是在内容创意和形式表达上进行大胆尝试。这种双重驱动不仅体现在内容的多元化与丰富化上,也表现在媒体平台和技术手段的不断革新上,更是对内容生产与传播模式背后的主导思想与价值观念的全面升级。在这一过程中,核心价值的引领、技术逻辑的贯穿、批判性思维的运用都是不可或缺的元素。

## 本章案例

### 浙江宣传:创新突围,以优质内容实现破圈传播

2022年5月30日,由浙江省委宣传部打造的公众号"浙江宣传"正式上线。自上线之日起,"浙江宣传"就秉承"说人话、切热点、有态度"的办号理念,以独特的风格在众多新媒体中脱颖而出,仅用两个多月,便实现了文章阅读量"10万+"常态化,成为政务新媒体号通过创新生产优质内容的标杆。

在信息洪流中,大部分文章的爆火都只是短暂的"昙花一现",只有精耕内容,才能持续保持热度。"浙江宣传"最大的优势就在于坚持内容的原创并保证可持续的优质内容供给。其内容创新首先体现在内容选题的精准性与深度挖掘上,"浙江宣传"的选题往往紧扣社会热点,对热点议题进行及时的分析、解读与评论,从而有效吸引受众注意力。比如,其《为何考研不能成为"二次高考"》一文从"考研热"现象切入,直面大学生群体面临的"学历焦虑"与"就业焦虑";《这届年轻人真的不想结婚吗》深度剖析了年轻人群体的恋爱观及其背后

深刻的经济和社会背景等;《"偷感"是一种负面心理吗》针对网络流行语"偷感"展开了心理学方面的深入解读……诸如此类的选题,都是大众十分关切的话题,可以说,"浙江宣传"的运营团队对于时事热点有着非常敏锐的洞察力。

为了进一步提高传播效能,"浙江宣传"在内容创作过程中十分注重话语表达与叙事风格的创新。通过深刻洞察年轻受众的兴趣和需求,"浙江宣传"采用平民化叙事策略,灵活运用网络流行语、幽默诙谐的语言风格及贴近生活的内容,有效拉近了与年轻群体之间的距离。《他们,不该是"演员"》通过化用"宇宙的尽头是考编"这一网络流行语,以轻松幽默的叙事风格赢得受众的情感认同;《青年返乡的"留"量密码》一文用通俗易懂的语言探讨了青年返乡的问题;《"毛坯人生"与"精装朋友圈"》通过对年轻人就业、生活压力等话题的思考,以年轻人喜闻乐见的方式传递了对生活现状的深入反思。此外,诸如"carry 全场""躺平"等网络热梗的引用在"浙江宣传"的文章中也并不少见。通过结合年轻人喜欢的语言和符号,严肃的话题也能变得生动活泼。这样的创新做法,不仅增强了文章的趣味性,还提升了其在特定受众群体中的传播力。

对本土历史文化的深入挖掘同样是"浙江宣传"实现内容创新的重要手段。"浙江宣传"聚焦浙江省的人文历史、风物习俗,将富有浙江文化的精髓与神韵融入文章创作之中。如《辛弃疾与杭州的三会三别》一文,详细叙述了辛弃疾与杭州这座城市的历史渊源,从历史与古典文学的角度展现了杭州深厚的文化底蕴;《墨汁的甜味从哪里来?》和《他为何能设计出五星红旗》则讲述了浙籍革命先辈的故事,有力地传播和弘扬了浙江的革命文化;而《一颗杨梅,凭什么想"征服"世界?》不仅唤起本地人的"乡愁"情感,同时还激发了外地人的兴趣,巧妙地推广了浙江的地方形象。

"浙江宣传"在内容创新上的另一个重要特点是高度重视用户的互动与参与,力图创造一个双向沟通的生态环境。通过灵活运用评论区、留言区等互动功能,"浙江宣传"积极收集读者的意见和建议,了解读者的需求和想法,并据此不断调整传播策略、改进内容。文章《毛泽东为啥"圈粉"Z 世代》中,许多年轻读者在评论区积极表达对毛泽东思想的崇拜,而编辑则暖心回应;《"人民至上"不是"防疫至上"》一文发出后反响强烈,数小时内就收到 3 万多条评论。由于评论区能精选展示的留言有限,"浙江宣传"运营团队连夜梳理后台所有留言,于次日一早发出《3.2 万条留言,那些你还没看到的》展示广大网友阅读文章后的种种感悟。这种互动无疑拉近了官方与受众之间的距离,进一步增强了受众的归属感和忠诚度。

然而,无论选题与话语风格如何创新,"浙江宣传"引导社会舆论、坚持传递主流价值观的核心立场始终坚定不移。直面舆论争议、发出理性声音同样也是"浙江宣传"极具特色的运营风格。当"小镇做题家"引发舆论争议时,"浙江宣传"通过《嘲讽"小镇做题家"是一个危险信号》一文,呼吁尊重每个努力拼搏的普通人,抨击那些用"小镇做题家"抹杀别人努力的精神贵族;《起底美西方舆论攻心的六大套路》是其结合国际时事热点对美西方国家霸权的一次勇敢"亮剑";疫情防控期间,《"人民至上"不是"防疫至上"》一文又以诚挚恳切的语言表达了对民众情绪的深切理解,又用事实和数据有力回击谣言,有效疏导了社会公众焦虑的情绪。凭借一篇篇立场坚定、旗帜鲜明的文章,"浙江宣传"出色地发挥了主流媒体在舆论格局中的建设与导向作用。

"浙江宣传"的成功秘诀在于其独特的运营理念、对时事热点的敏锐洞察力及持续创新的精神。它在内容创作方面的成功也为其他主流媒体提供了范例,促使媒体更加积极地探索内容创新的路径,提高自身的传播力与影响力。

(魏雨欣)

# 第三章
# 技术赋能：主流媒体生产传播的深度重塑

党的二十届三中全会指出，要"加强创新资源统筹和力量组织，推动科技创新和产业创新融合发展"。科技创新为产业高质量发展深度赋能，产业发展为科技创新提供转化载体和应用场景，二者深度融合的趋势，对技术敏感性极高的新闻业同样适用。作为主流媒体系统性变革的核心驱动力，技术的赋能不仅改变了新闻生产的方式与效率，更深刻影响了信息传播的逻辑与模式。

对于主流媒体来说，技术赋能是一个全面而深入的过程，意味着通过大数据、人工智能、云计算、区块链等前沿科技的应用，为新闻的生产、传播注入新动力，推动主流媒体从传统生产模式向智能化、精准化、全息化的新范式转型。在内容生产环节，生成式人工智能等技术使得新闻采集更迅速、更准确，内容创作更多元化、更丰富，编辑校对更快捷、更精确，审核分发更智能化、更高效，极大提升了新闻产品的品质和传播效力。在信息传播环节，技术不仅为主流媒体的平台建设和升级提供了强有力的支持，为提升传播效率与效果奠定了基础，还通过个性化推荐、沉浸式体验等手段促进了媒体与用户的深度互动，使新闻报道更贴近受众需求，增强了用户的参与感，提高了用户的满意度，同时也为主流媒体向多模态、沉浸式、对话型的新型传播模式转型开辟了新路径。

作为社会信息的权威发布者和舆论引导的中坚力量，主流媒体生产与传播链条的深度重塑不仅是技术进步的必然趋势，更是适应新时代传播规律、满足人民群众信息需求的必然选择。通过技术赋能，主流媒体能够打破传统的生产消费模式，构建以用户为中心、以技术为支撑、以内容为核心的新型生产传播链条，实现传播效果与社会效益的双重提升。本章以人工智能、大数据等前沿技术为研究主线，聚焦其对主流媒体生产传播模式的全方位革新，系统梳理当前主流媒体技术应用的实践探索，并对其在新一轮技术革命中如何利用技术实现跨越式发展进行了前瞻性思考。

# 第一节　AI赋能新闻生产：技术革命引领全流程生产新范式

在系统性变革的要求下，主流媒体必须积极拥抱人工智能等一系列新技术，将其深度融入新闻生产全过程，以创新驱动发展，以技术引领变革，开创全流程生产新范式。这不仅是对传统生产方式的革新，更是对主流媒体新时代角色的重新思考和定位。探讨技术在主流媒体新闻生产中的应用，不仅具有深远的理论意义，更有着迫切的现实需求。

目前，人工智能技术已经开始渗透到主流媒体新闻生产传播的全过程，极大地提升了新闻生产效率和质量。从新闻采集、写作、编辑到审核、分发，人工智能以其强大的数据处理能力和算法模型，为新闻业注入了新的活力。通过智能写作、自动翻译、个性化推荐等功能，人工智能使得新闻报道更加迅速、精准且多样化，满足了受众日益增长的信息需求。

## 一、自动化内容创作：新闻生产力的全面释放

2022年年末至今，AIGC和大模型技术迎来了井喷式发展。2022年11月，OpenAI发布了革命性的自然语言对话应用ChatGPT，2023年3月推出了更为先进的升级版本GPT-4，迅速吸引了全球各行业和公众的广泛关注。GPT-4不仅在高级推理能力上超越了ChatGPT，还能够处理图像和长篇文本，展现出了在事实性、可引导性和可控制性方面的"史上最佳结果"。在国内，近两年来百度"文心一言"、腾讯"混元"、阿里巴巴"通义"、华为"盘古"及"DeepSeek"等基于中文数据训练的大语言模型相继上线，标志着以ChatGPT为代表的AIGC技术已经迈入了爆发式增长的新阶段。

生成式人工智能技术的出现，标志着AI从基础数据分析和对现实世界的模拟，迈向了主动创造和生成新内容的新阶段。[①] 相比初代人工智能的生

---

[①] 汪聪,张春红,高楠,等.面向人工智能生成内容时代的图书馆服务适应与创新[J].情报理论与实践,2024,47(7):17-24.

产方式,生成式人工智能时代的内容生产效率、质量、准确度及创新性均得到显著提升,这也进一步促进了AI技术加速渗透到各行各业,引发生产力和创造力革命。新闻业也在这场技术浪潮中迎来了深刻变革。人工智能可生成的内容形式主要有文字、图像、音频及视频,这些形式都与新闻业密切相关。腾讯研究院在2023年6月进行的一项调查显示,80%的国内新闻从业人员已经使用过人工智能大模型,超过一半的受访者认为这对他们的实际工作有帮助,38.1%的媒体机构已经开始使用人工智能工具。①

随着人工智能在新闻生产中的应用日益深入,自动化、智能化、多模态、高效率成为主流媒体新闻生产的显著趋势。生产效率方面,生成式人工智能技术通过自然语言处理、机器学习等算法,进一步优化了信息搜集、价值判断及素材调用等环节,实现了主流媒体新闻内容的自动生成、筛选和编辑,在全面提高新闻生产效率和新闻时效性的同时,也降低了生产成本;内容质量方面,生成式人工智能能够凭借其在深度学习和数据挖掘方面的优势,挖掘出更多有价值的信息和观点,进一步丰富新闻内容,使得内容生产更具创造性;此外,生成式人工智能在文字创作准确度方面的表现也值得称赞,如新华社写稿AI"快笔小新"、人民网同百度公司合作开发的"人民网—百度·文心"大模型、腾讯公司的Dreamwriter等在这方面的表现都可圈可点。

在国内,新华社、人民日报、中央广播电视总台等主流媒体已经走在了人工智能技术应用的前列。在人民日报社AI编辑部的"智能数据导图生成"功能模块中,记者只需上传Excel数据表,便可自动生成可视化的动态数据导图,有助于提升新闻报道的可视化程度;新华社自主开发的可视化制作工具"图图",只需导入文本或数据,即可自动生成美观、明快的可视化产品。基于人工智能技术,新华社还推出了时政漫画创作平台、以诗作画平台等;央视网人工智能编辑部中的"智媒数据链""智闻"产品可以通过挖掘全网大数据,实现快速分析捕捉全网实时热点信息、追踪热点源头、厘清发展脉络、实时感知变化,帮助记者精准挖掘有价值的素材信息,更好地完成选题策划。②

早在2015年11月,新华社就已经打造了写稿机器人"快笔小新",其能实

---

① 腾讯研究院.拐点时刻?AIGC时代的新闻业[EB/OL].(2023-08-29)[2025-03-05].https://www.tisi.org/26897.

② 王京,徐江旭.从三大央媒实践看主流媒体智能化发展趋势[J].传媒,2023(8):35-37.

现从数据采集、数据加工到自动写稿再到编辑签发的新闻生产全流程。它能够依托大数据技术对数据进行实时采集、清洗和标准化处理,根据业务需求定制相应的算法模型,对数据进行实时计算和分析,根据计算和分析结果选取合适的模板,生成符合 CNML(中文新闻信息置标语言)标准的稿件,自动进入到待编稿库,供编辑审核后签发。相比于传统记者编辑,"快笔小新"能够全天候不间断地提供新闻稿件,在财经和体育领域,原本需要编辑记者花费 15~30 分钟时间完成的稿件,"快笔小新"只需 3~5 秒钟就能完成,且差错率为零,极大地提高了新闻信息的生成能力和发稿时效性。通过为每个报道场景建立领域知识库和规则库,"快笔小新"还能够根据不同的场景和知识点自动匹配出最佳的稿件。除了中央媒体,一些有实力的地方主流媒体也有不少积极探索:目前,人工智能技术已深度应用于四川日报报业集团旗下新媒体平台"川观新闻",它能够快速、准确地从大量文本中提取关键信息,自主生成简洁、易懂的摘要和标签。新华日报社自主打造的自有大模型品牌产品"新问智能媒体创作平台",接入了多家主流大模型,可提供智能创作、智能问答、智能绘图、文生视频等应用工具。

人工智能技术在视频新闻制作方面的表现也很优秀。早在 2022 年冬奥会期间,央视频就通过人工智能生产剪辑系统产出多个冬奥冰雪项目视频;2023 年 7 月,中央广播电视总台联合上海人工智能实验室发布了"央视听媒体大模型",并首次应用于《千秋诗颂》的制作,向人工智能技术和媒体创作深度融合的探索迈出了重要一步;2023 年 9 月 15 日,川观新闻推出 10.0 版本,建立了数字记者矩阵,为 40 个真人记者制作数字分身,并通过人工智能的方式实现常态化的视频内容生产。① 四川日报报业集团编委、川观新闻首席内容官钟莉认为,与传统记者出镜的方式相比,数字记者打破了传统的视频生产方式,不再需要布景、妆造、灯光、摄像、剪辑,只需要输入一段文本或语音,5 分钟即可生成一段 3 分钟的视频播报新闻,比传统视频拍摄节省了至少 1 个小时的时间。②

2024 年 2 月,新一代生成式人工智能大模型"Sora"横空出世,该文生视频模型可以根据文本提示创作出最长达 60 秒、具有多个角色、包含特定运动

---

① 陈建飞.生成式人工智能的媒体应对[J].传媒评论,2023(12):25-29.
② 钮迎莹,钟莉,王海东."创新驱动":媒体内容创新的现状与难点[J].青年记者,2023(5):32-34.

的复杂场景的流畅超精细视频,这标志着人工智能在理解真实世界场景并与之互动的能力方面实现飞跃,也为人工智能技术在主流媒体视频新闻领域的应用开拓了更多可能性。2025年年初"出圈"的中文大语言模型"DeepSeek"以其强大的语言处理极速响应和推理能力,迅速成为各行各业关注的焦点,短短十余天内,已有包括大众报业集团大众新闻客户端、四川日报报业集团川观新闻客户端、河北日报报业集团纵览新闻客户端、江西日报社江西新闻客户端、成都传媒集团每日经济新闻客户端在内的20余家主流媒体机构宣布接入,不仅体现了主流媒体对人工智能技术的高度重视,也预示着媒体行业智能化转型的加速推进。

## 二、智能化编辑与校对:新闻质量的精准提升

与复杂的内容创作相比,人工智能技术在相对简单的新闻编辑与校对领域的应用起步较早。当前,众多主流媒体已将包括AI在内的前沿技术融入新闻编辑与校对工作中。部分实力雄厚的媒体更是实现了技术迭代,建立了专属语料库,显著提升了编校工作的效率与质量,有效降低了运营成本。

### (一)编辑工作的智能化升级

在选题策划和数据分析领域,人工智能技术已转变为主流媒体编辑的得力助手。以新华社写稿机器人"快笔小新"为例,该系统能够实时监控微博、微信等UGC平台上的热点新闻,为编辑和记者提供宝贵的素材。通过运用大数据分析工具,它深入挖掘受众的阅读习惯和市场趋势,精准定位选题,确保内容不仅迎合读者的兴趣,而且与时代发展同步。编辑借助对历史数据的深入分析,能够精确识别受欢迎的内容类型,并在此基础上不断创新内容的结构、语言和表现形式,从而提升内容的吸引力和阅读体验。

智能审稿系统的引入,更是极大减轻了编辑的工作负担,显著提高了审稿效率。2022年7月,人民日报社成功推出了"人民审校"智能涉政审校系统,该系统在2023年3月进一步升级至V3.0版本,功能更为强大。依托人民日报20余年来积累的大量人工审核案例、超过3000万篇基础语料及17万余道问答语料,"人民审校"系统通过构建主流价值语料库,训练出高效的大模型。这一模型能够精确识别语法错误、逻辑漏洞及抄袭问题,实现了对稿件的自

动化筛选与初步审核,迅速筛选出不符合标准的稿件并予以剔除。同时,系统为编辑提供了全面且精确的稿件质量评估,有效助力内容风控工作的高效开展。

2019年12月12日,新华社首个智能化编辑部正式建成并投入使用,它以人工智能技术为基础,以人机协作为特征,对新闻生产进行全环节、全流程、全系统再造,旨在大幅提高新媒体产品创意创新能力和生产传播效率。目前,智能化编辑部系列成果已开始更大范围辐射应用,并迭代升级。① 该智能化编辑部通过一次采集、N次加工、多元分发,实现了新闻生产提速、提量、提质、提效,打通了在线新闻生产的"最后一公里"。

### (二)校对工作的智能化革新

智能校对技术的出现让主流媒体的校对工作变得更加便捷、高效。利用NLP技术,智能校检系统能够一次性完成错别字、语法、标点等规则性错误的自动检测与实时修正,系统还可以通过学习权威语料与差错样本不断优化自身的纠错能力。早在2017年,南方日报要闻编辑部审校室就开发了重大差错快速校对软件,后来升级为报网端智能校对系统,具备文字和图片的智能校对、协同办公、自动修正、校对记录留存及自动统计等功能,其校对效率比人工校对快18~24倍。② 随着技术的不断进步,现在,南方日报配套开发了智能校对系统的数据库功能,该数据库能模仿人工校对,"吸收"常见差错,实现系统的动态更新和自我完善。技术在敏感词识别与过滤方面也发挥着重要作用。借助大数据、人工智能等技术,智能校检系统能够自动识别并分级预警敏感表述、导向偏差及法律风险点,显著压缩人工审核强度与时间成本,确保内容合规安全。

生成式人工智能技术的全面介入,让主流媒体的校检系统开始支持多模态校检。如新华社打造的"新华较真"智能审核系统,分为"较真·检校""较真·审核""较真·巡检""较真·AIGC识别"等服务版块,以其庞大的权威语

---

① 宋玉萌.新华社智能化编辑部建成运行 实现人工智能再造新闻生产全流程[EB/OL].(2019-12-12)[2025-03-05]. https://www.xinhuanet.com/politics/2019-12/12/c_1125340864.htm.

② 申智林.人民日报社传播内容认知全国重点实验室亮相中国新媒体技术展[N].人民日报,2024-10-17(6).

料库为基石,依托先进的跨模态大模型算法,能够全面覆盖文字、图片、音频、视频及网页等多种内容形式,实现语法性错误、知识性谬误及内容导向性偏差的自动发现与精准纠正,为内容质量保驾护航。

面对媒体全球化趋势,多语言智能校对技术正成为国际传播的关键支撑。新一代 AI 校对系统已突破语言壁垒,通过集成机器翻译与本土化校对模型,有望帮助主流媒体实现跨国界的内容精准传播,为构建国际话语体系提供技术保障。

随着社会媒体的个性化发展,很多有实力的主流媒体着手打造符合自身特色和需求的自有语料库,这不仅有助于提升校对工作的效率和准确性,还能增强内容的个性化和专业性。2023 年 3 月,人民网凭借广泛的资源整合能力,精心打造了"主流价值语料库"。该语料库内容丰富,涵盖了原始语料、关键领域语料及重点问答语料等多个维度。"主流价值语料库"自启动建设之初,便紧密围绕习近平新时代中国特色社会主义思想及中国式现代化所涵盖的经济、政治、社会、科技、教育、文化等多个核心领域。① 在全面评估国内外主流大型模型安全性的基础上,针对大型模型普遍面临的意识形态安全挑战,语料库充分利用党报党网长期积累形成的权威、优质资源,以及党和国家的重要文献,通过科学的方法进行数据归集、清洗、标注与风险控制。重点构建了基础语料、图文语料、问答语料等多种类型的语料资源,旨在强化人工智能系统的价值观对齐能力,确保内容的全面性、专业性、时效性及导向正确性。截至目前,人民日报"主流价值语料库"已顺利完成超过 3000 万篇基础语料与 17 万余道问答语料的建设工作②,极大地推动了各类生成式人工智能系统在合规性与标准化方面的发展进程。2024 年 10 月 10 日,由四川日报报业集团自主研发的四川省情语料库"若水"正式上线,将为媒体领域的大模型应用和智库服务提供坚实的支撑,确保各类大模型在安全语料的基础上得到知识增强服务,从而助力各类人工智能应用实现与主流价值观的对齐,推动人工智能技术在媒体领域的深入应用和发展。③

---

① 申智林.人民日报社传播内容认知全国重点实验室亮相中国新媒体技术展[N].人民日报,2024-10-17(6).

② 申智林.人民日报社传播内容认知全国重点实验室亮相中国新媒体技术展[N].人民日报,2024-10-17(6).

③ 蒋京洲,董晓尚.四川省情语料库"若水"正式上线[N].四川日报,2024-10-11(5).

## 三、虚拟媒体人：全时全息全能的新闻播报者

技术赋能下，各大主流媒体在虚拟媒体人方面也有很大突破。特别是近几年全国两会期间，各大主流媒体纷纷推出新的或在之前基础上迭代的数字媒体人参与两会报道，让人耳目一新（见表3-1）。2025年春节假期期间，《杭州新闻联播》推出了由6位数字主播主持的新闻节目，春节假期期间采制的所有新闻也全部由数字主播配音，无论是形象、表情、声音，还是肢体动作，数字主播们都做到了极致仿真，更值得关注的是全程播报零失误，引发了公众对于数字媒体人的关注与热议。

传统互联网业态下的虚拟媒体人制作涉及大量的角色设计和动作制作工作，这通常需要消耗大量的人力和时间，而以大数据、人工智能等新兴技术为依托的大模型，通过海量信息的采集和深度学习，可以自动生成并优化虚拟媒体人的形象、性格和行为，使得虚拟媒体人的制作更为快速和高效。

另外，相比前几代虚拟媒体人，依托生成式人工智能打造的虚拟媒体人更具交互性和真实感，不但感官方面更加逼真，还能表达更为复杂和真实的情感，更好地促进人机互动，为用户带来更具真实感和沉浸式的体验。[①] 伴随生成式人工智能技术的快速发展和迭代，未来基于深度学习的自然语言生成技术与虚拟人的结合成为可能，智能化水平大幅提高的虚拟媒体人在文化传播上将带来更多创新。

2025年深圳市"两会"期间，深圳卫视创新推出人形机器人"夸父"（见图3-1），通过先进的AIGC技术将"虚拟媒体人"实体化。作为特约"记者搭档"，"夸父"凭借其卓越的跳跃能力和多地形适应行走功能，全程参与会议报道，引发社会各界高度关注，为未来技术赋能主流媒体内容生产传播提供了新的实践范例。

---

① 李明德,李宛嵘.AIGC背景下的新闻生产传播创新发展报告[M]//中国新媒体发展报告(2024).北京：社会科学文献出版社,2024:80.

**图 3-1　参与深圳市"两会"报道的人形机器人"夸父"**

(图片来源:"深圳卫视深视新闻"微信公众号)

**表 3-1　参与全国"两会"报道的虚拟媒体人及其特点**

| 媒体 | 虚拟媒体人 | 特点 |
| --- | --- | --- |
| 人民日报 | AI 数字主播"任小融" | 采集学习数千位真人主播行为语言生成,形象逼真,播报流畅;365 天全天播报;播报场景实时切换;可与用户实时对话并根据用户选择和反馈实时调整 |
| 央视网 | 数字虚拟主播"小C" | 运用实时"面部+动作"捕捉、实时渲染、深度学习等多种硬核技术,形象逼真,细节清晰,可实时流畅互动 |
| 中国日报 | 数字记者"元曦" | 诞生于百度智能云曦灵平台。结合大模型、语音识别、TTS(文语转换)能力、百变音色、3D 超写实等技术,人像生成效率可达分钟级 |
| 检察日报社 | 虚拟主播"检博" | 采用腾讯智影超写实数字人建模、多模态识别及生成、实时面部动作生成及驱动、迁移学习等多项人工智能前沿技术,通过深度学习真人真实音频、视频数据而生成 |
| 中国青年网 | 数字主持人"青小霞" | 基于真人孪生数字人技术打造。运用 4D 扫描技术、ASR(自动语音识别技术)、TTS 技术、Plato 开放域对话系统等,高度复刻真人主播的声音及表情动作,能胜任多语种播报、手语主持、24 小时自动化播报等任务 |

续表

| 媒体 | 虚拟媒体人 | 特点 |
| --- | --- | --- |
| 上海广播电视台 | 虚拟主播"申䒕雅" | 主要靠光学动作捕捉技术来实现实时驱动,还创新应用4D扫描、智能绑定、影视级面捕、实时渲染、CG技术合成。播报背景引入人工智能工具辅助制作,让虚拟场景的实时渲染效率更高、效果更逼真 |
| 山东广电 | 数字主持人"海蓝" | 采用了全球领先的数字人底层技术和动捕设备,结合时域扫描系统、表情捕捉及表情迁移系统、材质扫描系统和数字人体征数据库等生成,能够迅速且准确地为各类电视节目提供同步手语翻译 |
| 湖南日报 | 数字主持人"小楠" | 采用了轻量化渲染技术和多模态交互引擎技术,人物拟真度、鲜活度、互动性更强 |
| 江苏经济报社 | AI主播"晓姿""晓颜" | 形象端庄大方,细节细腻真实,智能语音接近人声 |
| 川观新闻 | 数字记者"小观" | 依托人工智能、深度学习、卷积神经网络学习等先进技术打造。形象逼真,可实现新闻播报、虚拟主持、互动直播、交互搜索、用户服务等全智能视频服务能力 |
| 上游新闻 | AI主播"小游" | 采用深度学习、自然语言处理等多项人工智能技术,结合计算机视觉、语音合成和深度学习算法,通过大量的数据训练和模型优化,实现了高度逼真、智能的播报效果 |
| 大河网 | AI主播"河宝" | 采用3D虚拟演播、VR、AR等多项技术 |
| 天津津云新媒体 | 虚拟主播"云小朵" | 运用"AI+动作捕捉、AR及MR"的技术核心,实现可与嘉宾流畅交流、深入互动 |

有学者指出,生成式人工智能工具属性重构了知识创作类内容的工作流,并为AI行业带来了全新的可能性和商业模式,而内容创作方面的降本提效则为规模化生产构建市场增量。[①] 对于主流媒体来说,人工智能在提升新闻作品的时效性和准确度的同时,也可以将记者从基本、重复的新闻生产过程中

---

① 陈李姝宏,周钰.元宇宙概念娱乐场景典型案例报告:体验驱动篇 元宇宙概念应用系列报告二[C]//上海艾瑞市场咨询有限公司.2023艾瑞咨询8月研究报告会论文集,2023:51.

解放出来，让记者有更多精力去思考和创作更多高质量、有深度的新闻作品。总而言之，人工智能带来的新闻生产方式的颠覆性变革将促进主流媒体的生产力得到进一步释放。

## 第二节 大数据驱动下的传播逻辑重塑：从"大水漫灌"到"精准滴灌"

技术也正在重塑主流媒体新闻的分发逻辑和格局。一方面，技术的飞速发展为媒体的平台化转型提供了强有力的支撑，同时也降低了建设和维护的成本。技术深度赋能之下，主流媒体可以低成本建立独立自主的传播平台，不仅能增强主流媒体信息发布的自主性，使媒体能够更好地掌控内容的发布和传播，还能更有效地触达和服务受众，从而巩固和提升媒体的传播力、影响力和公信力。

另一方面，主流媒体新闻客户端能够利用先进的算法推荐系统，根据详尽的用户画像，实现个性化内容的精准推送。在此过程中，地域、年龄、职业等多元化标签被用作精准的导航工具，确保每一条新闻信息都能准确触达其目标受众，极大提升新闻报道的针对性和受众贴近度，避免了信息传播的盲目性，能够显著提高传播效率、增强用户黏性。

此外，大数据、人工智能等前沿技术的多模态呈现方式，为新闻形式的创新提供了无限可能。这些技术能够催生出多种新颖、独特的新闻形态，为受众带来沉浸式的阅读体验。通过结合图像、视频、音频等多种元素，新闻报道变得更加生动、立体，极大提升用户的参与感和满意度，不仅丰富了新闻报道的内涵，还进一步拓宽了新闻报道的外延，使新闻传播更加符合现代受众的多元化需求。

### 一、从大众到定制：个性化新闻分发与触达

传统的新闻分发过程往往依赖人工编辑和筛选，而利用人工智能和大数据等先进技术，能够实现对新闻内容的自动化处理和分析，大大减少了人工编辑的工作量，缩短了新闻从采集到发布的时间，使新闻分发更加迅速和高效；在传统的新闻分发过程中，媒体平台通常会无差别地将各类资讯信息传播给

用户,借助大数据和算法,能够深入分析用户行为偏好,进行个性化推荐和传播,使新闻内容更加贴近用户需求,提升用户黏性;人工智能技术还使得跨平台与多渠道传播成为常态。在人工智能的推动下,新闻内容可以轻松实现跨平台、多渠道传播,覆盖更广泛的受众群体,有助于提升新闻的传播速度和影响力,增强新闻分发的互动性和社交性。

人民日报社"全国党媒信息公共平台"以"党媒算法"为核心,借助人工智能构建了主流价值观知识图谱,可以通过自然语言处理、语义分析等技术精准提取入库稿件的标签,并在革新用户画像体系和内容标签体系基础上根据稿件标签和用户阅读习惯,在不同时段对不同用户进行智能化稿件推送;中央广播电视总台的"总台算法"建立了从细分内容到爆款内容的内容漏斗模型和从高活用户到低活用户的流量阶梯模型,将可能成为热点、爆款的精品内容逐渐放大人群推送范围,从而有效检验内容传播力。事实证明,"总台算法"有效助力新用户引流、老用户驻留,实现了总台用户数量和活跃度的双增长。[1]

新闻传播格局的重塑,也为数据驱动与精准营销带来了新机遇。人工智能技术可以帮助主流媒体及时收集和分析用户数据,进而了解其需求和兴趣,为主流媒体的传播策略和受众策略调整提供数据支持,使主流媒体机构可以更加精准地进行内容策划和营销推广,提高新闻的传播效果和商业价值。

在此基础上,实时监测的舆情数据、用户互动轨迹,能让传播者瞬间知晓内容的"冷暖"。差评如警示红灯,促使生产者迅速调整改进;好评似奋进号角,引导挖掘更多相似优质题材。传播者与受众之间不再隔着厚重的"单向玻璃",而是建立起即时互动、双向奔赴的紧密联系,真正实现传播生态的良性循环,让大数据成为驱动传播不断进化的核心动力。

## 二、从中介到建构:建立多模态立体式信息传播平台

构建自主可控的多模态信息交流平台,是主流媒体在数字化时代中的战略转型与升级新方向。通过技术赋能构建平台,主流媒体得以在复杂多变的数字环境中,更加高效、精准地传递信息,满足用户多元化的需求,打造品牌,

---

[1] 王京,徐江旭.从三大央媒实践看主流媒体智能化发展趋势[J].传媒,2023(8):35-37.

进一步巩固其在信息传播领域的权威地位与影响力。

主流媒体在内容传播渠道的选择上,面临着多样化的路径。具体而言,可归纳为三条路径:一是依托具有广泛影响力的社交媒体平台(诸如抖音、快手、微博等)开设官方账号;二是借助其他主流媒体平台(主要指地方主流媒体"借力"实力雄厚的中央级媒体平台)进行信息发布;三是自主建设和运营自有媒体平台。

相比其他两种模式,构建自有平台对各级主流媒体的吸引力不言而喻。《关于加快推进媒体深度融合发展的意见》明确指出,要鼓励有实力的主流媒体打造自主可控、传播力强的新型网络传播平台。主流媒体平台的构建,是推动其系统性改革的关键一环。在此过程中,技术的创新驱动作用尤为重要。

以入选国家新闻出版署2020年中国报业深度融合发展创新案例的中传云全媒体融合平台为例,该平台是中国文化传媒集团积极拥抱人工智能、大数据、云计算等尖端技术,成功打造的拥有自主知识产权的全媒体融合平台。该平台通过云稿库支撑报、网、端、微、号的协同生产,实现了融媒体"策、采、编、发、评、馈"的闭环工作流程。文字、图片、视频等素材资源入库后,能够被高效转化为图文、视频、H5、音频、专题等多种形式的内容,并可一键分发至各新媒体终端。平台的一键管控功能,使得对出现问题的稿件能够迅速进行撤稿处理。媒体绩效评分系统则能够一键打分、一键统计,自动生成媒体工资,极大提升了数据统计的效率。[1] 此外,该平台还整合了"媒体+政务+智库+产业"的多功能服务,通过共享"云稿库"为中国文化报、文旅中国客户端、中国文化传媒网等120多个报网端微提供全方位的信息采编发布、内容分发、舆情监测、大数据分析及文旅产业服务,有效实现了智能化生产、智库化发展和智慧化产业支撑。经过渠道整合,中传云平台的用户量迅速增长至4190万,全网覆盖用户超5.1亿,全年新媒体总阅读量超33亿次,曝光量超612亿次。[2]

当然,虽然先进的技术使得建立自己的平台变得越来越容易,成本也越来越低,但是媒体在决定是否建立自有媒体平台时,需要充分考虑自身的实际情况。对于一些实力雄厚的央媒而言,承担起建构平台的责任义不容辞,通过建

---

[1] 聚焦主责主业,推进调整转型,构建融媒体发展格局:中国文化传媒集团媒体深度融合之路[N].中国文化报,2020-12-31(2).

[2] 聚焦主责主业,推进调整转型,构建融媒体发展格局:中国文化传媒集团媒体深度融合之路[N].中国文化报,2020-12-31(2).

构平台来扩大影响力,将主阵地和主动权牢牢掌握在自己手中。而对于一些地方性主流媒体来说,尽管技术大大降低了平台建设的成本,但是至少目前来看,独立平台的建构和维护也是一笔不菲的费用,且后期推广效果未必理想,这些媒体可以选择"借船出海"的方式,借助其他影响力较大的媒体平台,将有限的资金和精力集中在提升内容质量上,以实现更好的传播效果。

技术加持下,主流媒体平台作为公共服务工具的作用也能够实现更充分的发挥。移动互联网时代,主流媒体不是游离于社会运行系统外的"平行力量",而是与社会高度同构并深度嵌入的基础设施。[1] 2024年《政府工作报告》强调了"适度超前建设数字基础设施,加快形成全国一体化算力体系,培育算力产业生态"的重要性,这标志着人工智能、大数据、云计算、物联网、工业互联网等新基建项目正步入快速规划和实施的新阶段。借此东风,各大新型主流媒体正积极拓展业务范围,尝试将业务从单纯的信息传播拓展为"新闻+政务服务+综合服务",将多样化的公共服务融入传播体系中,发挥"主流舆论阵地、综合服务平台、社区信息枢纽"的功能。[2] 这一转型方向已成为主流媒体深度融合发展的广泛共识。借助先进技术构建一个集多功能于一体的生态级平台,主流媒体能够进一步开发生活服务、政务服务、舆情服务、智库等功能,不仅能更好地服务于国家治理和民众生活,还能解决自身的营收难题,扩大影响力,促进优质内容生产的良性循环,实现自身、经济、社会等多方面的共赢。以广州日报报业集团为例,近年来,该集团先后同广州市人民政府政务管理办公室、市民政局、市税务局、市总工会等职能部门签了战略合作协议,借助大数据、人工智能等先进技术,开启了"信息共享、渠道互通、活动互推"的深度融合新模式。通过这样的深度融合,地方党媒能够更好地发挥其在信息传播、公共服务和社会治理中的作用,为构建和谐社会贡献力量。

## 三、从单向到互动:多模态催生新业态

数据显示,2023年8月31日,百度"文心一言"对外开放服务首日,共计

---

[1] 戴元初,康培培.国家治理视域中的媒体深度融合:舆论生态、社会表征与时空再造[J].中国出版,2021(13):45-49.

[2] 张旸,柳慧斌,王洋.深度融合推动主流媒体打造公共服务新平台[J].新闻战线,2022(16):53-57.

回复网友超3312万个问题,平均一分钟回答23000个问题。2025年2月,新华日报社旗下"交汇点"新闻客户端的AI助手"点点"正式接入中文大语言模型DeepSeek,能够对用户提出的多方面问题实现快速响应,提供准确全面的回复,展现了人工智能技术的强大信息处理和互动能力,为新闻业态向多模态、沉浸式、对话型转变提供了可能、奠定了基础。

多模态呈现是生成式人工智能技术赋予新闻业的"新语法"。它能够帮助媒体打破文字、图片、音频、视频的介质壁垒,把原本割裂的符号系统熔铸为一条流动的叙事链:一段文字可瞬间化作影像脚本,一张静态照片能延伸出环绕立体声,直播镜头里的同期声又可实时生成字幕与数据图表。AI的跨模态转化引擎,让"一次采集、多元生成、全媒传播"成为流水线作业,既成倍放大创作效率,也为受众打开360°沉浸式新闻现场——在同一屏幕内看见光影、听见情绪、触到数据,新闻由此从单一模态升级为"全息体验"。

人工智能技术的高度模拟现实性也有望为主流媒体带来革命性的变革。通过复杂的算法和大数据处理技术,人工智能技术能够模拟和模仿现实环境、事件或情境,创造出逼真且可交互的虚拟体验。这种技术为主流媒体打造"沉浸式新闻"和"跨媒体新闻"提供了有力支持。通过高质量的3D建模、音频渲染和文本解析技术,可以生成具有深度沉浸感的新闻场景,让用户仿佛置身新闻现场,能够切身感受新闻事件的氛围和细节。例如,在2023年两会期间,中国移动咪咕便以全国人大代表、福建社会科学院副院长黄茂兴为原型,打造了首个全国人大代表比特数智人,在"鼓浪屿元宇宙"中进行走访、交流,并在"元宇宙人民大会堂"为两会建言献策,成功吸引了年轻人的关注,共同向世界传递了中国两会的声音。

此外,随着人工智能技术的深度融入,聊天机器人、虚拟媒体人、数字记者等创新应用已能实现全天候在线,为主流媒体探索"交互式新闻"领域开辟了全新可能。通过巧妙结合自然语言处理与机器学习技术,人工智能能够自动生成蕴含智能交互特性的新闻文章,用户得以与新闻中的虚拟角色进行实时对话,从而获取个性化、深入的新闻解读与观点分析,使得新闻传播从传统的单向传递转变为一种充满互动性的沉浸式体验,不仅显著提升了用户的参与度与满意度,更为新闻机构提供了精准捕捉用户需求、及时反馈的宝贵途径,有力推动了新闻内容与服务的持续优化与升级。例如,2024年全国两会期间,央视财经新媒体推出两位以郭若天、孟湛东为原型的AI主播,他们24小时在线,能够全天候与用户对话,解答经济、产业、旅游等各个领域的问题。

然而,要实现这些新的、充满趣味的新闻形式,主流媒体还需要在技术研发、内容创作和用户体验等方面进行持续深入的探索和实践。

## 第三节 挑战与未来:主流媒体技术应用的前景展望

当前,人工智能、大数据等前沿技术在主流媒体中的应用仍处于探索阶段,面临着技术瓶颈、算法偏见、新闻真实性争议、版权归属模糊、技术鸿沟加大及信息茧房效应等诸多挑战。这些因素制约着技术对主流媒体新闻生产实践的赋能效果,也使得行业尚未形成成熟的技术应用范式。

展望未来,我们相信,主流媒体及其从业者将与人工智能等技术展开更深层次的协作,充分发挥各自优势,实现新闻生产与传播效率、效果的双重提升,从而真正解放新闻工作者的生产力,使其能够专注于更具创造性和深度的内容创作。与此同时,区块链等新兴技术有望为媒体版权保护提供强有力的支持。此外,在享受生成式人工智能等技术带来的便利与效率的同时,主流媒体更应主动肩负起引领媒体行业技术伦理与责任体系构建的重任,确保技术应用始终服务于公共利益与社会价值。

### 一、主流媒体技术应用的现实困境

#### (一)技术困境与算法不成熟

主流媒体在广泛探索人工智能技术进行内容生产的过程中,仍面临着一系列复杂且多维的挑战。首要难题在于人工智能技术的系统性研究与核心算法的成熟度不足。尽管以 ChatGPT 为代表的人工智能工具凭借大型语言模型的深度学习技术,在快速生成文本、图像、音频、视频及多模态内容方面展现出巨大潜力,但实际应用中,除音频技术相对成熟外,其他模态技术尚处于初级阶段,面临算力成本高昂、生成稳定性欠缺、个性化需求难以满足等问题,阻碍了其向大规模应用的跨越。

在文字创作领域,"文心大模型"等模型在内容生产的主观性、创造性、新信息适应性及跨文化交流等方面仍存在显著局限。笔者试图对话"文心大模型4.0",询问其在文字创作方面的缺陷,得到如下回答:

第一,缺乏主观性和创造性:我基于大量数据进行学习和生成回答,虽然我可以理解并回答各种问题,但我不能像人类一样拥有主观的情感和观点,也不能进行真正的创造性思考。

第二,对上下文的依赖:尽管我能够处理大量的文本信息,但在某些情况下,我可能无法完全理解或记住之前的对话内容,这可能导致在某些连续的对话中出现信息不一致或误解的情况。

第三,对新信息的适应性:尽管我可以处理大量的数据和信息,但我的知识库是基于我训练时的数据构建的,因此,对于训练后出现的新信息或知识,我可能无法立即适应或理解。

第四,语言和文化的限制:尽管我擅长中文,并且正在学习其他语言,但我的语言处理能力仍然受到我所训练的语言模型的限制。同时,我可能无法完全理解和适应所有文化背景下的复杂情境和微妙含义。[①]

视频创作方面,即便是如Sora这样的文生视频领域领先模型,也未能免于缺陷。Sora作为模拟器,在模拟基本物理交互、动态变化场景时展现出诸多局限性,如无法精确再现玻璃破碎、食物咀嚼等细节,导致生成的视频内容与现实脱节。此外,Sora还存在长时间样本不连贯、对象自发出现、复杂场景物理特性模拟困难、因果关系理解缺失、空间细节混淆及事件随时间展开描述不精确等问题,这些都限制了其在专业新闻视频制作中的应用。

再以虚拟媒体人为例,国内多数主流媒体所打造的虚拟形象远未达到真正的智能化与个性化标准,甚至由此引发的"恐怖谷"效应制约了其全面应用到主流媒体生产传播当中。要使其真正成为主流媒体新闻生产传播的得力助手,其背后仍需持续的资金注入、更尖端的人工智能技术支撑,以及漫长的迭代优化过程。这些挑战要求主流媒体在技术应用中不断寻求突破,以实现更高效、更智能的内容生产。

### (二)数据可信与新闻真实

数据质量与准确性问题是主流媒体运用人工智能、大数据等技术进行新

---

① 来自"文心大模型4.0"自答。

闻生产时面临的首要挑战。人工智能技术的效能高度依赖于海量数据的训练与优化，然而新闻领域的数据具有其特殊性：多样性、复杂性及内在的不确定性，这些特征往往导致算法模型在新闻内容的理解与生成过程中产生系统性偏差，甚至出现事实性错误。更为严重的是，大模型的训练机制与内容生产模式可能诱发"数据污染"与"模型自噬"等风险，这些风险不仅会直接损害新闻内容的质量，更会误导公众认知，最终动摇主流媒体的公信力根基。

从技术层面来看，人工智能在语义理解与深度分析方面仍存在明显局限。具体表现为难以准确把握新闻信息中的复杂语境、文化隐喻及深层背景知识，这种技术缺陷必然影响新闻内容的精准表达与受众的准确理解。由此带来的新闻客观性受损、事实准确性降低、内容可读性下降等问题，已成为制约人工智能在新闻领域深度应用的关键瓶颈。

此外，算法系统的不成熟性和技术脆弱性可能为恶意攻击提供可乘之机。一旦遭受攻击，新闻内容可能被恶意篡改或误导性传播，这将严重损害新闻的真实性和权威性——而这两者恰恰是主流媒体核心竞争力的根本所在。因此，对于主流媒体而言，在应用人工智能技术辅助新闻生产的过程中，如果不能建立严格的数据质量控制机制和准确性保障体系，将不可避免地面临新闻真实性风险。长此以往，不仅会影响新闻报道质量，更可能导致媒体公信力的系统性危机，最终动摇主流媒体的社会影响力根基。

### （三）版权归属与侵权风险

随着人工智能技术在新闻生产与传播中的广泛应用，版权归属与侵权风险问题日益凸显，成为媒体行业特别是主流媒体亟须面对的挑战。2024年，全国首例"AI文生图"著作权案、"AI声音侵权案"及涉AI绘画大模型训练著作权侵权案等，均引起了社会的广泛关注。这些案例反映出，在AI技术辅助下，新闻产品的版权归属变得复杂，版权争议频发。

目前，AI辅助生产的新闻作品版权归属问题尤为突出。当AI技术参与内容创作时，其版权究竟应归谁所有，目前尚无定论。此外，AI生成内容往往基于对大量既有数据与内容的深度学习和借鉴，这涉及版权作品的数据投喂和大模型训练问题。由于这些模型训练所使用的数据集是否获得授权并不透明，这不仅引发了关于内容是否跨越模仿、抄袭或侵权界限的疑问，也对版权保护提出了更高要求。

我国著作权法在AI生成物的保护方面尚未给出明确规定。[1] AI生成内容的著作权归属问题,以及人工智能工具在归纳总结和深度学习基础上生成的观点和内容是否构成侵权,模型开发者、产品运营者、用户等各方的权益和责任如何界定,这些问题仍存在较大争议,亟须法律和政策层面的明确指引。例如,在"AI文生图"著作权案中,法院认为原告通过提示词和参数设置,体现了个性化表达,因此涉案图片具备"独创性"要件,受到著作权法的保护。这表明,在判定AI生成内容的版权归属时,法院会考虑人类创作者在创作过程中的智力投入和个性化表达。这为主流媒体应用AI技术辅助生产奠定了基础、提振了信心。

主流媒体在享受AI技术带来的便利与效率的同时,必须正视版权归属与侵权风险问题,积极参与到技术责任体系的构建中,包括制定行业标准、推动法律法规完善及建立技术伦理评估机制,以确保技术进步不损害公共利益和社会福祉。

### (四)技术鸿沟与信息茧房

周葆华认为:"当机器生成的知识成为公共知识,成为公共对话、讨论和社会运作的资源,必然对公共舆论、公共交往与公共生活产生重要影响。"[2]如果说新闻真实性困境可以通过相对简单的技术方式来改善,那么,在新技术驱动下的新闻客观性与平衡性维护,则显得更为微妙且难以捉摸,其长期累积的负面效应,必然会对主流媒体的核心价值乃至整个社会结构构成严重威胁。算法能够操控社会关系的建构,影响个人生活和工作状况,对其社会地位产生制约作用,甚至对其行为进行监控和控制。[3] 对于新闻业和新闻从业者来说概莫能外。

在新闻生产层面,有观点认为,人工智能、大数据等前沿技术凭借其海量信息的处理能力,在新闻生产中能超越人类的主观局限,促使新闻报道趋向更客观、全面与平衡。然而,现实情况是,算法及其所依赖的数据源已深深烙印

---

[1] 史竞男,杨湛菲.AI写的小说,有没有版权?[N].新华每日电讯,2024-11-04(5).
[2] 周葆华.或然率资料库:作为知识新媒介的生成智能ChatGPT[J].现代出版,2023(2):21-32.
[3] 彭兰.智能素养:智能传播时代媒介素养的升级方向[J].山西大学学报:哲学社会科学版,2023(5):101-109.

了人类的主观偏好,加之多数大型模型在优化过程中遭遇的数据回流与算法自噬问题,共同催化了信息茧房的固化。在此背景下,主流媒体新闻从业者不仅面临信息视野狭窄的桎梏,更易陷入思维定式与偏见加深的困境,由此产出的新闻作品,其客观性实则暗含瑕疵,且这种偏颇性往往隐蔽而难以识别。

在信息传播维度,上述机制促使主流媒体倾向于推送同质化、低质化的内容,这不但会降低主流媒体的内容质量,也会在无形中构建起一种隐性的、被算法支配的"议程设置",长此以往将严重侵蚀主流媒体新闻报道的内容质量及观点的客观性与平衡性。

因此,技术的运用,尤其是人工智能技术的广泛应用,非但未能弥合既有差距,反而加大了主流媒体机构间的"技术鸿沟",加剧了主流媒体从业者的"信息茧房"问题。高昂的算力成本与较高的技术门槛限制了研究的普遍参与性,可能促成主流媒体市场的寡头垄断格局,削弱信息的多元性;同时,大模型开发过程中潜在的"价值垄断"风险,以及国际技术竞争可能引发的少数主流媒体"赢者通吃"的格局,都将进一步巩固并扩大"信息茧房"的效应,对主流媒体新闻产品的客观性、平衡性和社会的开放性、多样性构成严峻挑战。

## 二、未来展望:技术赋能下的主流媒体新图景

### (一)人机协作新范式:让人工智能解放人而非取代人

"人工智能会取代人类记者吗?""人工智能时代,新闻从业者应当何去何从?"人工智能的勃兴,令不少媒体从业者产生了"饭碗恐慌"。麦克卢汉媒介理论启示我们:媒介是人的延伸,人工智能作为一种智能化工具,也应当充当人类智慧延伸的角色。

诚然,以人工智能技术为依托的中文语言大模型在新闻领域已展现出处理常规任务的高效能力,可以大大减少人类新闻工作者的工作量,提升工作效率。但目前看来,人工智能技术并不会对新闻生产产生颠覆性影响[1],更不会完全取代人类新闻工作者。首先,AI不可能"无中生有"地生产事实信息,也不能替代记者的采访工作。[2] 其只能通过对大量已有数据和信息的分析和处

---

[1] 王辰瑶,张雨龙.2024年全球新闻创新报告[J].新闻记者,2025(1):18-40.
[2] 魏永征.面对AI技术新闻业怎样行动?[J].当代传播,2024(4):1.

理"拾人牙慧"而无法独立思考,但是好的新闻作品,例如消息、通讯类新闻作品,是新闻工作者"眼力、脚力、脑力、笔力"综合实力的体现,再如深度通讯、评论等稿件,必然对思想新意和深度有更高要求。其次,目前人工智能技术的算法偏见和数据污染等对新闻真实性产生了威胁,其引发的真相危机将重构人、技术与媒介之间的信任关系与价值关系,为新闻传播带来失实风险、侵权风险和算法权力滥用等伦理风险。[①] 再次,人工智能在政治敏锐性、深度内容的理解与表达上,仍面临着难以克服的技术局限,而这些领域恰恰是人类智慧的强项。神经认知科学研究表明,人类在隐喻构建、文化解码和伦理判断等方面仍具有不可替代的认知优势。[②] 更深层次来说,新闻行业的本质远不止于技术应用的层面,它更是一个承载人文关怀、肩负社会责任的领域。在这里,记者的同理心、道德判断及对社会正义的不懈追求,是任何算法都无法复制的宝贵财富。

可以预见,未来的主流媒体将不可避免地迈向人机协作的新纪元,技术与媒体从业者的深度融合与协作将成为主流趋势。因此,充分了解并更好利用技术,使其成为新闻写作的"好帮手",是新闻业和新闻工作者必须面对的课题。主流媒体及其从业者需尽早洞察这一趋势,积极拥抱变化,探寻人机合作的新模式,开拓更高层次的人机融合新路径,以适应并引领这一变革。在此过程中,应充分利用人工智能大模型的高效处理能力,同时发挥人类新闻工作者在思想深度、人文关怀方面的独特优势。唯有双方各展所长,方能共同探寻新闻内容生产与传播的最优方案,为主流媒体新闻生产与传播注入更强大的动力。具体而言,主流媒体可以从以下方面进一步加强技术深度应用:

第一,大数据技术为主流媒体内容创作注入了灵感与导向。借助先进的大数据模型,主流媒体能够高效地对海量数据进行深度挖掘和精细化分析,迅速识别并提炼出极具新闻价值的内容。这些模型不仅能够帮助主流媒体从业者快速锁定热点,更能精准把握受众的兴趣偏好。以此为基础,主流媒体从业者得以在纷繁复杂的信息世界中游刃有余,高质高效地创作出既引人入胜又发人深省的新闻佳作,更好地服务于广大受众的信息需求。

---

[①] 杨保军,杜辉.智能新闻:伦理风险·伦理主体·伦理原则[J].西北师大学报:社会科学版,2019,56(1):27-36.

[②] Luo X L, Rechardt A, Sun G Z, et al. Large Language Models Surpass Human Experts in Predicting Neuroscience Results[J]. Nature Human Behaviour, 2025(2):305-315.

第二，人工智能可以为主流媒体提供强大的内容支撑。通过自然语言处理、机器学习及大数据分析等先进技术，人工智能能够迅速生成新闻稿件、摘要、标题等，为主流媒体节省宝贵时间。同时，它还能对海量信息进行高效筛选、分类与整理，助力主流媒体从业者快速获取有价值的新闻线索与素材，提升工作效率。

第三，主流媒体从业者可以充分发挥其专业优势，扮演好"把关人""核查者"的角色。虽然人工智能等新技术在内容生成方面具有很高的效率，但在新闻真实性、客观性和深度报道方面，主流媒体从业者的专业素养和经验仍然具有不可替代的作用。因此，他们可以对人工智能生成的内容进行核实、修改和补充，以进一步确保新闻的质量和准确性。

第四，人工智能与主流媒体从业者还可以共同探索新的报道形式和传播渠道。例如，利用人工智能技术，可创作出更具创意与互动性的新闻报道形式，如虚拟现实新闻、AI 互动新闻等，为受众带来全新的阅读体验。同时，主流媒体从业者还可借助基于人工智能、大数据等新兴技术构建的大模型，对内容进行精准的适媒性调整，并通过"一键分发"功能，将新闻内容精准推送至社交媒体、短视频平台等新兴传播渠道。这种智能化的内容适配与分发机制，不仅提升了新闻传播的效率与精准度，还极大地增强了新闻内容的吸引力与影响力，满足了不同媒介平台受众的个性化需求。

第五，为了让主流媒体及其从业者能有更加便捷、高效、顺畅的使用体验，媒体行业、主流媒体机构及其从业者还可以探索建立专业型、个性化大数据模型。随着模型训练成本不断降低，开发者调用模型服务的成本也随之下降，未来大模型调用可能迈入平价时代。① 新闻业、主流媒体机构及其从业者也应当以更为主动的姿态，寻求与技术共生、共创的人机深度协作模式。

新闻业作为社会信息传播的重要领域，其与技术的融合体现在新闻价值对齐与专业逻辑的协同中。② 一系列更加高效且具有思维链的内容生产大模

---

① 喻国明,金丽萍.生成式媒介的极致优化:DeepSeek 对传播生态的系统性影响[J].新疆师范大学学报:哲学社会科学版,2025,46(4):71-79.
② 师文,陈昌凤.智能技术与社会价值的冲突与交融:2024 年全球智能传播研究评析[J].现代出版,2025(1):40-49.

型将与媒介产业结合,重塑生产流程,实现内容价值的场景化升级。[①] 因此对于新闻业而言,应当尽快打造行业专用 AI 大模型,助力 AI 新闻创作更为专业高效。随着 AI 技术的深度渗透,打造专用大模型成为各行各业未来发展的必然趋势。新闻业作为信息传播与社会舆论的重要阵地,亦应紧跟时代步伐,着手构建行业专用 AI 大模型。模型应兼具新闻行业专业知识与 AI 尖端技术,集成多样化的新闻框架与模板库,使用者能够根据实际需求与个人风格偏好,灵活选择写作模板辅助新闻创作。记者仅需根据系统要求和提示精准采集并输入相关信息,模型即能依据选定模板逻辑自动生成初稿,新闻写作者可以在此基础上进行润色把关和二次创作。相较于通用 AI 大模型,专用大模型将助力新闻生产在高效信息采集、创作流程优化及效率提升方面实现质的飞跃。

对于主流媒体机构而言,需探索构建特色化专有语料库,以提升大模型的新闻敏感度与政治敏感度。面对日益多元化的受众需求与专业化的媒体平台建设趋势,有实力的媒体机构应探索建立专属特色语料库,通过语料库与 AI 大模型的综合运用,实现更高层次的"人机对齐"。具体而言,媒体机构需持续向语料库"投喂"有导向性与个性化的语料资源,从而帮助大模型逐步构建起与媒体特色和风格相契合的认知架构,这种个性化的培养和学习机制不仅能够显著提升大模型对新闻热点的敏锐捕捉能力,还能帮助它从海量信息中迅速而精准地筛选出符合媒体风格的新闻视角与素材,让每篇报道都拥有深刻的"本报烙印"、"本台风格"或"本网特色",精准触达并牢牢吸引目标受众群体,从而不断巩固并提升媒体机构的市场地位与核心竞争力。同时,通过向大模型输入主流价值观及特定媒体历史内容资料,可以有效弥补大模型在生成内容时可能存在的"政治敏锐性不足"问题,确保内容导向的正确性与积极性。

对于主流媒体新闻写作者来说,未来,人机协同将成为主流决策模式。在此背景之下,可以通过发展定制化"小模型",以实现个性化新闻写作。随着 AI 技术的不断进步与应用成本的降低,未来有望为每位新闻工作者定制专属的 AI 新闻写作"小模型"。通过长期的伴随学习与深度人机交互,"小模型"

---

① 喻国明,金丽萍.生成式媒介的极致优化:DeepSeek 对传播生态的系统性影响[J].新疆师范大学学报:哲学社会科学版,2025,46(4):71-79.

长期在"认知—反馈—迭代"的闭环系统中进行学习,将有望深刻理解写作者的思维模式,模仿其语言风格,为写作者提供个性化、高效率的创作辅助,从而创作出既具个人语言风格又饱含"人情味儿"的新闻佳作。此外,有研究表明,提示越丰富越能提高文本输出的真实性与信息量。[1] 因此,在这一互动过程中,新闻从业者或将从职业提问者和记录者转变为 prompt engineer(提示工程师),新闻生产者和用户间的距离也将被缩短。以机器为协作对象,鼓励用户踏出自我寻找新闻、了解新闻真相的一步,这种界面式的对话、沟通和交流将成为彼此间建立信任的桥梁。[2]

为此,主流媒体不但需要进一步推动技术创新和应用,也需要鼓励从业者不断学习和掌握人工智能技术,关注其发展趋势,积极探索更多人机协同的可能性,以实现更高层次的人机融合,更好赋能新闻生产与传播。同时,主流媒体也需要加强与高校的协作,在人才与技术需求方面与高校保持实时互动,必要时可采取联合培养方式,适时调整传媒人才培养方式,培养既具有新闻传播专业基础又善用人工智能技术的新型新闻人才,以适应新闻业当下和未来对人才的新需求。可喜的是,目前已有高校在积极行动:2024 年 3 月 26 日,浙江传媒学院新闻与传播学院宣布将面向全校开设"人工智能新闻"微专业,首开国内高校"新闻+AI"教育之先河。

霍克海默和阿多诺在《启蒙辩证法》中警示我们:"精神的真正功劳在于对物化的否定。一旦精神变成了文化财富,被用于消费,精神就必定会走向灭亡。"[3]因此,如何让技术解放人而非取代人,是我们需要长久思考和探索的问题。

### (二)区块链赋能版权保护:主流媒体版权保护新探索

在数字化时代背景下,信息的传播速度与广度达到了前所未有的水平,为版权保护带来了极大挑战。随着网络技术的飞速发展,数字内容(如文字、图

---

[1] Schulhoff S, Ilie M, Balepur N, et al. The Prompt Report: a Systematic Survey of Prompting Techniques[J/OL]. https://doi.org/10-48550/arXiv.2406.06608.

[2] 唐铮,林子璐.生成式人工智能与新闻业:赋能、风险与前瞻[J].新闻与写作,2023(11):97-104.

[3] 马克斯·霍克海默,西奥多·阿多诺.启蒙辩证法[M].梁敬东,曹卫东,译.上海:上海人民出版社,2006:4.

片、音频、视频等）的复制、传播变得异常便捷，但同时也使得侵权行为频发，且手段更加隐蔽。传统媒体向数字化转型的过程中，如何有效保护原创内容的版权，防止非法复制、篡改和未经授权的传播，成为一个亟待解决的问题。此外，跨国界的数字内容传播还涉及不同国家和地区的法律差异，进一步增加了版权保护的复杂性。

区块链技术作为一种分布式账本技术，具有不可篡改、透明公开、去中心化等特性，为主流媒体版权保护提供了新的思路。首先，通过区块链技术，可以为每一件数字作品创建一个唯一的数字身份，即哈希值。哈希值一旦生成便无法更改，有效防止了内容的篡改。其次，区块链上的时间戳功能可以精确记录作品的创作时间和权属信息，为版权纠纷提供不可辩驳的证据。再次，智能合约的应用使得版权许可、转让等交易过程可以自动执行，降低了交易成本，提高了效率。此外，区块链的分布式特性有助于构建一个全球性的版权保护网络，跨越地域限制，实现版权的国际互认与保护。

区块链技术的迅猛发展，正在重塑内容产业的版权生态，主流媒体可借此构建更具前瞻性的版权保护体系。应当深度布局区块链技术研发，着力构建覆盖版权登记、数字存证、智能交易的完整生态链。比如，可以开发去中心化的版权存证平台，通过时间戳和哈希值固化创作证据，为内容创作者提供可靠的确权服务。标准制定与法律护航必不可少，主流媒体应主动参与行业标准制定，推动建立统一的区块链版权认证体系，还可联合法律界人士，为新型版权纠纷提供法律解决方案。在产业协同方面，主流媒体可以与技术企业共建联合实验室，共同研发适用于媒体行业的区块链解决方案，通过开设"区块链＋版权"公开课、举办数字版权保护周等活动，帮助公众理解区块链技术如何保障创作者权益，进一步培育全社会的版权意识。在商业价值挖掘方面，区块链技术为版权运营开辟了新路径，主流媒体可以尝试建立基于通证经济的版权交易市场，探索版权质押融资、收益权拆分等创新模式，真正释放版权资产的潜在价值。

### （三）主流媒体责任担当：引领技术伦理与责任体系构建

随着生成式人工智能等技术在新闻业的广泛应用，主流媒体作为社会公器，肩负着在推动技术创新的同时，加强新闻行业技术使用的规范性和伦理性，为整个媒体行业树立典范的重任。

主流媒体应带头划定并遵守技术伦理底线。在运用生成式 AI 等技术进行内容生产、编辑和分发的过程中，必须牢牢守住真实、公正、透明三条生命线。其一，构建人机协同的内容审核体系，通过"AI 初筛＋人工复核"确保新闻的真实性和原创性；其二，优化算法推荐模型，在个性化推荐的同时兼顾报道平衡，防范信息茧房效应；其三，公开算法逻辑，保障公众对于算法推荐的知情权与选择权，实现技术应用的可知、可控、可问责。

主流媒体须引领构建负责任的技术治理体系。其一，要完善制度规范体系，包括制定技术应用的行业标准与操作指南，推动相关法律法规的修订，建立常态化技术伦理评估机制；其二，要构建协同治理网络，联合科研机构开展前沿技术伦理研究，与监管机构共建技术监督平台，共同解决隐私保护、数据安全、内容版权等关键问题；其三，要坚守公共利益导向，明确技术应用"负面清单"，完善公众参与机制，确保技术创新始终服务于公共利益。

作为主流意识形态传播的重要阵地，主流媒体还必须着力提升公众的技术素养和媒介素养，提升公众的 AI 内容识别能力、算法理解能力和批判性思维能力。可通过开设专栏、举办讲座、发布指南等方式，教育公众如何辨别信息真伪，理解算法推荐原理，指导公众在信息过载的环境中做出理性判断和选择。

此外，在推进技术创新的进程中，主流媒体还应秉持"科技向善"的理念，将人的全面发展作为技术应用的终极价值坐标。可借助 AI 技术的智能分析能力，系统性地提升新闻报道的多元包容性，通过建立社会群体画像数据库、设置边缘群体发声专栏等方式，确保不同阶层、族群的声音都能得到均衡呈现；应着力开发智能无障碍传播系统，如语音转文字、图像描述生成等辅助功能，消除残障人士的信息获取障碍；还可利用技术在内容生产环节注入人文温度，运用情感计算技术优化报道视角，在硬新闻中融入人性化叙事，使新闻报道既有数据支撑的理性深度，又具人文关怀的情感温度。

此外，建立反馈与纠错机制也是主流媒体的重要任务。主流媒体应建立有效的用户反馈和错误纠正机制，鼓励用户对技术应用的体验提出意见和建议，及时响应并修正错误。这种开放和透明的态度不仅有助于提升服务质量，而且是构建技术伦理与责任体系不可或缺的一部分。

在享受新兴技术带来的便利与效率的同时，主流媒体必须勇于承担起引领技术伦理与责任体系构建的重任。通过实际行动维护新闻的真实性与公正性,促进技术健康发展,为构建一个更加公平、透明、有责任感的信息社会贡献力量。

## 本章案例

**川观新闻:数智引领,20名数字记者驱动内容生产流程革新**

在2023年9月15日举行的"深融十年 智驱未来——2023新型主流媒体建设天府年会"上,四川日报发布了其旗下新闻客户端川观新闻10.0版本,并同步揭晓了首批20名数字记者的神秘面纱,这不仅标志着川观新闻在主流媒体系统性变革中迈出了坚实的一步,而且展现了其以数智赋能、全面重塑内容生产流程的雄心壮志。

数字记者的诞生,是川观新闻对技术赋能主流媒体生产流程的深刻理解和积极实践。这些数字记者,并非简单的真人复制,而是基于AI算法实时驱动,拥有更自然细腻的外观、更丰富多变的能力和应用场景。他们不仅能够进行多线程播报,提升媒体内容生产效率,还能够根据用户需求,提供更为丰富、个性化、年轻态的视频内容产品。

2022年9月,"小观"数字人正式发布上线,作为四川日报首位元宇宙数字记者,她以生动的表情、自然的神态、流畅的动作,迅速在重大新闻报道、资讯播报等领域崭露头角。"小观"的出色表现,不仅赢得了大批"粉丝"的喜爱,更让用户对数字人记者充满了更高的期待。在此基础上,川观新闻10.0版本推出的数字记者矩阵,无疑是对这一成功经验的进一步拓展和深化。

数字记者矩阵的构建,是川观新闻尝试用人工智能特别是生成式人工智能重塑内容生产流程的重要一环。这些数字分身,不仅继承了真人记者的专业素养和播报能力,更发挥了由算力驱动的优势,实现了内容生产的智能化和高效化。在政经、文化、科技、生活等各个领域,"小观"和她的20个新的数字记者同事,将以前所未有的速度和精度,为用户提供更加精准、全面的新闻资讯。

除了智慧内容生产之外,"小观"的交互服务能力也实现了质的飞跃。在川观新闻10.0版本中,"'小观'智能助手"将化身为用户的操作助手和资讯助手,通过ASR和TTS,实现与用户的直接语音对话和智能化指令识别。无论是打开活动中心、积分商城，还是搜索新闻资讯、回答问题，"'小观'智能助手"都能迅速响应用户需求，降低时间成本，提升智能体验。

此外，川观新闻还充分利用智能影像处理等技术，使数字记者团队在报道呈现方式方面取得突破：虚拟场景深读、现实叠加交互等一系列创新探索使得新闻报道更立体、画面场景更逼真、受众体验更沉浸，为主流媒体内容升级辟出新路，也提供了可复制、可借鉴的技术赋能新闻生产方案。

（李宛嵘）

# 第四章
# 组织变革：主流媒体的组织架构再造

在媒介生态深刻变革的背景下，主流媒体的系统性变革不仅依赖于技术赋能与内容创新，更需要顺应深度融合发展趋势，积极推进"深入骨髓"式的体制机制改革——组织变革。组织变革不仅是媒体融合的关键环节，更是推动主流媒体系统性变革的重要突破口，其重要性在于，它能够从根本上打破传统媒体在体制机制上的桎梏，为系统性变革提供内生动力与制度保障。

当前主流媒体在组织架构方面面临诸多问题：层级冗余、部门壁垒、创新活力不足、资源配置低效等结构性矛盾，严重制约了其适应互联网时代的能力。这些问题的存在，使得主流媒体在应对技术变革与用户需求变化时显得力不从心，亟须通过组织变革破解困局。随着融合实践与研究探索的深入，业界和学界愈发意识到主流媒体仅停留于技术叠加、渠道再造等小修小补式的改革，是无法扭转受众群体缩减、收入利润下降、舆论影响力降低、社会影响力减弱的不利局面。

为此，在保障意识形态安全的前提下，主流媒体必须积极探索符合互联网规律的传媒组织架构和运行机制，以组织战略调整、组织结构优化、组织管理革新、组织文化适应为核心，推进全方位的组织变革。通过战略层面的谋定而动、结构层面的轻装上阵、管理层面的激活潜能及文化层面的凝心聚力，主流媒体才能打破路径依赖，释放创新活力，为系统性变革赋能。本章将从现状与困局、破局之道及未来图景三个维度，深入探讨主流媒体组织变革的必要性、路径与趋势，为构建适应新时代需求的传媒组织生态提供理论支撑与实践指引。

# 第一节　现状与困局：主流媒体组织架构的"阿喀琉斯之踵"

组织的发展深受内部和外部环境的深远影响，媒体亦然。内部环境包括了组织的文化、结构、资源和员工的能力与态度等，这些因素共同作用，塑造了组织的内在动力和适应能力。外部环境涵盖了政治、经济、社会和技术等多个层面，这些因素时刻影响着组织发展的航向和速度。主流媒体作为连接组织与外界的重要桥梁，不仅传递信息，也塑造公众对组织的认知和态度。作为追求社会效益与经济效益双重目标的机构，主流媒体通过明确的权责分配和层级结构，构成了一种独特的组织形态。没有永恒不变的组织形态，组织必须敏锐地洞察环境变化，灵活调整其战略，并勇于进行结构与形态的革新。主流媒体要在开放性的生态系统中谋求发展，必须关注内部和外部环境的变化，根据内外部环境的变化，不断创新和完善自身的组织架构和管理模式。

## 一、组织变革的内涵与外延：解码变革密码

组织变革（organizational change）是指组织根据内外环境变化，及时对组织中的要素（如组织的管理理念、工作方式、组织结构、人员配备、组织文化及技术等）进行调整、改进和革新的过程，旨在提升组织效能，增强组织对环境变化的适应能力。

1967年，保罗·劳伦斯和杰伊·洛尔施提出权变理论（contingency theory），认为外部环境的瞬息万变、技术引领的革新不断，要求组织结构跟随外界的变化而做出相应调整。[①] 组织权变理论强调组织结构与所处内外部环境的适应程度，根据组织的实际情况选用最适宜的管理方式，在变化中探索对策。权变管理者要随着组织的目标任务、技术特性、所处的内外部环境的变化而改变。针对具体的环境，灵活、创造性地运用权变管理方法，制定有效地达到企

---

① Lawrence P R, Lorsch J W. Differentiation and Integration in Complex Organization[J]. Administrative Science Quarterly, 1967, 12(1):1-47.

业目标的管理战略、对策和方法,从而提高管理实践的绩效。

主流媒体烙印着政治性的基因,喉舌与工具的角色属性尤为突出。自诞生之日起,我国主流媒体组织的运作特点集中体现为高度集中和行政化管理,按照行政区划设立,其主要职能以政治宣传为主。改革开放后,我国主流媒体开始市场化探索,逐步超越了单一的政治宣传功能,关注民生和娱乐,满足人民群众多样化的精神文化需求。经过探索与实践,我国主流媒体已逐渐形成了包括行政层级制、中心制与频道制、事业单位与企业管理并行双轨制及集团化制等在内的多样化组织结构模式。在行政管理的框架下,多数主流媒体采取直线科层制的组织结构,然而,层级过多在一定程度上制约了传媒组织的运行效率。随后,事业单位与企业管理双轨制的实施,虽在一定程度上缓解了传媒组织结构的僵化问题,但在媒介技术日新月异、媒介生态环境日趋复杂的时代背景下,主流媒体面临来自商业媒体越来越激烈的竞争挑战。2000年前后,我国主流媒体探索集团化发展战略,尽管这一战略为提升盈利能力奠定了基础,但也带来了职责划分模糊、协调难度增大、变革步伐缓慢等问题。

伴随着互联网的飞速进步,我国主流媒体遭遇巨大冲击和挑战。受众追求更为个性化、交互式的内容消费体验。主流媒体积极采纳互联网技术,进行数字化、网络化改革,借助互联网力量,积极探索新媒体业务,进行"＋互联网"的媒介拓展。在这一阶段,主流媒体组织结构发生了一定程度的变动,但改革深度尚待加强,核心议题仍集中在媒体直线职能制与金字塔形组织结构的不适应性。新媒体业务犹如"老树"上生长的新"木耳",对媒体的融合发展贡献有限。

2010年1月国务院批准通过了《推进三网融合的总体方案》。该方案明确了三网融合的时间表和实施路径。借着国家提出的三网融合东风,不少主流媒体积极应对变革,成立新媒体部门,独立负责新媒体业务平台的运营。在此阶段,主流媒体的组织架构经历了显著的调整,新媒体与传统媒体在相对独立且平等的基础上,构建了协同高效的业务运作模式。关于组织变革的讨论已经从单纯的业务层面上升到了组织系统层面,主流媒体在组织结构上作出了较大的适应性变革,以适应新媒体时代的发展需求。

2013年,习近平总书记在全国宣传思想工作会议上提出"加快传统媒体和新型媒体融合发展"的重大战略。为进一步推动这一战略的实施,2014年8月,中央深改组审议通过了《关于推动传统媒体和新兴媒体融合发展的指导意见》,标志媒体融合正式成为国家战略。在过去十余年里,主流媒体在融合发展的道路上经历了四个阶段。

在媒体融合的初期阶段,主流媒体积极推进"互联网＋",开设"两微一端",将移动互联网作为增强传播力、影响力的有效工具。由于缺乏持续盈利能力,这些初步的探索并未能形成强大的推动力,以促进主流媒体的转型。

在媒体融合的深入阶段,主流媒体认识到新媒体不仅是一种传播工具,更是一种全新的传播生态。为此,主流媒体按照互联网思维积极打造新媒体,推动以融媒体技术平台和移动客户端为核心的融合工程,实施移动优先战略。这一阶段,主流媒体积极推进新媒体业务,定位从大众向分众转变,媒体形态从单一向融合转变,用户关系从个体向社群转变,创收模式从广告向服务转变。

在媒体融合加速阶段,主流媒体进一步推动了县级融媒体中心的建设和地市级报纸与广电机构的整合。县级融媒体中心的建设旨在整合县级广播、电视、报纸等传统媒体资源,同时纳入政府、企业、社会组织等多元信息,构建集新闻发布、政务公开、公共服务、文化娱乐等多功能于一体的综合信息服务平台。地市级报纸与广电的整合则通过结合报纸的深度报道和广电的视听元素,实现了资源共享和优势互补。在这一过程中,市县广电媒体的组织结构发生了重大变革。

在媒体融合进入攻坚阶段,深化体制机制改革被视为推动融合发展的关键。2020年6月30日,中央审议通过了《关于加快推进媒体深度融合发展的指导意见》,明确提出要推动媒体融合向纵深发展,深化体制机制改革,建立适应全媒体生产传播的一体化组织架构,构建新型采编流程,形成集约高效的内容生产体系和传播链条。这一指导意见的出台,为媒体深度融合下的体制机制改革指明了方向。在这一背景下,主流媒体的改革创新进程加快,打破原有的组织架构和采编流程,逐步向全媒体组织架构转变,优化管理体制,实现扁平化、矩阵式管理,调整组织架构,提高管理效率,激发员工活力。

党的二十届三中全会进一步提出了"构建适应全媒体生产传播工作机制和评价体系,推进主流媒体系统性变革"的战略要求,这为主流媒体组织变革指明了前进方向,为其在复杂多变的媒体环境中保持竞争力提供了根本遵循,也标志着历经十年探索的媒体融合发展迈入了一个崭新阶段。

## 二、主流媒体组织变革的内部动因：内生动力与危机意识

主流媒体组织变革的动因多种多样，这些动因相互作用，共同推动了主流媒体在当下社会的发展与转变。周起歧将媒体组织变革的动因分为外部和内部两个方面，外部动因包括传播技术环境、传播生态格局、政治层面局势和媒介竞争态势的变化，内部动因包括组织流程、组织结构、组织人员和组织文化适应全媒体转型的需要。[①]

第一，加强新闻宣传、夯实引导责任，主流媒体需要进行组织变革。新媒体形式的出现打破了原有的新闻传播形态，呈现出舆论主体多元、传播渠道丰富的新局面。国内学者王明轩较早关注网络视频新媒体对传统电视行业带来的巨大挑战，他在《即将消亡的电视》一书中指出互联网催生的新媒体在传统电视产业的上游构筑了众多"堰塞湖"，拦截了观众、资金和内容这三股关键资源。[②] 在内容市场，新媒体使得广大用户可以随时随地通过移动终端获取感兴趣的内容，不再受限于传统广电媒体的节目播出时间表。在受众市场，新媒体吸引受众快速转移，以至于老年用户群体对电视大屏的忠诚度也在降低，存在听众观众"失联"的风险。许多人获取信息的渠道不再是传统媒体，而是依赖传播快捷与储存海量的互联网。互联网成为社会舆论的集散地，导致传统主流媒体在舆论引导上部分失效。想要在舆论引导格局中占据主导地位，夯实舆论引导责任，主流媒体须面向全媒体转型发展，围绕深度融合进行组织变革。

第二，克服组织低效、提高运营能效，主流媒体需要进行组织变革。主流媒体组织运行机制僵化，行政管理仍占据主导地位，管理模式仍然是以事业单位化为核心的层级式管理为主。在组织架构层面，主流媒体存在诸多问题，如职能部门间权限的交叉重叠，采编部门的配置结构不尽合理，以及现行的组织管控模式无法有效契合"互联网＋"时代背景下媒体行业的发展需求。[③] 这种

---

[①] 周起歧.全媒体时代中国报业集团的组织变革研究[D].长沙：湖南大学，2011：22-41.
[②] 王明轩.即将消亡的电视[M].北京：中国传媒大学出版社，2009：10.
[③] 刘年辉.中国报业集团组织转型：动力、目标与路径[J].现代传播：中国传媒大学学报，2010(8)：46.

管理体制虽然能够保证一定的稳定性和连续性,但随着时代的变迁和媒体环境的快速变化,其弊端也日益显现。一是层级式管理容易导致决策缓慢、流程繁琐、执行效率低下,而且很难适应快速变化的市场环境。二是组织成员缺乏合作意识和团队意识,组织内部存在合作和资源互用的壁垒。主流媒体须通过改进管理方式来解决这些问题,采取扁平化的组织结构,在组织结构上要体现出开放性和灵活性,提高内部管理和运营效率。

第三,缓解生存压力、发展战略转型,主流媒体需要进行组织变革。当前,传统主流媒体的生存压力越来越大,生存空间不断被网络媒体、社交新媒体及智能媒体挤压。在广告市场,广告商将资金更多投向了受众广泛、传播效果显著的新媒体平台,使得传统媒体的广告创收空间越来越小。为了缓解生存压力,提升经营效益、增加员工收入、提升员工福利,主流媒体必须提高盈利能力,摆脱单单依靠广告收入的经营模式,拓展商业领域,构建新型增长方式,实施大媒介产业链战略。如立足内容生产和制作,探索构建多层次开放型产业运营平台,面向全媒体、智媒体趋势进行发展战略转型;在"事业单位企业化管理"二元体制下积极探索灵活的运营管理方式;创新发展路径,推进内外部资源整合,依托栏目、版面纵向打通产业链;构建线上线下一体的大媒介产业链。以上商业运营探索,战略布局调整,都要求主流媒体进行组织层面的变革。

第四,重新链接用户、满足用户需求,主流媒体需要进行组织变革。随着科技的飞速发展和人们生活方式的巨大转变,传统的内容形式正面临着前所未有的挑战。受众不再满足于单一的、线性的内容传递方式,他们追求的是多元化、个性化的信息消费体验。在此背景下,互联网和移动设备的普及为观众提供了更多的选择。人们不再受到时间和空间的限制,可以随时随地通过手机等移动设备观看自己喜欢的内容。同时,观众对于内容的需求也变得更加多样化和精细化,他们希望看到更多符合自己兴趣和需求的内容。学者胡正荣指出,电视人所熟知的单向、点对面、广播式、大水漫灌式的节目传播模式行将就木,双向、点对点、互动的、基于大数据分析之后精准灌溉式的传播方式将全面崛起,网络视频将成为电视行业发展的新方向。[①] 因此,主流媒体必须适应新的信息传播方式和用户需求,探索新的内容形式和传播方式,在技术、运营和商业模式上全面升级。

---

① 胡正荣.全媒体时代传统媒体的颠覆与重构[J].新闻战线,2013(2):30-32.

第五，业务流程再造、创新产品服务，主流媒体需要进行组织变革。1993年，美国学者迈克·哈默和詹姆斯·钱皮首次提出"流程再造"(process re-engineering)概念。他们指出"流程再造"的核心是在对企业业务流程进行全面分析和诊断的基础上，通过对业务流程的重新设计和改造，消除无效的业务环节和冗余的操作步骤，提高业务流程的效率和效益，实现企业运营成本的降低和客户满意度的提高，使企业能最大限度地适应竞争、变化的现代企业经营环境。[①] 随着媒体深度融合战略的推进，国内主流媒体都建立了类似"中央厨房"的采编播一体化融媒体中心。主流媒体有必要重新审视自身业务流程，颠覆原有单一的流水线模式，构建适应融合媒体制播需求的业务流程，并为之配备相应的组织架构以提供支持，如此才能真正实现一次性高效采集、生成多种内容形态、快速全平台分发传播。

第六，适应技术进步、面向媒体融合，主流媒体需要进行组织变革。技术进步是主流媒体组织变革的重要推动力。随着数字技术和网络技术的快速发展，新媒体层出不穷，对主流媒体产生了巨大的冲击。主流媒体为了保持竞争力和市场地位，必须进行技术升级和媒体融合，以更好地满足用户的需求。主流传媒和传播技术结合得很紧密，曾经，主流媒体对新兴媒介技术的发展非常敏感，也善于运用媒介新技术来提升自身的内容生产和传播能力，但是现在却成为新技术应用的惰性者，原因是多方面的，其中，一是新媒体技术日新月异，发展非常迅速，主流媒体在新技术应用方面的观念和思路没有跟上时代的步伐，技术更新、应用缓慢，远远落后于新兴互联网公司。二是一些主流媒体对新技术应用存在疑虑和担忧，担心新技术会对传统媒体产生冲击和影响，担心新技术应用会带来额外的成本和风险。这种消极的态度和观念，导致主流媒体在新技术应用方面缺乏积极性和主动性，成为新技术应用的惰性者。除了观念和思路方面的问题外，主流媒体在新技术应用方面还存在技术和人才等方面的短板，缺乏专业的技术团队和人才，难以有效地应用新技术来提升自身的传播能力和内容质量。

第七，组织文化适应，组织人员成长，主流媒体需要进行组织变革。主流媒体组织变革面临诸多困难，其中一个很大的困难挑战就是组织文化落后于

---

① Hammer M, Champy J. Reengineering the Corporation: a Manifesto for Business Revolution[M]. Harper Collins Publisher, 1993.

新型主流媒体建设的需要。这种落后性表现在主流媒体在组织文化上的保守性显得尤为突出，行为模式上死板，缺乏创新氛围。首先，主流媒体组织文化的保守性表现在管理模式上。长期以来，主流媒体沿袭着传统的管理方式，强调等级制度和权威性。这种管理模式导致决策过程过于僵化，很难产生创新思维，从而影响了整体竞争力的提升。其次，主流媒体组织文化的保守性还体现在自认为是强势媒体的优越感，没有深刻认识到传媒生态发生的巨大变化。改变这种落后的组织文化，从"传统媒体思维"向"互联网思维"转型，打造学习型组织，鼓励创新等，学会运用大数据思维、用户思维及碎片化思维进行产品创作与运营，包容、试错文化的构建等，都要求主流媒体进行深刻的组织文化变革。

## 三、主流媒体组织变革的外部动因：技术浪潮与用户之变

主流媒体组织结构变革面临着不少阻力和困境，普遍存在体制机制僵化、管理层级多、跨部门协作困难、人才匮乏和技术瓶颈等问题。组织思维理念缺乏互联网基因，新旧媒介两种价值观、两种文化形态相互冲突。用人制度和激励机制陈旧，组织变革主动性差，存在"姿态性"转型等问题。金字塔式组织架构对外部环境反应迟钝、产业链条和业务流程被人为割裂而束缚生产力，庙堂式的组织文化限制了融媒发展的程度与速度，组织结构未追随组织战略，改革存在路径依赖和组织惯性，变革缺乏制度供给与资源支持，组织变革与既得利益存在博弈、个人对组织变革进行软抵抗等问题。

第一，科技的快速发展与传播技术的革新。随着传播技术的飞速进步，主流媒体的组织结构变革刻不容缓。数字技术及流媒体技术的崛起使得文字、图片、音频、视频等多形式内容得以在网络传播并在智能终端接收。电信网、主流网与互联网三网融合，使得三者之间的界限日益模糊。电信网可运营IPTV有线电视业务，互联网则借助OTT平台流媒体技术与主流媒体在视听内容领域展开竞争。主流媒体在视听领域的渠道垄断和专业壁垒被逐步打破，视听消费用户的资源独占地位已不复存在，大量用户纷纷转向新兴网络平台。新媒体平台的移动直播和短视频业务为观众提供了丰富的视听内容与个性化的消费体验，进一步分流了主流媒体的用户。大数据、云计算、物联网、人工智能等技术的广泛应用使得主流媒体昔日引以为傲的视听内容制作优势逐

渐减弱。在这样的环境背景下,我国主流传媒不得不加快融合发展,进行内外资源整合,全面推动新媒体事业产业发展,并开始打造适合自身需要的全媒体平台。

第二,受众消费行为与媒体使用习惯的变化。在高度发达的互联网传播环境下,受众在信息接收方面更加多元化、个性化,收听音频、观看视频的时间日益分散,呈现出碎片化景象。一方面媒介消费的时间特性正在消失,观众用整块时间收听广播、观看电视的场景已经远去,另一方面,媒介消费的空间特性也在消失,全家人围坐在收音机、电视机前的场景已经远去。根据施拉姆的信息选择或然率公式——选择的或然率=报偿的保证/费力的程度,受众对于某种渠道获取信息满足的预期越大,费力程度越小,那么他们选择这种渠道获取信息的可能性也就越大。[1] 相比传统媒体,汇聚海量音视频资源,可以随时随地随意收听观看的网络电台、视频网站、动态实时更新甚至带有智能更新功能的新闻客户端,被受众选择的可能性更高。[2] 新一代受众更加多样化、个性化,他们对内容和形式的需求发生变化,希望能够随时随地获得自己感兴趣的内容。广大用户对信息获取方式的需求趋于便捷、多样化,呈现出碎片化和细分市场的特点,个性化定制的内容和服务日益受到青睐。

第三,"二次售卖"的失效与广告营收的下滑。很长一段时间广告收入都是主流媒体营收的支柱。互联网和新兴媒体不断侵蚀主流媒体的广告市场,对营收结构单一的主流媒体造成严重影响。有线电视付费用户大量流失,主流媒体的开机率和收听率下降明显,对优质广告主的广告投放吸引力日益减弱。主流媒体面对网络新媒体的全方位挑战,垄断地位被打破,内容和渠道优势大幅减弱。主流媒体投入大量人力、财力和物力自建新媒体平台,开设各类新媒体账号大多影响力有限、盈利能力堪忧,需依赖母体持续输血以维持正常运营。尽管主流媒体开设两微一端,然而在积极拥抱新媒体过程中,内容被免费使用,利润也被互联网和电信行业瓜分。

第四,传播生态的改变与媒介竞争的加剧。主流媒体推进组织变革,更多是源于激烈的市场竞争态势,以及党和国家提出的全媒体传播体系建设要求。在传统媒体时代,包括主流媒体在内,信息传播是卖方市场,传播渠道少且都处于垄断地位,受众没有更多的信息接收选择,只能被动接受强势媒体的信息

---

[1] 威尔伯·施拉姆,威廉·波特.传播学概论[M].陈亮,周立方,李启,译.北京:新华出版社,1984:113-120,114.

[2] 喻国明.受众注意力的吸纳模式:施拉姆公式的启示[J].青年记者,1999(5):4-5,9.

输出。新媒体崛起后，这一局面很快就被打破。各种各样的新媒体技术，给受众赋能增权，信息选择空间迅速扩大的同时，对外进行信息传播的权力也不断增强。带来的现实问题是，一方面受众的信息需求日益呈现出细碎化和窄众化的特点，他们希望从海量的信息中筛选出符合自己兴趣和需求的内容；另一方面，受众对信息消费的便捷性和多元化也提出了更高的要求，他们不再满足于单一的信息获取方式，而是希望在任何时间、任何地点都能轻松地获取所需信息，并能实现互动参与。这种双重挑战对于广播电视传媒行业来说，无疑是一场深刻的变革。广播电视传媒行业需要不断创新传播方式，实现文字、图片、音频、视频等多种信息形式的融合传播。同时，还需要注重与新媒体的融合发展，探索出更多符合现代受众需求的信息消费模式，才能适应新媒体融合发展的新格局。

第五，党和国家对媒体融合的政策推动。媒体融合不仅代表了传媒业的发展大势，同时也受到政策环境的推动。这一政策体系为传统媒体的整合提供了政策指引和资源保障，成为推动传统媒体实施组织变革的重要动力。2013年8月，习近平总书记在全国宣传工作会议上提出"加快传统媒体与新兴媒体融合发展"。2014年8月，习近平主持召开中央全面深化改革领导小组第四次会议时又再次强调了媒体融合，使得媒体融合进入了国家战略层面。"推进媒体深度融合，做强新型主流媒体"写入"十四五"规划和2035年远景目标纲要，"加强全媒体传播体系建设，推动形成良好网络生态"写进党的二十大报告。推动传统媒体与新兴媒体融合，向数字化、移动化、碎片化、融合化态势发展，新旧媒体的合作，三网融合发展，都要求主流媒体搭建符合现代化潮流的主流媒体组织结构。

## 四、主流媒体组织变革的困境分析：转型阵痛与路径依赖

媒体融合的核心矛盾在于新型主流媒体的建设与传统滞后的体制机制之间的冲突。主流媒体组织变革的困境在于事业单位改革滞后和媒体环境急速变化带来的媒体生产关系难以适应媒体生产力发展需要。对于主流媒体而言，打造新型主流媒体无异于实现"浴火重生"。然而，令人遗憾的是，在面对21世纪的高新技术时，主流媒体的组织变革仍然依赖于19世纪的管理哲学和20世纪的管理流程。

第一，组织发展战略的失察性。20世纪70年代，美国历史和经济学家阿尔弗雷德·钱德勒（Alfred D. Chandler Jr.）提出了"结构追随战略"这一理论概念，他认为企业发展战略与组织结构之间存在密切的内在联系，企业的发展战略决定了企业组织结构设计和变革的思路，企业组织结构是战略实施的载体，战略目标的实现离不开合适的企业组织结构。[①] 当前，我国主流媒体正全力以赴推进全媒体战略和互联网＋战略。根据结构追随战略理论，主流媒体的组织结构需要进行相应的调整，以适应战略发展的需要。然而，现实情况是许多主流媒体组织结构与组织战略之间的不匹配问题仍然突出，主要的原因如下：一是主流媒体管理层对全媒体战略和互联网＋战略认知不足，没有打破原有的部门壁垒实现跨部门协同，导致战略执行力度不够。二是主流媒体的组织结构多为垂直型，决策权高度集中，这使得主流媒体在应对快速变化的市场环境和新技术应用时，显得反应迟缓。三是人才结构不合理，缺乏互联网背景的专业人才，对先进的技术和运营模式不熟悉。四是主流媒体在推进全媒体战略和互联网＋战略的过程中，面临着业务流程和运营模式转型的挑战。五是主流媒体在转型过程中，还需要面对体制机制的束缚。

第二，组织制度建设的落后性。制度经济学家迪马乔（Paul J. DiMaggio）和鲍维尔（Walter W. Powell）在其研究中提出，组织在选择采用现有组织形式时，会受到"制度同构"现象的影响。[②] 这里的"制度同构"指组织进行变革时会参考已成功案例，借鉴其成功经验。这会降低组织变革的风险，但也会导致组织丧失创新能力。我国主流媒体长期以来受到计划经济体制的影响，媒体资源配置存在一定的行政干预，这种干预保证了主流媒体的政治导向正确。但行政力量与市场力量的博弈，使得主流媒体在体制机制改革上会经常陷入困境。主流媒体在组织变革过程中，存在政策供给不足、政策出台滞后、政策落实不够等问题。具体而言，体制机制改革政策供给不足，使得主流媒体在面临市场竞争、技术革新及受众需求变化时，无法及时得到政策引导和支持。政策制定部门往往不能迅速出台适应新形势的政策法规，这种滞后性使得主流

---

① Chandler A D Jr. Strategy and Structure: Chapters in the History of the Industrial Enterprise[M]. Cambridge, MA: MIT Press, 1969.

② DiMaggio P J, Powell W W. The Iron Cage Revisited: Institutional Isomorphism and Collective Rationality in Organizational Fields[J]. American Sociological Review, 1983, 48(2): 147-160.

媒体在改革过程中，难以抓住有利时机，发挥政策应有的推动作用。政策实施过程中可能受到各种因素的影响，落实不够也会导致组织变革效果大打折扣。

第三，组织惯性与路径依赖。组织惯性（organizational inertia）这一理论概念最早是管理学者迈克尔·汉南（Michael T. Hannan）和约翰·弗里曼（John Freeman）在1977年提出的，指组织在面对变革时所表现出的倾向于保持其结构和策略稳定的倾向，这种稳定性或惯性源于多种因素，包括成本、文化、外部依赖关系和内部政治等。[①] 路径依赖（path dependence）这一理论概念最早由经济历史学家保罗·戴维（Paul David）提出，指组织在发展过程中对某种路径的过度依赖。经济学家布莱恩·亚瑟（W. Brian Arthur）进一步扩展了这一概念，强调了自我强化机制（如正反馈）在路径依赖形成中的作用。[②] 组织惯性和路径依赖都会影响组织变革的进程，都会导致组织在面临变革时难以跳出既定的思维模式和行为惯性。长期以来，主流媒体一直处于相对封闭的环境中，形成了自己独特的运作模式和管理体系。这种模式在一定时期内保证了媒体工作的稳定进行，但同时也使主流媒体在面对外部环境变化时显得过于保守和僵化。此外，组织惯性还与主流媒体的体制有关。在我国，主流媒体很大程度上受到政府监管，这使得其在面对市场变革时，容易陷入既有的思维定式，难以主动求变。主流媒体的路径依赖问题已成为组织变革的严重阻碍。从主流媒体的发展历程来看，政府主导和垄断经营是我国主流媒体的发展路径，使得主流媒体在后续的市场化改革过程中难以摆脱对政府支持和保护的依赖。此外，路径依赖还受到心理惯性、沉没成本、限制性选择等因素的影响，使得主流媒体在改革过程中不得不遵循特定的路径和模式，表现为对传统播出模式、内容制作方式及管理机制的坚守，行为上亦步亦趋，不敢越雷池半步，经营上限于收视率思维、广告思维等。

第四，既得利益群体的抵制。在组织变革领域，学者斯蒂芬·罗宾斯（Stephen Robbins）提出组织变革阻力这一理论概念，他提出组织在进行重大变革时会遇到内部和外部的抵抗，组织变革阻力包括个体和群体方面的阻力，

---

[①] Hannan M T, Freeman J. The Population Ecology of Organizations[J]. American Sociological Review, 1977, 82(5): 929-964.

[②] Arthur W B. Competing Technologies, Increasing Returns, and Lock-In by Historical Events[J]. The Economic Journal, 1989, 99(394): 116-131.

和来自组织层次的阻力。① 个体在面对组织变革时遭受阻力的主要原因包括：难以改变固有的工作与行为习惯、对就业安全的迫切需求、经济收入波动、对未知状况的担忧，以及对于变革认知的偏差等因素。群体对抗变革的阻力，或许源于群体规范的制约，以及变革可能对群体内部人际关系产生的影响和破坏。组织结构的束缚、组织运行的惯性、变革对现有责权关系和资源分配格局所造成破坏和威胁，以及追求稳定、安逸和确定性，都会阻碍组织变革。② 从个体阻力的角度来看，主流媒体高层管理人员、拥有丰富资源的部门负责人担心职位、权力、待遇等方面的损失，会采取措施抵制变革。从群体阻力的角度来看，一些既得利益的群体在面对组织变革时，他们会出于对自身利益的维护，联合起来抵制变革。媒体融合的浪潮正重塑着主流行业的工作模式，原本清晰的岗位界限和职责划分变得日渐模糊。在全媒体战略下，主流媒体员工面临着更高的业务标准，需要服务于多样化的媒体平台，承担更重的工作任务，但未获得相应的薪酬和激励，引发员工的抵触情绪。在向扁平化组织结构过渡的尝试中，部分中层管理者出于对失去影响力和控制力的担忧，游说员工抵制变革。组织结构调整常常伴随着裁员和岗位调整，员工担心失去职位，或在新的工作环境中处于不利地位，会抵制变革。

第五，对高新技术不敏感不适应。20世纪50年代，英国不列颠大学的琼·伍德沃德（Joan Woodward）对工业生产技术与组织结构的关系进行深入研究，得出两条基本理论：一是技术类型和企业结构之间存在明显的相关性，及"结构因技术而变化"；二是组织的绩效与技术和结构之间的"适应度"密切相关。③ 随着科技的飞速发展，高新技术在广播电视领域的应用日益显现出其必要性和紧迫性。在过去，主流媒体作为新技术的引领者，积极探索并推广了一系列创新应用，为我国信息传播事业做出了巨大贡献。如今，主流媒体在新技术应用方面似乎陷入了困境。虽然主流媒体也在试图通过创新来弥补与互联网媒体的差距，但不可否认，主流媒体在新技术应用上仍然落后于互联网新媒体。这体现在主流媒体对高新媒介技术采纳滞后、应用不充分上。这种

---

① 斯蒂芬·P.罗宾斯,大卫·A.德森佐.管理学原理[M].第五版.大连:东北财经大学出版社,2005:247.
② 郑立仙.浅谈现代企业组织的变革[J].经济师,2012(9):262-263.
③ 邱泽奇.技术与组织:学科脉络与文献[M].北京:中国人民大学出版社,2018.

现象的背后有多重原因。传统的主流媒体机构往往有着较为固定的运营模式和流程，对于新技术的接纳和应用需要经历一个相对漫长的适应期。主流媒体的收入来源主要依赖于广告收入和节目版权销售等传统模式，这些年收入显著减少，导致其在新技术应用方面的投入也相对有限。以广电媒体为例，部分广播电视媒体在管理层面存在问题，缺乏远见，不能充分认识到高新技术对行业格局的潜在影响，缺乏对技术创新的激励机制和有效管理。缺乏政策支持和资金投入也是广播电视媒体在高新技术应用方面滞后的原因之一。

## 第二节　破局之道：主流媒体组织变革的多维路径

将自身打造成为新型主流媒体，对传统媒体而言是一次重要转型。打造新媒体技术平台、布局全媒体业务仅是新型主流媒体建设的"外在形态"，深入推进组织层面的变革才是新型主流媒体建设的"灵魂"。媒体融合战略已推进十年，主流媒体"外在形态"的改革已取得显著成果，但"内核层面"的组织变革仍进展缓慢。组织变革不仅是媒体融合的关键环节，更是促进主流媒体推动全媒体传播体系建设的重要突破口。主流媒体组织变革的困境和症结在于事业单位改革滞后和媒体环境急速变化带来的媒体生产关系难以适应媒体生产力发展需要。

### 一、谋定而动：主流媒体组织战略变革

组织战略变革是主流媒体在不断变化的传媒生态和日益激烈的市场竞争中求生存、谋发展的关键。主流媒体的组织战略变革可以从以下三个方面全面推进。

#### （一）"互联网＋"战略

互联网已经成为社会发展不可或缺的"基础设施"，其重要性堪比水、电、气。"互联网＋"战略于2015年在全国两会的政府工作报告中正式提出，旨在通过互联网技术来促进各行各业的创新和增长，实现经济结构的优化和提质增效。传媒行业"互联网＋"战略的核心在于将互联网的技术、思维、模式与传

统媒体的业务进行深度融合,以提供全新的媒体产品和服务。"互联网+"战略正在深刻改变着传媒行业的生态格局。传统媒体不得不重新审视自身的定位和发展方向,寻找与互联网融合发展的新路径。对主流媒体而言,这一战略不仅可以实现业务的拓展和升级,提高信息传播的效率,还能够通过大数据、人工智能等先进技术,实现对用户需求的精准把握和个性化服务。在面对互联网冲击和挑战的同时,主流媒体需要积极拥抱变革,不断创新和发展,以适应市场需求和保持竞争优势。

实施"互联网+"战略是主流媒体的必然选择。主流媒体必须深刻认识到若仅仅将互联网视为增强传播力和影响力的工具,则自身主导的转型是难以成功的。主流媒体在实施"互联网+"战略时,必须实现从"传统媒体思维"到"互联网思维"的转变。[①] 用互联网思维主导媒体资源配置,推动媒体供给和用户需求有效对接,将优质资源、前沿技术、专业人才及项目资金战略性地向互联网领域和移动端布局。以新媒体、全媒体、智媒体的视角来推进主流媒体创新融合发展。在节目内容、业务经营等方面,围绕用户需求与体验来设计。构建用户数据库,以大数据指导内容生产和传播。"开门办台",对外整合创意、资源、资金及人才,对内为员工提供内部创业事业平台。总之,如果主流媒体未能安装"互联网思维"这一操作系统,即便投入再高、硬件设备再先进,都难以将自身打造成为新型主流媒体。要从"媒体"向"媒体+服务"转型。在具体实践中,主流媒体要深入了解互联网的特点和规律,掌握互联网技术的发展趋势;要遵循互联网的运行规则,进行体制机制、组织架构和运行模式的变革;要将自身的内容优势与互联网的技术优势有机结合,共享资源、互补优势,协同发展;为了突破传统媒体平台的限制,应将优质内容、先进技术、专业人才和项目资金转移到互联网和移动终端的主要阵地;要运用大数据思维和用户思维进行内容和运营的创新;要以用户需求为中心,注重用户体验和服务质量;要提高员工的互联网技能,为转型发展提供人才保障。

### (二)全媒体战略

全媒体是融合文字、声音、图像、视频、动画等多种媒体表现手段,通过报

---

① 哈艳秋,张立雷.试论新形势下互联网思维对传统媒体新闻工作者的要求[J].西部学刊,2016(1):29.

刊、广播、电视、网络、移动终端等多种媒介形态,针对用户的需求进行全时空传播的媒体形态。[1]"全程媒体、全息媒体、全员媒体、全效媒体"的"四全媒体"论是习近平对我国传媒版图正在发生重大变化的高度概括,为推动媒体融合、构建全媒体格局、打造传播新体系指明了发展方向[2]。党的十八大以来,习近平总书记围绕推进媒体深度融合发展,发表一系列重要讲话,做出一系列重大部署,先后提出构建全媒体传播格局、形成全媒体传播体系,实施全媒体传播工程的明确要求。这三个概念都围绕全媒体展开,但侧重点不同。构建全媒体传播格局,重点在于媒体内部的深度融合,强调传统媒体与新兴媒体应实现一体化发展;形成全媒体传播体系,旨在将各种媒体整合为媒体融合发展战略的重要组成部分,具有宏观指导和方向性,是一项目标明确的顶层规划;实施全媒体传播工程,重点在于建设过程的实施和落地。从三者关系来看,全媒体传播格局是微观层面的要求,全媒体传播体系是宏观层面的目标,全媒体传播工程则贯穿宏观微观两个层面,是全面落实顶层设计的"施工图"。[3]

全媒体依托互联网和数字技术的发展,打破了媒体之间的壁垒和限制,使得信息在不同平台和媒介间流动自如,实现了多种媒体形式、多种内容形态和多种传播渠道的整合和交互。全媒体融合了传统媒体的内容积淀与新兴媒体的技术优势,改变了信息的传播方式和受众的获取方式,为传媒行业转型发展带来了更多的可能性,对社会的信息传播和交流产生了深远影响,已成信息交流互动不可逆转的趋势,是现代传媒发展的必由之路。全媒体是传播形态的融合、运营模式的融合、受众与生产者的融合,是载体形式、内容形式以及技术平台的集大成者;全媒体是综合运用多种符号、多种传播手段,全方位、立体化地展示传播内容,追求内容的多落点、多形态发布,以求投入最小、传播最优、效果最大。全媒体体现的不是媒体间的简单连接,而是所有媒介形态的全面互补,表现为受众面广、技术手段强、媒介载体多。全媒体可针对受众个体进行细分服务,可根据用户个性化需求来选择信息形态和传播渠道。[4]

---

[1] 陈昌凤.以全媒体战略构建新时代传播体系[J].新闻战线,2020(5):37-38.

[2] 方提,尹韵公.习近平的"四全媒体"论探析[J].马克思主义研究,2019(10):116-121.

[3] 耿磊.实施全媒体传播工程加快推进媒体深度融合发展[J].新闻战线,2020(24):78-81.

[4] 李明德,张收鹏.主流意识形态全媒体传播的效能与进路[J].南昌大学学报:人文社会科学版,2023,54(4):71-81.

推进全媒体发展战略要求主流媒体大力推动媒体融合,推动资源向新媒体集聚,让"报刊台网端微"等发生"化学反应",真正融为一体,实现主流媒体战略性重塑。这要求打破传统的媒体界限,拓展业务领域,实现多媒体形式的协同发展。主流媒体应从单一的传统平台转型为集网络、多媒体终端、手机客户端等多渠道为一体的全媒体平台。同时,应积极推进全媒体技术的创新应用,探索广播电视与网络视听领域的数字化与智能化。以江苏主流总台为例,其通过构建以综合性网络平台荔枝新闻为核心的"一体",以及外宣平台我苏网和音频平台大蓝鲸为"两翼"的新媒体矩阵,探索了一条具有视听特色的全媒体传播体系建设实践路径。①

全媒体发展战略是主流媒体发展的必由之路。推进与全媒体发展战略相适应的体制机制改革,对于主流媒体的融合发展至关重要。主流媒体应加快实施全媒体发展战略,以推动转型升级和融合发展。这一战略应以内容创新、技术创新、业态创新为驱动力,并培养具备全媒体技能的复合型人才,为主流媒体的全媒体发展提供坚实的支撑。

### (三)平台化战略

平台型媒体是一种数字内容实体,它既继承了传统媒体的专业编辑权威性,又展现了面向用户平台的开放性。②平台型媒体以其开放性、聚合性和服务型特征而著称,它像一座桥梁,连接着平台与用户,通过构建开放的生态系统,为所有参与者提供了广阔的自我价值实现空间。同时,平台型媒体通过整合多样化的应用、服务和功能,为参与者提供全方位的价值体验。这种双向驱动的发展模式,为媒体行业描绘出一幅充满活力的发展蓝图。平台型媒体将传统媒体的权威性与互联网的开放性完美融合,被视为主流媒体融合转型的重要方向和趋势。喻国明教授提出平台型媒体是未来主流媒体发展的关键路径。③

---

① 兰之馨.建设全国一流新型全媒体集团:专访江苏省广播电视总台党委书记、台长葛莱[J].中国广播影视,2024(7):37-40.
② 喻国明,焦建,张鑫."平台型媒体"的缘起、理论与操作关键[J].中国人民大学学报,2015,29(6):120-127.
③ 喻国明.互联网是一种"高维"媒介:兼论"平台型媒体"是未来媒介发展的主流模式[J].新闻与写作,2015(2):41-44.

然而,平台型媒体的媒介逻辑与传统主流媒体存在显著差异。传统主流媒体侧重于内容的专业化生产与传播,而平台型媒体则侧重于内容的聚合、用户画像的构建及算法分发的优化。主流媒体的平台化转型很大程度上是借助互联网的媒介逻辑来实现自身再度"中心化"目标,是对自身原有媒介逻辑的革新与置换,意图重塑媒体核心竞争力,打造新型主流媒体。[①] 当前我国主流媒体的平台化转型主要分为两种模式:一种是地方主流媒体主导的"区域型"平台媒体建设,它们通过扩展原有媒介形态和功能,将信息传播与社会服务相结合,构建"资讯+服务"的全媒体平台;另一种是以中央级主流媒体为代表的"入口级"平台媒体,这类平台拥有庞大的用户基础、丰富的内容资源和高度发达的社交互动功能,在信息传播、社群互动、商业变现等方面具有明显优势,更贴近平台型媒体的媒介逻辑。

主流媒体在推进平台化发展战略时,必须将构建自主可控、具有强大传播力和竞争力的融媒体平台作为首要任务。为此,主流媒体需要摒弃传统的边界思维,以用户为中心,推动自身的互联网基因转型升级。同时,主流媒体应遵循平台型媒体的媒介逻辑,进行媒介重塑,主流媒体在技术支撑、运作观念等方面仍存在差距。平台化转型不仅是媒介形态的扩展,而且是包括媒介逻辑和偏向在媒体生产、分配、交换、消费等各个环节的全面重塑。打造平台型媒体,不仅需要技术架构的重塑,还需要发展模式的变迁。

传统主流媒体在推进平台化战略时,应有效结合自身优势与平台型媒体的特点,将权威媒体与互联网基因融为一体,按照平台型媒体的媒介逻辑进行媒介再造。主流媒体应将自身优势资源与市场需求相结合,通过开放合作、共享共赢的方式吸引合作伙伴,形成良好的产业生态。此外,主流媒体还应与其他媒体、科技公司及内容创作者建立合作关系,共同开发新的内容和技术,拓展业务范围和市场份额。

## 二、轻装上阵:主流媒体组织结构变革

主流媒体组织变革过程中,组织结构变革被视为核心环节。传统主流媒

---

① 刘越飞,曹国东.从媒体到平台:主流媒体平台化的媒介逻辑分析[J].新闻论坛,2020,34(6):7-10.

体的组织结构大多沿用纵向控制型组织方式、金字塔式的层级结构,组织庞大,层级较多,这种组织结构虽然在一定程度上保证了管理的稳定性,但随着媒体环境的快速变化,其弊端也逐渐显现。决策流程烦琐、决策效率低下等弊端使主流媒体在应对市场变化和竞争时,难以迅速做出调整和反应。经常出现"一管就死、一放就乱"的情况,员工按部就班遵循工作流程,服从于组织分工安排,创造力通常被淹没。在传统主流媒体的科层制组织结构下,组织管理者虽然通过KPI和业务流程确保工作目标的实现和工作推进的顺畅,但在媒体深度融合时代,科层制管理体系的僵化和部门间的隔阂,使得主流媒体在应对市场变化和满足受众需求等方面经常捉襟见肘。主流媒体传统的管理模式往往将内容生产、经营管理及信息技术等部门相互独立,这种模式在过去的发展过程中,一定程度上保证了各个部门的专业性和效率。然而在当下,这种管理模式的负面作用日益显现,导致部门之间的沟通成本居高不下,资源整合不充分,难以实现优势互补与高效协同。传统主流媒体很长一段时间采用机械式组织,这种组织系统在新闻和内容生产方面具有高效性和强控制性的特点,满足了当时主流媒体发展的需求。然而,随着市场竞争与外部环境的变化,这种机械式组织结构日益难以维持。传统主流媒体要想在激烈的市场竞争中获胜,必须正视现有组织结构存在的问题,以问题为导向,进行组织结构调整。

### (一)从垂直型向矩阵型组织结构转变

传统媒体的组织结构长期承袭并实践着工业时代的管理理念,垂直型组织结构和"金字塔"式管理使得决策权高度集中,部门间壁垒森严,通过绩效指标指导任务执行,通过业务流程保障业务开展。垂直型组织结构给传统主流媒体带来过去几十年的高效率和执行力,也带来了种种"大公司"弊病:组织臃肿、层级复杂、条块分割、反应迟钝等。[①] 机构内部可能常因"层层汇报",错失新闻时效性,且各部门资源重复投入,造成浪费。部门壁垒、协同困难、层级冗长、决策滞后等问题,难以适应全媒体时代的高效需求,导致生产效率低下、市场响应迟缓、创新活力不足。向水平矩阵型组织结构转变是主流媒体突破体制机制约束的关键。水平矩阵型组织结构有助于消除部门壁垒、减少管理层

---

① 华小波.从组织变革理论看融媒体中心建设[J].新闻战线,2019(3):25-28.

级、构建协作网络、促进信息流动、缩短决策链条,其本质是通过结构重组实现生产关系适配生产力发展水平,释放组织活力、增强组织综合竞争力。在媒体融合转型浪潮中,澎湃新闻率先完成组织架构深度改革:采编中心数量从13个优化至6个,关停20个低效栏目和15个社交账号,构建起统一指挥的内容中台。纽约时报、CNN等媒体采取"蜘蛛网"式的采、编、发大平台架构,在一个新闻间进行人员混合编排、一体办公,有效节约了资源,提升了工作效率。

### (二)从树状向网状组织结构转变

在主流媒体系统性变革的背景下,组织结构从树状向网状转变是适应数字化时代的关键步骤。大工业时代的树状结构中,主流媒体的生产、传播、接收环节各自独立,信息传递渠道单一,导致资源浪费、效率低下、创新不足。这种结构限制了媒体的灵活性和响应速度,难以适应快速变化的市场和技术发展。互联网技术的迅猛发展,对传统组织架构产生了深远影响,孕育出一种全新的组织形态——网状组织架构。这种组织架构颠覆了传统的层级制度,实现了组织内部的信息共享和资源优化配置。在这一结构中,主流媒体各环节紧密相连,信息传递渠道多样,资源得以共享和优化,不仅会提高内容质量,而且会降低运营成本。

从树状向网状组织结构的转变,是主流媒体系统性变革的重要组成部分。这种转变能够提升组织的灵活性和创新能力,加强内部沟通与协作,快速响应市场变化,最终提升主流媒体的整体竞争力和市场适应性。通过管理机制创新、组织架构重组、运作流程重塑和用人机制重构,主流媒体能够更好地适应数字化时代的挑战,实现可持续发展。

### (三)从机械式向有机式组织结构转变

机械式组织主要依赖严格的规章制度、层次分明的组织结构和层层传导下的执行力来实现目标。这种组织结构在稳定环境下具有较高效率,但要快速响应市场变化、创新产品和服务,就显得过于僵化,应对乏力。有机式组织具有更高的灵活性和适应能力。它强调的是团队协作、自我管理和持续创新,能够适时调整组织架构,以实现快速响应和决策。随着市场竞争的加剧,主流媒体为了提高自身的竞争力,必须从机械式组织向有机式组织转型。首先,有机式组织能够提高主流媒体在市场竞争中的应变能力。在有机式组织中,员工之间的沟通更加扁平化,信息传递更加迅速,这有助于主流媒体在第一时间捕捉到市场动态,并以更快的速度做出反应。此外,有机式组织鼓励员工自主学习和创新,有助于主流媒体在内容制作、传播渠道等方面实现突破,从而在竞争中脱颖而出。其次,有机式组织有助于主流媒体实现资源整合。在机械式组织中,各部门之间的利益分割往往导致资源浪费和重复建设。而在有机式组织中,各部门可以打破壁垒,实现资源共享,提高资源利用效率。这有助于主流媒体降低成本、提高效益,从而增强整体竞争力。最后,有机式组织有利于主流媒体打造核心竞争力。在市场竞争中,主流媒体不仅要应对同行业的竞争,还要面对跨行业、跨领域的竞争。有机式组织有助于主流媒体在内部形成创新氛围,鼓励员工积极探索和尝试,从而在众多竞争者中脱颖而出。

### (四)从封闭式向开放式组织结构转变

当前,主流传媒组织在面临激烈的市场竞争和日益多元化的用户需求时,暴露出无法准确把握用户需求、与市场脱节等问题。为了应对这些挑战,构建一个平等、开放的无边界组织成为一种有效的解决方案。首先,平等、开放的无边界组织能够有效地引导用户参与内容的众包生产。在这种组织形态下,用户不再是被动的接受者,而是成为内容的共同创造者。其次,合理的激励机制是促使用户自发参与劳动分工的关键。主流传媒组织应根据用户的不同需求和贡献,设计出科学、公平的激励方案,让用户在参与内容创作的过程中获得成就感、认同感和经济收益。此外,资源共享平台在无边界组织中发挥着至关重要的作用。通过这一平台,主流传媒组织可以整合各类资源,实现跨界合作,为用户提供更加丰富、多样化的内容。构建平等、开放的无边界组织,主流媒体一要打破组织外部的刚性边界,实现从以自我为中心的内容生产向与外部资源的广泛连接的转变,二要创立开放的内容生产平台,引入社会化生产的力量,使内容供给更加丰富多样。

### (五)从多层级向扁平化组织结构转变

从多级化向扁平化组织结构的转变,不仅是对传统媒体组织架构的一次深刻调整,也是适应数字化时代发展的必然选择。传统的多级化组织结构,特点是层级分明、管理链条长、决策流程慢。这种结构在大工业时代曾有效支撑了主流媒体的运作,但在互联网时代,其局限性逐渐显现。信息传递渠道单一,资源浪费、效率低下、创新不足成为制约主流媒体发展的瓶颈。

扁平化组织是一种管理层级少、管理范围广的组织形态,其特点为管理层级少、信息传递高效、沟通成本较低、决策速率敏捷、管理成本节省。扁平化组织结构通过减少管理层级、增加管理幅度、裁减冗员来建立一种紧凑的横向组织。这种组织结构通常具有较高的分权程度,在面对市场竞争和行业变革时,快速准确的决策能够帮助主流媒体抢占市场先机,能够实现信息的快速共享,增强组织对外界的感应和快速反应能力,有助于减少决策过程中的摩擦和阻力,有助于激发员工的创造力和潜力,即便员工在层级较低的岗位上,也有机会展示自己的才华。从多级化向扁平化组织结构的转变,是主流媒体系统性变革的重要组成部分。这种转变能够提升组织的灵活性和创新能力,加强内部沟通与协作,快速响应市场变化,最终提升主流媒体的整体竞争力和市场适应性。通过管理机制创新、组织架构重组、运作流程重塑和用人机制重构,主流媒体能够更好地适应数字化时代的挑战,实现可持续发展。

### (六)从一体化向模块化组织结构转变

模块化组织是一种将复杂系统划分为半自律模块的组织方式。在这些模块中,各个部分都在统一的标准界面平台支持下,独立进行设计和生产,并具备根据市场变化做出调整的能力。随着市场竞争加剧和产品复杂性提高,模块化组织的优势逐渐显现。"中央厨房"体系即为模块化运营的典范,"中央厨房"以其模块化、高效、灵活的特点,在内容运营领域展现出了强大的生命力。

此外,主流媒体要以"用户中心、开放分享"为逻辑,构筑内外部互联互通、社会资源协调共享的平台,构建项目制、工作室制、传媒梦工厂、平台+创客等微观组织结构。引入新的管理理念和技术手段,如敏捷管理、项目管理等,来提高组织的灵活性和适应性。此外,主流媒体要尝试打造二元结构,建立相互分离的子系统来实现组织双元性,将利用式活动和探索式活动区分开,给予利用式活动和探索式活动不同的组织结构设计。为探索式活动建立起更为扁平、灵活的组织结构,让探索式的活动从原有的组织惯性中脱离出来。

### 三、激活潜能：主流媒体组织管理变革

作为舆论引领和信息传播的载体，主流媒体必须改革组织管理模式，才能适应媒介技术快速进步引发的传媒生态变革。

#### （一）打破行政思维，从集权控制向授权赋能转变

长期以来，主流媒体的运作与发展受到严格的政策监管，媒体机构多依赖于党的指导和行政指令，在内容选择、报道角度和传播方式等方面遵循党委、政府的宣传方针和政策要求，相对忽视了市场竞争的规律和用户需求的变化。然而，随着互联网和社交媒体的兴起，市场竞争的环境发生了巨大变化。用户获取信息的渠道变得更加多样化，对信息的需求也更加个性化和即时化。在这种背景下，主流媒体开始逐渐意识到用户需求的重要性，开始探索如何在政策监管的框架内进行创新和改革，探索新的管理模式，区分"宣传与经营""事业与产业"的不同定位。在组织管理上，尝试采用"集权与分权相结合"的模式。在这种模式下，高层管理主要负责人事决策、预算控制及监督，专注于战略规划和核心决策，同时为事业部赋予更多运营自主权。这种分权的组织管理模式使事业部能够依据市场需求和自身特点进行灵活调整，迅速响应市场变化，进而激发创新活力，提升运营效率。

在组织管理中，领导者不再仅仅依靠集中权力来指挥和控制下属，而是通过赋予员工更多的自主权和决策能力，激发他们的积极性和创造力。这种转变有助于建立一个更加灵活和高效的组织结构，使员工能够在面对复杂多变的环境时，迅速做出反应并承担责任。通过授权赋能，员工能够更好地发挥自己的潜力，为组织的发展做出更大的贡献。主流媒体进行组织管理变革，从集权控制向授权赋能转变，应减少管理层级，将管理权力下放，削减命令链，弱化等级秩序。主流媒体的领导要转变管理理念，摒弃传统的金字塔式管理模式，从管控者向服务者转变，从管理智能向服务智能转变，为业务部门提供专业、高效的服务。

#### （二）按照互联网模式再造业务流程

1993年，美国学者迈克·哈默和詹姆斯·钱皮首次提出"流程再造"概

念。流程再造的理论内涵主要涵盖四个方面：首先，流程再造以企业总体战略目标为引领；其次，其核心在于提高客户满意度；再次，以业务流程为导向，不拘泥于传统部门职能的划分；最后，技术和人才在流程再造过程中具有关键性作用。对于主流媒体而言，推进业务流程再造是适应数字化新时代、增强市场竞争力的关键策略。

主流媒体在重构业务流程时，应采取以下措施：第一，优化采编流程，建立全媒体技术中控平台，并以"中央厨房"的概念为核心，实施全媒体流程的再造。第二，打破部门间的隔阂，实现内容、技术、平台等资源的共享，以提高资源的综合利用效率。第三，加强不同部门间的沟通与协作，确保业务流程再造能够顺利执行。第四，与新媒体、互联网企业等外部机构开展深入合作，拓展传播渠道，推动媒体融合的发展。第五，注重技术创新，将大数据、云计算、人工智能等前沿技术融入业务流程再造中。第六，提升员工对新兴技术和理念的掌握，为业务流程再造提供坚实的人才支持。通过这些措施，主流媒体能够构建一个更加灵活、高效和用户友好的运营环境，满足新时代的挑战。

### （三）以业绩为导向，建立阿米巴经营模式

绩效考核作为一种有效手段，可以深入了解员工的工作状况、发掘其潜能，进而实现人力资源的合理配置和岗位调整。在业绩为导向的绩效考核体系下，员工对自身工作目标和期望有明确的认识，清楚为实现这些目标所需的努力程度。这种明确的目标导向有助于员工更加专注于工作，从而提升整个组织的效率。在构建绩效考核体系时，应充分考虑创新要素，激励员工勇于探索。同时，需确保绩效考核的公平、公正，并出台灵活薪酬制度及合理的奖惩机制。主流媒体通过建立科学的绩效考核体系，能够对员工的工作表现进行客观、公正的评价。绩效考核结果可以作为员工晋升、薪酬调整和培训需求的重要依据，从而激发员工的工作热情和进取心。

阿米巴模式（Amoeba Management Model）是一种源于日本的企业经营管理理念，这种模式将组织划分为若干个小单元（阿米巴），每个阿米巴被视为一个具备自主性的小型企业，灵活应对市场变化、自主经营、自负盈亏。引入阿米巴经营模式，可实现组织的灵活与高效，能够快速响应市场变化，灵活调整经营策略。通过赋予员工更多的权力和责任，可激发员工的工作积极性和创新能力。各阿米巴之间的竞争有助于发掘主流媒体的内部潜力，提高整体

运营效率。主流媒体引入阿米巴模式,可以从以下几个方面着手:一是将传统的金字塔形组织架构转变为阿米巴模式,划分为多个独立运营的阿米巴单元。二是培养具备领导力、创新力和执行力的复合型人才,为阿米巴单元的发展提供人力支持。同时,建立与阿米巴单元业绩挂钩的激励机制,激发员工积极性和创造力。三是建立一套完善的阿米巴经营核算体系,对各个阿米巴单元的业绩进行量化分析,为决策提供依据,确保组织整体目标的实现。同时,主流媒体组织在引入阿米巴模式时,要注重与中国传统文化的结合,使之更加符合我国主流媒体行业的实际情况。

## 四、凝心聚力:主流媒体组织文化变革

主流媒体组织变革面临诸多困难,其中一个很大的困难挑战就是组织文化落后于新型主流媒体建设的需要。这种落后性尤其表现在主流媒体组织文化的保守性上,其行为模式死板,缺乏创新氛围。首先,主流媒体组织文化的保守性表现在管理模式上。长期以来,主流媒体沿袭着传统的管理方式,强调等级制度和权威性。这种管理模式导致决策过程过于僵化,很难产生创新思维,从而影响了整体竞争力的提升。其次,主流媒体组织文化的保守性还体现在自认为是强势媒体的优越感,没有深刻认识到传媒生态发生的巨大变化。改变这种落后的组织文化,从"传统媒体思维"向"互联网思维"转型,打造学习型组织,鼓励创新等,学会运用大数据思维、用户思维和碎片化思维进行产品创作与运营,包容、试错文化的构建等,都要求主流媒体进行深刻的组织文化变革。

### (一)打造新型组织文化

组织文化是指在长期的生产经营过程中,组织逐渐确立了独特的文化观念、价值观、道德规范、传统、风俗及习惯,并在此基础上形成了与之相关联的生产观念。组织文化主要是由三个层次构成:一是精神文化层,这是组织文化的核心层,指组织的价值观念、信念、理想等,是广大员工共同而潜在的意识形态,决定着组织成员的行为;二是制度文化层面,指的是组织内部的各种规章制度、道德规范和员工行为准则的总和,还包括组织内部的分工协作关系及组织结构;三是组织文化载体,指凝聚着组织文化抽象内容的物质体的外在显

现,包括公司的标志、办公环境的设计、员工的工作服、企业内部的宣传标语和海报等。通过这些具体的物质形式,组织文化的精髓得以体现,如创新精神、团队合作、客户至上等核心价值观。

在传媒行业内部,组织文化作为一种重要的无形资产,既能够增强内部凝聚力,也能够塑造外部的媒介形象。随着行业的不断发展和进步,组织文化逐渐被传媒业广泛接纳和认可,并在实际经营活动中展现出了其独特的价值。关于传媒组织文化的定义,胡正荣教授认为媒介组织是在实现其组织目标过程中形成和建立起来的,由组织内部全体成员共同认可和遵守的价值观念、道德标准、组织哲学、行为规范、经营理念、管理方式、规章制度的总和,其核心是媒介组织精神和媒介组织价值观。[1] 邵培仁和陈兵认为传媒组织的组织文化主要包括:共同价值观、行为规范、媒介伦理和形象性活动。[2] 组织文化在媒介经营管理中的作用主要包括以下四个方面:导向作用、规范和约束作用、凝聚和融合作用、辐射和渗透作用。[3]

当前主流媒体员工的自发性、主人翁意识及参与程度较为一般,团队协作能力较弱,工作任务的完成主要依赖指令。员工能力提升主要依赖于实际工作体验,而培训投入相对不足。员工归属感与认同感较低,闲杂事务繁多。在意见分歧时,组织成员较难达成共识,管理层面更多依赖层级文化中的制度规定。领导风格与组织结构较为刻板,追求稳定与安全,变革与创新意识不足。组织灵活性与适应性较差,对用户与市场变化不够敏感。部门间协调不畅,内部协作表现一般。在应对内外环境变化方面,创新能力较弱,变革动力不足,创新氛围与制度建设有待加强,管理层魄力与勇气不足,变革过程常遇阻碍。层级管理过于分明,刚性问题突出。对用户需求变化反应迟缓,学习能力不强,对外界环境变化不够敏感。员工对组织竞争力感到担忧,对达成目标的方法与步骤认识不清,对长期规划心存疑虑。战略目标未转化为实际工作部署,对工作进程缺乏考察。虽有共有价值观,但工作方法与行为习惯尚待完善。笔者认为,主流媒体在加快"市场化"的同时,要重视构建优秀的组织文化,突出肩担道义的责任文化,推陈出新的创新文化,内容为王的质量文化,积极应

---

[1] 胡正荣.媒介管理研究:广播电视管理创新体系[M].北京:北京广播学院出版社,2000:15.

[2] 邵培仁,陈兵.媒介战略管理[M].上海:复旦大学出版社,2003:285.

[3] 佘晓敏.企业文化与媒介经营管理[J].当代传播,2002(6):28-30.

对的竞争文化,用户为本的服务文化,多样统一的和谐文化。

（二）建立学习型组织

构建学习型组织是主流媒体组织文化建设的重要组成部分。当前媒体行业正处于技术迭代加速和内容生产方式变革的关键时期,而主流媒体机构内部普遍存在创新意识不足、学习氛围淡薄等问题。一方面,员工的整体学习动力不足,表现为传统媒体人往往因年龄、技能结构等因素对新技术的学习表现出抵触情绪。另一方面,媒体机构对学习的重视程度不足,未能将学习纳入组织战略的核心范畴。主流媒体亟须建立一种能够持续学习、自我适应的新型组织文化。学习型组织理论由彼得·圣吉（Peter Senge）提出,其核心内容包括"五项修炼"：自我超越、改善心智模式、建立共同愿景、团体学习及系统思考。学习型组织将员工的个人进步与组织发展紧密相连,以知识共享、能力迭代和创新驱动为特征,它不仅关注个体的学习成长,更强调团队和组织的集体学习。

主流媒体须重视学习型组织的建设,通过制度建设营造浓厚的学习氛围,带动全体员工积极参与学习型组织的建设。一要根据员工岗位需求与媒体发展趋势,制定针对性培训计划,在完善培训体系时应注重培训内容的多样性和形式的灵活性。针对不同岗位,建立基础层、专业层、战略层分层递进的学习体系。基础层侧重专业技能、专业层侧重媒体融合、战略层侧重媒体智能化转型。二要组建跨部门学习团队,开展以项目为导向的团队学习,这种操作方式不仅可以提升内容生产的效率与质量,还可以促进成员之间的深度互动,形成共同的目标导向与价值认同,从而激发团队创造力。三要对知识资源进行整理与分类,建立知识库或知识管理系统,方便员工有针对性的学习。建立相应的学习支持系统,包括提供丰富的学习资源,如在线课程、专业书籍等；充分利用信息技术,搭建线上、线下相结合的学习平台,推动知识共享和组织整体知识水平的提升。此外,还需关注员工个体层面的学习行为与心理机制,通过考核激励和心理干预手段激发员工自主学习的热情与动力。

通过学习型组织的建设,让自主学习在组织内部蔚然成风,能够有效激发员工的创造力和积极性,为主流媒体的内容创新、技术革新和商业模式探索提供源源不断的动力,增强组织的市场竞争力、环境适应力和创新发展力。

### （三）构建包容性企业文化

包容性文化是推动组织创新和进步的关键。其强调尊重和接纳多元观点与意见，鼓励员工自由表达与创新，支持思维碰撞，能够有效增强员工的归属感与参与感，提升组织的创新能力、决策民主程度和团队协作效率。

包容性文化的核心是容错机制。它鼓励员工在工作中敢于尝试、勇于创新，允许员工在创新过程中犯错，并将错误视为学习与成长的机会。对于主流媒体而言，建立容错机制并非无原则的宽容，而是通过科学管理，在鼓励创新与规避系统性风险之间找到平衡。其一，沟通与反馈机制。组织内部应建立常态化、非对称的沟通渠道（如匿名创意平台、双周创新圆桌），以降低表达成本并缩短反馈周期。其二，激励与保障机制。可引入"员工创新尝试系数"作为绩效考核的调节变量，配套设立"创新激励基金"以对冲探索性项目带来的绩效波动风险。其三，边界与流程机制。通过制定《创新容错实施细则》，明确免责清单、决策阈值及复盘节点，实现创新激励与内容安全的动态平衡。唯有在制度层面完成从"允许失败"到"管理失败"的范式转换，包容性文化方能真正转化为主流媒体组织内部的可持续竞争优势。

## 第三节　未来图景：主流媒体组织变革的趋势与展望

面对传媒生态改变与媒介技术更新，主流媒体根据内外部环境的变化，创新和完善自身的组织架构和管理模式。媒体融合战略已推进十余年，主流媒体"外在形态"的改革已取得显著成果，但"内核层面"的组织变革仍进展缓慢。未来，在主流媒体系统性变革中，组织变革将是一个持续演进的过程。面对技术革新、用户需求变化、市场竞争加剧等多重挑战，主流媒体必须不断创新组织架构与管理模式，才能在激烈的传媒生态中保持竞争力。通过解困松绑加强制度供给、面向智能媒体方向转型、多元探索推进经营转型等策略，主流媒体将逐步实现从"外在形态"到"内核层面"的全面变革，迎接更加多元、开放、智能的未来。

## 一、解困松绑加强制度供给

由于新闻传媒行业的特殊性,在体制机制改革领域,一直存在制度供给不足的问题。当下,"事业单位企业化管理"二元体制不能打破,只能尽量消除事业单位的"行政化壁垒",尽量消除双轨制带来的组织变革掣肘。没有政策法规的持续调整与优化,主流媒体的体制机制改革就缺少坚实支撑。而没有体制机制改革,就难以打破主流媒体当下面临的发展困境。没有体制机制改革,推动媒体融合也只能认真"走形式",只能在"形式"上建成新型主流媒体。对比新型主流媒体的发展目标,主流媒体在组织变革层面还有很长的路要走。主流媒体体制机制改革既涉及对现行管理政策和制度的改革,更涉及宣传、编制、财政、组织、人社、国资、税收等众多部门,如果没有党委政府的大力支持,体制机制改革将寸步难行。主流媒体推动体制机制方面的组织变革,既需要明确管理体制,也需要落实机构编制、干部人事、薪酬分配、财政支持及经营资源支持等配套改革政策。哈佛教授迈克尔·贝尔(Michael Beer)和尼汀·诺瑞亚(Nitin Nohria)撰写了一篇文章《破解变革密码》,提出了变革实践中的两个基本理论:E 理论(以经济价值为驱动力的变革)和 O 理论(以组织能力发展为驱动力的变革)。以追求经济价值为目标而推动的"刚性"变革通常涉及财务激励、大幅裁员、缩编及组织重组等举措。以建立组织能力为目标而推动的"柔性"变革通常涉及企业文化,包括员工行为、态度、能力和承诺。我国广电媒体推行体制机制层面的组织变革,适宜将两种策略相融合的"刚柔并济"模式。

## 二、面向智能媒体方向转型

在主流媒体组织变革中,技术创新具有重要意义,主流媒体推进组织技术变革,需要向数智媒体转型。媒体的发展历程就是一部技术驱动的创新史。主流媒体要敏锐捕捉技术发展趋势,主动拥抱新技术,以技术引领推动媒体转型升级。数智媒体是媒体发展的新形态,它以数据为基础,以智能技术为驱动,运用数字技术和智能技术,对媒体内容的生产、分发和消费进行深度融合和创新,其特征包括数据驱动、智能化处理、交互性和个性化服务。关键技术包括云计算、大数据、人工智能、物联网、5G网络。通过云计算技术,实现主流媒体的资源共享、数据存储和业务协同,降低运营成本,提高服务水平。通过大数据技术收集和分析用户行为数据,为个性化推荐、精准营销提供技术支持。运用语音识别、图像识别、自然语言处理等人工智能技术,提升用户体验,实现智能交互。通过连接家电、智能设备等物联网技术,拓展主流媒体业务范围,实现多屏互动、跨屏切换等新型业务。主流媒体要把握数智媒体转型这一发展趋势,强化技术引领,补上技术短板,积极主动拥抱人工智能技术,制订智能化转型战略、加强智能传播基础设施建设,推进媒体智能化转型。在技术研发、应用和推广方面加大投入,以提升自身的技术水平和竞争力。须加强与互联网企业、技术服务商合作,共同研发适应市场需求的新媒介技术和技术应用。同时,还需要培养和引进一支具备专业技能和创新精神的技术团队,以保障在技术领域的领先地位。

### 三、多元探索推进经营转型

主流媒体的组织变革,既要重视事业属性,也要重视产业属性,在当下主流媒体日子不好过的情况下,更要重视产业属性。对于主流媒体来说,以前是要维护行业壁垒带来的好处,现在是要打破行业壁垒主动出击,向广阔的市场寻找机会。2004年,查尔斯·奥莱理与迈克尔·塔什曼共同提出了双元性组织(ambidextrous organization)这一理论,主张企业具备在成熟市场上运用现有资源,以及在新兴市场上拓展新产品与服务的能力。[1] 美国管理学家马奇提出,双元性组织需要做好两种工作,一是利用,二是探索,利用主要为短期目标服务,探索主要为长期目标服务。双元组织一方面通过渐进性创新在成熟市场里取得成功,另一方面通过速度、灵活性和对错误的宽容在新兴市场中竞争。[2] 在渐进性创新阶段,组织更多利用现有能力,在颠覆性创新阶段,组织需要探索新能力。培育双元能力、建构双元组织的方式主要有:树立"第二曲线"思维;分离利用和探索;高管引领探索活动;要求新业务尽快盈利。主流媒

---

[1] O'Reilly C A, Tushman M L. Ambidextrous Organizations: Managing Evolutionary and Revolutionary Change[J]. Management Science, 1996, 42(7): 934-950.

[2] O'Reilly C A, Tushman M L. Lead and Disrupt: How to Solve the Innovator's Dilemma[M]. Stanford University Press, 2021: Preface and Acknowledgments.

体组织运营变革是一项长期、复杂的工程,需要从经营模式、商业模式、资本化战略、产业链经营等多个方面进行全面改革。

对于主流媒体而言,打造新媒体技术平台、布局全媒体业务等仅是新型主流媒体建设的"外在形态",深入推进组织层面的变革才能为新型主流媒体建设注入"灵魂"。在推动组织变革时,主流媒体要把资源和人才向新型媒体的战略转移,必须解决好传统媒体的供给侧改革和新型媒体的战略性布局。在供给侧改革中,稳妥推进"关停并转"。在新媒体战略性布局中,要坚持全媒布局,推动媒体从封闭生产体系转向开放生态平台。

## 本章案例

### 陕西广电融媒体集团以系统性组织改革推动媒体融合发展

陕西广电融媒体集团按照"一盘棋、一朵云、一张网"的总体思路,将一盘棋的策略应用于资源整合,构建起一个全媒体平台,打造一朵由"公有云+专有云+私有云"构成的混合云,建设一张覆盖全省107个县的广电网络,包括县级融媒体中心和省级融媒体指挥中心,进而打造出媒体融合的"陕西模式"。

一、"两端一网"传播矩阵

陕西广电融媒体集团以技术革新为牵引,重塑生产传播体系和组织架构,成立陕西广电融媒体集团,打造中国(陕西)广播电视媒体融合发展创新中心,打造自主可控的"秦岭云"平台,接入省级主流媒体、地市级融媒体中心及107个县级融媒体中心,形成全省"一朵云""一张网"全媒体传播体系。建立省市县三级通联协作机制、重大主题宣传协同联动机制等,让新闻信息资源快速、精准、高效联动,实现省级媒体和地方媒体、主流媒体和商业平台协同发力。坚持全媒体贯通、大小屏联动,以数据链接打破媒体边界,大力发展"新闻+政务服务商务",逐步实现融媒体平台向社会综合治理、民生服务资源、文化传播发展拓展,目前已有80余项政务服务项目入驻全省融媒体平台。陕西广电融媒体集团在"打造一批具有强大影响力和竞争力的新型主流媒体"的目标指引下,勇立媒体融合改革潮头,注重创新引领,聚焦新闻舆论工作主题主线,构建以"起点新闻"和"闪视频"为核心的"两端一网"传播体系。

## 二、"三端、四体、四化"推进媒体深度融合发展

陕西广电融媒体集团采用"三端、四体、四化"运营架构,即构建一个集后端内容、中端技术支持和前端传播渠道于一体的"三端"架构,探索"资源一体、协同一体、服务一体、管理一体",和"内容全媒体化、技术支撑信息化、传播渠道最优化、运营模式体系化"的融合路径,积极推进媒体深度融合发展。

集团以"内容生产(后端)+数据平台(中端)+传播渠道(前端)"构建陕西广电新型全媒体传播平台,目前该平台具备了全媒体融合生产能力、快速加工发布能力、媒资聚合归档能力、移动直播能力、快速建站能力,为集团内容生产、传播分发、用户运营等提供有效支撑。集团创建的乡村振兴融媒体平台(乡村振兴新闻网)已于2022年7月正式推出。该平台成功整合了各类媒体资源及全省农业农村、乡村振兴系统的优质资源,实现了对陕西乡村振兴信息的一站式采集、加工、生成和全媒体分发,构建了陕西农业农村和乡村振兴宣传的总平台与大枢纽。

集团融媒演播室投入使用,该演播室采用全新的 IP 集群多景区设计理念,集成了360度旋转全景播报、4K 高清视频制播及 VR 和 AI 等创新技术,通过应用先进技术和设备,节目安全播出更有保障,制播流程更加优化,视觉呈现效果和场景应用方面走在全国前列。此外,集团打造虚拟主播"秦有为",并在媒体业务如新闻、综艺、体育、财经、气象等节目应用落地,完成虚拟主播在2022年陕西网综春晚"虎虎生 v 向未来——网络综艺达人新春大联欢"上的应用,并支撑丝路超媒 MCN 全媒体矩阵的日常短视频内容生产。

## 三、"9+3+2+7"中心管理制模式实现人才和市场深度融合

陕西广电融媒体集团加速推进现有体制机制、内容、渠道、平台、人才和市场的深度融合。2022年,集团形成了"9+3+2+7"中心管理制模式,即设置融媒体新闻中心等九大内容生产中心,经营中心等三大业务中心,技术中心、后勤保障中心两个支撑保障中心,西安等七个地市工作站,经营资源得到有效归集。

本集团通过调整经营指标,强化目标责任考核,优化人事分配制度,完善薪酬激励制度,培育和引进融媒技术和创意人才,基本实现了内容、渠道、产品、平台、人才和市场深度融合的体制机制。与此同时,遵循试点先行,逐步推广的原则,在各中心大力推行全成本核算工作,制定了《各中心全成本核算与业务管理指导办法》等制度文件,推动各中心逐步建立独立核算、权责对等、分

工明确、责任清晰的独立运营主体,不断激活管理运营能效,打造科学高效的管理体系。

在人才队伍建设方面,集团积极倡导杰出青年才俊在核心项目、主要节目及重大工程中担任关键角色,致力于探索青年才俊的持续培养机制。同时,本集团支持网络视听与传统广播电视领域在人才智力、内容生产、技术革新等关键领域进行深度合作与交流,旨在培养具备全媒体能力的媒体人才。通过一系列改革举措,全集团干事创业的活力和热情被充分激发。

四、探索建立"新闻＋政务服务商务"运营模式

在传统广电业务与广告市场面临深度调整的背景下,陕西广电融媒体集团以创新驱动发展,通过构建"双轮驱动"战略体系实现转型升级。集团通过整合优势资源,构建起涵盖数字政务、智慧城市、产业园区等领域的立体化业务矩阵,形成"内容＋技术＋服务"三位一体的创新发展模式。在战略布局层面,集团深化"新闻＋政务服务商务"运营体系,重点推进三大核心工程:一是打造新型全媒体传播平台,以内容生产为根基,融合5G、云计算等前沿技术构建智能传播体系;二是拓展政企服务生态链,深度参与数字政府建设、雪亮工程等重大项目,形成"智慧广电＋"服务体系;三是创新产业运营模式,通过MCN机构孵化、行业融媒中心建设及电商运营平台搭建,实现从单一广告经营向品牌运营、生态运营的跨越式发展。集团通过建立跨领域协同机制,已成功构建覆盖云服务、数据平台、投融资等领域的多元产业生态。特别是在媒体融合实践中,与省交警总队等机构共建行业融媒中心,探索出"平台共建、资源共享、价值共创"的协同发展路径。这一系列战略举措不仅巩固了主流舆论阵地,更在数字经济领域培育出多个增长极,推动集团实现从传统广电媒体向现代化文化科技企业的转型升级,形成社会效益与经济效益协同发展的新格局。

陕西广电融媒体集团深入推进系统性变革的实践,展示了主流媒体在组织结构变革方面的成功实践,它们通过创新管理机制、重组业务资源、重塑运作流程等方式,提升了组织的灵活性和市场竞争力,为其他媒体的组织结构变革提供了宝贵的经验和参考。

(张收鹏)

# 第五章
# 经营破圈:从传播力到经营力

在媒介生态深刻变革的背景下,主流媒体要实现系统性变革,不仅需要传播力的提升,也离不开经营力的突破,必须在做强媒体主业,深耕专业领域的基础上,积极探索信息服务、版权合作、广告经营等多种盈利渠道,找到适合自己的可持续发展模式。[①] 经营模式的创新是主流媒体实现"把社会效益放在首位,社会效益和经济效益相统一"目标的重要路径。一方面,主流媒体的内容和产品不仅具有社会公共属性,也蕴含丰富的商业价值;另一方面,经营对于主流媒体而言,不仅是生存与发展的经济基础,更是其履行社会责任、提升传播效能的重要保障。因此,如何在坚守社会效益的前提下,探索可持续的经营模式,成为主流媒体系统性变革的重要议题之一。

然而,当前主流媒体在经营方面的现状不容乐观。据中国广告协会报刊工作委员会公布的2024年上半年全国纸媒经营状况数据显示,大部分被调查的主流媒体经营困难远超预期。以省级党报为例,2024年上半年经营收入同比增长的仅有20%左右,整体下滑的占比高达50%。这一困境的背后,既有外部环境的变化,也有内部模式的局限。从外部看,受众注意力持续向网络媒体和社交媒体转移,即便在重大政经事件的报道中,商业新媒体平台也吸引了更多的用户注意力。从内部看,主流媒体过度依赖传统广告收入、商业模式单一、用户付费意识薄弱、品牌价值开发不足等问题,严重制约了其市场竞争力和可持续发展能力。这些问题的叠加,使得主流媒体在应对技术变革与用户需求变化时显得捉襟见肘,亟须通过经营模式破圈实现突围。

面对严峻的生存与发展挑战,各级主流媒体需积极探索经营模式新领域。《2024中国广告主营销趋势调查报告》数据显示,75%的广告主表示没有增加

---

[①] 刘奇葆.推进媒体深度融合打造新型主流媒体[J].青年记者,2017(7):9-11.

广告预算的计划,这意味着主流媒体不能再以传统广告为主要盈利模式。随着人工智能和媒介融合的进一步发展,市场需求和竞争将更加复杂多元。唯有探索内容付费、品牌开发、整合"新闻+"服务平台等多元化经营模式,主流媒体才有望在激烈的市场竞争中立足,实现从传播力到经营力的全面提升。本章将从内容破局、跨界融合、布局未来三个维度,深入探讨主流媒体经营模式的创新路径与未来图景,为构建更有活力的新时代主流媒体传媒经营生态提供理论与实践建议。

## 第一节 内容破局:付费模式和品牌价值的双引擎驱动

随着广告收入模式的逐渐萎缩和受众对高质量、个性化内容需求的持续攀升,内容付费已成为主流媒体盈利转型的关键路径。内容付费强调以"内容为王",通过提供独家、深度和高价值的信息吸引用户付费。然而,内容付费模式的推广也面临挑战。无序的市场竞争导致大量劣质产品的出现,使内容付费产生了信任危机,付费墙模式已经呈现瓦解趋势,同质化内容泛滥,优质原创内容版权的保护受到威胁,平台竞争激烈和用户黏性缺失,这都需要主流媒体在内容价值与付费体验之间找到平衡,不断创新内容形态与运营策略。

### 一、内容付费:传播力的商业化跃迁

2016年被称为"知识付费元年",自此知识付费实现了飞跃式发展。据艾媒咨询和传媒蓝皮书的最新数据,相较于2015年,中国在线知识付费在七年内迎来了飞跃式发展,更多的UGC被加入知识付费的内容生产中,2022年中国在线知识付费市场规模1126.5亿元,增长约70倍,预计2025年将达2808.8亿元。截至2024年5月,"财新系"知识付费产品,如《财新周刊》《财经》《第一财经周刊》等已拥有订阅付费用户超过120万人,跻身全球付费订阅媒体前列。知识付费作为内容付费的重要组成部分,其崛起证实了内容付费市场正式进入了趋势化。知乎Live专栏、分答、喜马拉雅、得到等的成功运营都说明优质内容值得人们付费,用户思维的转换也将推动内容付费模式的

发展,这也意味着,内容付费已经拥有大量的用户,且数量会随着国民整体素质的提升而逐渐增加。

### (一)优质内容:流量变现的"硬通货"

优质内容的创作和发布才具有商业价值。用户愿意为"能解决问题""引发共鸣"的内容付费,这包括真实可信、专业且有深度、有趣且吸引人、能够体现创作者独特风格和创新性,传递积极的价值导向和社会责任的内容。主流媒体区别于大部分的网络自媒体,其内容的创作需要经过层层筛选和把关,从业人员也都经过专业的训练,最大程度保证内容的价值。在优质内容的创作上,主流媒体具有先天的优势。在这样的背景下,探讨优质内容的商业价值,正是为了在保障社会效益的前提下,提升主流媒体的造血机能和活力,实现运营模式的破圈。

主流媒体内容的商业价值主要体现在其原创的新闻内容、知识服务和教育产品等产品能够吸引并保持受众的关注,通过多种方式实现经济收益和社会影响力。首先,主流媒体内容的商业价值体现在其内容的质量和创新上。高质量的内容能够吸引受众,并能够保持受众对品牌的忠诚度,持续的内容创新能力则是保持竞争力的关键。因此,主流媒体想要通过内容产品实现经济效应的增长,那么就要能够满足受众更加个性化、多元化的信息需求。其次,受众基础和影响力也是评估媒体内容商业价值的重要指标。广泛的受众覆盖意味着媒体信息能够触达更多人群,进而产生更广泛的社会影响。优质的内容产品能够产生较强的长尾效应,甚至能够引导舆论走向,影响公众意见,也体现了主流媒体的参与社会治理和公信力、影响力的重要指标。此外,技术和平台优势对主流媒体内容商业价值提升有着显著的推动作用。智能技术如大数据分析、人工智能、云计算等,不仅提高了内容生产的效率与质量,还实现了精准推送与个性化服务,极大地增强了用户体验。[1] 同时,拥有强大传播渠道和多元化平台的媒体资源,能够实现信息的跨平台、多渠道传播,进一步扩大其优质内容的影响力范围。

### (二)付费需求的迭代:用户心智的升级

随着我国媒体融合进入十周年,媒体行业的数字化转型和用户消费习惯

---

[1] 谢华平.新媒体优质内容生产与分发策略[J].传媒,2019(20):43-45.

已产生较大的变迁，受众对付费内容的需求也在不断升级。用户需求的转化，引导了媒体内容的多样化和个性化发展；主流媒体应该意识到以用户为中心的经营理念，才能够推动产业升级与转型，带来更多的商业机遇。

第一，从泛化信息到专业知识的转化。由于互联网平台和社交媒体的覆盖面广，内容负载量较高，因此在信息爆炸的环境中，受众从被动接受海量信息，逐渐转化为倾向于为深度分析、专业见解和独家内容付费，避免时间成本被低质信息浪费。同时，受教育程度较高的受众，更愿意获取专业知识和相关内容，他们希望看到更多的深度咨询报道。因此，财经、科技、教育和医疗领域的高质量专业内容的付费需求尤为显著。

第二，从内容大众化到个性化的转化。受众越来越希望获取与个人兴趣、职业发展相关的定制内容。通过大数据和 AI 技术，媒体平台可以进行精准推荐，满足用户的个性化需求，这种服务提升了用户的使用频率和付费意愿。例如，新闻平台根据用户浏览记录推荐个性化内容套餐，或提供按兴趣领域订阅的会员服务。但由于受众媒介素养的提升，越来越多的受众不愿意被大数据杀熟和个性化推送所束缚，受众需要打破信息茧房，了解更多相关领域的信息。因此对主流媒体而言，优化推送软件的算法定制，实现个性化内容的升级，是内容付费产品的发展方向。

第三，从单向消费到参与互动的转化。受众不再满足于被动获取信息，而更倾向于参与内容创作与互动，如线上讲座、社群讨论、互动直播等。主流媒体通过付费社群和专属活动增强与用户的互动，使用户从单纯的消费者转变为内容共创者。例如，媒体推出付费知识社区，用户既是知识的接收者，也是讨论的参与者，增强了用户黏性。

第四，从即时消费到系统学习的转化。随着知识经济的发展，用户更愿意为系统化的学习内容付费，如线上线下课程订阅、电子书和长期培训项目。从单篇内容消费到持续的知识获取，受众需求正从浅层次消费向深层次学习转化。媒体平台推出的年度课程包、名师专栏或专题读书会、线下专题讲座等迎合了这一趋势，推动内容服务产品化。

第五，从单次付费到长期订阅的转化。用户的付费行为也从偶然性的单次付费向长期订阅转化，体现了对媒体品牌和内容持续输出能力的信任。订阅模式不仅提高了媒体的收入稳定性，还增强了用户与平台的长期关系。微信读书、知乎会员等平台的成功验证了这种模式，用户更倾向于订阅内容而非一次性购买,用户长期订阅内容习惯的养成也为主流媒体内容付费模式探索夯实了基础。

第六,从广告容忍到体验优化的转化。受众越来越注重阅读或观看的体验,对信息流广告和弹窗广告的耐受度降低。内容付费成为提升用户体验的重要方式,付费会员通常可以享受无广告内容和专属服务。比如,爱奇艺、腾讯、优酷、B站等平台的付费会员专属服务运营模式已经十分成熟。受众的付费意愿和行为模式逐渐稳定,这可以为主流媒体探索自有平台的运营模式提供更多的经验和借鉴。

内容付费受众需求的转化体现了从泛化信息到专业知识、单向消费到互动参与、大众内容到个性化推荐的趋势。这些变化推动了媒体服务的升级,使内容不仅成为满足即时需求的工具,更是一种持续学习和生活方式的延伸。主流媒体需顺应这一趋势,通过打造垂直内容、优化用户体验、加强互动参与和个性化推荐来提升付费转化率,实现可持续的内容商业化发展。

## 二、品牌重塑:从"传播媒介"到"价值符号"

品牌IP形象,作为品牌个性的具象化表达,已经成为连接消费者情感与品牌理念的重要桥梁。而品牌作为媒体的核心无形资产,其重塑与升级对于主流媒体的经营模式革新至关重要。布迪厄有关象征性的文化资本理论认为,品牌是一种可积累、可交换的社会信用载体,因此品牌也可以作为社会共识货币而流通,即形成价值符号。比如,四川日报"四川观察"抖音号,就通过地域文化梗引爆全网,将地方媒体品牌转化为"国民级围观符号"。

通过打造有辨识度的品牌形象,主流媒体一方面可以通过其潜在的商业价值维持可持续发展,另一方面可以最大化地发挥其传播优势,提升影响力。本节将深入剖析主流媒体在品牌建设过程中遇到的挑战与机遇,并从差异化内容基因的塑造、品牌建设的创新维度、品牌营销的多种模式及影响力变现的思路几个角度出发进行整合分析,旨在助力主流媒体构建更具吸引力、影响力及公信力的品牌形象,于激烈的市场竞争中屹立不倒,引领行业风向。

### (一)内容基因的重构:品牌升级的底层逻辑

内容基因是指用于描述和识别内容本质特征的一组数据或信息。它可以帮助理解内容的主题、风格、受众等关键属性。在互联网传播中,内容基因系统通过分析大量内容数据,提取出关键特征,为内容的分类、推荐和优化提供依据。例如,在 IPTV 内容运营中,内容基因系统通过沉淀内容基因,完善内容编目,汇聚全网热点内容信息,为内容运营赋能,提供更加精准、有效、丰富的内容支撑。

进入智能时代,优质内容仍然是解锁流量密码的通行证、舆论场中的核心竞争力。学界普遍认为,"内容为王"才是主流媒体的发展之基和变革之路。然而,大部分主流媒体定位模糊化导致了内容同质化,缺乏品牌辨识度和市场竞争力,最终沦为流量和商业新媒体平台的追随者。

主流媒体通过打造差异化的内容基因,在内容营销时通过分析用户的行为和偏好,确定内容的主题和风格,从而可以制定有效的营销策略。例如,澎湃客户端以政经新闻报道为其内容基因,《南方周末》的"中读"深挖文学文化的内容付费品类,湖南广电旗下的芒果 TV 具有娱乐的强属性。在内容营销时,高质量、垂直领域的内容基因的特点,可以帮助主流媒体树立在该领域的权威形象,达到快速建立市场地位和品牌忠诚度、提高用户的参与度的目的。通过建立和强化品类权威,可以避免重复解释,降低决策成本,并提供更具性价比的内容和服务。

在 IP 商业化中,内容基因的概念也尤为重要。拥有粉丝的内容才能称得上 IP。例如,罗振宇 IP 的塑造及"得到"品牌的成功,源于其每年的跨年演讲,用通俗的表演模式展现对经济形势和社会热点的总结与预判,吸引了大量粉丝,奠定了知识付费领域与众不同的"内容基因"。这种"内容基因"让"得到"APP 积累了跨界技能,同时提高了其 IP 孵化的成功率。

主流媒体在经营模式的变革中,首先要打造有辨识度和影响力的内容基因,从用户画像、市场定位、产品迭代等维度展开系统性布局,进而实现内容品牌化的升级,打造具有竞争优势的产品。主流媒体具有一般新闻媒体难以相比的权威地位和特殊影响,被社会各界视为党、政府和广大人民群众意志、声音、主张的权威代表,具有很强的公信力,这也是其内容基因的基本属性。例如,在诸多热点舆情事件的传播过程中,受众更倾向于信任以主流媒体为代表的权威信息源,期待其能够持续输出高质量的深度报道。所以,为了给信息的可信度背书,很多新媒体会把"某某日报称"放在标题显眼处。因此,主流媒体在进行品牌重塑的过程中,也要坚持党性和正确的舆论导向[①],守住底线,才能在实现经营力破圈的同时,成为真正拥有传播力、引导力、影响力和公信力的新型主流媒体。

### (二)品牌建设的"破圈公式":整合与创新的多维实践

IP建设是指通过整合、重构和营销文化元素,构建出一个具有品牌形象、故事情节、角色个性等特点的文化产品,以实现商业化开发和经济效益的提升。通过打造IP可以提升品牌市场竞争力和议价能力,还会赋予品牌抗风险力。

主流媒体可从原创程度、垂直深度、受关注度、活跃程度几个维度出发,逐步推动品牌IP建设。借鉴互联网企业的运营实践,主流媒体开始探索构建特色的IP矩阵。比如,以《南方日报》"南方+"平台推出的"珠三角观察"、澎湃新闻"政观长三角"等栏目为代表,推进IP化融媒体专栏建设正成为主流媒体增强政治经济报道影响力的差异化创新方向。

第一,原创程度。由于市场对于原创策划的渴求度越来越高,对于主流媒体而言,首先要创新内容和形式,要紧跟时代和受众的需求,打造一些实现社会效益和经济效益双丰收的新的IP产品和项目。比如,中央广播电视总台为了实现品牌全面转型和升级,于2019年创建全新短视频品牌"央视频"。2023年,央视总台华语环球节目中心也进行了一系列的品牌化战略探索,在没有依托总台王牌栏目的情况下,策划推出了不少以外国友人为主播的文旅题材节目,比如《在中国!这样玩!》《海外博主看中国(系列短视频)》等,受到了海内外受众的好评。

第二,垂直深度。深耕垂直领域的优质内容,是主流媒体打造IP的核心任务。一方面,要有精准化定位,在定位基础上深耕垂直的内容和品牌活动,这也是IP建设的第一步;另一方面,主流媒体通过开展品牌活动,可以最大程度上发挥其在垂直领域的资源整合的优势。比如,央视总台华语环球节目中心根据近年流行的文旅主题,策划节目《在中国!这样玩!》,同时在节目直播间邀请了近70位文旅局长与网友互动,为他们推荐当地的特色美景,这样的

---

① 张一,李小檬.以新型主流媒体提升全人类共同价值国际传播效能[EB/OL].(2024-04-10)[2025-07-13]. https://www.cssn.cn/.

直播"大PK",不仅使节目的话题性和互动性提升,同时让央视总台华语环球节目中心整合了国内文旅垂类行业资源,引发更多深度讨论与思考。

第三,受关注度。运用数智技术实现定制化转型提升关注度。依托大数据技术与人工智能算法,主流媒体可以通过深度动态分析实现对用户群体新闻消费行为与媒介使用习惯的精准洞察,运用算力支撑与算法模型构建满足用户个性化需求与社会心理预期的内容分发机制。人民日报客户端7.0版本创新性地引入"主流算法推荐系统",以此优化内容生产策略与传播营销路径。该系统基于用户内容交互数据与阅读行为轨迹,从内容热度、内容偏好与话题认同等维度构建用户画像,实现了主流媒体价值引领与品牌效应的双重提升。另外,打造记者和主持人的IP化,也是赢得高关注度的模式。比如,央广总台的主持人王冰冰、东方卫视的记者申雅,通过打造特色鲜明的记者IP,用年轻用户喜欢的方式跨越多平台进行传播。

第四,活跃程度。打造大IP,还需要注重精细化运营,且能够不断创新叙事模式,实现较高的活跃度。针对不同平台的推荐算法、用户习惯等,在社交机器人技术、机器写作、算法推荐等新技术驱动下,实现数字化迁移、渠道扩展与信息表达方式创新。比如,"浦东开发开放30周年系列报道"的全媒体专题,澎湃新闻为了全方位展示浦东三十年来的历史巨变,在重点宣发期通过全媒体矩阵密集曝光,在各个账号之间打时间差与组合拳,使账号活跃度不断攀升,进而引发广大受众的热议。

### 三、内容变现的挑战:公共性与商业化的博弈

#### (一)内容"付废"的信任危机

内容付费的竞争已进入白热化。随着越来越多的自媒体开始制作内容付费的产品,内容付费质量良莠不齐,特别是一些粉丝量较大、影响力较高的"草根"自媒体博主,由于自身媒介素养和专业知识的缺失,导致大量粗糙的知识付费产品逐渐泛滥。比如,2024年小红书平台"买手经济"的流行,以致产生了很多知识付费博主,他们通过出售一些根据畅销书框架洗稿的简易课程,从内容制作到后期交付都存在很多问题,甚至对用户有欺骗行为,因而被戏称为"内容付废""割韭菜",这些负面案例也直接导致内容付费市场的交易回落。

内容付费的信任危机，其实主要来自刻意为受众制造出来的焦虑感。比如有些自媒体博主，用"投资房产不如投资自己""不会这种软件将拉开你与他人的距离"等话术击中受众的知识短板和上进心理的"痛点"之后，就会使其在心理失衡的状态下，冲动地完成购买。然而，当付费内容产品的实际体验与用户预期形成显著落差时，受众的信任度将急剧下降。以某自媒体博主在喜马拉雅平台推出的"零基础自媒体运营课程"为例，他承诺"半年内未实现增粉过万将双倍返还费用"，将用户的心理预期无限提高。课程上线初期虽获得大量用户购买，但随着实际使用效果与宣传相差甚远，负面评价不断累积，最终该产品因大规模退课投诉而被迫提前下架。这些内容付费行业面临的信任危机，影响了整个产业的生态环境。因此，在此基础上，主流媒体如何在探索内容付费的基础上，做出行业价值引领，加强产品和服务的质量管理从而重建信任，也是下一步亟待思考的问题。

### （二）付费墙的壁垒与限制

网络信息复制、转发的便捷性，使高质量内容的版权问题愈发严重。从这个角度来说，新闻内容付费正是对知识的尊重，也是实现信息价值最大化的保证。付费墙就是在传统报业数字化转型过程中，为保护其数字内容知识产权而构建的内容付费模式。其付费模式在海外已经十分成熟，主要呈现三种形态：第一，按时间进行付费，即用户付费后在规定时间段内可获取一定的阅读权限；第二，按内容类别进行付费，通过对数字内容进行价值评估与分类，仅对高附加值内容实施收费阅读；第三，按阅读范围进行付费，即建立免费与付费两个独立的内容平台，免费平台提供基础性内容服务，而付费平台则提供更为深度、全面的资讯产品，由此，免费的网站只提供部分内容，付费的网站内容更加丰富和全面。[①]

我国主流媒体的付费墙应用还处在探索阶段。2010 年《人民日报》针对电子版率先开始实行收费模式，但收效甚微，6 年后被迫停止电子报收费。《南方都市报》也在进行一段时间付费尝试后，以失败告终。在我国主流媒体付费墙运营模式的探索者中，财新传媒是先驱者之一。自 2018 年实施付费墙

---

① 方兴东,何可,钟祥铭.付费墙:解码主流媒体数字化战略观念误区[J].当代传播,2023(6):26-32.

模式以来,其移动端应用财新网 APP 已实现月度平均访问量过亿,其中注册用户规模逾 200 万,独立访客量突破 5000 万,累计付费用户超过 20 万,这样的成绩使其成为国内主流媒体付费墙实践的成功案例。然而,付费新闻却尚未成为知识付费领域的主流业态。这也源于新闻资讯与深度报道难以与其他产业生态建立有效链接,付费墙发展的主要瓶颈也源于其核心付费内容目前尚未转化为用户的刚性需求。[1]

2023 年,拥有 130 万纸质订阅用户和 25 万数字订阅用户的美国《时代》周刊,宣布正式取消付费墙,全球读者以后可通过官网免费获取其数字新闻内容。这一"拆墙"举措不仅引起人们重新审视付费墙的合理性,同时也标志着看似安全稳固的付费墙,正面临着来自外部和内部的瓦解的力量。一方面,是来自技术的颠覆性的冲击,以 ChatGPT 为代表的 AIGC 的崛起作为外部力量,当其基于数据和算法生产内容的方式逐渐成为主流应用,便顺势瓦解了以内容稀缺而建构独特性为基本逻辑的付费墙模式,甚至可能让付费墙最终被时代所淘汰。另一方面,从主流媒体的社会属性来说,付费墙也在某种程度上违背了其追求社会效益的初衷。付费墙的基本逻辑就是依靠垄断内容和许可制度构建媒体的商业模式,事实上这有悖于自由、开放、共享、创新、平等的互联网精神。主流媒体的新闻付费并不能等同于新闻商品化。商品的最终目标是利益的最大化,实现经济效益。新闻信息的社会属性决定其与商品的本质区别。因此,主流媒体的盈利模式不能仅仅依赖付费墙,而内容付费模式走向多元化将是大势所趋。

### (三)内容同质化与内容侵权泛滥

第一,新闻内容同质化。主流媒体特别是地市级主流媒体面临内容同质化的问题首当其冲。首先,选题类型同质化严重。传统媒体时代,记者获取新闻线索主要靠"脚力"和新闻热线电话,通过"跑口""扫街"等行为,能获取第一线的新闻,也更贴近群众。而现在线索渠道拓宽了,不少记者通过网络热搜或当地热点找线索,进行二次创作,还有的通过智能技术将原创报道重新"包装"再传播,这样一来,从选题的角度来说,内容的同质化也变得不可避免。当同

---
[1] 肖万宁.我国网络新闻内容付费模式的创新研究:以财新网为例[J].出版广角,2019(23):70-72.

质化内容大量涌现于网络时,很容易引发受众的厌倦情绪。其次,内容结构单一。大部分主流媒体的核心产品都是以时政和财经新闻为主,而且以通讯稿件居多,缺乏深度报道和评论,在语言风格和导向上也没有唯一性和独特性,受众只注意到了对信息的接受,往往对传播主体的记忆变得更加模糊。最后,内容同质化还导致了主流媒体的自主平台很难实现跨区域流通。近年来,各地主流媒体开发了很多自有的新闻客户端,但多数无法做到跨地域进行信息流通。其中,内容同质化造成的影响最为突出。尽快找到差异化的内容定位,才能确保主流媒体吸引分众化的受众,最终实现内容的商业价值。

第二,独家原创内容的侵权。媒体的原创内容,特别是独家原创,是其能力和传播力的象征,代表着该内容的生产受到认可,受到行业瞩目。然而,数字内容领域的侵权行为依然呈现高发态势。比如,在《独家｜刘强东案女事主回应:"我一直在拒绝"》的独家报道中,财新传媒的文章发布后24小时内即被凤凰网、新浪微博等平台未经授权地转载,且存在篡改标题与内容删节现象。原创内容生产者因盗版行为遭受直接经济损失,这种状况的持续将削弱其积极性,进而对整个行业的创新动力与可持续发展产生影响。

### (四)平台竞争激烈,用户黏性缺失

目前,内容付费行业竞争激烈,大部分主流媒体的新闻付费还未找到差异化的定位及突出的优势。而相较于传统主流媒体,新媒体平台在内容付费领域展现出更强的市场适应性。依托知识社群优势,"知乎Live"开创了社群化知识服务的创新运营模式;"喜马拉雅"则通过版权采购与有声IP孵化在音频付费市场占据领先地位;"有道"凭借精准的市场化课程定位,逐步跻身在线教育领域,建立了稳固的用户基础。主流媒体在内容付费的产品设计上普遍缺乏对用户的服务意识,导致用户黏性的缺失。以"财新APP"为例,作为国内主流媒体内容付费模式探索的先驱,虽然拥有了一定数量的用户和经营业绩,但和其他头部新媒体平台相比,其用户算法采取的还是人工推荐模式,而不是大数据算法,这种推荐机制导致所有用户接收到的内容呈现高度同质化特征,难以实现个性化内容精准匹配。而且,"财新APP"的首页内容呈现缺乏分类导航设计,采用单一的时间序列推送模式,致使用户无法快速定位并访问其感兴趣的垂直内容板块。另外,"财新APP"开设的私房课程内容多为投资理

财、家庭教育等模块,是内容付费框架的扩展,但这些课程缺乏用户反馈机制,没有设置打分评价的环节,使得界面交互性弱,导致用户体验差。

## 第二节 跨界融合:"新闻+"模式下的服务拓展与生态构建

学界普遍认为,在媒体深度融合的大潮中,衡量其融合成果的重要目标,是媒体切入数字时代全民公共服务和社会治理的效能,在这个过程中逐渐形成数据为基础的媒介社会体系。在此基础上,探讨主流媒体如何巧妙利用其参与社会公共服务和社会治理的功能和责任,通过探索实践"新闻+"跨界运营模式,实现服务边界和经营模式的跨越与拓展,成为本节的核心议题。通过深度激活市场机制效能,有效提升主流媒体的市场竞争意识与运营能力,"新闻+"模式将体制优势转化为资源优势,构建起以新闻生产为主体、政务服务和商务拓展为辅助的新型运营体系。

通俗来讲,"新闻+"模式可以理解为主流媒体对内容产品全生态产业链的连接及其资源的整合跨界。近年来,主流媒体不断学习商业平台的成功经验,探索"新闻+"模式,本节将聚焦主流媒体如何通过整合内外部资源,打破传统新闻业界限,与政务、服务、商务等多个领域深度融合,探索"新闻+政务服务商务"等多元化发展模式,旨在满足受众日益增长的多元化信息需求与服务期待,同时为主流媒体开辟更广阔的发展空间,实现经营模式的全面破圈与升级。

### 一、"新闻+"的多元连接:从内容生产到服务共生

互联网的本质是"连接",互联网上的"服务网络"与内容、关系网络将不断交融、渗透。正如学者彭兰提出的观点,新闻作为内容的关联逻辑已经扩展到信息之间、信息与人之间。人、内容、服务之间的连接,成为互联网应用探索的主要方向,而人与人的连接始终是各种应用的核心。[1] 因此,"新闻+"的理论

---

[1] 彭兰."连接"的演进——互联网进化的基本逻辑[J].国际新闻界,2013(12):6-19.

范式不仅是对传统新闻模式的补充和提升,是一种应对快速变化的信息环境的连接,对于媒体融合模式也有着重要影响。通过融合多种元素和技术手段,"新闻+"模式有助于提升新闻的相关性和吸引力,满足受众的多样化需求。

第一,用户的连接。新闻为用户提供信息,因此用户被新闻所吸引,与新闻紧紧连接。而"新闻+"模式是一种对不同维度和端口用户的整合,同时强调新闻内容与多种元素的整合,比如结合社交舆论、专家观点、数据分析等。这种整合不仅提升了新闻的深度,还能够提供更多的背景信息,让受众更全面地理解事件。

第二,平台的连接。新闻机构与科技公司、社交平台、学术机构等的跨界合作,创造出新的内容形式和传播方式。这样的合作不仅扩展了新闻的影响力,还为受众提供了更多元化的信息获取渠道。

第三,权威性连接。主流媒体始终将新闻的权威性置于核心地位,着力强化新闻报道的权威背书、事实核查与时效保障。这种权威性特质充分彰显了新闻传播的专业规范与严肃价值,尤其在时政报道领域,中央级媒体凭借其独特定位与资源优势,构建了无可替代的权威话语体系。

第四,功能性连接。除时政报道外,财经、农业等垂直领域新闻具有显著的功能属性。这些专业新闻报道在特定领域发挥着重要的信息支撑作用。以财经新闻为例,其涵盖的股市动态、经济趋势分析、贸易数据等内容,能够为用户的商业决策提供可靠的信息参考与判断依据。

第五,娱乐性连接。体育、娱乐等领域的新闻报道具有天然的注意力吸引属性,能够为用户提供休闲娱乐价值。娱乐新闻通过挖掘内容的情感共鸣点,运用故事化叙事手法,结合趣味性细节与悬念设置,有效激发受众的兴趣点,为用户创造愉悦的内容消费体验。

## 二、"新闻+"模式的融合与深化:构建可持续经营新生态

厘清政府、媒体和企业等市场主体之间的定位,是主流媒体探索"新闻+"运营模式的首要任务,即将上述主流媒体与政府、企业的关系,逐渐转化为"新闻+政务""新闻+服务""新闻+商务"等运营模式,以增强媒体生存发展的必要性与独特性。现阶段,我国主流媒体已对"新闻+"运营模式进行了初步的探索,大多将各个板块分开来运营。但"新闻+政务服务商务"本应是能够良

性转化且相互支持的并存关系,最终可通过平台和产品实现"大融合",同时,不同媒体"新闻+"模式的侧重和具体路径也不尽相同。

### (一)新闻+政务:融入中国式现代化社会治理

主流媒体的"新闻+政务"服务模式,即通过提供数字化平台和服务,参与权威、数据和数字化的公共服务和社会治理,助力城市品牌IP的孵化及智慧城市的建设。主要业务板块有政务信息发布、政策解读、监督测评、城市共建、政府智库,承接政府外包的新媒体服务等。主流媒体通过深度参与电子政务、智慧城市、数字经济等项目的共建,还可策划推出数字文旅、数字文博、城市营销IP等系列推广活动,提升和整合融媒矩阵传播力和经营力,更好地负担其新型主流媒体的使命。[①] 据澎湃新闻官方数据显示,2023年其来自政务板块的收入有近100%的增长,政务服务已经成为增长最快的板块。目前澎湃已经在13个省建立了运营中心,浙江省宁波市、衢州市、陕西省西安市、神木市,福建省泉州市等数个外省城市的文宣部门都采购了澎湃新闻的政务类服务。

政府资源是地方主流媒体转型发展的核心战略资源。通过构建政务信息首发机制、获取独家政务信息发布权限、打造政务服务一站式平台,地方主流媒体能够确立其平台公信力与权威性,打通信息双向流通渠道,从而实现用户和流量的稳定增长。比如,江苏省江阴市打造城市唯一超级入口"最江阴"APP,实现了全市政务、公共服务功能全接入和基础信息数据互联互通。针对跨部门联办业务,联合行政审批局,再造办事流程,打造了政务服务"个人全生命周期一件事"和"企业全生命周期一件事",提供线上全流程办理服务,将办理时长计量单位从"月"缩减为"日",办理效率提升90%以上。

### (二)新闻+服务:融入有温度的惠民服务

主流媒体依托其公信力和权威性,以民生问题为出发点开拓的"新闻+服务"模式,通过主流媒体的权威背书和资源整合能力为人民群众的当务之急提供了解决路径。现阶段"新闻+服务"主要通过运用智能技术,在医疗、教育、

---

① 肖叶飞.传媒"新闻+政务服务商务"运营模式研究[J].新媒体研究,2022(23):57-60,72.

就业、出行、社区等民生领域服务百姓,是覆盖人群和应用空间最为广泛的运营模式。

"新闻＋服务"的业务空间广泛,需要在民生议题和提升用户使用体验方面做足功夫。对主流媒体而言,通过发展民生服务业务解决用户需求的过程也是其吸纳流量、实现发展的过程。例如,人民网推出的"人民好医生"客户端高度重视用户体验,不断提升服务质量,推出了"健康 AI 助手""医生数据库""互动康友圈"等多项功能。新华社推出的"全民拍"平台,采用大数据系统创新收集民生求助信息,同时根据这些线索持续跟踪,进行民生新闻的报道,解决民生问题的同时,也提升了其新闻报道的互动性与开放性。

### (三)新闻＋商务:融入产品和产业链思维

"新闻＋商务"运营模式,使内容营销形成闭环,也是市场对媒体最直接的认可和反馈,这也要求主流媒体通过与电商平台融合,同时大力发展文化产业,构建内容生态产业链。在依托政务和服务资源的基础上,"新闻＋商务"是对其产品和服务的创新开发。

当前,利用本地特色资源构建"线上＋线下"的电商直播活动模式是当前主流媒体探索的有效途径。比如,"湘农荟"小程序,先后整合全省农业产业资源,打通各地农产品销售渠道,一方面在线上展开集中宣传和报道,另一方面在各县区的线下活动中开展 43 场次助农直播,带动关联销售超 22 亿元,为农民提供产销平台,助力乡村振兴。此外,主流媒体自建电商平台或与 KOL(关键意见领袖)合作,构建内容电商平台和互动社区,实现带货变现,将品牌背书能力转化为购买力。湖南广电瞄准实景娱乐行业新风口,推出"小芒电商",依托王牌节目《明星大侦探》《乘风破浪的姐姐》打造视频内容电商,集合视频创作、购买、好物分享与"种草"为一体的电商平台和交流社区。

### (四)新闻＋媒体智库:融入新质生产力

媒体智库是由媒体主导组建的咨询机构,旨在提供政策决策方案和知识服务。主流媒体作为党和政府的喉舌,具备信息搜集和分析能力,同时拥有一批深耕各自报道领域的资深记者和编辑,能聚合一大批各专业各领域的研究学者与业界专家,组建具备专业分析和研究能力的媒体智库,通过整合自身资源和社会资源,为各行业各领域提供有偿企业咨询、商业策划、企业战略规划和行业竞争策略研究等经营服务。构建"媒体＋智库"合作模式,可以提升主流媒体的内容深度和影响力,实现社会智库力量与媒体内容的有效衔接。①

首先,中央级主流媒体持续利用自有智库资源,为多元化经营赋能。其智库更关注宏观课题,通过搭建服务平台和沟通桥梁促进区域研究课题的达成,通过智库参与社会治理。以"人民智库"为例,该平台聚焦国内政治、经济、文化等重大战略议题,面向全国各级行政区划开展系统性社会调查,推进深度理论研究,实施多维度评估分析,致力于开发具有重要理论价值与实践指导意义的核心指数。其次,地方主流媒体搭建智库,为地方建设及产业发展贡献媒体力量。主要体现在做城市品牌传播和文旅智库方面,特别是助力城市IP的打造。如今城市形象的传播重点已经发生变化,主体从单一的官方机构扩大到民间力量。如天水麻辣烫、哈尔滨冰雪的走红,都使城市在人文及美食等要素的带动下迅速走红。因此,媒体智库可以主动融入商业平台的运营逻辑与传播策略,强化其在城市形象塑造领域的服务能力,为城市品牌的价值传播提供专业支撑。

## 第三节 布局未来:拓展主流媒体运营新版图

展望未来,在主流媒体探索可持续盈利的新路径上,内容付费将成为主流媒体经营破圈的重要驱动力,通过价值引领、框架扩展、垂直化内容深耕、智能化运营和数据价值的挖掘等路径,有效推进内容付费模式的成熟运营。同时,主流媒体应具备市场导向和产品思维,建构品牌影响力,将软实力转化为经营力,实现影响力变现。

此外,主流媒体直接受党的领导,或在政府指导下运作,首要任务是肩负政治责任,积极传播主流价值观念,因此在自有平台的建设上,不妨以用户思维进行"新闻＋政务商务服务"模式的高度整合,打造一站式政务便民智媒体,增加用户的黏性。同时,重新组合市级以下的平台和全媒体矩阵,化零为整,化繁为简,打出组合拳,在参与社会治理的同时,实现经营模式的破圈。

---

① 蔡雯,蔡秋芃.媒体办智库:转型期的实践探索和理论发展:对2008—2018年媒体智库及相关研究的分析[J].国际新闻界,2019(11):127-141.

## 一、内容付费范式迭代：从垂直深耕到场景破界

### （一）价值的引领与流量评价机制的革新

在内容付费领域做好价值引领，是主流媒体把握职责定位、使命要求的客观需要。习近平总书记高度重视主流媒体的作用，强调要"做大做强主流舆论""打造一批具有强大影响力、竞争力的新型主流媒体""充分发挥各级党报、党刊、电视台、广播电台等宣传主渠道作用"。所以主流媒体要承担起自身的社会责任，起到价值引领的作用，加大其全媒体矩阵和自有平台的内容审核力度，坚持正确的舆论导向，当好互联网时代的信息把关人。将优质新闻内容"放大"、将劣质内容"沉底"。同时，对于新闻现场的追寻脚步不应停歇，确保新闻内容的真实性和准确性，增加新闻作品的鲜活度，使新闻报道更具品质和深度。

在内容付费产业，某种程度上来说流量能带来巨大的经济效益。主流媒体要找到正确的流量评价机制，而不是被流量所裹挟。在全媒体的传播过程中，要首先重视对主流价值观的传播和中国式现代化建设的影响，而不仅仅是根据流量导向来进行评价。在这个领域，"潮新闻"作为浙报集团倾力打造的咨询平台，就率先进行了有意义的探索。"潮新闻"不再采用商业媒体平台的算法进行推流，即对新闻的点赞、点击、转发等数据不再做加权。在此基础上，反而能以主流媒体的标准，进行更有新闻价值的内容生产。在此流量评价机制下，潮新闻逐渐形成稳扎稳打的"热点＋求证＋评论＋追踪调查"的新闻生产模式。如有关旅美大熊猫"丫丫"回国的新闻报道，通过更专业的报道角度和扎实的内容创作，其相关微博话题流量超过五亿。主流媒体应坚持以服务新质生产力发展为导向，为推动文化高质量发展作出产品与服务的新探索，同时不以流量和经济效益为唯一目的来迎合受众，能够平衡社会效益和经济效益双重标准，在内容付费领域，呼吁行业规范化，用优质、专业的内容和服务来打破内容付费的信任危机。

### （二）内容付费框架的扩张

由于新闻付费墙模式的发展受限，因此，主流媒体在内容付费框架的探索

上,不应局限于新闻领域,还可扩展到知识服务和教育产品、专题付费等多元模式的开发。主流媒体纷纷推出专题课程、深度报告、在线讲座和音频节目,将知识资源转化为产品。例如,财经类媒体常发布市场研究报告和投资分析,帮助用户获取专业见解;文化类媒体则推出在线读书会、教育课程,满足用户的学习需求。这些内容服务形成了"知识即产品"的运营思路,将传统媒体与教育、咨询市场深度融合。

首先,多元化的内容产品开发,服务化交付是提升主流媒体内容经营力的有效措施。《南方周末》旗下的"南周书院"在阅读写作课程开发的垂直领域深耕,为主流媒体探索内容付费模式提供了创新范例。该平台重点打造多元化"训练营",通过强化师生互动、学员交流等教学场景,为用户构建沉浸式学习体验。南周书院通过图书出版完善其产业链,并建立了完善的客户服务体系。此外,平台还面向企业客户提供定制化服务,为企业精准匹配讲师资源,量身定制课程方案,实现知识服务的精准触达。

其次,播客专题付费也为主流媒体内容付费框架的拓展提供了思路。播客付费节目主要分为单集付费和专题付费两种形式,其中专题付费逐渐受到受众的青睐。专题付费的优势一是听众心理成本更低,比起单集付费需要多次权衡,专题付费听众的决策次数更少;二是内容生产效率更高,集中进行内容录制与剪辑可以降低成本,减少重复沟通,同时作者与客座主播的合作也使内容产出的水平和频率得到保障;三是便于策划宣传,多期内容给了创作者更多空间,也有利于后期成体系的宣传包装;四是在用户拓展方面,鲜明的主题、深度的内容,可以带来对主题本身感兴趣的新听众。专题付费为播客平台提供了可持续的内容生态和更长的生命周期,有助于提升内容生产效率,提供了稳定的现金流,主流媒体可将专题付费的经营模式应用于音频产品及其他相关内容产品的开发与自有平台的建设上,实现新的增长点。

(三)内容产品的垂直深耕

第一,账号垂直化精简。主流媒体基于前期媒体融合的转型和探索,新媒体账号虽然多,但大多定位模糊,是"僵尸账号",经营潜力差,盘活现有账号,做好垂直化定位的减法,才能避免内容同质化和低质化,最终提升经营力。以中央广播电视总台华语环球节目中心为例,在 2020 年,其在社交平台运营的账号数量超过 120 个,大部分内容依托"电视节目拆条机器人"自动生成。为优化新媒体内容质量与传播效能，华语中心聚焦历史文化、纪实风格与华人情感三大核心定位，实施账号精简策略，将运营账号缩减至 24 个，打造具有鲜明辨识度的品牌形象。账号优化后，通过其精准定位与一些出海品牌建立商业合作关系，为进一步的经营模式转型奠定了坚实的基础。

第二，用户垂直化定位。高质量、独家的内容对于主流媒体至关重要，但是把优质的内容等同于深度内容显然是不符合用户需求的。要考虑不同层次用户的阅读习惯和接受信息能力，过分注重精深内容的创作会失去作为普通大众的用户。目前，很多主流媒体都将内容聚焦在高质量的政经内容上，因此用户大都集中在政府、学界及金融从业人士中，受众群体普遍具有高知识水平、高工作能力的特征。当所有媒体都执着于某一领域精深内容的报道时，低学历人群将被边缘化，信息鸿沟将被进一步扩大。主流媒体在进行信息传播的同时，也承担着提升国民整体素养的社会责任。可以针对不同层次的用户进行分层内容创作，同样的内容分析可以有不同的版本。针对低学历人群采用通俗易懂的表达方式进行解释，而对高学历人群采用更加专业化、更为精深的表达，从而使用户能够在原有知识基础上进行思考和提升，这也是内容付费不断扩大用户数量的前提。

通过对用户身份、性别、爱好与行为习惯的分析和分类，通过链接共同喜欢的内容，新媒体平台将用户划分成不同的社群进行维护，并针对每个社群的喜好和习惯进行内容的个性化定制与分类。比如，针对年轻女性定制时尚和育儿类的付费内容、针对技术型职场人士定制专业化课程等，根据用户的需求，对内容产品进行不断细化和精准化定位，这也是将来主流媒体内容付费产品开发时，应该深耕的领域。

第三，专业垂直化深耕。内容付费市场垂直化、个性化发展有着必然趋势。为了打破内容同质化的僵局，提升内容产品的竞争力和市场价值，主流媒体不仅应从账号定位、用户定位上垂直化，也应发挥其专业优势和行业资源，在内容生产的专业度上持续深耕。《南方周末》开发的"南周书院"在知识付费产品的打造上具有典范性。首先，"南周书院"充分依托《南方周末》在深度报道领域积累的品牌公信力，以知识的专业性在非虚构写作这一细分领域展开深度布局。2023 年底，其累计注册用户达 47.1 万，付费用户规模突破 8.6 万。其次，平台广泛吸纳文学领域知名学者、行业专家及资深媒体人参与课程研发，强化了平台的权威属性。最后，南周书院立足人文资源优势，通过垂直化运营与深耕私域,打造出一系列差异化的优质课程。①

第四,智能化运营提升竞争力。主流媒体具有权威背书,因此首先具有权威数据积累的优势,同时,对智能技术的研发有着自主可控的优势。通过智能化运营,主流媒体借助AIGC、VR、大数据等新技术,可以根据用户的兴趣标签,精准将可能成为热点、爆款的内容逐渐放大人群推送范围,为用户提供沉浸式、互动式的内容。通过智能分发和个性化推送提高用户黏性,进而提升付费转化率和用户体验,实现用户数量和活跃度的双增长。

同时,主流媒体智能化反馈机制依托人工智能技术体系,通过海量数据挖掘与超大规模计算分析,实现对用户反馈的实时监测与多维度评估,使内容创作者与运营团队能够精准掌握内容传播效果与扩散路径。这一技术应用不仅为舆情监测、虚假信息识别与版权维护提供数据支撑,同时也催生出新型商业模式与价值增长点。

## 二、品牌资产化:从公信力到商业价值的转化

影响力是主流媒体的核心价值,而影响力的商业模式就是"影响力变现"。随着移动互联网的普及,政务新媒体、自媒体及商业新媒体平台挤压主流媒体的生存空间,直接对传统主流媒体的内容、渠道形成挤压冲击,使其对受众的影响力断崖式下跌,从而造成依托"影响力变现"的商业模式也陷入困境。因此,主流媒体急需重塑品牌价值,将其软实力转化为商业机会,提升品牌溢价空间。

主流媒体的品牌价值首先体现在其社会公信力和影响力上,这种软实力可转化为潜在的商业机会,如参与高端论坛、政企合作项目等,提升品牌溢价空间。其次,在绿色传播、公益宣传等领域,主流媒体通过承担社会责任进一步提升品牌形象,为商业合作创造更大空间。

此外,主流媒体在为观众带来更丰富的媒体体验的同时,要想实现显著的经济效益,就要通过开发品牌价值,实现增值与影响力变现。

主流媒体通过打造经典IP产品并进行消费指引,可以显著提升节目品牌

---

① 黄珉媛.国内新闻付费的探索与实践:以《南方周末》为例[J].传媒论坛,2022,5(9):41-43.

的全网影响力,使影响力变现持续推进。以抖音为例,在粉丝规模2000万以上的账号中开设商品橱窗的数量占比已超4成,其中发布商业化内容的主流媒体账号主要有重庆广电"谢谢你来了"和辽宁广电"辽宁之声"。2023年,《谢谢你来了》通过多平台直播,累计开展50余场专场,总曝光达6亿次,单场最高销售额820万元,助力多款单品销售额超500万元,2023年电商销售额达1亿元。

## 三、平台生态化:"新闻+"功能聚合和生态重构

主流媒体建设自有可控、受众覆盖面广、内容专业度高、互动性强的自有新闻平台,才能脱离商业新媒体平台娱乐化、商业化价值导向和流量评价机制的裹挟,是其进行价值引领,兼顾社会效益和经济效益的重要路径,也是现阶段主流媒体转型变革的共识。

当前主流媒体的自有平台,在注重创新垂直内容、强化视频运营的同时,更加鼓励用户内容的生产;但同商业新媒体平台对比而言,仍然存在着较大的差距。特别是在媒体深度融合的背景下,平台运营首先是一种融合思维,即在充分开拓"新闻+政务服务商务"模式的基础上,一方面要化零为整,打造一体化内容生态产业链;另一方面需化繁为简,通过整合市县级同质化媒体矩阵,因地制宜进行资源优化,以用户和产品思维做好服务和运营,最终提升用户黏性,打造品牌影响力,将传播力转化为经营力。

### (一)化零为整:打造一体化内容生态产业链

"新闻+"模式,不是将资源和业务进行简单的累加,而是链接整个内容服务生态链,为媒体深度融合发展战略注入业务活力。主流媒体通过顶层设计进行体制机制变革,从而带动生产运营全流程再造和渠道的整合;在此基础上,着力构建内容生产、传播渠道与商业变现的闭环生态系统,推进跨界资源整合与内部要素协同发展。作为意识形态传播阵地与公共信息服务主体,主流媒体在内部治理层面还需妥善处理市场化运营思维与意识形态属性的动态平衡,同时协调互联网创新理念与传统新闻专业规范的融合统一。[①]

---

① 赵子忠,郑月西."新闻+"运营模式的理论与实践[J].青年记者,2023(11):20-22.

主流媒体客户端在完成初步转型改革，实现对海量政务服务信息的整合之后，进行权威的新闻资讯发布、正向舆论引导，做好政务服务，在不断加深参与社会治理的程度的基础上，也同时要实现更强的服务功能。只有将政务信息和服务转化为内容，同时具备良好的服务意识和商业导向，才能够链接内容和用户的需求，为百姓提供融合"新闻＋政府＋服务＋商务"为一体的自有平台，最终打造一体化内容生态产业链，实现经营模式的革新与盈利的升级。

### （二）化繁为简：建设一站式政务便民智媒体

在主流媒体的系统化变革中，"新闻＋"模式的探索之路从结果导向来看，是要打破主流媒体和政府及企业间的壁垒，融入文化传播事业和社会治理体系之中，最终将公信力和影响力转化成经营力。主流媒体有"官方"权威性背书，其自有平台建设将来应以"新闻＋政务服务商务"模式进行资源整合，为用户提供权威、便捷、特色化的一站式咨询服务平台。

第一，平台宏观定位因地制宜。对于主流媒体的自有平台建设来说，宏观定位更具决定性。例如，中央级主流媒体的"新闻＋"实践成果是基于整合全国资源优势，对社会治理起到推动作用，因此其运营模式对地方主流媒体的可借鉴性不大。因此，很多地方主流媒体成功的探索，来源于对区域优势的挖掘和行业资源的积累，以及差异化的品牌定位。我国地域广阔、国情复杂，各级主流媒体在"新闻＋"的探索中普遍面临经营方面的困境，地方媒体的关注点应更多在其区域范围内，同时还可以利用影响力举办线下活动，促进公民媒介素养的提升和有效参与公共治理。

第二，整合市级以下平台，打造政务便民生活圈。在媒体融合转型十年之际，各级主流媒体全媒体矩阵众多，很多平台内容同质化严重，使用下载量和影响力都十分有限。党的二十届三中全会号召"主流媒体系统性变革"之后，主流媒体也面临着进入"从有到优"的阶段。这就要求主流媒体以"新闻＋"的模式与思维服务于民，让新媒体平台成为连接党、政府和人民群众的"桥梁"。

对市级以下的主流媒体平台进行整合，将县级和市级各个平台进行合并重组，集合"新闻＋政务服务"打出组合拳。比如，浙报集团将旗下的浙江新闻、小时新闻、天目新闻进行整合，推出的潮新闻客户端，是融合省市县三级的媒体资源倾力打造的新闻平台。"榆林发布"APP作为榆林传媒中心的官方平台，整合了《榆林日报》、榆林一套电视台及榆林广播电视台的内容和资源，与陕西省技术平台"秦务通"实现融合互通,还集中榆林市管辖范围内的区县资源,设置问政栏目,百姓可以直接进行咨询和投诉。此外,服务板块还链接了社保、医保、教育、交警生活缴费、公务员考试成绩查询、手机充值、看病报销、企业信息查询、婚姻登记机构查询等便民服务内容,将整个榆林地区的新闻、政务、服务进行整合。

第三,坚持市场导向,深化服务意识和运营能力。主流媒体若仅注重"新闻+"业务的横向拓展而忽视运营体系建设,将难以建立持续稳定的用户关系。在实施"新闻+"运营策略时,主流媒体既需要以用户需求为导向,构建全方位综合服务平台,提供多样化服务产品,同时更要聚焦产品业务,打造差异化服务体验,精准触达目标用户群体,增强用户忠诚度,从而彰显其独特的市场竞争优势与价值定位。大部分主流媒体以自有平台建设为依托,"新闻+政府服务商务"等模式的探索之路已呈现阶段性成效,但现下很多平台的下载量和使用频率并不高,截至2024年11月15日,榆林发布下载量4.5万次,西安发布4.2万次,河南日报报业集团旗下的顶端新闻是72.5万次;而影响力较大的潮新闻和南方+平台,分别是388万次和1013万次(见表5-1),和商业新媒体平台动辄上亿的下载和使用量相比,主流媒体的自有平台发展之路依然任重道远。

表5-1 主流媒体自有平台"新闻+"模式运营特点

| 媒体 | 自有平台 | 下载量 | "新闻+"模块 | 特点 |
| --- | --- | --- | --- | --- |
| 榆林传媒中心 | 榆林发布 | 4.5万次 |  | 链接《榆林日报》、榆林一套电视台及榆林广播电视台的内容;与陕西省技术平台"秦务通"融合,链接社保、医保、教育等服务平台,政务服务商务功能和信息板块较全面 |

续表

| 媒体 | 自有平台 | 下载量 | "新闻+"模块 | 特点 |
| --- | --- | --- | --- | --- |
| 西安报业传媒集团 | 西安发布 | 4.2万次 | | 链接陕西政务服务网一证通办,特色板块包括助残服务等。"游在西安"以交通信息和旅游演艺信息查询打造旅游城市的多重服务,可以查询地铁实时拥挤度,是一个特色 |
| 河南日报报业集团 | 顶端新闻 | 72.5万次 | | 其中"我想@领导"以特色IP实现问政服务。此外,顶端新闻更注重视频发布,以MCN(创作者、传播渠道)为抓手连接外部资源,实现逆势减亏 |
| 浙报集团 | 潮新闻 | 388万次 | | "活动""记者帮"板块在实现政务和生活服务的同时,更具有互动性和媒体监督意识。同时界面设计更具有辨识度和网络感,可以有效提升用户记忆度和好感度 |
| 南方报业传媒集团 | 南方+ | 1013万次 | | 链接粤学习(学习强国)、交党费、AI红色展馆、延迟退休计算器等模块,传递社会主流价值观和舆论导向;在提供政务和生活服务的同时,还链接集团特色知识服务产品(采编培训、非遗课堂、文创),以及商务服务(南周书店、优品商城、扶贫电商) |

究其原因,首先还是内容为王,"新闻+"业务,首先要做好新闻;其次,主

流媒体缺乏产品思维,对平台品牌营销和宣传力度不够,很多用户并不知道这些政务和生活的便民服务的功能。同时,由于政务和服务的功能目前不具备唯一性,在其他平台如支付宝、微信小程序及政府官方公众号和APP等平台上也可以进行操作,并且用户已经养成固定的使用习惯。此外,很多服务的链接跳转速度较慢,模块之间存在跨平台壁垒,使用体验感不佳,还需要持续进行优化。

主流媒体通过探索"新闻+"运营模式,拓展多样化业务以提升用户吸引力,需要从根本上建立用户思维和产品思维,不断深化服务意识和运营能力。这要求主流媒体构建数据驱动的服务优化机制,建立用户导向的流量聚合体系,充分运用智能技术实现价值转化与运营困局的突破。通过精细化场景运营,主流媒体持续提升"新闻+"模式的自我造血功能,进而推动商业模式的转型升级与盈利模式的优化。因此,以"新闻+"模式进行平台运营,需要站在受众的角度洞悉时代和市场的需求,做好服务与运营,赋予自身不可替代性的定位及新的文化使命。

## 本章案例

**潮新闻:撬动多类资源,打造特色化品牌**

"潮新闻"客户端于2023年2月上线,在随后的200天全网用户超1亿、端内用户突破4000万,最高日活超过50万。取得这样的成绩来源于浙江日报报业集团将旗下的浙江新闻、天目新闻、小时新闻三大移动客户端合为一体,倾力进行了客户端的资源整合,这也让潮新闻能持续重塑品牌影响力,为其影响力变现和经营力的提升夯实基础。

潮新闻立足品牌定位还开展了多元化运营活动。一方面,围绕重点新闻事件举办品牌活动提升传播力。自平台上线以来,围绕"潮"品牌核心价值,潮新闻已成功举办近60场品牌活动。在平台上线百日之际,依托杭州亚运会事件,潮新闻启动"打卡亚运e起'潮'"主题活动,携手全国沿海省份10家主流媒体共同开展"潮起最美海岸线"融媒行动。另一方面,潮新闻积极整合外部资源,显著提升了平台的品牌知名度和市场影响力。通过系列品牌活动,"潮"品牌与合作伙伴在内容生产、产品开发、渠道拓展等方面实现深度协同。比如联合中国美术学院、淘宝APP等发布"潮新闻吉祥物征集令";同时举办潮闻西湖健康跑、公益跑等活动,这些公益合作项目既得到全民参与,实现用户增长,又强化了品牌影响力。

深耕垂直领域,释放行业资源优势。通过精准策划行业活动,潮新闻有效整合资源、深度融入产业链。以"2023春风悦读"品牌活动为例,潮新闻汇聚文化名人,推动全民阅读,实现平台120万次全网点击量;"浙江文化和旅游总评榜颁奖典礼"打造成为浙江文旅界的权威盛典;"浙江省百姓信赖的优秀基层医护及团队表彰"民生品牌活动新增用户近5万、新青年风尚奖等线下活动形成多平台联动效应。潮新闻为地方主流媒体探索品牌升级之路提供了有效的实践经验,即省级媒体凭借地方资源优势,通过活动运营叠加垂直领域专业资源,能够产生显著的品牌放大效应,全面提升平台综合价值。

打造特色IP项目。形成特色的新闻客户端IP,是媒体借鉴互联网运营模式的重要探索。潮新闻成功推出"有请科普人""新少年诗词大会"等八大IP项目,持续扩大品牌影响力。其中,"浪花福利社"等项目形成"每日活动、每周新品"的运营机制,有效提升客户端活跃度,积累了优质的用户资源。"潮新闻进高校"系列活动借助短视频征集等形式,营造亚运氛围,实现8万新增用户;"浙里潮音"第五季大学习活动创新"群团+媒体"应用场景,吸引1.3万名青年讲师入驻,收到近百篇投稿,推荐稿件阅读量均突破万次。这些特色IP项目在提升平台活跃度、吸引新用户、增强品牌认知等方面发挥显著作用。

此外,潮新闻不断拓宽应用场景,加强品牌宣传、与合作方深化需求对接和定制智库服务。2024年2月24日,在"One有引力 潮向未来"——潮新闻用户大会暨"万家开门红"元宵游园会上,潮新闻与城市品牌挚友杭州拱墅区、宁波慈溪市、温州龙港市、湖州安吉县、嘉兴嘉善县、诸暨市、金华义乌市等16地签订了战略合作协议。双方将在原有基础上强化战略合作关系,在主题策划、内容生产、运营联动、经营合作、培训服务等方面建立更为密切的合作,实现赋能共赢。

(焦 铭)

# 第六章
# 人才战略：主流媒体系统性变革的强力引擎

推进中国式现代化，人才是战略性支撑。习近平总书记指出"环境好，则人才聚、事业兴；环境不好，则人才散、事业衰"[①]"媒体竞争关键是人才竞争，媒体优势核心是人才优势"[②]。人才是主流媒体在新时代守正创新、巩固意识形态主阵地的核心竞争力。纵观当代新闻史，主流媒体在每一个重要发展时期所创造的卓越成就，无不以人才的集聚、培养和壮大为基石。在主流媒体系统性变革的进程中，人才战略的调整与优化不仅是关键支撑，更是推动变革的强力引擎。党的二十届三中全会明确提出"加快适应信息技术迅猛发展新形势，培育形成规模宏大的优秀文化人才队伍"的战略要求，为主流媒体人才战略调整指明了方向，提供了根本遵循。加快培养造就一支政治坚定、业务精湛、作风优良、让党和人民放心的新闻舆论工作队伍，主流媒体责无旁贷。

信息化浪潮下，主流媒体面临重重挑战：传统业务模式日渐式微，新兴技术带来的冲击不断加剧，内容吸引力持续下降，受众注意力加速转移。这些表象性危机背后，折射出的是人才流失加剧、能力断层显现、结构失衡凸显等深层次人才困境。面对困局，部分主流媒体仍将人力资源管理简单地等同于传统的人事管理，在引才、用才、励才、培才、留才等方面缺乏系统性规划和创新性举措，导致人才流动性高、结构失衡等问题日益严重，难以适应媒体深度融合和系统性变革的需求。

实现系统性变革，主流媒体亟须在内容生产、技术应用、运营管理和商业模式创新等领域引入大量专业人才，其人才体系亟待系统性重构。面向未来，

---

[①] 习近平.在欧美同学会成立100周年庆祝大会上的讲话[N].人民日报，2013-10-22(2).

[②] 杜尚泽.习近平在党的新闻舆论工作座谈会上强调：坚持正确方向创新方法手段　提高新闻舆论传播力引导力[N].人民日报，2016-02-20(1).

主流媒体必须构建与时代发展相适应的人才战略体系,以赋能系统性变革。具体而言,应充分适应技术变革,加快培养未来型人才;推动人才战略与媒体新生态的深度融合;深入实施人才体制机制改革,营造尊重人才、爱护人才、善用人才的媒体环境,持续激发人才活力,为媒体深度融合和创新发展提供坚实支撑。本章将从现状困境、破局探索和前瞻布局三个维度,深入探讨主流媒体人才战略的优化路径,为构建适应新时代需求的传媒人才生态提供理论支撑与实践指引。

# 第一节 困局:主流媒体人才战略的现状与反思

随着国家加快推进媒体深度融合发展战略,当前,媒体融合已进入"技术驱动、人才引领"的新阶段,人才在主流媒体系统性变革中的关键作用愈发凸显。然而,在当前媒体深度融合与数字化转型的关键时期,主流媒体却正面临着前所未有的人才困境:其一,核心业务骨干流失现象呈现常态化与规模化特征,导致组织知识资本持续耗散;其二,现有人才队伍在应对新技术迭代与新生态重构方面表现出明显的适应性不足,难以有效支撑媒体深度融合的战略需求;其三,人才队伍老龄化趋势显著,同时兼具技术素养与传播理论功底的复合型专业人才(如精通 AIGC 等智能技术、深谙网络传播规律的专业人才)供给严重不足,导致人才配置的结构性失衡问题日益凸显。

这一系列人才困境,既源于外部技术环境的剧烈变迁,也与媒体组织内部的人力资源管理机制创新滞后密切相关。从日益增长的"全媒"能力要求到技术变革带来的"本领恐慌",从不合理的考核方式到"论资排辈"的晋升机制,再到人员身份差异导致的"同工不同酬""同岗不同责"现象,一系列人才问题的叠加效应,不仅加剧了主流媒体"招人难、留人更难"的困境,更严重削弱了主流媒体的创新能力和竞争优势。

## 一、人才流失之痛:愈演愈烈的"精英出走"现象

近年来,传统主流媒体正经历着前所未有的人才流失危机。调查数据显示,64.46%的媒体从业者认为传统媒体人才流失问题"严重"或"相当严重";

47.95%的受访者表示所在媒体采编队伍"一般稳定";51.2%的从业者坦言所供职的传统媒体"非常缺乏优秀人才"。①

1997年,喻国明针对全国新闻工作者的调查结果显示,多数从业者将新闻工作视为"终身的职业选择"②;2002—2003年,陆晔对全国八个城市新闻从业者的调查发现,仍有72.8%的受访者表示五年以后还会继续从事新闻工作③;2012—2014年南方报业传媒集团每年离职人数递增比例为20%左右④;2014年前后,北京70家新闻出版机构的新闻从业者接受问卷调查,有64.2%的受访者有职业转型的想法⑤;2014年和2022年中国记协发布的《中国新闻事业发展报告》数据对比进一步印证了传统主流媒体人才流失加速的趋势:2014—2021年,全国持证记者数量下降了24.8%,其中30岁以下的青年记者从2014年底的15.48%骤降至2021年底的7.27%,而50岁以上群体从2014年底的13.91%上升至2021年底的20.41%,预示着严重的人才结构风险。

值得注意的是,"出走"的主流媒体新闻从业者中,以经验丰富的专业技术骨干和刚入行3~5年的青年人才居多,加剧了主流媒体的人才困境。人才流失的多米诺骨牌效应正在逐步显现:核心人才的流失,将直接导致主流媒体机构的内容生产与创新发展能力大幅下降,进而削弱其影响力与经营效益,最终陷入"人才流失—质量下滑—影响力与效益下降—更多人才流失"的恶性循环,严重削弱主流媒体的核心竞争力,动摇其系统性变革的根基。一位资深媒体人不无忧虑地指出:"目前'80后'采编骨干流失严重,报社已出现明显的人才断层。如果优秀大学毕业生工作三五年后就流失的现状得不到改善,等'60后''70后'这批老报人相继退休,报社将面临后继无人的窘境。"⑥

---

① 吴湘韩,张红光.当前我国传统媒体人才流失观察[J].青年记者,2020(15):9-12.
② 喻国明.中国新闻工作者的职业意识与职业道德[J].新闻记者,1998(3):10-17.
③ 陆晔.社会控制与自主性:新闻从业者工作满意度与角色冲突分析[J].现代传播,2004(6):7-11,16.
④ 任孟山.媒体人加速离职与新闻专业主义隐忧[J].青年记者,2015(4):18-19.
⑤ 黄志杰.一个媒体人的转型自述:未来媒体人的转型与回归[J].新闻与写作,2015(6):9-11.
⑥ 曹平稳.新媒体人才发展困局与应对之策[J].人力资源,2023(10):30-31.

## 二、人才结构之殇：老龄化加剧与复合型人才断层

在传统媒体生存空间持续压缩的背景下，多数主流媒体在人才引进方面采取了保守的紧缩政策，经营压力下，不少基层主流媒体单位甚至出现了"只出不进"的趋势。《中国新闻事业发展报告》（2022年发布）显示，我国持证记者中，30岁以下青年记者仅占7.27%，硕士及以上学历者仅占12.37%。作为对技术变革高度敏感的领域，新闻行业亟需大量具备扎实理论功底、过硬业务能力和多元技能储备的青年人才。新鲜血液的持续注入是主流媒体可持续发展的关键，而当前人才年龄与能力结构的双重失衡，正将主流媒体推向"人才断层—创新乏力—竞争力下降"的境地。

从年龄结构来看，主流媒体机构正面临日益严峻的老龄化危机，创新活力持续衰减。当前，主流媒体特别是基层主流媒体的日渐式微，使其难以吸引高学历、能力突出的年轻人，即便能够引进，也面临难以留住的困境，导致人才年龄结构出现断层。尽管部分传统媒体已意识到人才断层问题，并积极尝试通过各种方式引进和留住具有创新思维和职业激情的年轻骨干，但由于缺乏科学的岗位配置体系和系统的培养机制，这些新生力量的专业才能难以得到有效施展。更为突出的是，"论资排辈"的传统用人观念在媒体机构中根深蒂固，年轻干部进入管理层和关键岗位的机会微乎其微，这不仅严重制约了年轻人才的成长空间和发展机会，更使主流媒体机构错失了宝贵的创新动能，加剧了人才梯队建设的结构性矛盾。

从专业结构来看，传统主流媒体在人才培养模式上存在明显局限。许多主流媒体仍侧重于提升传统新闻采编能力，而对采编人员掌握新技术应用和新传播规律的重视程度不足。此外，相关调研数据显示，超过70%的主流媒体面临"技术人才短缺"的困境，难以有效开展短视频制作、数据新闻、可视化报道等新型业务，且不少主流媒体机构对于技术人才的重要性认识还不够充分，以主流报社为例，2024年11月发布的《全国报业技术队伍建设调研报告》显示，在各级主流报社机构中，技术人员普遍缺乏晋升空间，90%的单位无法评定技术职称，且与本单位采编人员和先进互联网技术企业相比，技术人员的待遇缺乏竞争力，难以吸引和留住优秀技术人才。这种单一化的人才培养导向，导致主流媒体在技术融合与创新转型方面举步维艰。除采编和技术人员

外,主流媒体在经营、管理人才的储备方面同样面临严峻挑战。调查显示,绝大多数传统主流媒体存在"复合型管理人才匮乏"的问题,难以适应媒体深度融合的发展需求,长此以往,将导致主流媒体在与自媒体、网络媒体的竞争中逐渐丧失优势地位,难以应对快速迭代的传播生态变革。

人才年龄结构与专业结构的双重失衡,不仅制约着主流媒体的创新发展,更威胁着其在新传播格局中的生存空间。建立科学的人才引进机制、完善人才培养体系、优化人才使用环境,已成为主流媒体突破人才困境的当务之急。

## 三、人才困境之思：多重挑战下的系统性危机

当前,传统主流媒体特别是基层主流媒体普遍面临"引不进、育不好、留不住"的人才困境。业务骨干流失加剧,现有人才队伍难以适应技术与传播生态变革,人才结构老龄化趋势显著,复合型专业人才供给不足等问题日益凸显。一系列人才困境的形成,既源于外部技术环境的剧烈变迁,也与媒体组织内部的人力资源管理机制创新滞后密切相关。调查显示,传统媒体人才流失呈现出加速、层级提高、多元化等特点,薪酬待遇偏低、发展空间受限、职业成就感和荣誉感下降,是其主要成因。[1]

### （一）光环不再："无冕之王"荣誉感渐失

麦克卢汉"媒介即信息"的预言在数字时代得到充分验证。媒介技术的颠覆性变革正在消解传统媒体的权威根基。全球化传播生态下,"即时新闻"成为行业基准,社交媒体平台重构了传受关系,受众通过实时互动参与新闻生产,传统媒体"把关人"角色被技术赋权机制稀释,主流媒体从业者"无冕之王"的光环逐渐褪去。

过去,我国主流媒体从业者一直被视为"高薪、体面、有话语权"的职业象征。然而,随着互联网、自媒体、社交媒体和短视频的迅猛发展,网络媒体和自媒体凭借更宽松的环境、更鲜活的话语表达、更多元的信息传播方式和更快捷的传播速度,使得传统媒体对有新闻理想的媒体人才的吸引力持续下滑,"去中心化"的传播格局加速形成。《2022年中国传媒产业发展报告》显示,超过

---

[1] 吴湘韩,张红光.当前我国传统媒体人才流失观察[J].青年记者,2020(15):9-12.

70%的新闻资讯通过社交媒体和短视频平台传播,传统媒体的市场份额持续萎缩。与此同时,普通大众的话语权显著增强,职业记者的主导地位受到挑战。例如,2021年河南暴雨灾害期间,大量一线灾情信息由普通网民通过抖音、微博等平台发布,而主流媒体的报道往往相对滞后。这种传播权力的转移,是主流媒体从业者的荣誉光环逐渐消逝的原因之一。

当前的传播场域呈现"双轨竞争"特征:新媒体凭借技术优势主导热点引爆,主流媒体往往滞后介入充当"事实校准者"。典型传播链条表现为网络平台设置议程—主流媒体跟进报道—舆论场二次发酵的循环模式。例如,2023年初的"胡某宇失踪事件"中,抖音、微博等平台率先引发公众关注,而主流媒体在事件发酵数日后才介入报道。在澎湃新闻、知乎热榜、小红书等新型传播矩阵中,传统媒体从内容生产者演变为信息供应链的中游环节,其作为"社会公器"的崇高性在算法流量逻辑中被持续解构。这种从议程主导者到协同参与者的身份降维,是光环消逝的另一结构性动因。

同时,主流媒体从业者"铁肩担道义,妙手著文章"的新闻理想,也随着自媒体的迅猛发展逐步消解。相比于无门槛的自媒体创作,主流媒体及其从业者的新闻报道活动受到多重限制。记者编辑必须严格遵循新闻真实性与社会效益的原则,难以像自媒体从业者那样追逐"流量为王"的短期效益,难以产出"现象级"作品,职业成就感显著下降。种种原因导致的"无冕之王"荣誉感的丧失,不仅削弱了主流媒体从业者的职业认同,也对其人才结构的稳定性造成不利影响,进一步加剧了主流媒体的人才困境。

### (二)技能鸿沟之困:"多而不精"与"本领恐慌"

新闻采编工作是一种高强度职业。在当下的媒介环境中,主流媒体从业者在面临"脚力、眼力、脑力、笔力"多重考验的同时,更需要面对稿件时效、新闻真实、新业态等重重压力。有研究表明,压力已成为影响青年主流媒体从业者工作积极性的重要因素,51.05%的受访者认为自己在工作中"压力比较大",23.12%表示"压力很大",而选择"比较轻松"的仅占1.8%。[①]

近年来,在媒体融合大势下,许多主流媒体纷纷成立融媒体中心,倡导采

---

① 娄和军,张春晓,卢文炤,等.青年新闻工作者从业状况调查[J].全媒体探索,2023(1):47-52.

编人员向"全媒体记者"转型,对从业者的专业技能提出了更高要求。从业者不仅需要继续锤炼传统采编技能,还需进一步培养互联网思维,掌握全媒体传播规律,迅速成长为集"采、写、编、拍、剪"于一体的全能型记者。这种转型虽然有助于适应传播生态的变化,却也进一步加剧了从业者的压力,尤其是入行时间不长的青年采编人员,容易陷入"多而不精"的职业技能困境。主流媒体过度追求"全员全能"和"所有报道都全媒",导致编辑记者的业务能力浮于表面,产出的作品虽披着"全媒"外衣,实则内容低质空洞。这种模式不仅使全媒体技能尚未成熟的主流媒体从业者难以在形式创新上与网络媒体、自媒体比肩,还使其逐渐丧失了其原本赖以立足的内容深度优势,最终导致作品缺乏吸引力和竞争力。例如,目前不少主流媒体要求记者在现场采访时,需要独立完成文字信息的采集,还需兼顾照片拍摄、视频录制及后期剪辑,这种多重任务的分工使得记者难以专注于内容深耕,导致作品在深度和专业性上大打折扣。

除了职业技能"多而不精"的矛盾,主流媒体从业者还面临着强烈的"技术恐惧"和"本领恐慌"。特别是2023年生成式人工智能的飞速发展,加剧了从业者的职业焦虑。浙江记协网文章《媒体人出现本领恐慌,怎么办?》就指出了技术变革下,传统媒体从业者在业务面前常常表现出缩手缩脚、无所适从:报社的文字记者面对日益火爆的手机短视频,往往找不到存在感;电视台的出镜记者习惯于正襟危坐播报新闻,尝试短视频时却因不适应新形式而流量惨淡。在职业焦虑的影响下,不少从业者走向两个极端:一是彻底"躺平",拒绝学习新技术,停留在舒适区内;二是过度恐慌技术,试图重新规划职业赛道。当下不少传统媒体从业者选择转行至互联网企业或生成式人工智能领域,其中以年轻人才为主。某知名报社的资深记者在接受采访时坦言:"面对AI技术的冲击,我和好多同事都感到无所适从,不知道什么时候就会被淘汰,都在考虑要不要转行。"这种人才流失现象不仅削弱了主流媒体的专业能力,也对其人才结构的稳定性造成了深远影响。

此外,技术的飞速发展造成的技能鸿沟还加剧了主流媒体内部的代际矛盾。年轻从业者虽然熟悉新技术,但新闻专业素养相对匮乏;资深从业者虽有丰富的新闻经验,却难以适应技术变革,代际间的技能差异和断层削弱了主流媒体的团队协作效率与内容创新能力。

### （三）体制机制之弊：人才激励与评价体系的滞后

当下，部分主流媒体在人力资源管理上仍停留在传统的人事管理层面，未能从战略高度统筹人才工作。在人才引进、使用、评价、培养、激励等关键环节，缺乏系统性规划和创新性举措，导致人才队伍流动性高、结构失衡等问题愈发突出，难以满足媒体深度融合与系统性变革对人才提出的新要求。

管理体制方面，大多主流媒体尚未适应全媒体传播体系建设的现实需求，仍固守传统管理模式。尽管不少传统主流媒体已组建报业集团、广电集团、融媒体集团等新型组织架构，但其管理模式仍带有浓厚的事业单位色彩。在分配机制、晋升机制、职称评审机制等关键领域，仍沿用传统方式，导致员工合法权益难以保障、工作积极性受挫，形成"体制僵化—人才流失—发展受限"的恶性循环。

人员身份管理方面，传统主流媒体"事业性质、企业管理"的运行模式，导致内部形成复杂的身份等级体系。以广电系统为例，各级主流广播电视媒体内部普遍存在"事业编""台聘""组聘""工勤人员"等多重身份。随着编制资源的持续紧缩，新老员工身份差异日益凸显，形成"有编"与"无编"的二元对立格局。这种身份差异直接反映在薪酬待遇、社会保障等核心权益上，导致了内部"同工不同酬，同岗不同责"的窘境，严重制约了人才队伍的稳定性和发展活力。值得注意的是，事业编制仍是主流媒体吸引人才的重要砝码。2024年10月，武汉市人社局发布《2024年长江日报社专项招聘公告》，以16个事业编制名额引进采编人员，引发社会广泛关注。相关调查显示，47.31%的受访者明确表示"会为了事业编去报社上班"，凸显编制资源在人才竞争中的特殊价值。

在收入分配制度方面，当前许多传统主流媒体仍存在诸多不合理之处。在"流量为王"的传媒生态冲击下，一些主流媒体采取了偏向作品数量的考核机制，片面追求发稿速度和产出数量，导致新闻产品质量大幅下滑；生存压力下，一些主流媒体内部出现了"经营创收人员收入普遍高于采编人员，管理人员薪酬优于一线采编人员"的现象，挫伤了内容生产核心力量的积极性；此外，身份差异导致的"同工不同酬"现象，不仅抑制了人才工作积极性的发挥，还进一步加剧了人才队伍的内部矛盾，削弱了团队的凝聚力和创造力。

在职称评审制度方面，当前主流媒体存在两大突出问题。一方面，多数媒体仍沿袭"论资排辈"的传统做法，过分强调资历而忽视实际工作贡献和专业能力。这种僵化的评审机制不仅难以准确评估人才的真实价值,更严重抑制了青年人才的成长动力和创新活力,导致优秀人才面临"难出头""留不住"的困境。另一方面,大多传统主流媒体单位仅重视新闻序列人才的职称评定,对占比日益提升的技术人员缺乏相应的职称评定机制。2024中国报业技术年会上发布的《全国报业技术队伍建设调研报告》显示,高达90%的单位不具备技术职称评定资格,并进一步指出"缺乏工程技术类职称评定机制的媒体单位,难以切实贯彻党中央'以先进技术为支撑,以内容建设为根本'的战略任务,这将严重影响媒体深度融合和高质量发展的持续推进"。

晋升发展机制方面,调查数据显示,87.35%的媒体从业者将"发展空间有限"列为首要离职动因。[①] 传统主流媒体普遍存在组织结构扁平化、管理层级固化等问题。以各级报社采编体系为例,典型的晋升路径为"记者/编辑—部门副主任—部门主任—社领导",中层管理岗位稀缺,晋升通道狭窄。"十年甚至二十年、三十年后,依然是个记者。"这是大多数传统媒体人的常态。同时,缺乏系统的人才培养规划和干部梯队建设,加之媒体机构与其他单位间的人才流动机制缺失,使得普通员工的职业发展空间受到严重制约。这种"天花板效应"不仅影响现有人才的积极性,也成为吸引新生代媒体人的重要障碍。

### (四)收入落差之痛:理想与现实的失衡

当下,我们必须直面"薪酬危机"对主流媒体人才结构的深层次影响。随着市场化媒体的崛起和新兴平台的快速发展,传统主流媒体的薪酬竞争力逐渐减弱。许多资深记者、编辑的收入水平与工作强度、专业能力严重不匹配。调研表明,77.71%的媒体从业者将收入偏低列为主要离职原因之一。[②] 与此同时,市场化媒体和自媒体平台以高薪吸引优秀人才,进一步加剧了主流媒体的人才流失。

从纵向发展来看,传统主流媒体的经营收入呈现断崖式下跌,直接影响了人才队伍的稳定性。国家新闻出版广电网数据显示,2024年上半年,参与调研的省级党报中,超过50%出现经营整体下滑,部分媒体收入降幅高达33%。

---

① 吴湘韩,张红光.当前我国传统媒体人才流失观察[J].青年记者,2020(15):9-12.
② 吴湘韩,张红光.当前我国传统媒体人才流失观察[J].青年记者,2020(15):9-12.

城市日报、都市报的经营状况更为严峻。①《展望：2025传媒业十个趋势》报告指出，2025年我国主流媒体仍将深陷经营困境：传统广电媒体的广告收入持续被互联网平台分流；地方财政压力加大，对主流媒体的财政补贴增长乏力甚至缩减；应收账款大幅增加，部分主流媒体面临现金流危机。② 这种经营困境直接反映在从业者收入上，某西部省级广电系统离职人员透露："离职前，台里连续三次降薪，作为副高职称人员，一年到头都拿不到10万元。"类似情况在经济状况相对较好的中部地区也同样存在，某中部市级融媒体中心离职从业者透露："自2024年8月起，单位台聘员工每月1200元的基本工资都难以保障，绩效更是无从谈起。"这种收入困境导致大量中青年骨干人才流失，进一步加剧了人才队伍的老龄化趋势。

从横向比较来看，主流媒体从业者的薪酬水平与市场严重脱节，难以吸引和留住优秀人才。与头部自媒体创作者单条视频广告收入动辄数十万元相比，主流媒体从业者的收入显得尤为寒酸。调查显示，除北上广深等一线城市部分媒体人收入相对较高外，传统主流媒体采编人员月收入在5000元以下的占比高达37.95%，而月收入超过15000元的仅占3.01%。③

一方面，收入断崖式下跌和市场差距导致大量主流媒体的优秀人才流向互联网企业和自媒体平台，造成主流媒体人才结构的"空心化"愈发严重。另一方面，经营压力迫使部分主流媒体将营置于内容生产之上，虽然表面上坚持"采编经营两分开"原则，实则采编与经营的界限日益模糊。在经营压力和利益诱惑下，一些采编人员利用信息优势和报道权进行权力寻租，通过"有偿新闻""有偿不闻"等方式与企业或个人进行利益交换，甚至出现"新闻敲诈"等极端行为。这些违背职业道德的做法不仅侵犯了公众知情权，更严重损害了主流媒体的公信力，长远来看将动摇其作为社会公器的根基。

收入困境已成为制约主流媒体人才结构优化的关键瓶颈。要破解这一难题，不仅需要创新经营模式、拓展收入来源，更需要在保障采编人员基本生活

---

① 纸媒经营状况分析.纸媒2024上半年经营状况数据解析反映行业现实[EB/OL].(2024-10-14)[2025-04-20].https://www.chinaxwcb.com/2024/10/14/99849235.html.

② 中国新闻出版广电报.展望：2025传媒业十个趋势[EB/OL].(2025-01-14)[2025-04-20].http://www.zgjx.cn/20250114/53fede7d8f6e48f291d13558e8288ef5/c.html.

③ 吴湘韩,张红光.当前我国传统媒体人才流失观察[J].青年记者,2020(15):9-12.

需求的基础上,建立科学合理的薪酬激励机制,重塑主流媒体的职业吸引力和行业竞争力。只有构建起具有市场竞争力的薪酬体系,才能吸引和留住优秀人才,优化人才队伍结构,为主流媒体系统性变革提供坚实的人才保障。

## 第二节 破局:主流媒体人才战略的探索与启示

面对人才流失加剧、结构失衡、能力断层等多重挑战,越来越多的主流媒体开始深刻认识到人才队伍建设在媒体深度融合中的战略意义。在推进媒体融合的实践中,一批主流媒体通过创新人才引进机制、优化培养体系、改革激励机制等系统性举措,在破解人才困境方面进行了积极探索,形成了具有借鉴价值的实践路径。这些探索既包括通过"内部造血"提升现有人才队伍的全媒体素养,也涉及"外部引智"吸纳跨界复合型人才,更着力于突破制约人才发展的体制机制障碍,全方位营造尊重人才、爱护人才、成就人才的媒体生态环境,为推进主流媒体的系统性变革提供了有力的人才支撑。

### 一、内部造血:构建多元化人才培养体系

面对全媒体时代对人才能力提出的新要求,主流媒体纷纷"刀刃向内",通过构建多元化人才培养体系,提升现有人才队伍的全媒体素养和业务能力,培养更多适合市场需要的采编、经营、管理、技术等各类人才。

分层分类培训,精准提升能力。一些主流媒体针对不同岗位、不同层级的人才,制定差异化的培训方案:对新入职员工进行全媒体基础技能培训,对骨干人才进行深度报道、数据新闻等专业技能培训,对管理层进行媒体融合战略、团队管理等领导力培训。例如,人民日报社建立了"人民云课堂"在线学习平台,针对不同岗位和层级开设了"全媒体采编实务""数据新闻可视化""媒体融合前沿"等系列课程,并邀请业界专家和优秀记者进行授课,有效提升了人才队伍的全媒体素养和业务能力。新华社则推出了"新华融媒学院",通过线上线下相结合的方式,开展"融媒体采编""短视频制作""新媒体运营"等专题培训,培养了一批全媒体采编骨干。

实战练兵,以战代训。针对青年采编人员"入门难"和本领恐慌问题,不少

主流媒体将培训与实践相结合,通过设立融媒体工作室、项目制运作等方式,让人才在实际工作中锻炼全媒体采编、运营、推广等综合能力。例如,中央广播电视总台成立了"央视新闻融媒体工作室",鼓励记者编辑跨部门、跨平台合作,打造了《主播说联播》《联播＋》等一批现象级融媒体产品,在实践中培养了一批全媒体人才。浙江日报报业集团推出了"浙报融媒工作室"计划,鼓励记者编辑组建团队,自主策划、制作、运营融媒体产品,并通过项目制考核和激励机制,激发人才创新活力。安徽新媒体集团于2016年9月在全省率先启动融媒体工作室建设,共组建14个工作室,如"徽喜鹊""宛新平"等品牌工作室[①],大大提升了采编人员的融媒体业务能力。海南日报实施"星火计划",每年拿出100万元专项资金,选拔一批媒体融合技术领域的核心业务骨干作为培养对象,聚焦互联网信息技术、人工智能、大数据、智能运维、网络安全等重点领域,以项目课题为抓手,实行交流交叉任职、专项外派学习、全程跟踪辅导等,致力于尽快培养一批既懂业务又懂技术的复合型人才。[②]

搭建学习平台,促进知识共享。还有一些主流媒体机构利用内部学习平台、线上课程、案例库等资源,为人才提供便捷的学习渠道,并鼓励经验分享和业务交流,营造浓厚的学习氛围。例如,南方报业传媒集团打造了"南方＋"客户端学习频道,汇集了集团内部优秀融媒体作品、案例分析和业务培训课程,为员工提供了丰富的学习资源。湖南广播电视台则推出了"芒果TV学院",通过线上课程、线下沙龙、项目实践等方式,促进员工之间的经验分享和业务交流,营造了浓厚的学习氛围。

完善人才梯队建设,加强人员结构调整。面对人才结构不合理、人才梯队断层等问题,不少主流媒体着力实施人才梯度建设,构建起梯次清晰、结构合理的专业人才梯队。例如,中央广播电视总台大力实施"人才强台"战略,分类建设总台"大师级"人才库,定期组织"十佳人才"和"青年英才"评选,深入开展"蹲苗计划",为年轻人才提供成长机会。大众报业集团则以"移动优先"为指引,将采编团队中超过97%的人员全面投入互联网主阵地运营,优化了人才结构,提升了整体战斗力。这些主流媒体通过构建多元化人才培养体系,有效

---

① 宋昌进.主流媒体推进融媒体工作室发展策略探讨:以安徽新媒体集团的实践探索为例[J].声屏世界,2020(9):109-110.
② 彭玉斌.推进深融工程,加快构建全媒体生产传播新体系[J].新闻战线,2025(3):12-15.

提升了现有人才队伍的全媒体素养和业务能力,为媒体深度融合发展提供了坚实的人才保障。

## 二、外部引智:打造开放包容的引才机制

为弥补自身人才结构的短板,一些主流媒体以更加开放包容的姿态,从外部引进急需的跨界复合型人才。通过拓宽引才渠道、创新引才方式、优化人才服务等一系列举措,逐步构建起"引育用留"一体化的人才生态,为媒体深度融合发展注入了新动能。

第一,拓宽引才渠道,精准对接需求。除了传统的招聘渠道,一些主流媒体还积极利用猎头公司、行业峰会、高校合作等途径,精准对接媒体融合发展中急需的技术研发、产品运营、数据分析等方面的人才。例如,新华社与清华大学、北京大学等高校合作,设立"新华融媒体创新实验室",吸引高校优秀人才参与媒体融合项目研发,推动产学研深度融合。中央广播电视总台则通过举办"央视融媒创新大赛",面向全球招募优秀融媒体人才,并为其提供实习、就业机会和项目孵化支持,成功吸引了一批具有国际视野和创新能力的青年才俊。

第二,创新引才方式,灵活引进人才。当前,一些主流媒体正在着力打造开放包容的引才机制,通过灵活用人、开放协作、区域联动等多元路径,探索项目合作、兼职顾问、柔性引进等灵活多样的引才方式,突破编制、薪酬等限制,构建"引育用留"一体化生态,吸引高层次人才为媒体发展贡献力量。例如,人民日报社推出了"人民号"创作者计划,吸引优秀自媒体人、专家学者等入驻平台,共同生产优质内容,实现了外部人才与内部资源的有效整合。浙江日报业集团则与知名互联网企业合作,设立"浙报融媒体创新中心",引进互联网技术人才和产品运营人才,共同开发融媒体产品,激发了媒体发展活力。此外,中央广播电视总台在引进外包人才时,注重实际业绩与作品质量,通过科学测评筛选优秀人才,并直接签约入台[1],确保人才引进的精准性和实效性。

第三,优化人才服务,营造良好环境。针对从业者在收入、生活等方面面

---

[1] 2023年新媒体发展趋势分析[EB/OL].(2023-05-01)[2025-03-01].https://www.sohu.com/a/643071831_351788.

临的困境,部分主流媒体积极打造"服务型组织",通过提供具有竞争力的薪酬待遇、清晰的职业发展路径及舒适的生活环境,切实解决人才的后顾之忧,使其能够安心工作、舒心生活。例如,南方报业传媒集团为引进的高层次人才提供住房补贴、子女入学等优惠政策,并为其搭建职业发展平台,提供广阔的发展空间,确保人才"引得进、留得住、用得好"。湖南广播电视台则推出了"芒果人才计划",为优秀人才提供具有市场竞争力的薪酬待遇和优越的工作环境,成功吸引了一批优秀人才加盟,显著提升了团队的整体实力。通过打造开放包容的引才机制,这些主流媒体有效弥补了自身人才结构的短板,为媒体深度融合发展注入了新活力。

### 三、人才机制改革:多措并举释放人才活力

为激发人才队伍的积极性和创造性,部分主流媒体积极推进人才体制机制改革,破除制约人才发展的障碍,通过改革考核评价机制、完善薪酬激励机制、畅通职业发展通道及打破身份限制等多措并举,逐步构建起科学合理的人才管理体系,成功释放了人才活力。

第一,改革考核评价机制,突出实绩导向。针对以往考核方式中存在的指标单一、重数量轻质量等问题,一些主流媒体积极探索改革路径,建立以岗位职责为基础、以工作实绩为核心的考核评价体系,将媒体融合成效、内容质量、用户反馈等关键指标纳入考核范围,激励人才创作出更多优质内容。例如,新华社建立了多层次的新闻质量评价机制,主要包括总编室表扬稿、社级好稿、部级好稿和外专表扬稿四个类别[1],进一步增加了优秀作品的收益来源。中央广播电视总台则建立了"央视新闻融媒体产品评价体系",将融媒体产品的传播力、引导力、影响力、公信力等指标纳入考核范围,并根据考核结果对优秀团队和个人进行奖励。新华日报社摒弃了传统单一的考核指标,通过引入大数据和人工智能技术,实现以内容质量、传播效果、技术创新、用户满意度等多维度为核心的综合考核体系的转变,进一步激发了人才创新活力。

第二,完善薪酬激励机制,激发人才潜能。针对薪酬体系不合理、激励力度不足等问题,一些主流媒体积极探索建立与市场接轨、与业绩挂钩的薪酬体

---

[1] 林莉.在自我与他者之间:中国对外报道的跨文化问题[D].武汉:武汉大学,2019.

系，通过灵活多样的分配方式，充分体现人才价值，激发人才潜能。例如，浙江日报报业集团推出了"浙报融媒体创新人才激励计划"，对在融媒体产品研发、运营推广等方面做出突出贡献的人才给予重奖，并探索实行股权激励等长期激励机制。湖南广播电视台则推出了"芒果人才薪酬体系改革方案"，将薪酬与岗位价值、个人能力、业绩贡献等挂钩，并设立"芒果之星"等奖项，对优秀人才进行表彰奖励。重庆广电集团对获得中国新闻奖一等奖的作品，由集团奖励作者20万元、编辑团队10万元，大大激发了采编人员创作精品的积极性，上海广播电视台（集团）完善薪酬管理体系，强化"岗定基薪、变岗变薪、按劳分配、以绩定奖"的原则，优化调整薪酬模式和薪酬结构，建立"岗位基薪＋绩效薪酬＋业绩奖励"的薪酬体系[①]，进一步激发了人才潜能。

第三，畅通职业发展通道，搭建成长平台。针对职业发展通道不畅、人才晋升机制不完善等问题，一些主流媒体开始探索建立科学的人才晋升机制，为优秀人才提供广阔的职业发展空间，使其在媒体融合发展中实现自身价值。例如，新华社推出了"新华融媒人才成长计划"，为优秀人才提供跨部门、跨平台交流学习的机会，并设立"新华融媒领军人才""新华融媒青年英才"等荣誉称号，激励人才成长。南方报业传媒集团则推出了"南方＋融媒人才梯队建设计划"，通过导师制、项目制等方式，培养一批融媒体领军人才和业务骨干，为媒体融合发展储备了充足的后备力量。

第四，打破身份限制，一视同仁爱才育才。针对身份限制导致的用工关系不规范、同岗不同酬等问题，一些主流媒体积极探索打破身份、资历等限制，推行"不拘一格选人用人"的机制，充分激发人才活力。例如，2023年，针对非正式聘用员工身份导致的原本持有的记者证无法进行正常年审，严重影响了日常新闻采访的问题，重庆广电集团全面梳理了在新闻采编播岗位上劳务派遣人员的整体情况，发文明确重新规范建立用工关系，彻底解决了50名外派劳务人员的用工身份问题。[②] 自2020年起，陕西日报社按照"统一身份管理、统一薪酬体系、统一社保缴纳标准"的"三统一"目标，全面推行人事管理职员制和薪酬分配职级工资制度。通过统一合同制人员与事业编制人员的医疗保险、工伤保险、失业保险、养老保险及缴纳标准，有效解决了长期以来存在的同

---

[①] 方世忠.打造主流媒体系统性变革的上海样本[J].中国记者，2024(10):9-13.
[②] 管洪.近50名年轻人的身份问题，解决了！[EB/OL].（2025-02-19）[2025-03-11].https://mp.weixin.qq.com/s/YlxMDa8EwtUSNqUCy-AaoQ.

岗不同责、同工不同酬等问题,进一步增强了员工的归属感和凝聚力,为媒体融合发展营造了公平公正的工作环境。①

## 第三节　前瞻:面向系统性变革的人才战略优化路径

主流媒体在人才战略方面的探索和实践,为主流媒体下一步破解人才困境、推进媒体深度融合提供了有益借鉴。面对日新月异的技术、传媒环境的变化,各级主流媒体仍需持续深化人才发展战略性改革,不断完善人才培养、引进、使用、评价、激励等机制,打造一支政治过硬、业务精湛、作风优良的全媒体人才队伍,为实现系统性变革提供坚强的人才保障。

### 一、适应技术变革,培养未来型人才

随着生成式人工智能、大数据等新兴技术日新月异的发展,主流媒体人才能力结构和层次面临更高要求。主流媒体机构应密切关注人工智能、大数据、区块链等新技术对行业的影响,加强前瞻意识,通过调整人才培养模式、绩效考核机制、进行跨界合作等方式,面向未来着力培养兼具新闻业务能力和技术敏感度的复合型人才。

针对当前主流媒体人才技术应用不足、知识技能结构单一的问题,主流媒体应主动拥抱技术变革,推动从业者持续学习新闻传播与计算机科学、数据科学、人工智能等领域的知识。分别为采编、技术、经营、管理等各类人才分别定制差异化的学习计划和成长路径,定期组织涵盖新闻采编、多媒体应用、数据分析、智能工具使用及法律伦理等关键领域的专业培训和业务研讨,以拓宽各类从业人员的视野和能力边界。同时,建立"技术—场景"映射训练机制,围绕AIGC人机协作、多模态叙事等前沿领域设计实战项目,通过真实业务场景强化实践导向的能力转化。与此相适应,主流媒体机构还应优化人才考核机制。对于采编人员,应突破传统"采编能力"单一维度的评价模式,构建涵盖内容产

---

① 李伟.聚焦"六个维度",推动党报事业高质量发展[J].新闻战线,2023(23):4-8.

出质量、作品实际影响力、技术工具使用情况、数据利用效率、跨平台内容适配能力等多维指标的动态评价体系;同时,重点培养适应现代化主流媒体组织需求的技术、管理、经营等多领域复合型人才。通过系统性、针对性、分类化的人才培养机制,打造年龄结构合理、专业能力全面的复合型人才梯队,为深度融合发展提供坚实的人才保障和智力支持。

针对高校人才模式培养同主流媒体业界需求的严重脱节的问题,主流媒体要发挥牵头作用,搭建媒体机构、科技企业与高校的三方协作平台,打通与高校、科技企业和媒体机构间的资源壁垒。一方面,根据行业导向和自身用人需求,联合高校新闻传播院系开发融合型课程体系,将全媒体专业技能培训、智能传播工具应用、数据可视化分析等模块嵌入高校教学全流程。另一方面,与科技企业共建研发实验室,围绕智能生产、传播分析等场景开展技术共研,形成技术赋能内容生产的常态化知识交换机制。通过探索"学术导师+产业导师"指导模式、共建实践基地、项目制工作坊等形式打造产学研用协同创新联合体,实现学术理论与产业实践的深度耦合,在人才培养初期就植入行业需求基因。

## 二、推动人才战略与媒体新生态的深度融合

尽管媒体融合战略已深入推进十余年,但当前主流媒体机构优秀的全媒体人才仍属稀缺资源,且随着技术的深度应用和传媒生态的剧烈变化,以往对人才能力和数量的要求已不能完全适用于当下传媒生态,远不能满足系统性变革的需求。下一步,需要持续推进实施全媒体人才培养专项计划,将人才战略与媒体深度融合、产业升级等战略紧密结合,加快造就更多适应媒体深度融合发展要求的全媒体优秀人才。

在数字技术重构产业格局的背景下,主流媒体正经历从"内容生产者"向"生态构建者"的转型,"媒体+"的融合呈现出显著特征:技术逻辑渗透到内容生产全流程,垂直领域的专业壁垒被打破,媒体平台功能从信息传播延伸至政务服务、商业赋能等多元场景。这种生态演变催生了对复合型人才的迫切需求。在此背景下,主流媒体应加快全员融合转型,探索"媒体+产业+人才"的生态化发展模式。通过专题培训、实战演练、业务研讨、观摩交流等方式,全面提升其观念和技能水平,推动现有人员向全媒记者、全媒编辑、全媒管理人才转型。

随着我国国际地位的显著提升,推进国际传播能力建设、讲好中国故事、构建与我国国际地位相匹配的国际话语权,已成为宣传思想文化领域的一项重要使命。主流媒体作为宣传思想文化领域中站位最高、实力最强、对外交往最频繁的核心力量之一,理应充分发挥带头引领作用。各级主流媒体应以国际化视野和前瞻性思维为指引,紧密结合本地区实际和自身发展需求,加快引进和培养具备全球视野、跨文化沟通能力及深厚专业素养的国际传播人才,推动人才战略与国际化传播生态的深度融合,全面提升国际传播能力,为我国在全球舆论场中赢得更多话语权和影响力提供坚实支撑。

此外,主流媒体还应打好"人才品牌"这张牌。诸多成功实践证明,人才品牌打造是提升传播效能的有效途径之一。例如,新华社先后打造了"张扬工作室""郑锦强工作室""许丹睿工作室"等以著名记者主持人命名的工作室,聚焦国内外时政、文化、科技等新闻领域,推出众多"出圈"作品;河北省级网络主流媒体"长城新媒体"推出的交互式短视频新闻日播栏目《百姓看联播》,设置了以记者名字命名的子栏目,如《思宇讲故事》《守一词典》《大鹏探探探》《"大头哥"的生活小妙招》,取得了良好的传播效果,诸多成功实践为各级主流媒体打造人才IP提供了样本。主流媒体应以这些成功案例为参考,打通传统媒体和新媒体人才使用通道,一方面,通过为记者量身打造个人IP,培育具有独特气质的"网红记者",创新主流媒体表达方式;另一方面,应当允许名记者、名编辑、名评论员、名主持人到新媒体平台上施展拳脚,开办原创栏目,培育品牌公号,成为传播正能量的"网红"。通过打造具有影响力的媒体人才品牌,主流媒体能够进一步提升传播力、影响力、引导力和公信力,为系统性变革赋能。

### 三、深入实施人才体制机制改革,持续激发人才活力

体制顺、机制活,则人才聚、事业兴。新闻业是一个知识密集型、智力密集型行业,能否调动人才的积极性,直接关系到主流媒体的生存与发展,而好的人才管理机制是调动人的积极性、焕发人的活力的关键。虽然在十年媒体融合进程中,一些主流媒体已经在人才体制机制改革方面有一些成功探索,但是目前看来还远远不够。习近平总书记在党的新闻舆论工作座谈会上指出:"要深化新闻单位干部人事制度改革,对新闻舆论工作者在政治上充分信任、工作

上大胆使用、生活上真诚关心、待遇上及时保障。"①要实现系统性变革,主流媒体必须进一步将"以人为本"落到实处,对原有选人用人、人才培育、收入分配及激励机制等进行系统规划和变革,构建人人皆可成才、人人尽展其才的人才发展格局。

需探索更为合理的收入分配机制。面向系统性变革的要求,主流媒体应积极探索更为合理的收入分配机制。首先,建立以绩效为导向的薪酬体系。打破传统的平均主义分配模式,将薪酬与工作绩效、创新贡献、团队协作等指标紧密挂钩,确保收入分配更加公平、透明。通过设立绩效奖金、项目奖励等短期激励措施,以及股权激励、利润分享等长期激励手段,充分调动从业者的积极性。其次,推行差异化薪酬制度。针对采编、技术、运营等不同岗位的特点,设计差异化的薪酬标准,确保各类人才的贡献都能得到合理回报。例如,对技术岗位可引入技术津贴,对采编岗位可设立优质内容奖励,对运营岗位可实施业绩提成等。再次,完善内部激励机制。通过设立专项奖励基金,对在内容创新、技术突破、团队协作等方面表现突出的个人和团队给予奖励。同时,建立荣誉表彰制度,定期评选优秀员工和团队,增强其职业荣誉感和成就感。复次,探索市场化薪酬机制。借鉴市场化企业的薪酬管理经验,引入行业薪酬对标机制,确保主流媒体的薪酬水平具有市场竞争力,吸引和留住优秀人才。同时,可根据媒体融合发展的需要,设立特殊岗位津贴或项目补贴,激励从业者积极参与创新项目和重点工作。最后,强化收入分配的动态调整机制。根据媒体发展目标和市场环境变化,动态调整收入分配政策,确保其灵活性和适应性。例如,在经济下行压力较大时,可通过优化薪酬结构、增加非物质激励等方式,稳定员工队伍;在媒体融合发展取得突破时,可适当提高绩效奖励比例,进一步激发从业者的积极性。通过以上措施,主流媒体能够构建更加科学、合理的收入分配机制,为从业者提供更具吸引力的职业发展环境。

应建立更有利于激发各类人才积极性的岗位晋升成长制度。为更好激发人才工作积极性和创新活力,主流媒体机构应探索建立更有利于激发各类人才积极性的岗位晋升成长制度。首先,必须摒弃"论资排辈"的传统晋升模式,构建以能力和实际贡献为核心、兼顾工作资历的综合评价体系和晋升机制,通

---

① 杜尚泽.习近平在党的新闻舆论工作座谈会上强调:坚持正确方向创新方法手段 提高新闻舆论传播力引导力[N].人民日报,2016-02-20(1).

过将工作资历、业务能力、实际贡献等多维度因素纳入考核范围,确保晋升机制更加公平、透明,充分激发人才的内在动力和创新活力。其次,针对主流媒体组织结构过于扁平、晋升职位有限的问题,可根据实际业务需求,适当增设中层岗位(如栏目负责人、项目主管、团队组长等),为基层员工提供更多晋升机会,还可以在传统管理晋升通道之外,建立专业序列晋升通道(如高级记者、首席编辑、技术专家、产品经理等),使基层员工即使不进入管理层,也能通过提升专业能力获得职称、职级和薪酬的晋升,实现职业发展的多元化路径,有效激发组织内部从上到下的干事创业积极性和创造力。最后,针对采编、管理、经营等不同类别的人才,应根据各类岗位特点,设计差异化的职业发展路径,明确各类人才的成长方向,确保每位员工都能找到适合自身特点的发展空间,避免"千军万马挤独木桥"现象。此外,还可通过轮岗制度加强人员流动,选拔优秀中青年采编人员跨部门、跨专业、跨行业交流,促进人才资源的优化配置,实现"人岗匹配、人尽其才"。

此外,还需强化对从业者的"服务型管理"。针对当下从业者面临的种种困境,主流媒体机构应当转变角色定位,做好服务保障,以解除人才发展的后顾之忧。首先,强化职业发展支持体系,包括定期组织新闻采编、多媒体应用、数据分析等专业培训,推行"导师带徒"机制,提供个性化学习计划和资源支持,助力从业者实现专业成长;与高校、研究机构、技术公司等合作搭建行业交流平台,设立创新基金,鼓励创新性选题和内部创业尝试,为从业者提供试错空间和成长机会。其次,优化工作环境与条件,推行弹性工作制或远程办公模式,帮助从业者平衡工作与生活;设立心理咨询室或引入专业心理辅导团队,定期开展压力管理和情绪调节培训,提升员工心理韧性;补充医疗保险、带薪年假、子女教育补贴等福利,增强归属感;建立管理层与基层从业者的定期沟通渠道和匿名反馈机制,确保从业者诉求得到重视和回应。最后,建立荣誉激励体系,主流媒体可以通过内部荣誉表彰制度和媒体品牌宣传,增强从业者的职业荣誉感和成就感。只有把身份调回"服务者",主流媒体才能为从业者铺设成长快车道:让每一份付出被看见,让每一次成长有阶梯,让归属感与满意度同步拉升。人才稳,则队伍稳;队伍稳,则创新活。如此,系统性变革方有源源不断的动能与底气。

## 第六章 人才战略：主流媒体系统性变革的强力引擎

> **本章案例**

### 南方报业"名记者培育工程"

2016年10月，在南方日报创刊67周年前夕，南方报业传媒集团宣布正式启动"南方名记者培育工程"，致力于培养一批具有新媒体采编运营能力的全媒型专家型生力军，为打造新媒体时代的主流媒体蓄势赋能。

"南方名记者培育工程"的遴选标准体现了对新时代媒体人才的多元要求：一是"颜值"，即朝气蓬勃、充满活力的精神面貌；二是"素质"，包括扎实的专业媒体素养、娴熟的新媒体应用能力和精准的用户服务意识；三是"气质"，强调深厚的文化底蕴、强烈的用户思维和坚定的责任担当。全集团2000多名采编人员反响强烈、踊跃报名，经各媒体挑选推荐，精选了50多名采编骨干参加了集团的公开遴选活动。经过严格评审，来自《南方日报》《南方》《南方周末》《南方都市报》《21世纪经济报道》《南方农村报》的15名记者脱颖而出，成为首批培育对象。

"南方名记者培育工程"实行"南方名记者工作室"制度，突出的特点是名记者成为团队的核心，可根据全媒体项目的实际需要，跨媒体、跨部门抽调各领域人才，组成相应的团队开展工作。同时，南方报业还组建了"服务组"和"工作室"两个团队为培养对象提供支撑和服务，确保他们能够全身心投入工作中去。

在考核机制方面，为了激发培养对象的积极性和创造力，南方报业在名记者的薪酬考核方面进行了大胆改革，对他们不按"计件"考核，而是试行全新的"一人一策"按质计酬，并且根据其创新项目的传播力影响力、重点项目的运营效果等进行考核奖励，不设上限。

名记者工程实施以来，成功培养了一批全媒型人才。这些名记者不仅具备扎实的新闻采编能力，还精通新媒体运营和推广技巧，能够在多元媒体平台上进行高质量的内容创作和传播。特别是在重大报道中，大家能够快速响应、深入现场、准确报道，为公众提供及时、准确、全面的信息，展现出强大的团队协作能力和专业素养。

在名记者的引领下，南方报业推出了大量优质内容产品，涵盖图文、视频、直播等多种形式，涉及政治、经济、教育、医疗等多个领域。这些内容不仅满足了受众的多元化需求，更显著提升了南方报业的品牌影响力和传播力。

正如时任南方报业传媒集团党委书记、南方日报社社长莫高义所言，在媒体融合时代，"名记"不仅要成为"纸红"，更要成为主流"网红"，善用现代传播手段，掌握全媒体技能，在传统媒体和新媒体领域都具有强大的社会影响力、权威性和不可替代性。"南方名记者培育工程"的成功实践，不仅为南方报业培养了一批全媒型专家型人才，更为主流媒体的人才队伍建设提供了可资借鉴的创新范例。这一工程充分证明，只有高度重视人才建设，不断创新人才培养机制，主流媒体才能在媒体融合发展的新时代保持强大的传播力、引导力、影响力和公信力。

（李龙飞　李宛嵘）

# 第七章
# 受众策略：主流媒体受众的分化与回归

数字技术浪潮席卷之下，社会信息传播格局被深度重塑，主流媒体的受众生态亦被深刻改变。曾经，凭借权威性和广泛覆盖，主流媒体稳居信息传播的核心。然而，近年来，社交媒体与自媒体等新兴平台的崛起，使得信息传播日益碎片化、圈层化，受众的注意力被高度分散，主流媒体陷入了前所未有的受众分化与流失困境。

一方面，信息获取渠道的多元化赋予了受众更大的自主性，他们可以根据自身兴趣和需求自由选择信息源，传统主流媒体不再占据唯一主导地位。另一方面，算法推荐机制的普及进一步加剧了信息茧房效应，受众被困于个性化的"信息孤岛"，与主流媒体所倡导的公共性、多元性价值渐行渐远。在"大众化"向"碎片化"转变的过程中，受众群体的行为和意识不断分化，呈现出"散落"与"聚合"并存的复杂状态。这种变化在内容生产与传播方式、传播影响力、盈利模式等多个方面对主流媒体造成了不同程度的冲击，使其不得不面对一场新的"注意力争夺战"。

习近平总书记强调："读者在哪里，受众在哪里，宣传报道的触角就要伸向哪里，宣传思想工作的着力点和落脚点就要放在哪里。"[①]面向未来，主流媒体应以智能技术为基础，以系统开放为准则，以时空贴近为方式，以情感共鸣为导向，以真实权威为根本，在散落的受众生态中探索聚合之路，重塑传播力、引导力、影响力和公信力。

本章将深入剖析主流媒体受众分化与流失的困境，并从多个维度归纳聚合受众的具体实践路径，为主流媒体系统性变革提供清晰的行动框架，助力其在传播场域中重新确立核心价值，实现从传统传播模式向生态化、智能化、融

---

① 习近平：坚持军报姓党坚持强军为本坚持创新为要 为实现中国梦强军梦提供思想舆论支持[N].人民日报，2015-12-27(1).

合化的系统性变革。

## 第一节 "解构分化"：受众群体的多维画像

新型主流媒体生态面临着从"受众"到"用户"、从"内容"到"服务"、从"传播"到"连接"的三重转向，这就要求主流媒体在系统结构上进行调适。网络传播时代，主流媒体的系统性变革应当从网络空间着手，与互联网思维紧密结合。互联网本质上展现出一种内在的去中心化特性，技术的加持使得信息传播的路径便捷化、主体多元化与控制复杂化，传播节点之间的连接关系逐渐成为网络空间的主要关系形态，看似简单二分的传播关系实际已构成复杂关系网络的基础。基于此，受众的角色及其话语权也逐渐开始发生转变，信息传播场域中每一个个体在技术的赋能下都得到了更大程度上自主选择的权利，以往在传播过程中处于被动地位的"受众"也可以主动生产内容、建言献策、参与公共议题并在网络传播语境下碰撞和交融，而后在复杂环境的互动中不断被结构、分化，总体呈现出"多元化与复合化""社群化与圈层化""游戏化与隐蔽化"的多维画像。

### 一、多元化与复合化

在传统主流媒体生态中，受众依据媒介特性被划分为读者、听众及观众三大类别，构成了所谓的"三位一体"划分模式。而新媒体的崛起，则促进了原本分散的受众群体向一体化受众的聚合，这一过程被视为受众的"再部落化"现象。值得注意的是，此变化并非单纯意义上的回归或替代关系，而是一种在更高维度上的演进与超越，其特征表现为多维度、多层面的深度融合，具备多元化与复合化的特性。[①]

从传者与受者的关系视角来看，在传统媒体的新闻生产与传播范式下，传播主体与受众之间呈现出显著的二元对立结构，其中传播者占据主导地位，而

---

① 沈正赋."四全媒体"框架下新闻生产与传播机制的重构[J].现代传播：中国传媒大学学报,2019,41(3):8-14.

第七章 受众策略：主流媒体受众的分化与回归

受众则被置于单向接收的被动角色，其需求与意见难以被有效收集与传达，双方之间缺乏有效的互动与反馈机制。鉴于社交媒体平台在信息可及性方面的显著优化及技术接入壁垒的持续弱化，普通民众与非官方组织作为积极参与者的角色日益凸显，他们曾是传统媒体时代中"沉默的大多数"。如今，借助于社交网络和算法驱动的智能媒体平台，这些群体能够相互联结、汇聚力量，参与到新闻内容的生产与传播过程中，从而对既有的传统传播机制施加变革性压力。相应地，传播关系亦从传统的二元对立的主客体框架中解脱出来，转变为传播主体间的平等互动模式。也就是说，信息接收者不再局限于被动角色，而是能够通过技术手段的赋能，转变为信息传播活动的主动参与者乃至新的传播主体，这恰如尼葛洛庞帝（Negroponte）所言，"人人皆可为未持执照之电视台"，受众借此得以摆脱传统媒体的话语束缚，利用自媒体平台进行多元化表达，从而削弱传统媒体的话语霸权，打破其单一话语中心的格局。

技术的可供性与社交平台特性改变着主流媒体受众的规模、构成、边界。受众的线下真实身份与其线上虚拟身份正经历着从分离向统一的转变过程，这一过程涵盖了读者、观众、听众、网民、消费者、用户、积极参与者、非专业记者、内容创作者、自媒体运营者等多重身份角色的融合。"媒介使用者分为消费者和生产者两个阵营，井水不犯河水的历史一去不复返了，生产者与消费者、作者与读者之间的界限正逐渐模糊乃至消失，这两种身份正趋于一体化，呈现出身份重叠与融合的新趋势。"[1]基于此，"产消合一者"（prosumer）一词被越来越多地用来描绘这类新兴的传播主体。

当传者受者的身份界限被打破、传受关系变得模糊，固定的事物变得"流动"起来，就如同游戏玩家在虚拟的游戏世界中可以处于支配地位，玩或不玩、与谁共玩、什么玩法、在何处玩，这些选择的决定权都掌握在玩家的手中。推而言之，新媒介技术赋予用户高度的自主权，使其能够选择性消费内容，并对UGC进行二次创作、传播与消费。有学者以"造用"（produsage）这个概念来概括生产与使用的混合状态，即"不仅是网民也能成为传播生产者那么简单，而是永无止境地生产与消费相同构的过程"[2]。这一情景也意味信息生产内

---

[1] 保罗·莱文森.软利器：信息革命的自然历史与未来[M].何道宽，译.上海：复旦大学出版社，2011：11.

[2] 马杰伟，张潇潇.媒体现代：传播学与社会学的对话[M].上海：复旦大学出版社，2011：279-280.

容与大众的深度融合已成为现实，这一融合进而引发了信息生产模式与生产关系的深刻变革。

传播生态的变革呈现出制度化与去制度化、中心化与去中心化的双重动态特征，过去的"受众"概念转化为"用户"并逐渐形成了圈层化的结构，这种"全民参与、边界消融"的传播形态，本质上体现了对制度化规约的抵制倾向及对自由化表达的追求，但同时也能够基于价值取向形成大小不一、持续时间不等、关系疏密各异的圈层结构，进而催生出新的规范体系。也就是说，主流媒体聚合多元化、复合化的受众要从制度、结构体系与实践框架这三个层面协同发力，从顶层设计到具体实践皆需适应受众的新特点，进而实现主流媒体影响力的回归。

## 二、社群化与圈层化

人类社会素有"人以群分"之现象，不同群体或个体在信息需求与审美偏好上往往展现出差异性，这便是社群的原始形态。传统社会依托血缘关系、地域联结及直接互动，构建了滕尼斯理论中的"互助型"精神共同体，也即在某种契机下，由对特定兴趣、热爱或执着追求的人们汇聚而成，构成独特的小圈子，并孕育出新的生活方式。新媒体时代的核心特征表现为传播渠道的高度多元化，其开放式的多平台架构与分布式节点网络，构建了即时交互、弱化控制的虚拟社群空间。这种技术赋权催生了一种具有高度流动性、强交互性和沉浸式体验的无边界网络社群形态，主流媒体受众也与网络虚拟社群互相交融。

从社会交往层面来看，移动社交媒体时代下的网络社群作为一种新兴的交往模式，正逐步演变为当代社会的一种新型组织方式与形态。传统主流媒体通常采用面向大众的传播方式，相较于传统媒介，互联网构建了一个去边界化的全球互动场域，其扁平化结构在很大程度上拓展了信息传播的物理边界。基于跨媒体融合技术，网络社群实现了多维度的交互连接，呈现出典型的"多对多"传播范式，这与主流媒体原有的大众式"从点到面"传播大为不同。

从社会结构层面来看，传统社会呈现出层级化的传播秩序，传播主体间存在显著的权力不对称性；而网络社会则建构了一个去中心化的开放场域，其平等化的交互机制为边缘群体参与公共话语提供了可能性，在网络空间与现实空间深度交融的背景下，以血缘、业缘、地缘为主导的社会交往形态逐渐瓦解，而"趣缘"则成为主流媒体受众新的导向,促进了跨文化、跨圈层的交流。媒介平台通过连接情境与受众,构建了同质化的受众群体聚集的虚拟社群,形成了具有交互属性的"趣缘空间系统",进而催生了具有共同信息需求与思想观点的"虚拟共同体",这种群体性的变化同样作用于主流媒体受众。

总而言之,网络与媒介技术突破了时空维度对人类互动的限制,显示出其社群建构的属性:作为交互平台,新媒体凭借其互动性特征促进了传播双方的深层次连接,通过知识共享机制构建集体认知框架。基于此,媒介技术依据社会文化语境重组人群,将具有相似兴趣、情感与价值取向的个体聚合,遵循去中心化逻辑重构社会关系,形成以个体为节点的社会化网络,即网络社群。[①]原有的主流媒体受众,也在网络传播空间里分化为一个个分散的网络社群。

网络社群的动态分化催生了多元化的网络分层结构。群体成员的"圈层化"生存状态具体表现为信息获取的精准化、社交网络的封闭化及互动关系的层级化,最终形成特定圈层内的信息传播模式。这种现象区别于传统"圈层"概念,现代性元素如身份、认知及兴趣等塑造了各种类型的集体"圈子",这些圈子各具不同的价值取向、话语体系及行为准则。个体在面对媒介平台时,会基于自身的兴趣、价值观等内在因素,自觉或不自觉地融入特定的圈层群体,并按照所认同的圈层思维来指导生活。此外,在算法推荐技术的运用与受众的选择性心理共同作用下,催生了大量基于兴趣的网络群体,使得网络空间呈现出圈层化的结构特征。

随着同质化信息及个体的不断涌入,圈层的影响力逐渐扩大,圈层组织成为其成员的话语中心。从结构特征来看,网络圈层可分为主动型与被动型两类:前者体现为个体通过独特的符号表达与网络话语风格,主动区隔于主流群体,以实现个性化认同;后者则表现为通过模仿与从众行为,寻求群体归属与情感共鸣。在网络生态中,用户基于价值取向与情感需求,自发形成诸如粉丝社群、亚文化圈层等非正式群体,通过边界建构与符号区隔,完成自我身份确证与社会认同,从而实现从"圈外人"到"圈内人"的转化。

从"互动张力"的理论维度来看,移动社交平台的普及重构了网络舆论生态,形成了多元化的圈层结构。这些圈层在保持内部稳定性的同时呈现出边

---

① 张华.网络社群的崛起:基于国家、社会、技术互动视角的研究[M].上海:复旦大学出版社,2018:31.

界渗透性,通过吸纳"异质"观点实现差异化发展。圈层化传播模式取代了传统的弥散式传播,以多维度的"社群单元"划分信息场域,提高了传播场域内的精准性与影响力。在此过程中,社会化媒体打破了主流媒体的垄断格局,推动舆论话语权向多元主体转移,使圈层成为网络舆论生产与扩散的重要参与主体,甚至在网络传播的新格局中占据了核心位置,这种变化亟需主流媒体对"受众观"进行动态调整,进而在未来舆论场占据有利位置。

### 三、游戏化与隐蔽化

游戏化(gamification)本是游戏设计师对未来社会的构想,该理念最早萌芽于20世纪80年代,由英国电子游戏专家理查德·巴托尔率先提出,其核心在于把非游戏性质的东西变成游戏。[1] 网络传播时代,技术的加持使得虚拟与现实的界限越来越模糊、网络社会与现实社会逐渐融合交织,以往仅在游戏中出现的"游戏精神"和游戏行为渗透到现实世界的每一个角落,游戏的沉浸性、比赛性、愉悦性、规则性等内在属性介入网络个体、群体组织与社会之中。[2] 个体、游戏与社会之间被技术所提供的多个"枢纽"连接在一起并相互镶嵌、渗透,极大地激起了人们的"游戏本能"。由此,主流媒体与受众之间也形成了"游戏平台"与"游戏玩家"之间的新型关系。

传播本质上是一种游戏,而游戏通常都是具有非功利性的,人们"玩游戏"大多是为了获得"快乐",而并非必须获得"意义"。对于主流媒体而言,每个受众都可以是"游戏玩家",如对新闻事件发表自己的观点、感受、看法,以寻求"志同道合"之人;在视频弹幕或评论区与处于不同时空、不同身份的陌生人产生互动;通过观看主流媒体平台视频、直播获得愉悦体验等等。以上沉浸式的"网络行为"往往是以玩家的兴趣为导向的主动参与"游戏"的过程。

游戏化传播的过程是愉悦的、具有玩乐属性的,这意味着参与传播游戏也可以获得快乐或愉悦的体验,这种受众特性的变化对主流媒体舆论引导功能带来了冲击。例如,许多舆情事件爆发后,部分自媒体内容生产者倾向于忽视

---

[1] 凯文·韦巴赫,丹·亨特.游戏化思维:改变未来商业的新力量[M].周逵,王晓丹,译.杭州:浙江人民出版社,2014:13.

[2] 喻国明,朱婧,张红晨.向"游戏"学习魅力传播的机理与范式:试论主流媒体游戏化传播的可行性与策略逻辑[J].新闻爱好者,2021(11):11-16.

事件本身，转而聚焦于事件引发的社会情绪，通过制造推测性与观点导向的内容，利用热点话题吸引受众注意力。而受众在信息接收过程中往往忽视信源属性，更倾向于在社交平台分享内容以表达个人立场。这使得受众通常以话题为导向，在海量的信息中进行选择性接触。相应地，自媒体为提升传播效果，主动迎合这一规律，通过热点议题的内容生产加剧舆论场的集聚效应。相比之下，主流媒体以发布官方消息、权威性、客观性内容为主，而这些内容通常难以调动受众的兴趣，因而在与自媒体的"注意力争夺战"中会居于劣势。

除此之外，网络传播语境下，趣味性的概念边界正持续拓展，其内涵日益契合当前互联网市场向更广泛受众群体渗透的趋势，展现出更为普遍化的特征，即那些为大众所广泛接受和喜爱的内容可被视为具备趣味性。这一概念不仅包含视听层面的感官体验，还涉及内容叙事所激发的情感共鸣。数字媒体愈发注重对事件娱乐价值的深度开发。以抖音平台现象级作品《小小花园》为例，其千万级的互动数据充分印证了这一趋势。人类对游戏化内容的需求源于本能，而当前社会转型期的快节奏生活加剧了个体的心理压力，促使人们渴望通过消费娱乐信息来缓解压力。这种社会心理提升了受众对趣味内容的需求强度，进而反向影响主流媒体的内容生产策略。

但需要注意的是，网络是一种"线索隐退"的传播环境，由于中介化的环境导致非语言符号的稀缺，受众身份特质与肉体的表情、动作、声音等要素也因此被悬置了起来，这种信息的交往与面对面交流完全区别开来，因而"游戏化"的受众往往是具有隐蔽性的。与此同时，人们的"传播行为"与"实际意义"并非具有相关性。网络传播环境下，大部分的传播游戏行为难以被追责，这为网络传播乱象的出现提供了"土壤"。

技术的更新迭代让我们的网络实践由"只读"模式转变为"读写"模式。面对海量、复杂的信息，受众可以主动地、有选择地进行接触，并根据个人的喜好进行讨论、参与相关议题，这就意味着脱离了浅层的关注，成为切身的参与者，达到一种主观且积极的投入状态。当今主流媒体受众热衷于戏剧性、冲突性、猎奇性的内容，而非简单地了解新闻真相，主流媒体受众要在各个"信息点"中发掘更多的细节和精彩之处来获得情绪体验。但是当价值观产生冲突、情绪被挑拨、事实与预期不相符时，很容易产生不理智、过激的反应，形成"非理性的舆论共同体"[①]。例如,谣言往往会激起价值观对立及同情、焦虑、恐慌等情绪,受众迫切地去转发评论、进行暴戾化的情感宣泄,往往是为了获得心理上的满足,以此来体验"传播的快乐"。

网络具有"放大镜"功能,一个微乎其微的信息在网络节点链式传播下也会掀起"惊涛骇浪",刺激着主流媒体受众的神经。普通受众难以对谣言进行核实或证伪,作为接收者,受众在"求真相"的过程中会对信息进行"解码",根据各种渠道的"失序信息"进行主观臆断与定性甚至转发传播,因而会衍生出更多的所谓"真相"和"合理的想象",舆论逾越合理的边界并大规模流动,这就为谣言的盛行和传播助力,甚至推动舆论场走向极化与撕裂。这一系列社会失序现象都对主流媒体的受众策略构成了严峻的挑战。

## 第二节　受众的散落与分化对主流媒体的冲击

媒介技术的革新对主流媒体造成的新闻边界模糊化与液态化趋势,不仅体现在时空认知的转型及传播者与受众关系的重塑上,同时也为价值要素的理论探索开辟了新的维度,也就是说,既往的价值要素框架已难以适配并阐释当前的内容生产与传播实践,新闻生产与传播的流程正经历深刻变革。随着媒介形态从传统媒体向数字化平台的转型,传播价值评估体系从单一主体转向多元协商机制。相较于传统的传播效果指标,网络互动数据更直观地体现了受众对媒体内容的接受度,并形成即时的反馈。与此同时,传播内容价值的构成不仅取决于事件本身,还受到媒介形式与符号体系的影响,这些要素往往随技术革新与社会变迁而动态更迭。而这一系列变化归根结底作用于每一位受众——受众的需求与特性的变化对主流媒体构成了多维度的挑战与影响。

### 一、内容生产与传播方式的重构

新媒体技术打通了横亘在传者与受者之间的"隔断",实现了两者的角色

---

① 李明德.智媒时代的舆论素养及其养成[J].青年记者,2022(18):28-31.

融合。这种融合主要表现为两种模式:一是传播主体内化了受众视角,能够从"接受"的维度反过来评估传播效果;二是受众借助媒介主动参与新闻生产的全流程,包括信息采集、内容制作与分发传播,从而获得参与式生产的满足感。从这个层面来看,媒介的社会角色不再是过去的信息内容传递工具,而是意义与关系的建构者、要素的连接者。[①] 网络传播语境下,"传者中心"逐渐被消解,向"受者中心"转移,聚焦于人的本能需求,倡导"以人为本"、回归人性的认知架构与传播思维将会日趋明显,很可能成为未来传播的基本范式。

具体而言,数字平台为用户提供了多元化的参与机制,使其能够通过转发、评论、互动投票等行为介入信息传播过程。这种参与并非局限于信息消费层面,更延伸至内容生产领域,由于内容生产的专业门槛降低,"二次创作"成为一种新兴的媒介实践。这种去专业化的趋势催生了 UGC 与 PGC(专业生产内容)的融合生态。以抖音热门视频《小小花园》的传播为例,其引发的二次创作热潮涵盖了警察、消防员等多个职业群体,甚至吸引了中国航天科技集团等官方机构的参与。此外,刀郎作品《罗刹海市》通过开放文本解读空间,激发了用户的集体阐释行为,形成了一种大众文化全民参与的狂欢现象。从信息生产的参与演变为一种社会参与,可参与性实质上体现着互联网平权的特征,传播流从单向走向双向,是媒体受众体现传播主体性的表现。[②]

由于信息量的爆炸性增长,传统单一的视听接收模式已难以满足受众对信息处理与接纳的新要求。从信息内容来看,社会结构的快速转型催生了诸多矛盾性议题,这些议题因其显著的冲突性与争议性特征,天然具备吸引公众注意力的传播属性,从而引发广泛的社会关注与讨论。从技术演进维度而言,数字技术的迭代升级不仅重构了新闻生产与分发的逻辑框架,更通过多模态交互技术的应用,实现了从单一感官体验到多感官协同的跨越式发展,这种技术赋能使媒介的用户体验与满足度得到质的提升。就信息分配格局而言,传统媒体时代因地理空间阻隔、经济发展水平差异及文化资本积累不均等因素造成的"知识鸿沟"现象,在数字技术的普及与平台化传播的推动下,呈现出明显的弥合趋势。社会多元主体在互联网场域同时发声,自媒体、平台媒体抢占

---

① 喻国明,耿晓梦."深度媒介化":媒介业的生态格局、价值重心与核心资源[J].新闻与传播研究,2021,28(12):76-91,127-128.
② 赵云泽,曾雷霄."网感":网络时代下媒介内容价值要素分析[J].当代传播,2023(6):19-25,38.

了主流媒体的注意力资源,媒介内容生产主体的游移致使传受双方关系互动的嬗变,这一结果也极易导致内容表征与建构的随意性、暧昧性。以上种种均在解构着主流媒体原有的内容生产与传播方式。

## 二、传播影响力的缩减

凭借节点式技术架构,互联网天然具有去中心化特性,但也催生了信息传播的多元化与控制复杂化,信息传播生态也在这个过程中被重塑。[①] 网络节点化传播让信息量的无限激增及交叉重复变为可能,多样的媒介平台使得信息获取更具有"易得性",传统的公共传播模式有着严肃、枯燥、冗长等特征,这种方式不易引起受众尤其是年轻受众的关注和参与。在信息传播关系链条中,能否顺利到达受众端并引起共鸣是评判媒介传播内容是否有效的重要指标。

当前的主流媒体传播实践中存在着"大水漫灌"失灵且"精准滴灌"不当的双重难题。具体包括传播逻辑失效、传播渠道失灵、传播内容与视角偏移、传受双方不对称等困境。海量的网络信息具有复杂性、复制性、批量化的特征,但受众的认知却是有限的,主流媒体的特定预设立场、规范的套路语态时常使得处于不同社群与圈层、带有不同认知倾向的网络受众主观意志和情感难以得到满足。而聚合各类受众的移动社交工具和平台具有传统主流媒体所缺少的强大聚合新闻能力,这种能力源于全知视角的加持。全知视角又称零视角,此视角通过多维度、多向度、多元素、多层次及立体化的传播方式,能够跨越时空限制,灵活转换观察与叙述的角度,不仅极大地增强了新闻叙事的表现力,还扩展了新闻的参照框架,提升了其可信度,为读者提供了一个透视性的认知图景,实现了一种近乎无所不在、无所不及的超脱叙述状态。

随着"全民麦克风"时代的到来,个体可随时步入舆论场,成为信息的生产者与传播节点。在当下的传播生态中,网络个体通过微信公众号、微信朋友圈及微博等平台能够即时发表见解、传递资讯,新闻信息的流通打破了传统媒体在版面与播出时段上的物理限制,实现了空间的无界交流与信息的共享共存,形成了一个信息产出如"自助超市"般丰富的环境。在这片信息的"汪洋大海"

---

[①] 彭兰."连接"的演进:互联网进化的基本逻辑[J].国际新闻界,2013,35(12):6-19.

中,即便是传统主流媒体的头条新闻,于网络空间中也很可能是微不足道的存在,难以激起显著的波澜。

不过,受众的话语表达虽走向平等但却未实现平权,新型的网络意见领袖凭借其深厚的社会资本积累、丰富的传播资源、强大的表达能力等优势在互联网场域中占据主导地位,并聚拢大量用户,在公共议题讨论中形成具有影响力的主导性意见,构成了新兴的话语权威中心,具有庞大粉丝基础的KOL所发表的观点,其社会影响力往往能够超越传统新闻媒体的报道效果,这对主流媒体在传统信息传播格局中的话语影响力构成了显著挑战。对主流媒体话语权构成挑战的主体主要包含三大类:一是垂直类自媒体账号,如"丁香医生"等,这类自媒体通过深耕细分领域的内容生产策略,成功实现了用户积累与影响力构建;二是日益壮大的用户群体,这一群体通过集体汇聚催生了协同创作模式,推动了情感表达的深化与意义阐释的多样性;三是平台型媒介机构,作为技术支持与传播渠道的提供者,其基于流量经济的运营逻辑重塑了信息生态格局。这些主体的协同效应正在解构传统媒体在议程设置、专业权威及社会影响力等方面的垄断地位,可能导致既有媒体权力结构的根本性重构。

## 三、盈利模式的新挑战

在移动互联网的浪潮下,新闻的定义已从"对新近发生事实的报道"转变为"对正在发生事件的即时呈现"。传统纸媒通过编辑、排版、印刷、发行等烦琐流程传递信息的方式,已难以契合新媒体环境下的传播需求,即便传统纸媒能够提供高质量的独家内容,但由于主流媒体的受众群体被大幅分流,信息面临难以触及多元受众的困境,其二次售卖模式遭受严重冲击,进而难以转化为广告收益。传统主流媒体面临广告收益的持续性衰减,部分机构甚至出现收益的断崖式下滑,这种状况不仅造成了从业人员薪酬水平的降低与专业人才的流失,更迫使部分传统媒体机构不得不选择停刊或关闭。在此背景下,主流媒体的传统盈利模式被打破,面临巨大的生存压力,因而主流媒体不得不遵循市场逻辑,转向以内容为主导的盈利模式,即将销售对象从"广告商"转变为"用户",积极开拓以"付费墙"和版权交易为核心的内容付费业务。基于此背景,主流媒体也尝试以大众喜闻乐见的形式参与"流量"竞争,借助社群的力量实现广告主与消费者之间的连接,并将其转化为实际的消费群体。此外,传统主流媒体也开始依托互联网探索转型之路,实施融合传播策略,构建"报(台)—网—微—端"的传播矩阵。在广告收入急剧萎缩的市场环境下,传统主流媒体正经历着生存模式的根本性转型。单一的广告依赖模式已难以适应新的媒介生态,这使得媒体机构不得不从传统的内容导向转向用户需求、垂直领域及商业诉求的多维整合。尽管主流媒体尝试从广告模式向多元化经营转型,实现从"外部输血"到"内部造血"的转变,但在新兴平台与互联网资本的竞争压力下,其可持续商业模式的构建仍面临显著挑战。

主流媒体盈利的重要因素是受众,一切盈利模式的创新归根结底是为了满足受众的需求。由于技术的更迭与受众的流失,原有主流媒体盈利模式被打破,主流媒体不得不探索新的盈利模式。当前主流媒体盈利模式创新主要呈现为三大类别,其一是以资源为依托的盈利模式,侧重于利用传媒资源衍生出的盈利途径,如围绕内容IP延伸上下游及周边产业链、依靠媒体开展活动营销、打造媒体智库提供咨询服务等;其二是以用户为核心的盈利模式,聚焦于用户需求,以关系连接为导向,通过挖掘垂直领域目标用户、建立关系社群、提供精细化服务等手段,增强用户黏性,形成情感信任与价值互补的良性循环;其三是以技术为驱动的盈利模式,媒介技术的快速迭代对传媒产业内部结构及产品生产常规构成了核心挑战。不难看出,这三大盈利模式的关键仍然都是受众是否参与。

尽管主流媒体已有多个方向的盈利模式的探索,但主流媒体在商业化拓展进程中仍面临全域化技术与数据体系支撑不足的困境,而这种技术困境又反过来影响着主流媒体受众的回归。当前数据体系下,不同主流媒体单位或业务条线间存在数据孤岛现象,导致数据难以有效整合与共享,进而影响了媒体商业化决策的科学性与精确性。同时,由于用户数据掌握在平台运营方手中,传统主流媒体仅作为内容提供者,难以利用用户数据挖掘与分析来优化产品与服务质量,无法精准把握用户兴趣与特征,就导致广告投放效果难以有效评估,从而降低了商业变现的回报率。例如,以人民日报、新华社、央视新闻为代表的中央级媒体客户端已实现亿级用户覆盖,而澎湃新闻、浙江新闻等地方性新闻平台也成功构建了千万量级的用户基础,但大多数客户端的下载量难以突破百万大关。更为关键的是,这些客户端多为纯端口型,而非具备用户入口功能的平台型，缺乏与大数据平台的连接，因而不具备用户数据处理能力。[①] 由于缺少连接与数据处理能力，主流媒体受众仍然会转向更为开放的自媒体平台。

主流媒体新的盈利模式吸引了一批受众的回归，一方面可以为主流媒体带来更加多样的盈利方式，拓展商业潜力。另一方面也让主流媒体更容易在初尝收益甜头之后，过度专注于渠道的扩张，而忽视了核心业务的发展，从而落入"多元化陷阱"，丧失了原有的先发优势，导致整体盈利成效不佳。部分主流媒体在追求商业模式创新的过程中，过度聚焦于满足用户需求、重塑价值链及开拓盈利来源，而在商业主义和消费逻辑的驱使下，可能会忽视公共价值与社会责任，进而对新闻伦理构成挑战，导致主流媒体属性的淡化及媒体公信力的下降。例如，主流媒体的新媒体部门常常面临着经营与采编职能难以分离的窘境，这可能威胁到主流媒体的独立性和新闻信息的客观公正。而当主流媒体权威性被冲击时，受众再次流失也成为无法避免的事实。

## 第三节  受众回归策略

主流媒体作为文化和精神生产的有机组成部分，必须顺应受众市场这种快速变化的节奏和节律。面对不断涌来的海量信息，代表受众注意力的"流量"严重不敷，进一步加剧了行业内的竞争态势。面对这一形势，主流媒体需进行变革转型，从纷繁复杂的声音中脱颖而出，有效吸引并积累足够的受众流量，同时肩负起舆论引导的重任。为此，深入探究受众的心理需求，精准施策以激发受众的关注与主动响应，构建一种面向受众、适应受众并引领受众的受众观念，已成为主流媒体变革必须研习的"核心课程"。

### 一、以智能技术为基础，创新中吸引受众

自 2023 年起，ChatGPT 及其引领的通用人工智能技术浪潮，从根本上重

---

① 蔡雯.媒体融合进程中的"连接"与"开放"：兼论新型主流媒体建设的难点突破[J].国际新闻界，2020,42(10):6-17.

塑了数智媒体生态融合的底层逻辑。在 AGI 技术的赋能下，AIGC 正逐步构建起新型的内容生产基础设施，不仅显著提升了内容生产的效率与质量，还促进了主流媒体业务内部的深度整合与外部生态的跨界融合。以 2023 年 7 月上海人工智能实验室与中央广播电视总台合作研发的"央视听媒体大模型"（CMG Media GPT）为例，该模型拥有多模态理解与生成能力，可实现视频内容分析、智能问答及多样化文本创作，其应用场景涵盖文化传播、科技创新等多个领域，并提供先进的视觉内容编辑功能。值得注意的是，自 2023 年 2 月起，包括澎湃新闻在内的多家主流媒体机构相继接入百度文心一言系统，这标志着智能生成技术在传媒领域的规模化应用。在此背景下，主流媒体为提升其在数字化生态中的竞争优势，亟需深化对 AIGC 等前沿技术的探索与应用，以此优化用户服务策略，实现传播效能的全面提升。展望未来，AIGC 作为重要趋势，将在主流媒体的内容创作、创意激发及场景重构中发挥越来越重要的作用，引领主流媒体向更加数字化、智能化的方向变革。

　　主流媒体可根据新闻内容生产的各个环节的不同性质，可采取不同的受众策略来吸引受众。在新闻采集环节，可以通过依托传感器网络、大数据分析及云计算平台等技术基础设施，实现数据存储能力的指数级增长、传输效率的提升及信息维度的多元化拓展，从而构建起全链条的新闻线索采集体系，为受众提供更高效的信息服务。在内容生产环节，可以通过整合 MGC（机器写作）、数字虚拟人与 AIGC 等技术，重塑新闻生产流程，推动人机协同成为新型生产范式，进而提升主流媒体的受众吸引力。以新华智云开发的虚拟主播为例，其已在各级融媒体平台实现规模化应用，并获得良好的用户反馈。在信息分发环节，可以基于智能推荐算法实现跨场景、多终端的内容精准推送。例如，自今日头条开创算法分发模式以来，我国主流媒体相继开发了具有意识形态导向的推荐系统，如"党媒算法"和"总台算法"，在满足个性化需求的同时确保了主流价值的传播。在新闻呈现环节，可借助 AR、VR 和智能虚拟主播等技术，提升用户体验的沉浸感与交互性。例如，新华社"新小浩"虚拟主播（见图 7-1）实现了从静态播报到动态表达的升级；2023 年全国两会期间，《人民日报》推出的 AI 主播"任小融"（见图 7-2）通过 H5 交互技术，创造了与用户的沉浸式对话场景，进一步拉近了与受众之间的距离。

图 7-1　新华社"新小浩"　　　　图 7-2　人民日报"任小融"

步入智能传播的新纪元，一场基于大型模型、算法与智能代理等技术的超级数字融合进程已然启动。主流媒体在制定受众策略时应主动拥抱这一新兴趋势，聚焦于数据驱动机制、人工智能生成技术及人机协同等领域，探索并确立新的传播范式与传播路径，从内容生产和传播效率方面吸引受众，此外，要瞄准不同社群受众的个性化需求，通过互动性来增强黏性，让更多受众"流"向主流媒体，进而占据未来信息传播体系的主导地位。

## 二、以系统开放为准则，多维度汇聚受众

数字化转型引发的媒介生态重构，颠覆了传统媒体主导的传播格局，催生了新的秩序范式与运行逻辑。在此背景下，传统主流媒体为保持其在重构后的生态位中的竞争优势，必须将媒介融合作为其可持续发展的必然选择，即从"小融合"（把互联网业务当作传统业务的补充），到"中融合"（把互联网当作社会操作系统，将其业务作为未来的核心业务）一体化推进媒体深度融合转型，再到"大融合"（通过垄断性资源和跨界融合获取收入和利润，进而支持长期的互联网融合转型）的"互联网+跨界"，将主流媒体的自身定位从信息传播机构转变为嵌入社会建设和治理体系的基础设施。[①]

主流媒体传播力与引导力的优化升级，首要任务在于内容生产的革新。这就要求秉持开放式内容生产的核心理念，正视并重视 UGC 与 PGC 的融

---

① 郭全中.媒体深度融合的"大融合"思路及实施关键[J].现代传播：中国传媒大学学报，2022(9)：1-7.

合,同时拓展数据驱动内容及交互式内容等新兴形态,以促进内容向多功能性、即时传播性、平台兼容性、公众参与性及互动性等多维度属性发展。在此过程中,主流媒体不应局限于单一传播媒介的特质,而应综合考虑多种媒介与平台的普适性,强化内容的跨媒介传播能力。

具体而言,创新开放的主流媒体系统需从"内容"与"生产"两个维度切入,以生态思维和开放态度,逐步将原本相对封闭的新闻生产过程向各类媒体平台及公众开放,通过受众协同的资源配置策略,充分动员社会力量,丰富新闻报道的生产与传播路径,构建开放的新闻生产体系,打破专业与用户内容生产间的隐形壁垒。在实践上,可尝试在特定议题上采用"专业+用户"的复合生产模式,以开放理念引领内容生产的"双轮驱动"新范式。江阴市融媒体中心秉持"内容价值与用户体验并重"的发展理念,通过技术创新优化传播效能,建立了"一体化采集、多形态生产、跨平台分发、全渠道传播"的智能传播体系,提升了移动端传播效能。同时,该中心依托"5G+超高清+人工智能"等技术集群,开发了系列符合用户需求的融媒体产品矩阵,并将原有的分层、闭合式组织结构转变为扁平化、开放式的"中央厨房"模式,从体制层面保障了内容的集约化生产,实现了信息的多级开发与广泛传播,既强化了传播效果,又有效降低了生产成本,打破与受众的无形"幕布"。

此外,随着互联通信技术的快速发展,新闻生产除了"及时性"外,还被赋予了"即时性"的新要求。这要求媒体机构创新新闻采集与生产流程,根据传播渠道与用户特征,合理整合内容生产与渠道需求,减少不必要的生成种类,提升内容的多功能性,并精准定位受众群体,摒弃传统媒体优先、新媒体服务于传统媒体的发布模式,转向多方协商与对话的互动协作模式。例如,人民日报社新媒体中心在河南特大暴雨等公共危机事件中,通过建立实时信息采集平台,有效整合了受众求助与救援信息,在提升应急救援效率的同时,强化了主流媒体的社会信任度。这一实践展现出开放式新闻生产机制在丰富报道视角、贴近社会现实、促进公共文化建构及推动社会共识形成等方面的多重价值。

媒介系统的开放性与平台化建设具有内在关联性。主流媒体在重构用户关系时,需着力优化内容分发机制,突破数字平台的固有局限,通过构建开放传播体系、创新传播范式,如创设"信息偶遇"场景与个性化订阅服务,打造优质信息生态,以更有效地满足公众信息需求,提升公共传播效能。而平台化建设应以用户需求为导向,依托数据驱动实现内容生产能力的转型升级,并基于互联网技术整合多元社会资源。就主流媒体的内部架构而言，不仅需要整合资源构建"中央厨房"式生产平台，更应通过智能技术驱动实现从劳动密集型向技术密集型与资本密集型的产业转型，让技术和资本成为媒体最有力的支持和最强大的后盾。[1]

在数字化媒介生态系统中，平台化进程源于平台生态位的跃迁，使其在多元主体共生的环境中演变为信息、资源与用户的枢纽节点。换言之，在整个数智媒体生态中，媒体、用户等主体在生产、分发、接受及商业化、盈利等方面都高度依赖平台所提供的数字设施。[2] 由于其强大的连接能力，平台逐渐演变为生态网络中的新型权力中心，从而催生了平台化的生态演进趋势。这一趋势呈现双重特征：其一，传统非平台主体（如主流媒体）通过吸纳互联网思维实现平台化转型；其二，平台深度嵌入数智生态的运行逻辑，重构其运作机制，并重塑制度规范与文化范式。

主流媒体系统性变革，离不开社会公共治理和用户资源整合。从新闻媒体与公共治理的视角出发，深化"平台—用户"思维模式，实现平台与用户的有效连接，是激发公众参与社会公共事务的主体性和能动性，进而通过多元主体间的协商与合作，推动社会治理高效进行的关键路径。在这一过程中，不仅需要主流媒体自身的探索，还需全体用户的积极参与，以及政府相关部门的政策扶持与保障，共同推动主流媒体有效连接用户，创新参与社会治理。

创新推进社会治理是主流媒体服务社会的应有之义，高水平的社会服务则是媒体融入社会治理的重要基础。主流媒体平台可以通过开设"民生热线""政务服务"等板块，搭建多元主体对话平台，一方面为个体用户提供表达意见的渠道，另一方面便于相关部门精准把握基层社会需求。以浙江省瑞安市融媒体中心为例，其通过整合"瑞安新闻"移动客户端与网络问政系统，构建了"信息收集—任务转办—结果反馈"的闭环治理机制，进而提升了社会治理效能；长沙广电打造的"我的长沙"平台，创新性地将城市服务与融媒体功能相结合，形成了具有地方特色的媒体融合范式。该平台通过整合体育资源预约、数字金融推广、就业服务及消费优惠等智慧化服务模块，实现了从内容传播平台

---

[1] 喻国明,苏健威.生成式人工智能浪潮下的传播革命与媒介生态：从 ChatGPT 到全面智能化时代的未来[J].新疆师范大学学报：哲学社会科学版,2023(5):81-90.

[2] 常江,狄丰琳.数字新闻业的平台化：演进逻辑与价值反思[J].编辑之友,2022(10):22-30.

向综合服务平台的转型升级,不仅增强了主流媒体用户黏性,更实现了受众的多维度聚合。

"用户"作为一个复杂主体,在新闻生产过程中扮演生产、传播与接收等多重角色,其重要性不亚于职业新闻工作者。只有将"平台—用户"思维镌刻并践行于日常工作之中,主流媒体才能突破在社会公共传播与治理进程中的单薄化角色,将用户意见吸纳其中,实现自身概念维度的突围与丰富。

### 三、以时空贴近为方式,多场景连接受众

媒介技术的演进深刻地重塑了时空观念,导致了新闻报道延迟性的消解与空间束缚的解除,使受众置身于一个时空快速变迁的环境之中。特别是人工智能生成类媒介技术(如 ChatGPT 等)的兴起与广泛应用,显著加速了新闻生产的效率;而 5G 等通信技术的快速发展,则极大地拓宽了媒体的时空边界,削弱了媒体间的地域壁垒。在数字媒体时代,新闻几乎均呈现出即时性和跨时空的特性,从而使得时效性竞争与地域接近性竞争趋于淡化。

这种跨时空层面的变革要求主流媒体除了关注新闻的"生产"层面,还需从"消费"层面深入考量受众因素。当前,主流媒体正基于用户新闻消费行为的变迁,系统性重构其内容生产与传播机制,以实现新闻实践与受众日常生活的时空同步。从时间维度来看,数字技术的普及催生了具有延展性的新型时间观念,形成了事实发生、内容生产与信息消费三位一体的全时态新闻范式。鉴于用户的新闻消费行为已深度嵌入日常生活,呈现出碎片化与即时性特征,这直接推动了新闻生产节奏的适应性变革。以主流媒体微信公众号为例,其高频次的内容推送策略不仅确保了新闻时效性,更通过提升曝光率有效增加了用户触达概率。从空间维度分析,互联网平台生态系统作为关键基础设施,已深度融入社会生活的各个层面,成为用户获取新闻的主要渠道。因此,主流媒体在建设自主平台的同时,还需积极布局社交媒体与短视频等商业平台,通过多渠道触达实现用户积累,并引导其向自主平台迁移,从而构建多元化的传播矩阵,实现用户覆盖的最大化与黏性提升。

技术的演进拓展了人类感官的感知维度与体验边界,相较于传统媒体的单一形态,新媒体凭借其多元化的呈现方式与增强型功能,为用户提供了更为丰富的感知体验。技术革新为新闻呈现带来了交互性、高保真度及多感官融

合的创新可能,使用户能够以深度参与的方式"沉浸"于新闻场景中,从而获得对新闻事件的多维度认知与情感共鸣。在平面视觉范畴内,SVG(可缩放矢量图形)技术的交互特性使用户能够主动参与新闻内容的呈现过程。以封面新闻《成都爬墙熊猫出逃了》为代表的作品,通过趣味性互动设计提升了信息获取的层次感与视觉表现力,有效增强了内容的传播效能。在视听领域,全景声空间音频技术实现了新闻现场声场的精准还原。新华社《听见绿水青山》等作品运用该技术,创造了超越传统音视频的沉浸式听觉体验。在三维空间维度,VR技术通过场景重构,进一步拓展了用户的新闻消费界面。以新京报客户端推出的《转动中轴》为例,该作品运用360度全景虚拟现实技术,使用户能够通过屏幕交互操作,实现对中轴线历史景观的自主探索,从而获得深度沉浸式的感官体验。[1]

多场景连接受众策略应以精准满足目标受众需求为核心理念,依托移动传播技术的充分应用,在时间与空间维度上高效整合媒介资源与生产要素,实现业务活动的集成化与一体化重构,进而构建出全新的全媒体内容生产及渠道管理流程。此过程中,将受众认知深度融入流程重组的每一环节,是确保受众思维与受众中心理念得以切实贯彻的关键,也是构建受众战略协同运作机制的基础。

随着大数据、VR/AR等技术渗透至新闻生产领域,新闻内容的展现形态已从传统的文字、图片、视音频等单向传播模式,转变为H5、数据新闻、人机交互等多向互动形式,新闻因此变得更加"真实""生动"且富有"场景感",这一转变逐步契合并强化了受众对直观易懂、高度参与及强互动性的信息获取偏好。在此背景下,主流媒体若欲保持其在新闻传播场域的主导地位,必须从受众视角出发,强化数据内容与时空交互内容的生产及呈现。这要求主流媒体不仅在内容生产层面稳固受众基础,更需在信息呈现层面持续创新,以吸引并拓宽受众群体,同时增强黏性。以澎湃新闻的"美数课"为例,作为数据新闻可视化探索的典范,其在近年来的创新实践中,精准把握了受众的信息阅读习惯,充分利用大数据等智能技术深入挖掘、整理与分析海量信息,将复杂抽象的数据转化为直观易懂的图表、漫画乃至动画形式。通过提升新闻的可视性,

---

[1] 杨奇光,张宇.维系与再造:数字新闻价值视野下的主流媒体受众观[J].青年记者,2024(8):11-15.

以"新闻故事"的叙述手法,降低了新闻内容的专业门槛,全时全景生动传达信息。同时,交互式新闻形态的创新,如 H5 技术的应用,进一步提升了用户参与内容创作与传播的积极性。近些年,主流媒体在人机交互领域的技术应用日趋成熟,逐步完善了协同生产模式。具体实践包括:在重大事件报道中采用"真人—虚拟人"双主播互动直播,实现全天候智能回复;在重要节庆节点推出 AI 换脸等 H5 互动产品,通过场景化体验激发用户传播意愿。这些创新举措不仅优化了用户体验,更有效调动了用户参与内容再传播的主动性,推动了开放式内容生产范式的转型,实现了传播效能与引导效果的双重提升。

## 四、以情感共鸣为导向,交互中触动受众

情感维度始终是主流媒体新闻叙事的关键构成要素,其具体表现为:对社会议题的深度揭示与价值批判、对典型人物与事件的正面弘扬,以及对弱势群体的道义支持等具有明确情感取向的报道实践。这类报道能够引起受众的情感共振,强化情感共同体的内部凝聚力,聚焦于人类本质需求的表达与非理性诉求的释放,赋予原本平淡无奇的事件以独特的魅力,使遵循常规流程的行动变得饶有趣味。

受众的心理需求展现出一种稳定性特征,这一观点与奥地利经济学家、哲学家米塞斯的见解相呼应,即人类智力活动中存在一种恒定的元素,即人类心灵的逻辑结构,该结构构成了人类行为所有定理的出发点。受众的心理需求无疑是这一心灵逻辑结构的一部分,它作为持续驱动人们做出选择与行动的深层力量,具有跨越时代的普遍意义。然而,在当下网络传播环境快速变化的背景下,主流媒体若期望达到广泛社会反响的效果,则需采取更多元化的策略,以契合受众这一恒定不变的心灵逻辑。在文本建构上,主流媒体应当充分考虑移动端用户的阅读习惯,通过使用亲近性的人称代词构建对话语境,并运用个体叙事策略将复杂新闻事件转化为易于理解的表达形式。就叙事方法而言,主流媒体需要着力构建与受众的情感连接,利用真实的视听素材提升内容可信度,通过持续性情感导向报道深化用户的情感体验,同时借助评论互动等机制强化传受双方的沟通效能。在情感共鸣层面,媒体应深入把握当代社会的情感基调,选择诸如奋斗精神、家国情怀等契合社会现实与受众心理的切入

点,营造具有人文关怀的传播场景,从而有效激发受众情感共鸣,实现社会共识的凝聚。

近年来,日常生活中的琐碎事件及小人物逐渐成为新闻报道的焦点或社交媒体上的热门话题,新闻内容日益呈现出生活化、碎片化和草根化的趋势。例如,2023 年上半年在社交媒体和主流媒体上持续走热的淄博烧烤、大学生特种兵旅行等现象,均体现了这一趋势。这些网络议题的火爆,除了网络营销的推动作用外,更重要的是这些议题符合受众的心理接近性,契合了网络用户对于美食和旅行的主观关注,满足了他们对美好生活向往的心理需求。

除了议题的选择之外,作为主流价值体系的传播主体,主流媒体在短视频主导的传播生态中,亟需依托其专业的内容阐释能力,积极探索与网络亚文化对话的创新路径。通过多元叙事策略的运用,重构其在传播链条中的角色定位,并主动融入多样化的网络社群,塑造兼具亲和力与趣味性的拟人化媒体形象,以此建立与不同受众群体的情感连接。以 2024 年全国两会期间人民日报社新媒体中心推出的《献给春天的演讲·向前》(见图 7-3)为例,该作品通过邀请资深演员游本昌担任叙事主体,结合具有时代特征的场景设计、代际对话的内容架构及富有感染力的个人叙事,成功传递了积极向上的价值理念,实现了与青年受众群体的深度情感共振,用实践印证了把握情感元素是主流媒体聚合受众的重要路径。

图 7-3 《献给春天的演讲·向前》

## 五、以真实权威为根本，专业性引领受众

在数字化转型进程中，主流媒体受众关系的重构集中体现于水平化传播体系的构建。这一体系虽然为用户提供了多元表达渠道，推动了话语权的去中心化分布，但也加剧了网络信息空间的失序状态。具体而言，自媒体虽然具备新闻事件的初步呈现功能，但其内容往往呈现碎片化、表层化特征，甚至包含失实与极端化信息。这种现象不仅可能削弱主流媒体的权威地位，还引发了新闻反转、虚假信息传播、版权侵害及低俗化报道等系列问题，对社会秩序造成冲击，并对主流价值体系与国家意识形态安全构成潜在威胁。

鉴于此，主流媒体应发挥"指南针"的作用进行全要素贯穿，力求以"润物无声"的方式达成对用户的规范，并通过辅助网络文化阵地建设，完善网络乱象的管理体制机制，从顶层设计上为网络乱象的治理"赋能"；其次，主流媒体平台应紧扣信息走向，更新权威内容，阐明事实真相，避免恶性舆情事件的滋生，同时要化"智"为"治"，根据大政方针导向对网络信息传播进行能动性干预。例如，积极完善平台的算法分发机制，将价值理性与工具理性相融合，形成人机协同的把关模式，加强对虚假、不良信息的过滤，形成一道牢固的"智能防线"。

除了自媒体存在的失范问题之外，在诸多新闻报道中，部分主流媒体因参与传播不实信息，在网民质疑与政府相关部门介入调查后遭遇"反转"，这一现象严重侵蚀了主流媒体的权威性与公信力。这进一步证明，传统媒体时代主流媒体对新闻事件报道及意义阐释的独占地位与"单向传播"舆论格局已不复存在，取而代之的是"多元共话"的新舆论生态。在此格局下，主流媒体所传递的信息若基于事实，将获得公众的信任；反之，若信息不实乃至沦为谣言，将迅速被公众揭露。公众对主流媒体内容质量的要求愈发严苛且多元化，单个媒体已难以构筑起"一言九鼎"的舆论权威，而需习惯于在公众监督下运作，并随时准备接受舆论的质疑乃至深度审视。针对具体要求而言，在面对重大突发事件时，主流媒体应迅速介入现场，采集一手视听素材与采访资料，并运用专业能力开展信息分析、谣言甄别与事实核查，深度参与社会治理进程。以俄乌冲突、巴以冲突等国际重大事件为例，主流媒体记者通过现场报道，确保了新

闻源的准确性与时效性。同时，以澎湃明查、新华社"求证"为代表的事实核查平台，针对国际议题与社会热点提供权威性的事实验证与谣言澄清服务，有效维护了信息环境的真实性。

与此同时，主流媒体也承担着重塑中心性的重要职责与使命，而秉持真实性、权威性这两大特性才是吸引受众回归、重塑中心的根本。面对网络平台阅读碎片化的趋势，如何坚守新闻专业主义，确保内容的深度，以及在各类议题中，如何维持主流媒体的专业解读、深度挖掘与舆论引导能力，成为新时期主流媒体保持权威性需要关注的核心方向。主流媒体在实践中已形成若干成功范式，以"央视新闻"为例，其在 B 站平台通过协同圈层意见领袖进行内容共创，有效实现了跨媒体融合与身份建构。数据显示，"央视新闻"B 站播放量前十的视频中，合作类内容占据主导地位。其中，与网络红人手工耿联合制作的《我的发明不是废品》获得超 800 万次播放与 77 万次点赞（见图 7-4）；与外籍 UP 主郭杰瑞合作的作品则从外部视角见证了中国社会的转型发展。"央视新闻"以品牌 IP 为核心，聚焦青年关注议题，通过整合平台特有的弹幕互动机制，在保持内容专业性的同时，创新性地构建了具有活力的新型传播模式，有效促进青年群体的价值认同，彰显出融媒体时代主流媒体的社会责任，同时也吸引着更大范围的受众回归主流媒体。

图 7-4 《我的发明不是废品》

## 本章案例

**广西广播电视台《新民歌大会》:借文化与社群驱动主流媒体受众回归**

在数字化时代,主流媒体如何借助新媒体平台有效吸引并凝聚受众,已成为一个亟待解决的重要难题。广西广播电视台推出的《新民歌大会》为此提供了一个极具示范性的答案。一方面,该节目以"天下民歌眷恋的故乡"这一广西文化名片为切入点,融合当下文旅类综艺节目的创新形式,展现了其在文化传承、创新层面的前瞻性与深刻性;另一方面,该节目通过一系列创新性的平台策略与线上互动机制,成功构建了一个跨越时空界限、汇聚多元声音的社群生态,为新时代下主流媒体的社会责任与文化担当提供了生动注解。

《新民歌大会》节目团队坚持以人民为中心的导向,让节目充满着生活气、弥漫着烟火气、始终接地气。通过挖掘中华民族丰富的民歌资源,围绕"民歌+"音乐理念,从地域特色、民族风情、历史传承等多个维度,精选了一批具有代表性的民歌作品,并精心设计了一系列线上线下的互动活动。除此之外,《新民歌大会》赋予社交媒体"中间人"的属性,通过微博、微信、抖音等多元化渠道,搭建出一个由民歌爱好者、音乐人及文化学者共同参与、深度互动的社群空间。

图 7-5 《新民歌大会》海报

《新民歌大会》的"出圈",很大程度上得益于良好的社群生态与高效的互动机制。节目团队鼓励用户之间的互动、点赞、转发等行为,形成了良好的正向激励机制。在节目播出期间,节目组与明星艺人展开合作,通过其个人社交平台发起合唱合拍互动活动,成功调动粉丝群体的参与积极性。借助明星效应,《新民歌大会》得以实现跨圈层传播。以《赶圩归来阿哩哩》为例,演唱者VAVA发起的"云端赶圩"互动活动获得了广西各地文旅部门的积极响应,纷纷通过该活动推介地方特色产品。节目组策划的"一生必去的广西之旅"话题在 2023 年 5 月中旬一经推出便引发全网创作热潮,仅抖音平台单周播放量就突破 6000 万次,形成了广泛的社会影响力。这种基于用户生成内容的互动模式,在推进民歌文化的传播与创新的同时加深了社群成员之间的情感连接,形成了一个充满正能量、持续生长的社群生态。同时,节目团队利用大数据与人工智能技术,对受众兴趣进行精准定位,有针对性地推送个性化内容,进而提升了受众黏性。

《新民歌大会》在中华优秀传统文化传承与创新方面亦作出了巨大贡献。该节目通过社交媒体平台成功吸引了大量青年受众的关注与参与,促进了不同年龄阶段、不同文化背景之间的文化交流与互通,展现了主流媒体在推动社会文化多元化发展方面的积极作用。《新民歌大会》给主流媒体如何运用新媒体技术进行受众吸引与社群构建这一问题交上了一份"满意答卷",也开辟了文化传承与创新的"新道路",实现了文化传播与社会责任的双重目标。

(王子燊)

# 第八章
# 激浊扬清：正面宣传与舆论监督相统一

习近平总书记在党的新闻舆论工作座谈会上强调："舆论监督和正面宣传是统一的，而不是对立的。新闻媒体要直面我们工作中存在的问题，直面社会丑恶现象和阴暗面，激浊扬清，针砭时弊。对人民群众关心的问题、意见大反映多的问题，要积极关注报道，及时解疑释惑，引导心理预期，推动改进工作。"[1]党的二十届三中全会指出，要"推进新闻宣传和网络舆论一体化管理"。在省部级主要领导干部学习贯彻党的二十届三中全会精神专题研讨班开班式上，习近平总书记再次强调"要切实做好改革舆论引导工作，加强正面宣传，唱响主旋律、传递正能量"[2]。一系列重要讲话重要指示，是我们在新形势下做好党的舆论监督工作的重要遵循和行动指南，对主流媒体系统性变革有着鲜明的现实针对性和深远的指导意义。

正面宣传是单纯肯定一种道理，表扬、肯定先进典型、成就和工作经验的宣传。[3] 舆论监督是新闻媒体公开揭露、批评政党、政府、社会团体、公职人员及社会一切违反法律和社会公德的言行。[4] 二者虽表现形式不同，但目标一致：凝聚社会思想共识，增强国家认同感，引领公众的思想和行为。对于主流媒体而言，正面宣传与舆论监督共同构成了其引导舆论、服务社会、推动问题解决的重要功能。只有将监督意识融入正面宣传，同时在舆论监督中坚守建设性立场，主流媒体才能真正实现传播力、影响力、引导力和公信力的全面提升。

当前我国主流媒体在正面宣传和舆论监督工作中仍面临诸多挑战与困

---

[1] 中共中央文献研究室.习近平总书记重要讲话文章选编[M].北京:中央文献出版社,党建读物出版社,2016:426.
[2] 习近平.进一步全面深化改革中的几个重大理论和实践问题[J].求是,2025(2):11.
[3] 刘建明,王泰玄,等.宣传舆论学大辞典[M].北京:经济日报出版社,1993.
[4] 李良荣.新闻学概论[M].上海:复旦大学出版社,2021:187-188.

境。一方面,部分主流媒体的正面宣传存在与公众缺乏共情与互动、形式陈旧、创新不足、政治敏感不够等问题,导致传播效果大打折扣;另一方面,主流媒体的舆论监督则面临与自媒体竞争力不足、多方压力下"选择性失语"、"建设性监督"缺失等问题,削弱了其应有的社会功能。通过进一步改进正面宣传方式、加强舆论监督力度,主流媒体能够更好实现新闻宣传和网络舆论一体化管理,惩恶扬善、激浊扬清,为社会的和谐稳定和国家的长治久安贡献力量。本章将从正面宣传的现状与挑战、舆论监督的新态势与困境出发,深入剖析当前主流媒体在实践中的问题与不足,并在此基础上,探索构建正面宣传与舆论监督相统一的传播生态的未来路径。

## 第一节　正面宣传:筑牢主流舆论阵地

团结稳定鼓劲、正面宣传为主,是党的新闻舆论工作必须遵循的基本方针。正面报道是中国共产党长期坚持马克思主义新闻观的话语实践,以正面宣传为主的思想生成推动了党的执政效率与中国社会持续变革。[①] 良好的舆论环境,满满的正能量,有利于党和国家事业发展,有利于人民群众安居乐业,这是我们党的主张、人民群众的愿望。

在推进中国式现代化的征程中,我们面临的风险挑战更加错综复杂,主流媒体在唱响主旋律、弘扬正能量、振奋精气神方面肩负着更为艰巨的任务。对内,正面宣传不仅是传递社会正能量、引导正确价值观、营造积极向上社会氛围的重要力量,也是统一思想、凝聚共识、维护社会稳定的关键手段;对外,正面宣传有助于塑造正向积极的国家形象,增进国际社会对中国的正面了解与认同,从而提升国家软实力。因此,主流媒体应勇于担当,积极适应新的传播格局,通过系统性变革与创新,不断提升正面宣传的影响力,为推动社会的和谐、文明与进步贡献力量。

### 一、正面宣传现状:成绩与挑战并存

多年来,各级主流媒体坚持"正面宣传为主"的方针,通过积极传播正面典

---

[①] 梁骏.正面报道:历史溯源、实践逻辑与时代命题[J].青年记者,2024(5):47-53,90.

型、弘扬主旋律,在引导公众舆论、塑造社会价值观、营造积极向上的社会氛围方面发挥了不可替代的作用。随着媒介融合的纵深推进和受众需求的变化,不少主流媒体在正面宣传方面进行了一系列富有成效的创新探索,逐步打破了传统正面宣传模式化的局限,展现出更强的传播力与感染力。

在内容层面,一些主流媒体摒弃了以往过于宏大的叙事方式,转而从微观视角切入,聚焦百姓身边的普通人、平凡事,以小见大,以情动人,这种贴近生活、贴近群众的创作思路,不仅拉近了与受众的距离,也增强了内容的真实性和亲和力,赢得了广泛共鸣。例如,"人民日报"微信公众号经常推送"凡人大爱""见义勇为"等接地气的文章,通过讲述普通人的感人故事,不但传递了社会正能量,还进一步扩大了受众基础、增强了用户黏性。在表达方式上,以《人民日报》为代表的主流媒体积极探索故事化叙事和情感化表达,将抽象的价值理念融入生动的故事中,通过细腻的情感刻画和人性化的视角,让受众在潜移默化中接受并认同正面宣传所传递的核心价值观,这种"润物细无声"的传播方式,有效提升了正面宣传的吸引力和感染力。在传播渠道上,新媒体平台的蓬勃发展为正面宣传开辟了广阔天地。微信公众号、微博、短视频平台等新兴渠道,凭借其传播迅速、形式多样、互动性强等特点,成为正面宣传的前沿阵地。主流媒体通过短视频、直播、H5等创新形式,将正面宣传内容以更生动、更直观的方式呈现给受众,进一步扩大了传播覆盖面,增强了传播效果。这些创新探索不仅丰富了正面宣传的形式与内涵,也为主流媒体在新时代背景下更好地履行社会责任、凝聚社会共识提供了新的路径。

正面宣传在新时代背景下也面临诸多困境与挑战。一方面,媒介环境的深刻变革催生了"去中心化"的传播格局,受众不再是被动的信息接受者,而是通过评论、分享、二次创作等方式深度参与信息传播的积极参与者。角色的转变使得受众对媒体的正面宣传提出了更高要求,传统的宏观叙事、过分拔高式报道及说教式的宣传方式,因缺乏贴近性和共情力,容易引发受众的逆反心理,导致传播效果弱化。另一方面,面对媒介环境和受众需求的快速变化,部分主流媒体未能及时调整策略,在正面宣传中仍存在情感共鸣不足、形式僵化、内容夸大等问题,不仅削弱了传播效果,也影响了公众对主流媒体的信任度。因此,面向系统性变革提出的更高要求,主流媒体亟须在正面宣传策略方面寻求突破与创新,例如坚守信息的真实性、准确性和可靠性,以公信力为基础赢得公众的信任;不断创新宣传形式与内容,摒弃空洞的口号式表达,转而采用更接地气、更具人情味的叙事方式，增强内容的吸引力和感染力；以平等、开放的姿态与公众互动，倾听受众的声音，回应社会关切，让正面宣传直达受众、直抵人心。

## 二、正面宣传的问题与挑战

正面宣传作为主流媒体传播主流价值观、凝聚社会共识的重要方式，长期以来在凝聚社会共识、传递正能量及维护社会稳定方面发挥了积极作用。然而，随着媒介环境和受众需求的变化，传统的模式化报道方式逐渐暴露出一些问题，如"脱离群众与共情缺失""形式固化与创新不足"，以及政治敏感不足导致的"'低级红'与'高级黑'双重陷阱"等。在新的传播格局下，正面宣传亟须在形式、内容和表达方式上进行创新，以更贴近群众、更具共情力的方式传递正能量，从而更好地适应时代需求，提升传播效果，重塑主流媒体的公信力与影响力。

### （一）失真的正能量：正面宣传为何离群众越来越远？

当前，部分主流媒体的正面宣传内容与人民群众的实际生活存在显著脱节，未能准确反映群众的真实境况与迫切需求，缺乏应有的共情力量。这种"距离感"不仅削弱了正面宣传的感染力，还可能适得其反，引发公众抵触情绪。

以2023年3月4日"央视网"在哔哩哔哩网站上发布的视频为例，标题为"靠力气赚钱心里才踏实，是无数平凡人的生活信仰"。视频中，一位50多岁的中年男子赤膊在街头拉车，画面中恰好有一辆豪车飞驰而过。尽管视频试图传递勤劳致富和积极向上的生活态度，但强烈的视觉对比却引发了网友的广泛质疑："靠力气赚钱一辈子能买得起同框这辆豪车吗？"由于画面选择和情节设计不当，宣传效果与初衷背道而驰，最终央视网不得不删除该视频。类似问题还出现在2023年3月9日"河南日报"客户端发布的视频中，视频标题为"河南春天有多治愈，大地上满是绿色写下的诗句"，画面展现了绿油油的麦浪和自动化灌溉场景。然而，视频发布期间，河南正遭受大面积干旱灾害，许多农民正为抗旱焦头烂额，甚至要依靠人工灌溉。这种与现实严重脱节的宣传立即引发网友强烈不满，指责河南日报的"治愈"对于当地农民来说"简直就是矫情、无知甚至是无耻"。评论区还涌现出诸如"和我们是同一个河南吗？为什

189

么我们那里成片的麦田干枯发黄""我只知道浇地晒到皮肤烫伤,一斤小麦买不了一瓶矿泉水"等质疑声音,直指宣传内容的不接地气、未能反映真实情况。

为何正面宣传屡屡引发公众抵触和质疑？这值得深思。尽管主流媒体的报道初衷积极正面,旨在激发公众对美好生活的情感共鸣,但在实际操作中却往往忽视了群众的真实生活状态和情感需求,暴露出宣传内容与群众现实生活之间的巨大鸿沟,这种"距离感"的产生,既源于对基层实际情况了解不够深入,也反映出宣传思维和方式方法的滞后。

### （二）老套的叙事：传统宣传模式下的"审美疲劳"

移动互联网时代,网络媒体、自媒体和短视频平台以其多样化的形式和贴近用户的内容迅速崛起。然而,部分主流媒体仍固守传统的宣传报道模式,陷入"八股文式"报道的窠臼,内容同质化严重,形式缺乏创新,导致读者产生"审美疲劳",甚至引发负面情绪。

例如,每年春运期间的报道主题无非是"农民工返乡温情故事"或"铁路职工坚守岗位",被网友调侃为"前几年的报道改一下日期,放到今年仍然适用";重要会议后的报道往往是"领导指示""领导强调""各级机关认真学习贯彻""群众反响强烈"等固定套路,将原本具有新闻价值的信息淹没在程式化的表述中；各级政府新闻发布会结束后,报道内容通常是政策颁布、数字成绩罗列、总结过去展望未来等,缺乏对政策实际影响和群众真实反馈的深入挖掘；重大节假日后,报道主题往往是"某地旅游收入猛增""同比增长多少"等,内容单一,缺乏对旅游体验、文化内涵等更深层次的探讨。这种重复性内容难以引起读者的兴趣,让人感到乏味、厌烦甚至反感。

此外,主流媒体的宣传形式长期以来未能适应新媒体时代的需求,仍然以文字报道、电视新闻等传统形式为主,缺乏互动性和吸引力。例如,长篇大论的文字内容难以适应现代读者碎片化的阅读习惯,尤其是年轻群体更倾向于短视频、图文结合等轻量化形式；传统的电视新闻报道往往以主持人播报为主,画面单调,缺乏视觉冲击力和情感共鸣,难以吸引观众持续关注；与自媒体相比,主流媒体在用户互动、评论区运营等方面表现相对不足,难以形成与读者的有效沟通和情感连接。

由于内容同质化和形式固化,主流媒体的正面宣传容易引发读者的"审美疲劳",甚至产生负面"潜引导"。当报道内容与读者的实际生活体验差距较大时,容易引发质疑和不满。例如,春运报道中过度强调"温情故事"而忽视实际困难,可能让读者感到"粉饰现实"。这种负面情绪的积累进一步削弱了主流媒体的公信力。

造成主流媒体正面宣传形式老旧、难以改革创新的原因主要包括体制机制限制、创新意识不足和用户研究缺失。部分主流媒体受制于传统的管理体制和考核机制,难以灵活应对新媒体时代的传播需求;一些媒体从业者习惯于传统模式,缺乏主动探索新形式、新技术的动力;对读者需求和偏好的研究不足,导致宣传内容与受众需求脱节。

为此,主流媒体需要从内容、形式、体制机制等多方面入手,主动适应新媒体时代的传播规律,探索多样化的报道形式和互动方式,增强内容的贴近性和吸引力。同时,应加强对用户需求的研究,用更接地气、更具温度的方式进行正面宣传,让正能量直抵人心。

### (三)变味的赞美:"低级红"与"高级黑"的双重陷阱

"低级红""高级黑"是指借助价值上的高低关系来指涉那些有意或无意把党的信念与政治主张进行简单解读、庸俗解读或居心叵测地伪装解读或极端解读现象[1],主要表现为对于国家政策、相关社会现象无脑吹捧、过度拔高、明褒实贬、含沙射影等。在重大事件、敏感节点时经常冒头,混淆视听、误导公众,严重影响党的形象、损害党的事业。对于主流媒体而言,相比于其他正面宣传中的问题,"低级红"与"高级黑"更具隐蔽性,往往难以察觉。因此近年来,不少主流媒体在这方面"栽了跟头",轻则闹出笑话、贻笑大方,重则动摇主流媒体的社会公信力,甚至引发社会矛盾。

"低级红"指用低层次的、夸张的甚至极端的形式表达"政治正确",把党的信念和政治主张简单化、庸俗化,通过夸大事实、无原则的吹捧来引发人们的反感情绪[2]。如 2021 年 11 月 23 日"中国报道网"发表文章《落实三孩政策 党

---

[1] 李巨星,秦菱,董嘉怡.隐喻式网络流行语的生成逻辑、表达类型与治理路径[J].西安交通大学学报:社会科学版,2025,45(1):116-122.

[2] 洛阳市驻京办.党纪学习:如何辨别"低级红""高级黑"[EB/OL].(2024-5-25)[2025-04-20]. https://mp. weixin. qq. com/s?__biz = MzI3ODk3MDMzMQ = = &mid = 2247494007&idx = 8&sn = b2e22653701fc9a34642c546c3a0e154&chksm = eb4c43c3dc3bcad56bf7327fa5032419c7fd285b3a4d1bee8cfaaa27314e0b9387af2a46261d&scene=27.

员干部应见行动》其中提到"每一名党员干部不能因为这样那样的主观、客观原因不结婚、不生育,也不能因为这样或那样的原因只生育一个或两个孩子"。对于国家"三孩"政策的过度解读和"无脑吹捧",看似是在进行正面宣传,强调党员干部的责任感和使命感,但实际上将党的信念主张简单化、庸俗化,忽视了婚姻和生育作为高度个人化且复杂社会行为的本质,以及党员干部作为个体所享有的权利和自由,引发了公众反感。类似的"低级红"宣传方式引发的负面影响,提醒主流媒体在对国家政策进行正面宣传时,应注重把握"度"及方式方法的恰当性,以避免引发负面影响。

"高级黑"是一种具有伪装性、欺骗性和迷惑性的负面表达方式,往往披着"正面宣传"的外衣,通过明褒实贬、暗示、讽刺等手法,对某人或某事进行间接批评或攻击。与"低级红"的直白不同,"高级黑"更加含蓄,看似合理甚至幽默,实则隐藏着批评或嘲讽的真实意图,需要一定的解读能力才能察觉。由于其隐蔽性,主流媒体在报道社会热点问题时,可能因考虑不周或政治敏感不足,无意中陷入"高级黑"的误区。例如,2022年6月21日,"河南日报"发表文章《三代烟草人的传承与守望》,本意是赞扬祖孙三代接力从事烟草工作的传承奉献精神,却因触发公众对烟草系统"裙带关系"和"权力腐败"的质疑而适得其反。再如,2020年2月12日,武汉晚报发布人物特稿《流产10天后,武汉"90后"女护士重回一线:总有人要拿起刀枪上战场》,意欲展现女护士的奉献精神,但因过度强调个人牺牲而忽视人文关怀,引发了公众的反感。这种宣传方式不仅显得不接地气,还可能被理解为"忽视个人权益,提倡无条件奉献"的宣传导向,甚至还有可能被有心人利用,成为国外诟病我国"人权"问题的"把柄"。

对于政治敏感度高、专业素养强的主流媒体来说,"低级红""高级黑"这类问题本不应出现在其宣传导向中,却屡屡见诸报道,其背后原因值得深思。从表面看,这可能是主流媒体采编、审核人员的无心之失;但从深层次看,这反映出一些主流媒体在政治敏锐性和意识形态把关上的不足。若不加以重视,不仅会削弱宣传效果,还可能对党的形象和公信力造成损害。因此,主流媒体必须进一步提高政治站位、增强政治敏感、准确把握宣传尺度,确保宣传工作的严肃性和准确性,避免陷入"低级红""高级黑"误区,真正实现正面报道传播效果与社会价值的统一。

## 第二节 舆论监督:净化社会舆论生态

主流媒体的舆论监督在我国社会监督体系中占据着至关重要的地位,是行政司法监督手段的重要补充。它不仅能够震慑违法乱纪行为、督促相关部门解决问题,更是维护社会公平正义、促进社会风气好转的关键力量。通过主流媒体的深入报道,舆论监督在两方面发挥着重要作用:其一,通过"抓早抓小",将社会问题的苗头扼杀在萌芽状态,防止其演变为更严重的社会不稳定因素;其二,将隐藏在阴暗角落的违法行为公之于众,激发公众关注与参与,对违法乱纪者形成强大的心理压力,迫使其收敛行为或改过自新,同时推动相关部门迅速介入、公正处理,确保问题得到有效解决。这种监督机制不仅强化了社会的自我净化能力,也为构建更加公正、透明的社会环境提供了有力支持。

"舆论监督"也是我党对新闻工作的一贯要求,从党的十三大到二十大,每年全国党代会报告都提到"舆论监督"。[①] 主流媒体舆论监督是加强党和人民联系、提升党的威信的重要途径,也是衡量新闻事业党性、体现对党和人民负责的标准之一。作为党的事业的一部分,主流媒体肩负着传达党的声音、反映人民意愿的重要职责,通过有效的舆论监督,主流媒体能够及时传递党的政策主张,回应人民群众的关切和期待,从而架起党和人民之间沟通的桥梁。1948年11月23日,新华社中原总分社曾在《办好党的报纸和通讯社》一文中发出警告:"如果记者成为私人御用'记功员',报喜不报忧,报好不报坏,文过饰非,自欺欺人,正是'客里空'的一种具体形态,而且是异常危险的事。""正确的自我批评绝不会损害党的威信,而且只会增加群众对我们的信任和谅解。"[②] 相关论述鞭辟入里、切中肯綮,在主流媒体面临系统性变革任务的今天依然具有重要的现实意义。

随着信息技术的迅猛发展,舆论监督的格局正在发生深刻变化。互联网的崛起使得舆论监督越来越多地通过网络平台得以实现,主流媒体的角色功能被弱化。与此同时,在现实工作中,由于责任风险、利益博弈等多重因素,主

---

① 陈力丹."舆论监督和正面宣传是统一的"[J].青年记者 2024(6):1.
② 丁亚鹏.党报舆论监督:勇担使命,坚定立场,重塑影响力[J].新闻前哨,2024(19):4-6.

流媒体的舆论监督呈现出"畏手畏脚""瞻前顾后"而日渐式微的趋势，这不仅与中央希望构建的激浊扬清、针砭时弊的主流舆论新格局有所偏离，也可能让公众产生主流媒体"只报喜不报忧"的直观感受，从而对其报道的客观性、平衡性产生怀疑。为此，主流媒体需紧跟时代步伐，创新监督方式，增强监督实效，回应公众期待，推动形成健康平衡的舆论生态。

## 一、舆论监督现状：职能部分发挥与功能萎缩并存

一直以来，主流媒体的舆论监督在推动社会问题解决方面发挥着重要作用。例如，2008年"三鹿奶粉事件"中，主流媒体的深入报道揭露了食品安全问题，促使政府加强监管并完善相关法律法规；2003年"孙志刚事件"中，媒体的广泛报道引发公众对收容遣送制度的质疑，最终推动国务院废除旧办法并出台更人性化的救助管理办法；2016年"雷洋案"中，新华社、中央广播电视总台等媒体的监督促使相关部门展开调查并推动执法规范化；2018年"疫苗事件"中，新华社、人民日报、中国纪检监察报等媒体的报道引发公众对疫苗安全的关注，促使政府加强监管并修订相关法律；2022年"丰县生育八孩女子"事件，中央广播电视总台派出记者克服重重阻力，探究实情、追问原因，促使江苏全省开展专项行动，全面深入排查整治侵害妇女儿童、精神障碍患者、残疾人等群体权益问题，依法严厉打击拐卖妇女儿童和收买被拐卖的妇女儿童等违法犯罪行为；2024年，新京报关于"油罐车混装食用油"问题的报道也引发了广泛关注，揭露了食用油运输过程中的卫生安全隐患，促使相关部门加强监管并推动行业规范的完善。央视的"3·15晚会"自1991年创办以来，已成为中国最具影响力的舆论监督节目之一，通过揭露问题、普及知识、倒逼监管、引导企业自律，为构建更加公平、透明、健康的消费环境和社会秩序作出了重要贡献。近年来，央视还积极探索适合社交媒体平台的"3·15"监督报道形式（见图8-1），在"抖音"等社交平台上获得了高度关注，更加有力地促进了一系列消费问题的解决。这些案例表明，主流媒体的舆论监督不仅能够揭露问题，还能推动政府和社会采取行动，促进问题的解决和社会进步，在维护公共利益和推动社会公平正义方面发挥了不可替代的作用。

值得警惕的是，近年来主流媒体的舆论监督出现了日渐式微的趋势。以省级党报为例，有专家曾对全国省级党报舆论监督情况作过统计，2012年年

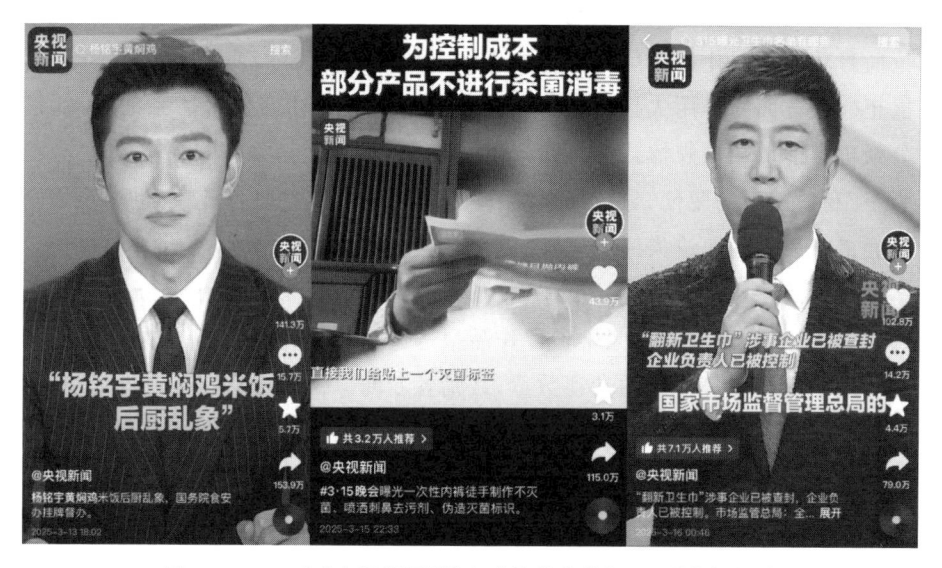

第八章　激浊扬清：正面宣传与舆论监督相统一

图8-1　2025年"央视新闻"抖音账号发布的"3·15"监督报道

底,全国有13家省级党报开设了舆论监督相关版面和栏目,如北京日报"政府与市民"、解放日报"百姓心声"、新华日报"新华调查""读者来电"等,这些版面和栏目刊发了大量鲜活、生动、具有广泛社会影响的舆论监督报道,成为党报最具可读性、最具传播力、最具影响力的版面和栏目,有力增强了党报在人民群众中的威信和影响力。而今,仍然坚持开设舆论监督版面的省级党报只剩5家,有的改了"门头"换了名称,有的压缩了出版期数,延长了出版周期。一向重视群众工作的新华日报,曾一度恢复"读者热线"栏目,但终因时势变化,打电话报料、投诉的越来越少而停办。因素材短缺而力不从心,党报开展舆论监督日益艰难。[①] 此外,从近年来中国新闻奖报送的舆论监督类作品的数量也能看出端倪:2022—2024年参评中国新闻奖舆论监督报道奖项的作品逐年减少,平均每年减少了10%,直接反映出各级主流新闻媒体舆论监督阵地萎缩的问题。

主流媒体在舆论监督方面的功能弱化贻害无穷。首先,舆论监督的缺位可能导致社会问题被掩盖或忽视,削弱了对权力运行和公共事务的有效制衡,增加了腐败和滥权的风险。其次,公众对主流媒体的信任度下降,可能导致社

---

[①] 丁亚鹏.党报舆论监督：勇担使命,坚定立场,重塑影响力[J].新闻前哨,2024(19)：4-6.

会共识的瓦解和价值观的多元化冲突,进而影响社会的稳定与和谐。此外,舆论监督功能的弱化还会削弱媒体的公信力和社会责任感,使其在引导舆论、传播正能量方面的作用大打折扣。这种弱化可能导致社会监督体系的失衡,使公众更多地依赖自媒体或非正式渠道获取信息,加上自媒体、网络媒体"流量为王"利益因素的驱使,导致众声喧哗、真假难辨的舆论监督乱象,进一步加剧社会信息失真和舆论失序的风险。

可喜的是,2025年3月13日,中国记协发布新修订的《中国新闻奖评选办法》及《第35届中国新闻奖参评作品报送通知》,明确说明第35届中国新闻奖将增加舆论监督作品的参评数量,鼓励各新闻单位报送富有建设性、反映社会现实、针砭时弊、推动社会进步、产生良好影响的舆论监督作品,为主流媒体开展舆论监督吃下了"定心丸"。

## 二、舆论监督的困境与反思

当下的主流媒体的舆论监督何以式微?是内部、外部因素交叉作用的结果。从外部环境看,社交媒体的迅猛发展重构了舆论场域格局,主流媒体面临话语权转移与边缘化危机;监督对象对舆论监督的过度敏感与抵触情绪,进一步加剧了监督阻力。从内部机制看,经营压力、利益博弈、作风不实等问题相互交织,导致舆论监督在"批评性"与"建设性"之间的平衡难以把握,监督栏目与版面呈现萎缩态势,监督力度与效果大打折扣。

### (一)话语权转移:社交媒体崛起与主流媒体的"边缘化危机"

社交媒体的迅猛发展重构了信息传播格局,催生了"去中心化"的传播生态,导致主流媒体在舆论监督中的主导地位面临前所未有的挑战。

传播权力的重构削弱了主流媒体的"守门人"地位。社交媒体平台极大地降低了信息传播门槛,使普通公众能够便捷地参与信息生产与传播。第54次《中国互联网络发展状况统计报告》显示,截至2024年6月,我国社交媒体用户规模已经接近11亿人,日均使用时长超过2.5小时。"人人皆媒体"的传播模式打破了传统媒体对信息传播的垄断,主流媒体的议程设置能力和舆论引导功能受到明显削弱。

传播特性的差异凸显了主流媒体的时效性短板。社交媒体的即时性和强互动性使其成为公众表达意见、参与公共事务的首选平台。微博、抖音等平台的"热点榜"功能能够在几分钟内将突发事件推上热搜,形成强大的舆论场。相比之下,主流媒体严格的审核流程和规范化的生产机制导致其往往滞后于社交媒体热点,在舆论监督中陷入被动跟随的困境。例如,在2022年"唐山打人事件"中,社交媒体用户率先发布现场视频,引发全网关注,而主流媒体则滞后近12小时才跟进报道;2023年的"鼠头鸭脖事件",社交媒体在事发当天就形成热议,而主流媒体的深度调查报道则在一周后才陆续发布。

算法推荐机制加剧了主流媒体的边缘化趋势。社交媒体基于用户兴趣的个性化推荐,不仅助长了"信息茧房"效应,还削弱了主流媒体作为公共信息平台的作用。清华大学2023年的一项研究表明,超过60%的年轻网民主要通过算法推荐获取信息,对主流媒体的主动关注度持续下降。这种趋势导致公众对主流媒体的依赖度降低,甚至对其报道产生信任危机,严重影响了主流媒体舆论监督的公信力和号召力。

此外,自媒体和意见领袖的崛起进一步稀释了主流媒体的话语权。这些新兴传播主体凭借灵活的内容生产和敏锐的热点捕捉能力,在特定事件中往往比主流媒体更具传播力和影响力。例如,在2023年"医疗反腐"事件中,多个医疗领域自媒体账号的深度解读文章阅读量突破千万,远超主流媒体的相关报道,使主流媒体面临更严峻的"地位危机"。

面对社交媒体的多重挑战,主流媒体亟须重新审视自身角色定位,通过深度融合与创新发展,重塑其在舆论监督中的权威性和影响力。具体而言,需要加快媒体融合步伐,创新话语表达方式,强化深度调查能力,同时积极探索新型商业模式,以应对边缘化危机,重建公众信任。

(二)认知偏差:受访者抵触与监督过程的"信任鸿沟"

主流媒体的舆论监督面临的第二重阻力来源于被监督者和地方政府的错误认知,具体表现为受访者的过度抵触及地方政府的"地方保护主义"倾向。2016年2月19日,习近平总书记在党的新闻舆论工作座谈会上曾指出:"有些地方和部门遇到敏感复杂事件,习惯于采取'捂盖子'的做法,有的还通过宣传部门'灭火'。这种观念和做法在信息社会无异于掩耳盗铃。对舆论监督要有承受力,不能怕自己的'形象''利益'受到损害而限制媒体采访报道。"①一针见血地指出了一些地方政府和相关部门对于舆论监督的错误认知和做法。

首先,部分受访者,尤其是涉及负面报道的当事人、机构,由于媒介素养的不足,往往对媒体的监督行为表现出强烈的抵触情绪。这种抵触可能源于对媒体监督目的的不理解,或是对自身形象受损的过度担忧。例如,一些企业将主流媒体的舆论监督视为"找茬儿"或"揭短",面对前来调查的记者,要么如临大敌、三缄其口,要么试图通过找关系、收买记者等方式掩盖问题。

与此同时,不少地方政府和地方官员将媒体的监督报道等同于对自身政绩的否定,将其视为"抹黑"或"破坏稳定",而非将其视为改进工作、规范管理、提高效能、促进公平公正的重要契机。基于这样的认知,他们往往采取压制、对抗的态度,对媒体的监督行为消极应对甚至直接干预。例如,一些地方政府通过行政手段限制媒体采访,施压本地企业或机构不得配合媒体调查,甚至利用权力干预媒体报道的发布。这种认知偏差和"地方保护主义"倾向,不仅阻碍了媒体正常履行监督职能,也使得一些本应被曝光和解决的问题被掩盖,导致舆论监督的效力大打折扣。长此以往,不仅损害了公众的知情权,也削弱了主流媒体作为社会监督者的公信力。

主流媒体在舆论监督中面临的"阻力困境",与相关法律和制度的不完善不无关系。尽管我国《宪法》《新闻法》等法律法规明确赋予媒体舆论监督权,但在实际操作中,法律执行不到位、媒体权益保障不足等问题依然突出,严重制约了舆论监督的有效开展。事实上,记者在采访过程中遭遇阻挠、威胁甚至暴力对待的情况时有发生。2024年3月14日,央视记者在燕郊爆炸事故现场进行直播报道时,遭到多名身穿制服的公务人员阻挠,现场发生推搡、遮挡摄像机、打断记者讲话等行为,导致直播被迫中断;同年11月14日,新华社《经济参考报》两名记者在安徽定远县调查合新铁路建设材料"以次充好"问题时,在施工现场遭到暴力对待……即便是新华社、《人民日报》这样中央强势主流媒体的记者,在进行监督报道时尚且面临如此境况,地方媒体的处境可想而知。

---

① 习近平.习近平总书记重要讲话文章选编[M].北京:中央文献出版社,党建读物出版社,2016:426.

## 第八章 激浊扬清：正面宣传与舆论监督相统一

困境之根源于法律保障机制的缺失。其一，现行法规对阻挠舆论监督的行为界定含糊、惩戒轻微，违法成本近乎"挠痒"，形不成震慑；其二，免责条款粗疏，记者在调查、报道中动辄触碰"高压线"，法律风险如影随形；其三，跨部门协同机制缺席，监督力量分散，大多数时候记者只能"单兵突进"，人身安全、职业发展皆悬于一线。被监督方因缺乏硬约束而有恃无恐：或封堵信息源，或施压平台删稿，甚至直接跟踪、威胁监督记者。法律之网松一寸，阻挠之力便进一尺，终令主流媒体的舆论监督陷入"风险自担—效果递减"的负向循环。

要破解这一困境，不仅需要提升公众对舆论监督价值的认知，还需要完善相关法律法规，保障媒体的合法权益，同时推动各级党政机关和领导干部对媒体舆论监督形成全面、深刻、正确的认识。"舆论监督"是我党对新闻工作的一贯要求[①]，也是中国特色社会主义监督体系的重要组成部分。地方政府和主管部门应以更加开放、理性和包容的态度重新审视主流媒体的舆论监督行为，摒弃将其简单等同于"负面报道"或"揭丑报道"的片面认知。事实上，主流媒体的舆论监督是推动制度完善、解决社会问题的重要力量，是党和政府联系群众、发现问题、改进工作的重要桥梁。适当的舆论监督能够帮助地方政府及时发现工作中的不足，促进问题的有效整改，因此不必将其视为"洪水猛兽"或"对立面"。相反，地方政府应将其视为提升治理能力、改进工作效能的重要契机。对于主流媒体的舆论监督报道，地方政府应采取更为科学、灵活的管理方式：一方面，应虚心接受监督报道，秉持"有则改之、无则加勉"的态度，将其作为发现问题、推动问题解决的有效手段；另一方面，也应帮助主流媒体加强内容监管，针对一些重大、敏感或不适合公开报道的议题，建立更加高效、稳妥的舆论监督报送渠道。例如，许多地方政府已针对主流媒体设立了"内参"报送机制，将不适合公开报道的舆论监督议题通过内部渠道提交给地方党委、政府及相关部门，既确保了问题的快速解决，又避免了因公开报道可能引发的社会误解或舆论波动。这种"内外结合"的监督模式，既保障了舆论监督的实效性，又维护了社会的稳定与和谐。

通过正确认识舆论监督的价值，地方政府不仅可以提升治理能力和公共服务水平，还能增强公众信任，为社会的良性发展创造更加开放、透明的环境。只有以开放的心态接纳监督，以务实的态度解决问题，才能真正实现政府与媒

---

① 陈力丹."舆论监督和正面宣传是统一的"[J].青年记者，2024(6):1.

体、政府与公众的良性互动,推动社会治理的现代化进程。2019年,中共青岛市委倡导媒体开展舆论监督,要求各级部门都要将舆论监督作为工作的重要抓手,推动各项工作。当时该市的新闻媒体连续播发100多篇批评性报道,舆论监督发挥出独特的、无可替代的作用。①

### (三)功能钝化:主流媒体内部的利益博弈与"选择性失语"

除了外部环境的影响,主流媒体内部的"功能钝化"也是其舆论监督日渐式微的重要原因。"功能钝化"是指主流媒体在进行舆论监督时,其原本应有的揭露问题、推动问题解决、促进社会进步的功能逐渐弱化甚至失效的现象。这种现象主要表现为监督过程中的保守化倾向、对敏感议题的回避及缺乏深度挖掘,导致舆论监督的效力下降,难以发挥应有的社会作用。那么,为什么会出现主流媒体舆论监督的"功能钝化"?

一是主动放弃话语权。主流媒体舆论监督功能的弱化,很大程度上是因为在某些情况下,主流媒体自身选择性地放弃了部分舆论监督的话语权。面对新媒体的挑战,不少传统媒体调整了发展思路,强化经营创收,弱化舆论监督功能,将舆论监督栏目的取消原因归结为"上面不喜欢""地方不欢迎",实则是某些地方政府和主流媒体管理层怕担责而找的借口。尽管主流媒体因特殊政治地位而规矩多、纪律严,但这不应成为忽视或放弃舆论监督功能的理由。二是利益驱动下的妥协。在生存压力和营收困境下,一些传统主流媒体将采编与经营混为一谈,美其名曰"战略合作",实则以新闻报道换取经济利益。这种"有偿不闻"的现象不仅导致媒体对发现的问题视而不见,甚至还在巨大的利益诱惑下为"广告主"背书,颠倒黑白,严重损害了媒体的公信力。三是作风问题。一些主流媒体从业者或是为谋取个人私利,借"舆论监督"之机结交地方官员、换取经济利益;或是作风不够扎实,远离新闻现场,在关键信息上缺乏深入挖掘和多方印证,听信一面之词、不深入调查研究,最终陷入被动局面。四是批评性与建设性的失衡。一些主流媒体新闻工作者为追求流量,"为报道而报道,为批评而批评",忽视了舆论监督的根本目的是推动问题解决。这种片面追求曝光率而忽视问题解决的做法,严重背离了舆论监督的初衷,削弱了其社会价值。要重振舆论监督的功能,主流媒体必须正视这些问题,重新找回

---

① 陈力丹."舆论监督和正面宣传是统一的"[J].青年记者,2024(6):1.

其作为社会"守望者"的初心与使命。

值得欣慰的是,多重压力之下,仍有许多主流媒体勇于触及敏感议题,敢于揭露社会问题,通过建设性舆论监督推动问题解决和社会进步。例如,2021年12月,新华社《经济参考报》曝光"某知名电商平台大数据杀熟"现象,报道推动国家网信办出台《互联网信息服务算法推荐管理规定》,要求平台企业公开算法基本原理,禁止利用算法实施价格歧视等行为;2022年3月,央视"3·15"晚会曝光"康师傅老坛酸菜违规腌制"事件,揭露了部分酸菜生产企业卫生条件恶劣、使用超标添加剂等问题,促使多地市场监管部门迅速开展专项整治,国家市场监督管理总局出台《关于加强食品安全风险防控的指导意见》,推动食品安全监管体系进一步完善;2023年8月,新京报独家披露"煤罐车混装食用油"事件,揭露了不法商贩利用运煤车违规运输食用油的黑幕。报道引发国务院食品安全办高度重视,公安部、交通运输部等多部门联合开展专项整治行动,全国范围内查处相关案件200余起,推动《食品安全法实施条例》相关条款修订;2023年5月,南方都市报调查报道揭露"某地医疗废弃物非法处置"问题,曝光医疗废物违规转运、随意倾倒等乱象,报道推动生态环境部等八部门联合开展专项整治,修订《医疗废物管理条例》,完善医疗废物全流程监管体系。尽管每一次监督报道都涉及错综复杂的利益关系,面临重重阻力,但这些主流媒体始终坚守社会责任,不畏艰难、力排众议,选择将真相公之于众,这种勇于担当、敢于监督的职业精神,值得全行业学习和弘扬。

## 第三节 未来展望:构建正面宣传与舆论监督相统一的传播生态

在信息传播日益多元化、舆论环境复杂多变的今天,作为社会舆论的"压舱石"和"风向标",主流媒体引导舆论、凝聚共识、弘扬正能量的使命更加艰巨。如何在正面宣传与舆论监督之间找到平衡点,实现两者的协同发展,对于推动其系统性变革具有重要意义。

当前,主流媒体的正面宣传和舆论监督仍面临诸多挑战。正面宣传的同质化、形式化问题尚未根本解决,舆论监督的深度、广度和实效性仍有待提升。要破解这些困境,主流媒体亟须在守正创新中重塑传播生态,在激浊扬清中构建新型舆论格局。一方面,正面宣传的创新与发展势在必行。随着受众需求的多样化和传播技术的革新,传统的宣传模式已显疲态。只有贴近群众生活、创新表达形式、提升媒介素养,才能让正面宣传更具感染力和说服力,真正实现入脑入心。另一方面,舆论监督的完善与提升刻不容缓。在社交媒体时代,舆论监督不仅是揭露问题、维护公正的重要手段,更是构建社会信任的关键环节。通过融入新媒体平台、深挖社会热点、平衡多方利益,舆论监督才能更具公信力和影响力,为社会治理提供有力支撑。

展望未来,主流媒体应以"守正创新"为根基,打造接地气、有创新、强导向的正面宣传;以"铁肩道义"为担当,构建广联动、重事实、促解决的建设性舆论监督体系;最终通过"协同共促",实现正面宣传与舆论监督的深度融合,构建起两者相统一的传播生态。

## 一、守正创新:打造接地气、有创新、强导向的正面宣传

"不要人夸好颜色,只留清气满乾坤。"在当今愈发苛刻的传媒和受众需求环境下,传播主流价值容不得半点虚假和夸大,因此,主流媒体的正面宣传需要更加注重真实、平实和朴实的表达方式,既不必说过头话,更不能做过头事。真实的故事和朴实的语言往往更能打动人,堆砌溢美之词或人为拔高反而容易适得其反。随着受众对宣传话语方式要求的日益提高,主流媒体应积极探索更接地气、更具创新性且易于被受众接受的宣传方式。此外,还需提升从业人员的政治素养,避免陷入"高级黑""低级红"等误区。通过改进正面宣传方式,主流媒体能够更好地营造风清气正、昂扬向上的社会舆论环境,真正实现传播效果与社会价值的统一。

### (一)贴近生活、感知民心:以群众视角传递正能量

主流媒体在改进正面宣传报道时,首要任务是贴近群众生活,感知民心所向,以群众视角传递真实、温暖的声音。这不仅要求媒体在报道主题与角度选择上密切联系群众现实生活,更需要在传播方式上融入人文关怀,避免因脱离群众、脱离实际而引发的争议或误解。

首先,主流媒体应深入挖掘普通人的真实故事,展现平凡生活中的不平凡,让宣传内容更具亲和力和感染力。例如,将视角和镜头对准基层工作者、普通

市民,讲述他们的凡人善举、奋斗经历,让受众感受到"这是我身边的有血有肉的人和事",不仅能够拉近与受众的距离,还能增强宣传的真实性和说服力。

其次,在宣传典型人物或事件时,应注重真实性和适度性,避免过度拔高或刻意煽情。例如,2020年2月13日,"河南都市频道"官方微博报道了"战疫一线,洛阳4名90后女护士剃光头驰援武汉"的新闻。尽管报道初衷是展现医护人员的奉献精神,但剃光头的行为却引发了公众对人性化关怀的质疑。如果采编和审核人员能够站在普通民众的角度,充分考虑受众的感受和社会普遍的道德观,以受众立场逆向检验宣传效果,或许就能避免类似的争议。因此,在正面宣传中,主流媒体应有意识地融入人文关怀,从受众视角出发,审慎判断新闻事实是否适合报道及如何报道。

此外,媒体应注重从受众视角出发,预判宣传效果,避免因视角偏差而引发的舆论反弹。例如,可以通过受众调研、舆情分析等方式,了解公众的真实需求和情感倾向,确保宣传内容能够引发共鸣而非争议。只有真正扎根群众、反映群众心声,正面宣传才能赢得公众的信任与共鸣。

### (二)形式创新、话语革新:以表达创新增强吸引力

在媒体深度融合的赛道上,正面宣传若想真正"破圈",主流媒体必须突破传统宣传模式的局限,通过形式创新和话语革新,把内容做成"受众想看、爱看、能共鸣,甚至忍不住转发"的社交货币,实现从被动接收向主动参与的跃迁。

在报道形式层面,主流媒体应以"拥抱短视频、善用动画、深耕直播"的主动姿态,重建信息流量入口。短视频以秒级叙事、视觉冲击瞬间"锁屏"注意力;MG(图形动画)把宏大主题拆分成可视化的"知识胶囊",让复杂信息秒懂、易转;移动直播以其零时差、强互动的在场感,把"我说你看"升级为"我们一起在现场"……擅用这些新兴表达模态,既能让内容提速破圈,更能让主流价值在指尖、弹幕与转发中真正落地生根。

在话语表达层面,主流媒体需先"拿掉麦克风",再"讲故事",重塑正面宣传语态。通过讲述真实、鲜活的故事,将抽象的价值理念转化为具体的情感体验,把正面宣传宏大叙事拆成可感、可触、可转发的日常瞬间,用轻松活泼的语言,结合热点话题和流行文化元素,让受众在深度情感共鸣中潜移默化地接受正能量。

事实上，新华社、《人民日报》等主流媒体早已在其新媒体平台上开展了形式多样、内容丰富的正面宣传创新实践，取得了显著成效。例如，2025年2月10日，"人民日报"官方微信公众号发布了文章《车窗被砸！车主却很高兴？》，讲述了一位邻居为救人而破窗使用AED的感人故事。文章通过"被砸车的车主叶先生的第一反应是'很开心能帮到人'"这一细节，深深打动了读者，展现了普通人之间的温情与善意。同年3月11日，"人民日报"微信公众号再次以创新的报道方式，发布了文章《这两位"小孩哥"，创造历史！》，报道了两位中国少年在法国巴黎世界街舞总决赛中闯入四强的壮举。文章不仅在标题中融入"小孩哥"这一鲜活表达，还通过文字、动态图片和视频的多媒体融合，增强了内容的可读性和观赏性，让读者仿佛身临其境，感受到少年们为国争光的自豪感。2025年2月28日，"新华社"微信公众号发布了文章《"老婆，我就下楼看一眼！""你骗人！"》，讲述了云南省河口瑶族自治县民警赖昌鹏在小区火灾中的英勇事迹。文章以赖昌鹏与怀孕妻子之间的对话为切入点，展现了他为了保护群众安全而"骗"妻子下楼查看的感人故事。这种以情感为纽带、以细节打动人心的叙事方式，不仅让报道更具吸引力，还引发了读者的强烈共鸣（见图8-2）。

图8-2 "新华社""人民日报"微信公众号一些效果良好的正面宣传创新案例

这些案例表明,主流媒体通过提炼新闻价值、创新标题设计、结合接地气的语言表达方式,并配以文字、图片、动态图片、视频等多种形式的融合呈现,能够显著提升内容的吸引力和感染力,不仅优化了读者的阅读体验,还增强了其情感共鸣,使受众在"想要看、喜欢看"的过程中,潜移默化地接受并传递社会正能量,有效提升正面宣传效果。

### (三)激发互动、凝聚共识:从"单向传播"到"互动参与"

在信息传播日益多元化的今天,主流媒体需要通过激发受众参与、增强双向互动,将传统的"单向传播"转变为"互动参与"模式,从而提升正面宣传的效果。通过选择接地气、热度高的议题,结合多样化的互动功能和深度互动策略,主流媒体可以让受众从被动接受者变为主动参与者,进一步增强宣传的吸引力和影响力。同时,通过挖掘受众的真实反馈,及时调整宣传策略,主流媒体能够在潜移默化中凝聚社会共识,形成正向舆论场。

一些主流媒体已充分利用新媒体平台的互动优势,通过加强与评论区受众的互动,进一步激发受众参与热情。例如,利用社交媒体平台的互动功能,设置话题讨论、投票调查、UGC 等环节,鼓励受众分享观点、表达情感,形成双向互动的传播模式。人民日报通过"两微一端"(微博、微信、客户端)构建了强大的融媒体矩阵,积极与读者互动。其微信公众号通过设置话题讨论、读者留言精选、互动问答等形式,鼓励用户参与。例如,"#你好,明天#"话题每天发布正能量短评,吸引大量网友留言互动,形成了独特的舆论场域。央视新闻通过抖音、快手等短视频平台发布热点新闻的短视频,并设置互动话题,吸引用户评论和分享。例如,在疫情防控期间推出的 24 小时不间断直播《共同战"疫"》,邀请专家在线解答网友问题,实时互动量高达数百万。新京报在报道社会热点事件时,经常通过评论区与网友讨论事件背后的深层次问题。在报道"双减"政策时,其评论区成为家长、教师和教育专家交流观点的重要平台。澎湃新闻"问吧"栏目通过设置热点话题和用户共创栏目,鼓励读者提问讨论,并邀请专家在线回答网友提问,形成了高质量的互动社区。此外,澎湃新闻还通过"澎湃号"平台鼓励用户投稿,进一步丰富了内容生态。

主流媒体还可以通过与公众的互动和沟通,倾听民意、了解受众需求,以此为基础调整和优化正面宣传的报道内容。例如,通过分析评论区留言、社交媒体互动数据等,主流媒体可以及时捕捉公众的关注点和情感倾向,从而调整正面宣传的报道角度和传播策略。通过激发互动、凝聚共识，主流媒体不仅能够增强正面宣传的吸引力和影响力，还能在潜移默化中构建起与受众的情感连接，形成正向舆论场。这种从"单向传播"到"互动参与"的转变，为主流媒体新时代正面宣传工作提供了新的思路和方向。

### （四）政治铸魂、素养筑基：提升媒体鉴别力与引导力

主流媒体作为舆论引导的主力军，必须始终坚持正确的政治方向，提升政治鉴别力和舆论引导力。这不仅要求媒体在正面报道中注重措辞和表述的严谨性，避免使用不合时宜或引发争议的语言，杜绝"低级红""高级黑"现象，还需要媒体从业者不断提升政治素养和业务能力，确保宣传内容既符合主流价值观，又能有效引导舆论。

首先要构建政治判断的认知坐标系。在复杂多变的舆论环境中，主流媒体从业人员需深刻认识到提升政治鉴别力的重要性。这不仅要求他们具备准确判断信息政治属性、价值取向和潜在影响的能力，还要深刻理解"低级红"和"高级黑"现象对舆论导向的潜在危害。为此，构建政治判断的认知坐标系成为关键举措。这一坐标系应以马克思主义新闻观为内核，纵向深入党的基本理论、基本路线、基本方略的历史与实践逻辑，横向拓宽至意识形态斗争的时代特征与风险变量。通过这一多维坐标系的建立，主流媒体工作者能够有效识别错误叙事陷阱，确保舆论导向的正确性，维护社会稳定和意识形态安全。

其次，主流媒体从业人员的媒介素养必须全方位提升。一方面，要不断提升新闻采编的技术理性，确保报道的准确性、时效性和专业性；另一方面，要培育价值理性的批判思维，保持独立思考和判断能力，避免盲目跟风或片面报道。此外，构建"动态反馈机制"也是关键一环。通过将公众媒介素养培育纳入传播闭环，形成"媒体引导—公众反馈—生态优化"的良性互动，主流媒体能够不断提升专业技能与批判性思维，确保报道的真实性和独立性。同时，这种机制还能增强与公众的互动和沟通，提高传播效果，形成正向舆论场。

第三，建立健全内部管理制度，包括选题审核、内容把关、责任追究等多个环节。在选题策划阶段，应建立多级审核机制，确保报道主题符合主流价值观；在内容生产阶段，应加强事实核查和语言规范，严格执行"三审三校"，避免出现表述不当或信息失实；在信息发布后，应建立舆情监测和反馈机制，及时调整传播策略，以实现在复杂多变的舆论环境中始终保持正确导向。

主流媒体在正面宣传中应始终坚持"政治铸魂、素养筑基"的原则,通过构建政治判断的认知坐标系、提升从业人员媒介素养、建立健全内部管理制度,全面提升政治鉴别力和舆论引导力。只有这样,才能在复杂多变的舆论环境中始终保持正确的导向,为社会发展提供强有力的舆论支持,真正实现正面宣传的传播效果和社会价值的最大化。

## 二、铁肩道义:构建广联动、重事实、促解决的建设性舆论监督体系

毛泽东同志早就提出:"报纸要开展批评,不要怕批评。"邓小平指出"要有群众监督制度"。在党的十三大上,"发挥舆论监督作用"首次出现在党的纲领性文件中。习近平同志曾在不同时期作出深刻论述:"舆论引导和舆论监督是社会主义新闻事业的两大功能"[1]"舆论监督是加强党的建设和民主政治建设的一项重要内容"[2]"在强调加强党的建设、反对腐败的时候,特别要发挥新闻的舆论监督功能"[3]……在当今社会加速演进、技术快速迭代、经济高质量发展及国际传播格局深刻变革的关键时期,主流媒体的舆论监督功能比以往任何时候都更加重要。面对复杂多变的社会环境和层出不穷的新情况新问题,我们更需要主流媒体记者秉持"铁肩担道义,妙手著文章"的职业精神,以建设性监督帮助社会问题"早发现、早预警、早处置",将潜在风险化解在萌芽状态,更好发挥针砭时弊、激浊扬清的作用。

### (一)融入网络,掌握舆论监督主动权

社交媒体时代,以"热搜维权"为代表的舆论监督现象日益显著,甚至逐渐主导了民间舆论的走向。面对这一趋势,主流媒体的应对策略直接影响其舆论引导能力:若固守传统模式、拒绝融入社交媒体,不仅可能与之形成对立,更面临被边缘化的风险;反之,若主动融入社交媒体,便能从"旁观者"转变为"参与者",成为引导热点事件舆论的"内生力量",在信息传递、话题讨论和价值引

---

[1] 习近平.摆脱贫困:繁体本[M].福州:福建人民出版社,2016:85.
[2] 习近平.摆脱贫困[M].福州:福建人民出版社,1992:86.
[3] 高红玲,金鸿浩.论习近平舆论监督阐述的创新意义[J].现代传播:中国传媒大学学报,2017,39(11):36.

领中掌握主动权。

2024年4月抖音平台"一家三口是行长"事件的舆论发酵过程,充分印证了主流媒体融入社交媒体的重要性。该事件在社交媒体上迅速升温,引发公众对权力滥用和裙带关系的广泛质疑。在舆情持续发酵之际,央视网及时跟进、深入调查,于4月8日发表评论《烟草三代人、岳婿双行长问题出在哪》,不仅准确回应了公众关切,更从制度层面指出问题症结,强调完善亲属回避制度的必要性,推动了中国农业发展银行的深入调查和积极回应,最终促成事件的妥善处理,展现了主流媒体在社交媒体时代舆论监督中的重要作用。这一案例启示我们,主流媒体应当重新定位与社交媒体的关系:将社交媒体视为重要的信息资源库,通过实时监测网络舆情,及时发现社会热点;将其作为舆论引导的新阵地,通过主动设置议题、参与讨论,引导舆论理性发展;将社交媒体转化为监督效能放大器,通过融合传播扩大监督影响力。通过建立舆情监测机制、培养新媒体人才、创新话语表达方式,主流媒体能够深度融入社交媒体生态,在舆论监督中实现从"被动应对"到"主动引导"的转变,真正掌握舆论监督主动权。

### (二)直面问题,及时回应群众关切

在改进舆论监督报道的过程中,主流媒体还应当坚持"及时回应"与"独立监督"并重,既要建立快速响应机制,及时满足公众信息需求,又要保持监督独立性,在合作中不失批评性。只有这样,才能既赢得公众信任,又切实履行监督职责,进一步提升监督效能。

首先,主流媒体应当建立舆情快速响应机制,及时回应公众疑问和信息需求。在信息爆炸时代,公众对热点事件的关注度往往呈现"即时性"特征,主流媒体的响应速度直接影响其公信力。以2025年1月"演员王星泰缅边境失联事件"为例,环球时报在外交部回应当天即发布报道,及时传递官方信息,有效安抚了公众情绪。这种快速响应不仅体现了媒体的专业性,更展现了政府部门对公民权益的高度重视。主流媒体应当充分利用社交媒体的即时互动功能,通过@回复、评论区互动等方式,建立与公众的直接对话渠道,增强互动信任。

其次,主流媒体必须保持监督独立性,在合作中坚守批评性。虽然与基层政府部门合作有助于获取权威信息,但主流媒体不能因此丧失监督功能。在报道敏感议题时,主流媒体应当:保持专业判断,对无关痛痒的议题不过度报

道,对重大负面事件不回避失声;强化批评性,对政府部门的不当行为进行建设性监督;平衡报道视角,既传递官方声音,也反映群众诉求。尽管这种平衡并非易事,但却是主流媒体履行社会责任的必然要求。例如,在报道基层治理问题时,既要如实反映政府工作成效,也要客观指出存在的问题,推动问题解决。通过这种建设性监督,主流媒体才能真正成为社会正义的守望者,而不是仅仅作为基层政府部门的"传声筒"。

### (三)开展"建设性监督",力促问题解决

"建设性舆论监督"理念的提出,标志着舆论监督从传统的批评性监督向治理型监督的转型升级。与传统的批评性监督不同,"建设性舆论监督"以推动问题解决作为根本出发点和落脚点[①],致力于实现从"个案曝光"到"制度反思"的跨越,不仅关注问题的揭示,更注重推动问题的系统性解决,从而提升舆论监督的治理效能和价值内涵。这一理念的确立,体现了新时代对主流媒体的新期待——要求媒体准确把握自身角色定位,秉持"惩前毖后、治病救人"的宗旨,以推动问题解决、促进社会进步为使命,切实履行舆论监督的社会责任。

重庆卫视《今日关注》栏目的实践,为"建设性舆论监督"提供了生动范例。该栏目自2024年开播以来,坚持"党中央明令禁止""群众深恶痛绝""建设性监督"三大原则,创新构建"曝光—追踪—反馈—整改"的闭环机制。截至2025年1月,通过重庆卫视与各区县融媒体中心的协同联动,累计曝光问题4000余个,整改率超过90%,有力推动了超大城市治理现代化进程。栏目不仅在社会各界引发强烈反响,更以持续攀升的收视表现稳居全国卫视同时段榜首,显著提升了重庆广电的品牌影响力。

在践行"建设性舆论监督"过程中,主流媒体应当着重把握以下原则:

其一,坚持正确导向,平衡批评性与建设性。主流媒体要始终秉持新闻职业操守,既要真实反映问题、引导公众理性讨论,又要协助各方寻求解决方案。在报道中,应当避免制造受访者与公众之间的对立情绪,而是充当沟通桥梁,推动各方达成共识。通过平衡批评性与建设性,既揭露问题本质,又提出可行性建议,推动相关部门持续改进,从而赢得公众的理解与支持。

---

① 唐铮,徐忱卓.试析主流媒体如何做强建设性舆论监督报道:基于中央广播电视总台《财经调查》的思考[J].电视研究,2024(9):80-83.

其二，注重舆情引导，实现信息适度脱敏。针对部分受访者对舆论监督存在的认知偏差，主流媒体应当主动承担引导责任。通过阐明消极应对的潜在风险，引导受访者认识到"捂盖子"等做法可能加剧事态恶化，而公开、透明的积极应对才是化解危机的正确路径。同时，在报道中要注意把握分寸，实现信息的适度脱敏，避免引发不必要的舆情波动。

其三，构建信任机制，维护各方合法权益。主流媒体在开展舆论监督时，应当建立与受访者的互信关系：在报道前充分沟通，确保事实准确；在报道中平衡公众知情权与受访者权益，避免夸大事实；在报道后及时反馈，妥善处理可能存在的误差。通过建立全流程的信任机制，既维护公众权益，又尊重受访者利益，实现舆论监督的良性运行。

其四，创新协同机制，形成监督合力。主流媒体应当突破"单打独斗"的传统模式，构建多方联动的协同机制：与政府部门建立常态化沟通渠道，确保信息准确权威；与行业组织搭建信息共享平台，扩大监督覆盖面；与其他媒体开展联合采访、内容共享，形成监督合力。通过"协同作战"模式，既能提升监督效能，又能平衡各方利益，更好地发挥舆论监督的社会治理功能。

新时代主流媒体应当始终坚持"建设性监督"理念，以解决问题为导向，在批评性与建设性之间寻求平衡，在监督力度与治理效能之间实现统一。唯有如此，才能充分发挥舆论监督的社会价值，赢得公众信任，为推进国家治理体系和治理能力现代化贡献媒体力量。

## 三、协同共促：推进新闻宣传和网络舆论一体化管理

党的二十届三中全会明确提出"推进新闻宣传和网络舆论一体化管理"的战略部署，深刻彰显了新时代主流媒体统筹推进正面宣传与舆论监督功能的重大意义。在信息传播格局深刻变革、舆论生态日趋复杂的背景下，进一步创新正面宣传方式、强化舆论监督效能，更好赋能新闻宣传与网络舆论一体化管理，不仅是提升主流媒体传播力、引导力、影响力、公信力的关键路径，更是完善社会治理体系、推进国家治理能力现代化的战略举措。

### （一）正面宣传与舆论监督协同的必要性

正面宣传与舆论监督作为主流媒体履行社会责任的两种重要方式，二者

辩证统一、相互促进，共同构成了提升主流媒体传播力、影响力、引导力和公信力的重要支撑。从功能定位来看，正面宣传重在弘扬主旋律、传播正能量，通过凝聚社会共识、提振社会信心，发挥着"举旗帜、聚民心"的重要作用；舆论监督则着眼于发现问题、推动整改，通过促进社会公平正义、维护群众利益，发挥着"明是非、正风气"的关键作用。

从二者的内在逻辑看，正面宣传需要舆论监督的支撑与深化。单纯的正面宣传容易陷入"自说自话"的困境，缺乏对现实问题的回应，难以赢得公众的认同与信任。通过舆论监督揭露问题、推动整改，主流媒体的正面宣传才能更具说服力和感染力。例如，在报道先进典型时，如果能够结合舆论监督揭示其背后的制度性支撑和普遍性价值，不仅能够增强报道的深度和广度，还能引发公众对相关问题的深入思考，实现从"感动"到"行动"的转化。

同时，舆论监督也需要正面宣传的引导与提升。如果舆论监督只停留在揭露问题的层面，缺乏建设性的解决方案，容易引发公众的负面情绪，甚至导致舆论失焦。通过正面宣传引导舆论，提出解决问题的思路和方案，舆论监督才能更具建设性和社会价值。例如，在曝光某一社会问题后，主流媒体可以通过正面宣传报道相关部门采取的整改措施和取得的成效，既回应社会关切，又增强公众信心，实现从"破题"到"解题"的转变。

然而在具体实践中，部分主流媒体仍存在将二者割裂的倾向：有的过分强调正面宣传而弱化舆论监督，导致宣传内容与现实脱节；有的过度追求舆论监督的轰动效应而忽视正面引导，造成舆论场域失序。推进新闻宣传与网络舆论一体化管理，为解决这一问题提供了新的思路和方法论指导，有助于实现正面宣传与舆论监督的有机统一和良性互动，推动构建健康有序的舆论生态。

### （二）一体化管理的实践路径

推进新闻宣传与网络舆论一体化管理，核心在于构建正面宣传与舆论监督的协同机制，实现二者优势互补、良性互动。这种协同不仅能够增强主流媒体报道的真实性和说服力，提升其公信力和影响力，更重要的是能够有效平衡舆论场中的正负能量，构建健康理性的舆论生态。通过舆论监督发现问题、推动整改，再以正面宣传引导舆论、凝聚共识，最终为社会治理现代化提供强有力的舆论支撑。

面向系统性变革的要求，主流媒体需要从体制机制创新、内容生产融合、传播方式革新、舆情研判优化等多个维度系统推进，构建起正面宣传与舆论监督协同发展的新格局。

首先，深化体制机制改革，破除部门壁垒。主流媒体应当建立跨部门协同工作机制，整合新闻宣传与舆论监督资源，实现信息共享、优势互补。可设立舆情研判与内容策划中心，统筹协调正面宣传与舆论监督的选题策划、内容生产和传播节奏，确保二者在主题设置、报道节奏和价值导向上保持高度协同。同时建立绩效考核联动机制，将正面宣传与舆论监督的协同效果纳入评价体系。其次，创新内容生产模式，推进"建设性监督"。主流媒体应当探索"问题＋对策"的报道模式，在舆论监督中注重建设性。具体而言，在揭露问题的同时，深入剖析问题根源，提出可行性解决方案，并通过跟踪报道相关部门整改措施和成效，形成"问题曝光—整改落实—成效展示"的完整闭环，既彰显媒体的社会责任，又增强报道的公信力和影响力。再次，革新传播方式，增强互动体验。主流媒体应当充分运用新媒体技术，打造全媒体传播矩阵。通过社交媒体平台设置话题讨论、互动问答等环节，鼓励公众参与舆论监督；运用短视频、直播等新兴传播形式，将正面宣传与舆论监督内容转化为更具吸引力的融媒体产品。同时，建立UGC机制，吸纳公众优质内容，增强传播的贴近性和感染力。最后，完善舆情研判机制，实现动态调整。主流媒体还应当建立健全舆情监测预警系统，运用大数据和人工智能技术，实时捕捉网络舆情热点和公众情感倾向。建立快速响应机制，在舆论监督报道发布后，及时通过正面宣传回应公众关切，引导舆论走向。同时建立效果评估机制，根据舆情反馈动态调整宣传策略，实现精准传播。

只有实现正面宣传与舆论监督的一体推进、协同发展，主流媒体才能构建起全面、健康、有序的舆论生态，有效赋能新闻宣传与网络舆论的一体化管理，为政府决策提供科学依据，为社会治理提供有力舆论支撑，为高质量发展营造良好氛围，推动中国特色社会主义事业不断向前发展。

## 本章案例

### 《新京报》"油罐车混装食用油"事件报道：更好发挥舆论监督正向作用

2024年5月24日，《新京报》记者在调查中发现关键证据：一辆刚完成煤油运输的罐车，在未经任何清洗消毒处理的情况下，直接开始装载食用油。

7月2日,经过一个多月的深入跟踪调查与暗访取证,《新京报》以《罐车运输乱象调查:卸完煤制油直接装运食用大豆油》为题,独家披露了这一严重危害公众食品安全的"油罐车混装食用油"事件。报道详细揭露了涉事企业违规操作的全过程,包括运输车辆的混装乱象、监管环节的缺失等关键事实。在此过程中,《新京报》充分发挥全媒体传播优势,通过新闻APP、短视频平台、社交网络等多渠道进行立体化传播,迅速引发社会各界的热议,相关话题#油罐车混装食用油#迅速登上微博热搜榜首,阅读量突破10亿次,讨论量超过50万条。

面对舆论压力,中国储备粮管理集团有限公司(中储粮)于7月6日迅速响应,承诺将加大风险排查力度。7月9日,国务院食品安全委员会办公室紧急组织相关部门召开专题会议,并成立联合调查组,对食用油罐车运输环节展开全面彻查。经过一个多月的深入调查,联合调查组于8月25日通报了事件调查结果,多人被处理,依法对涉事7家企业给予行政处罚。

随后发布的快评文章《装完化工油再装食用油,别让罐车运输"脱轨运行"》中,《新京报》不仅深刻揭露了油罐车混用且不清洗的乱象在行业内的普遍性,还尖锐地批评了当前监管机制的不足。文章指出,中国在食用油运输方面缺乏强制性的国家标准,现有的推荐性标准约束力有限,监管部门监督抽查力度不够,检验频次不足,物流运输行业利润收窄导致罐车司机为节省成本而省略必要的罐体清洗步骤等问题。文章深刻的剖析与评论,为公众提供了全面的视角,也推动了相关部门的反思和改进。

11月,市场监管总局(国家标准委)批准发布了强制性国家标准GB 44917-2024《食用植物油散装运输卫生要求》,将于2025年2月1日正式实施。标准界定了食用植物油散装运输的术语,规定了散装运输容器基本要求、清洁、维护和管理、运输作业、记录等卫生要求,从源头上解决了化工罐运输食用油的问题。

此次报道中,《新京报》展现了主流媒体的专业素养和社会担当。记者团队敏锐捕捉食用油安全这一重大民生议题,经过一个多月的深入调查和暗访取证,克服重重困难,获取确凿证据。尽管面临涉事企业施压、行业阻力等压力,《新京报》始终坚守新闻专业主义,为记者提供坚实保障,最终完成并发布了这一具有重大社会影响力的监督报道。

报道刊发后,迅速引发社会各界对食品安全问题的高度关注,推动相关部门立即开展专项整治行动。市场监管总局在报道发布次日即部署全国范围内的排查整治,交通运输部同步出台《食用农产品运输车辆管理办法》,多个省份开展专项执法检查。这种"曝光—回应—整改"的良性互动,充分体现了主流媒体的舆论监督在推动问题解决、促进制度完善中的重要作用。

《新京报》此次报道的成功实践再次证明,主流媒体作为社会监督的重要力量,在维护公众利益、推动社会进步方面具有不可替代的作用。它启示我们:在新媒体时代,主流媒体既要坚守调查报道的专业底线,又要创新传播方式;既要敢于揭露问题,又要推动问题解决;既要维护公共利益,又要促进社会治理。只有这样,才能在新形势下更好地履行舆论监督职责,为推进国家治理体系和治理能力现代化贡献媒体力量。

(李　灿　李宛嵘)

# 第九章
# 角色重塑：主流媒体参与社会治理新图景

媒体角色指的是与媒体及其从业者的社会地位一致、符合社会期望的媒体行为，亦即媒体在社会中被授予的身份，以及该身份所带来的权利和义务的规范模式。[①] 在媒介技术日新月异、社会结构深刻变革的今天，主流媒体作为社会信息传播的枢纽和舆论引导的旗帜，其角色定位和社会责任亟需与时俱进，进行系统性重塑。这是主流媒体适应时代发展、回应社会需求的必然选择，也是其在新的社会生态中找准定位、发挥更大作用的重要途径，这不仅关系到主流媒体自身的生存与发展，更关乎其能否在新的社会生态中发挥更大的作用，为社会治理提供有力支撑。因此，深入探讨主流媒体角色重塑的动因、指向与实践路径，对于推动主流媒体系统性变革具有重要意义。

然而，主流媒体的角色重塑，并非简单的功能叠加或形式创新，而是需要在深刻理解时代背景和社会需求的基础上，进行全方位的定位调整和功能升级。首先，作为新闻宣传者，主流媒体需要在信息传播的广度与深度上进行创新，以适应智能信息技术迅猛发展的新趋势。其次，作为舆论引导者，主流媒体要善于运用新的传播手段和话语方式，巩固壮大主流舆论主导地位。此外，主流媒体还应强化思想引领、文化传承、人民服务及社会治理等多方面的角色，以满足人民群众日益增长的精神文化需求，为社会治理提供有力支持。在这一过程中，主流媒体需要不断探索前行路径，通过系统集成、能力提升和开放合作等方式，推动角色重塑的实践落地。

主流媒体的社会角色重塑也并非一蹴而就，它需要主流媒体在实践中不断探索、总结经验。在此过程中，主流媒体不仅要关注自身的发展，更要关注社会的需求，以实现自身角色与社会需求的有机统一，以更好地担当起多重使

---

[①] 谭景越.智媒时代下公共突发事件、媒体角色与社会信任研究进展[J].内蒙古财经大学学报,2024,22(2):147-150.

命,挖掘其在社会治理中的潜力与价值。本章将围绕主流媒体的角色重塑,从角色重塑的动因、指向与实践三个维度,探讨主流媒体如何在多重角色中找准定位,在新形势下实现功能优化与价值升级,展现主流媒体在新时代的责任与担当,为赋能主流媒体的系统性变革提供理论依据与实践参考。

## 第一节　角色重塑的动因:角色困境与现实需求的交织

在智能信息技术日新月异的时代背景下,主流媒体面临着前所未有的角色挑战与机遇。技术的迅猛发展不仅改变了信息传播的方式,也深刻影响了公众的信息接收习惯与认知模式。与此同时,社会舆论环境的复杂多变,要求主流媒体必须巩固并壮大其在舆论场中的主导地位,以引领正确的价值导向。此外,人民群众日益增长的精神文化需求,对主流媒体的内容创新与服务质量提出了更高要求。因此,本节将深入探讨主流媒体角色重塑的三大动因——适应技术新趋势、巩固舆论主导地位、满足民众文化需求,以期为主流媒体在新时代的角色定位与发展路径提供思考与启示。

### 一、适应智能信息技术迅猛发展新趋势的迫切需要

首先,智能信息技术迅猛发展推动媒体格局、舆论生态、受众需求发生深刻变化,给我国主流媒体角色开展与功能发挥带来新的重大挑战。随着信息社会不断发展,新兴媒体影响越来越大。根据中国互联网络信息中心于2024年8月发布的第54次《中国互联网络发展状况统计报告》,截至2024年6月,我国网民规模近11亿人(10.9967亿人),互联网普及率高达78.0%,其中手机网民占比99.7%,全面进入移动互联网时代。网络视频用户10.68亿,即时通信用户10.78亿,网络视频用户10.68亿,微信月活账户13.43亿,微博月活用户5.98亿[①]。短视频、微信、微博、客户端等新媒体应用日益成为信息传播的主

---

① 第54次《中国互联网络发展状况统计报告》[EB/OL].(2024-08-29)[2024-10-02].https://www.cnnic.cn/n4/2024/0828/c208-11063.html.

要渠道和主要平台，对主流媒体的信息传递形成了巨大的冲击。网络日益成为老百姓"收音"和"发声"的主渠道。随着信息分发渠道垄断被打破，传统媒体不再享有受众的"注意力特权"，必须与网络媒体争夺受众注意力。

只有推动主流媒体角色重塑，主流媒体才能大踏步赶上时代潮流，找准发展定位，牢牢占据舆论引导、思想引领、文化传承、服务人民的传播制高点。在纷繁复杂的信息海洋中保持定力，精准把握受众需求，创新传播内容与形式。提升公信力与影响力，确保在多元化舆论场中持续发挥压舱石作用，进而有效应对各类新兴媒体的挑战，在全新的传播格局中引领方向。

其次，从全球范围来看，生成式人工智能技术已经在新闻采写编发、内容审查核验、媒介发布推介等诸多场景中应用，互联网时代正在向智媒时代过渡。[1] 这一转变对主流媒体的传统角色提出了严峻挑战，许多原本由媒体人承担的工作正逐渐被智能技术所取代。因此，主流媒体必须对自身角色进行重新定位，以在智媒时代中保持其独特性和不可替代性。

主流媒体角色重塑是适应信息技术迅猛发展新趋势的迫切需要。面对智媒时代的挑战，主流媒体必须迅速调整定位，强化其在深度报道、权威解读及价值引领方面的独特优势。深入挖掘事件真相，提供精准信息解读，成为引导公众理性思考、树立正确价值判断的关键力量。在此迫切需求下，主流媒体还需积极融合智能技术，不断创新传播方式，提升内容质量，以更精准、高效的服务响应公众日益增长的信息需求。

## 二、巩固壮大主流舆论主导地位的迫切需要

伴随我国经济体制、社会结构、利益关系、就业方式深刻调整和变化，社会思想意识日益多元，舆论场日趋复杂，主流价值和非主流价值同时并存，积极心态和消极心态相互交织，特别是互联网迅猛发展，网络空间和现实空间相互嵌入、相互纠缠、相互作用与影响越来越深。许多错误思潮特别是危害巨大的拜金主义、享乐主义、极端个人主义和历史虚无主义、极端民粹主义，以网络论坛、社交媒体为温床生成发酵，带来了较为严重的三个风险。其一是意识形态

---

[1] 殷乐.把握好新闻传播领域全面深化改革的三个"推进"[EB/OL].(2024-08-05)[2024-10-02].https://www.cssn.cn/skgz/bwyc/202408/t20240805_5768737.shtml.

风险,错误思潮对国家主流价值观念与价值取向进行削弱、消解与误读、误导,企图危害马克思主义在我国意识形态领域的绝对指导地位。其二是社会现实风险,错误思潮会借助网络舆论空间包罗万象的广度和对微小事件聚光放大的精度,利用民众关心的社会议题及相关热点事件刻意放大激化社会矛盾,扰乱经济运行基础与民众生活基本秩序,加重社会危机。其三是舆论生态破坏风险。错误思潮已成为当下网络舆论空间中重要的谣言生成催化剂,打乱了网民对社会秩序的认知图像,加重人们的被剥夺感、不安全感与悲观失望等消极情绪。

主流媒体在引领社会思潮与引导社会舆论的角色发挥上,主要面临三个方面的角色困境。第一,在信息过载环境下,主流媒体面临着信息覆盖的到达率和接受度双重减弱的困境。海量信息的涌现使得公众注意力资源变得极度分散,主流媒体的声音往往被淹没在信息的汪洋大海之中,难以有效触达目标受众,主流媒体信息传播力大打折扣。第二,主流媒体在引导公众意见和行为、塑造社会共识方面的作用显得尤为重要,然而这一引导力的发挥却面临诸多制约。在快节奏的社会生活中,公众对于信息的接受更加倾向于碎片化和即时性,而主流媒体所承载的深厚理论、规范严谨的内容往往难以在短时间内吸引公众的关注。同时,新媒体的崛起使得信息传播渠道更加多元,公众对于信息的选择也更加自主,这进一步削弱了主流媒体在引导社会舆论方面的能力。第三,虚假信息的泛滥对主流媒体的权威性和公信力造成了严重冲击。新闻反转、信息失实现象的频发,不仅损害了媒体的信誉,更导致公众对主流媒体的信任度大幅下滑。这种信任危机的出现,使得主流媒体在引导社会舆论、塑造社会共识方面的作用进一步受到制约。

二十届三中全会《决定》指出,要"加强舆论引导,有效防范化解意识形态风险"。为此,推进主流媒体的角色重塑,充分发挥其作为"定音鼓"和"风向标"的关键作用,唱响时代主旋律、弘扬社会正能量,在多元化中确立主导地位,在多样性中寻求广泛共识,显得尤为迫切。在主流媒体角色重塑的过程中,强化正面宣传与引导主流舆论是其核心角色。这要求主流媒体不仅要积极拥抱新技术、新手段,以更加高效的方式传播信息,更应在重大事件和社会热点问题面前,迅速响应,及时发声,以准确、权威的信息澄清谬误,引导舆论的正确走向,凝聚广泛的社会共识。从而,舆论导向将更加有力,更有效地服务于国家发展和社会进步的大局。

## 三、满足人民群众精神文化需求的迫切需要

随着我国经济社会发展水平的不断提升,特别是在全面建成小康社会,实现第一个百年奋斗目标之后,广大人民群众的精神文化需求更加强烈,更加丰富多样。智能技术的迅猛发展,使得媒体对于经济、社会、文化等各领域的辐射作用日益增强,对人民思想观念、职业发展、日常生活等各个方面的影响也日益深入。社会的快速变动使得人民群众经常陷入困惑与迷茫之中,急需稳定且持续的力量指引方向。这种背景下,文化作为承载历史记忆、蕴含民族智慧与精神追求的精神纽带,其强大的感召力与凝聚力日益凸显。主流媒体作为文化传播的重要载体,应当积极承担起优化文化产品供给质量的责任,通过提供丰富多样、高质量的文化内容,不断满足人民群众多方面、多样化、多层次的精神文化需求。帮助人们能够在差异中找到共识,在分歧中寻求和解。这不仅是主流媒体在新时代的使命担当,也是推动社会和谐稳定、提升人民幸福感的重要途径。

在此方面,主流媒体面临三点角色困境。第一,偏离文化使命,将经济效应凌驾于社会效应之上。在当前网络多元媒介环境的影响下,部分主流媒体片面追求流量和点击率,将经济效益置于社会效益之上,偏离了其应有的文化使命,呈现出求新求快、求奇求特的浮躁之风。为吸引眼球,不惜以偏概全、断章取义,甚至跟风炒作,制造有偿新闻和虚假报道,只为迎合社会文化的低级趣味,传播庸俗、浅薄的内容,进一步加剧了社会心态的浮躁和功利化。第二,未能有效满足人民群众在精神文化层面的分化与个性化需求。当下不同群体对于精神文化产品的偏好和需求差异显著。主流媒体在提供精神文化产品时,一方面高度依赖传统的传播方式和内容形式,忽视了受众在精神追求上的差异性和多样性。另一方面,在数据分析和内容创新方面的能力建设尚显不足,难以精准定位受众的精神文化需求,进而提供符合其兴趣和偏好的个性化服务。第三,缺乏互动性和开放性,未能充分构建一个全员参与的社会精神文明建设平台。在智能媒体时代,个人表达需求被充分激活,个体渴望参与到文化内容的生产与传播过程中,成为文化创造的重要主体之一。然而,当前许多主流媒体在传播过程中仍然保持着较为封闭的姿态,缺乏与受众的有效文化互动和倾听吸纳,也就无从在交流中开展引导。四全媒体理念中的"全员媒

体"强调了媒体要成为社会全员参与生产与传播的平台[①],这不仅是媒体技术发展的必然趋势,也是满足人民精神文化需求的必然要求。主流媒体应当积极拥抱这一理念,打破传统传播模式的束缚,构建共享社会精神文明建设的伟大成果的精神文化平台。

二十届三中全会《决定》指出,要"建立优质文化资源直达基层机制",这对于满足人民群众日益增长的精神文化需求、推动精神生活共同富裕具有深远意义。作为文化传播的主渠道与主阵地,主流媒体承担着社会知识普及、社会教化、道德传承的重任,应践行社会主义核心价值观,传承中华优秀传统文化,提升公众审美素养,坚决抵制低俗媚俗不良倾向,切实维护人民群众的基本文化权益。在此背景下,主流媒体的角色发挥应注重运用数字技术整合文化资源,构建智慧广电等数字化服务平台,使多样化、精准化、高质量的文化产品直达"云端""指尖",为优质文艺作品提供集中展示舞台,从而有效满足人民群众的文化渴求,激发文化热情,增强精神力量。同时,主流媒体应探索新的服务模式,增强互动性和开放性,搭建起开放、包容、互动的文化传播平台,汇聚向上向善的文化力量。

## 第二节　角色重塑的指向:主流媒体的定位与方向

主流媒体的角色重塑,是一个植根于过往角色积淀,面向未来角色定位、升级与革新的动态演进过程。这一过程深刻回应了时代的迫切要求与党和人民的殷切期待。其中时代的要求,是变革的号角,催促着主流媒体在日新月异的技术革新与信息传播局势中,必须主动求变、积极适应。这不仅是对主流媒体应对能力的一次考验,更是其把握机遇、实现跨越发展的必由之路。

### 一、作为新闻宣传者的角色重塑

在当今社会治理新图景下,主流媒体是国家新闻宣传的主导角色。作为信息传播的核心力量,其新闻宣传者的角色是第一位的。在我国,主流媒体承

---

[①] 朱春阳.中国式媒体融合十年的问题清单考察[J].新闻大学,2024(8):97-116,121.

担着"举旗帜、聚民心、育新人、兴文化、展形象"的使命。在受众获取信息的渠道日益多元、各类信息严重过载的智媒信息环境中,主流媒体作为新闻宣传的主导角色一定程度上受到了冲击与消解,在信息环境深刻变革的新征程中,尤其需要对新闻宣传主导角色进行重塑与强化。

### (一)主流媒体应成为复杂信息海洋中的"灯塔"

主流媒体应成为社会各类新闻变动的主导性报道主体。灯塔之所以能够发挥作用,在于其能够充分满足站位足够高、光源足够强、能量足够稳定、能够发出明确的导航信号这四项角色要求。其一,站位足够高指的是主流媒体新闻工作者应始终将党性与人民性统一,始终应以维护党和国家根本利益、人民群众的根本利益作为新闻报道的目的,坚持以正面宣传为主,坚持弘扬主旋律,传播正能量,避免因媒体工作者个人认知能力局限、个人生活境遇、个人好恶判断,导致立场偏颇影响新闻宣传。其二,光源足够强是指所做的新闻宣传凭借其专业的信息采集与生产编辑,能够在信息环境中得以有效扩散,能够产生影响力,避免被各类信息所淹没与裹挟。其三,能量足够稳定是指在信息传播的过程中,新闻宣传应严格把握好正面宣传的"度",避免因不合时宜与违背生活常识的过度渲染或片面报道而带来的负面效果。这要求新闻工作者在传播信息时,既要充分展现社会的积极面、主流面,又要正视存在的问题和挑战,不回避、不夸大社会不良现象,不搞新闻宣传的双重标准。避免低级红高级黑、避免过度追求流量与眼球。其四,能够发出明确的导航信号,是指新闻宣传者需凭借专业的新闻素养,通过采访政府官员、权威专家,为公众筛选、解读出社会生活各个领域的重要且明确的信息,而非语焉不详、模棱两可、似是而非甚至全然向左的信息,帮助公众在信息海洋中能够把握相对明确的信息,获得与国家政策方向相一致的社会行动与个人发展的信息指导。

### (二)主流媒体的新闻报道需成为智媒时代信息真伪的"过滤器"

面对复杂多变的信息环境,新闻宣传者要坚守真实性原则,坚守专业性、严肃性,坚守新闻伦理。顺利履行信息真伪过滤器角色,需要在三个层次上进行努力。首先,是坚守真实性原则,做新闻真实的"守门人"。主流媒体的首要职责是确保每一条发布的新闻都基于坚实的事实基础。这不仅要求新闻工作者具备高度的职业素养,严格遵循新闻采编规范,更要具备批判性思维,对信息源进行多方验证,避免成为不实信息的传播者。在面对社会热点事件时,主流媒体应迅速响应,以客观、全面、深入的态度进行报道,不回避关键问题,不遗漏重要细节,让真相跑在谣言之前。同时,对于网络上的流言蜚语,主流媒体应主动出击,及时辟谣,用权威声音占据舆论高地,防止误导性信息扩散,保护公众的知情权不受侵害。其次,强化审核机制,做信息真实性的"验证器"。在智能媒体时代,主流媒体需构建更加严格而高效的新闻审核体系,这不仅是技术层面的挑战,更是对新闻伦理的坚守。应利用大数据、人工智能等现代技术手段,提升信息筛选与鉴别的能力,对新闻素材进行多维度交叉验证,确保每一篇报道都经得起时间的考验。此外,主流媒体还应建立健全内部监督与问责机制,对发布不实信息的个人或团队实行零容忍,以此维护新闻行业的纯洁性与公信力。通过这样的严格把关,主流媒体能够成为公众心中值得信赖的信息"避风港",在纷扰的信息世界中为公众提供一片净土。最后,应深入探索真相,做社会情绪的"稳定器"。主流媒体不应仅仅满足于传递信息,更应成为深度挖掘真相、引导公众思考的力量。这意味着要深入事件核心,通过高质量的调查报道,揭示社会问题的本质,从而为公众提供较为全面、深入的理解框架。同时,主流媒体还需密切关注网络热点,对公众关切的问题给予及时、真诚的回应,通过权威解读消除误解,缓解社会焦虑。在这一过程中,主流媒体应展现出其独特的价值判断与社会责任感,用正面宣传的力量引导网络舆论向积极健康的方向发展,促进社会共识的形成,成为连接政府与群众、不同社会群体之间的桥梁。

## 二、作为舆论引导者的角色重塑

智能媒体时代,舆论场的复杂性、多元性、非理性和感性化特征日益凸显。在公众表达意见的平台日趋多样、各类声音纷繁复杂的智媒舆论环境中,主流媒体作为舆论引导的主力军面临着前所未有的挑战,在舆论生态深刻演化的新征途上,尤为迫切地需要对舆论引导主导者角色进行重塑与加强,以实际行动响应党的二十大号召,即"巩固壮大奋进新时代的主流思想舆论"。

主流媒体应成为舆论海洋中的"定海神针",在惊涛骇浪之中发挥稳定作用,在众说纷纭的混乱之中提供指引的力量。在角色重塑过程中,主流媒体需深刻洞察并把握新闻传播的内在规律。面对分众化、差异化传播的新常态,主流媒体应当立足自身特色,多层次、多声部地设置议程、构建框架,以丰富多元而又协调统一的主流意见,对群众意见进行系统的梳理与整合,提炼出具有普遍意义与价值导向的主流意见。消弭和化解群众意见分歧,促进公众理性思考,使得正确的意见性信息占领传播渠道。

在中国古代神话的瑰丽想象中,定海神针不仅能够起到安澜稳固的作用,更具备能屈能伸、自由变换大小的神奇能力——既能缩小至绣花针般细致灵活,敏锐捕捉社会情绪的微妙变化、串联起社会意见,又能扩展至顶天立地,以其强大的影响力和穿透力,直击人心,对负面言论有力回击,澄清谬误、弘扬正气,引领舆论风向。

主流媒体,作为新时代的舆论场"定海神针",同样需具备这种"能大能小"的重要能力。在"小"的层面,它应如绣花针般精细,能够敏锐地捕捉并串联起群众零散、碎片化的观点与情绪。群众在表达意见时,往往缺少完整性、系统性和深刻性,因此必须深入理解群众所想,才能有效引导、塑造舆论,使之朝预期方向发展。通过细致入微的观察与分析,准确把握社会脉搏的每一次跳动,为舆论引导提供坚实的数据支撑与情感共鸣点。由此,主流媒体在角色重塑中,应积极利用智能技术支持,开展网络社情民意调查,充分理解群众所处的境遇、面临的问题和需要帮助的导向。梳理出广大受众最本质、最现实、最迫切的需求,整合他们面临的困惑、疑虑和困难。在掌握受众需求的基础上,主流媒体需通过多层次、多步骤的信息回应进行引导。这不仅要求主流媒体及时、准确地发布信息,更需注重信息的全面性和深度,确保受众能够全面了解事件来龙去脉,形成正确的认知。2023年初,中共中央办公厅印发的《关于在全党大兴调查研究的工作方案》为新闻宣传领域指明了方向。调查研究是谋事之基、成事之道,对于主流媒体而言,深入调查就是研究受众如何想、如何说。因此,主流媒体应充分利用各类智能媒介技术,高效认知舆情、理解社会情绪,准确把握社会脉搏。如利用大数据分析技术对网络信息进行挖掘分析,提炼受众关注的焦点、热点话题及舆情趋势;利用媒介技术对受众的话语偏好进行分析,熟悉受众的表达方式与接受方式,从而调整话语策略,提高信息的传播效果和受众的满意度。形成在媒介空间反映出的人民的呼声和期盼有着落、有回应的良好舆论局面。

作为舆论领域的定海神针,主流媒体在应对复杂多变的舆论场时,必须展现出其独特的担当与力量。当需要其"变大"的时候,主流媒体应展现出其顶天立地的担当与力量。在关键时刻敢于亮剑、能够亮剑,对负面社会舆论具备强大的回击能力。对于那些涣散人心、离心离德,破坏改革发展稳定大局,甚至造成社会动荡、危害党和国家前途命运的恶性言论,主流媒体必须坚决予以回击。

主流媒体的舆论引导者角色重塑,还应充分彰显"定海神针"的象征意味,定海神针在神话中意味着正义与可靠,能在风浪中稳住四方,为众生提供指引。在复杂多变的舆论场中,舆论的自发性、突发性、公开性、冲突性、无界性和难控性相互交织,主流媒体应进一步明确并强化其担当与可靠的角色形象,在关键时刻发声而不噤声,面对突发事件或敏感话题时,主流媒体不能一味沉默自保或回避,而应迅速反应,以权威的信息来源和专业的分析解读引导舆论。在舆论的冲突与纷争中,主流媒体不能随波逐流,更不能为了迎合某些群体的利益而牺牲原则。相反,它应成为正义的守护者,以客观公正的态度呈现事实,揭露虚假信息,维护社会的公平与正义,从而赢得公众的信赖和支持,在一个充满变数的舆论环境中营造出有利于稳定局面的氛围。

## 三、作为思想引领者的角色重塑

媒介自身具有意识形态属性,中国的主流意识形态是中国共产党汇集举国之力推进中国式现代化的精神动力源泉和思想观念保障。主流媒体应主动担当,成为智能媒体时代中人民群众的思想引领者,促进形成鼓舞人们前进的巨大精神力量。伴随着社会利益格局的不断分化与重构,思想领域呈现出日益多元化的态势,具体体现为各类社会思潮的涌现与交织,其中不乏诸如极端民粹主义、拜金主义、享乐主义、极端个人主义及历史虚无主义等负面思潮。这些思潮的泛滥,不仅侵蚀着社会的精神基石,还严重危害着社会主义核心价值观的培育与践行,对社会的和谐稳定与长远发展构成潜在威胁。

在智能传播的新时代,思想引领的传播格局被部分重塑,主流媒体在思想领域的权威地位受到冲击,特别是一些有意与主流媒体保持距离的所谓意见领袖和网红,通过新媒体平台就社会热点问题发表与主流媒体相左的观点,与主流媒体在思想引领上展开竞争,争夺受众的关注和认同。

在新征程上,主流媒体要重塑思想引领者的角色,加强思想理论建设,提升媒体的思想深度,肩负起解答人民群众关于国家发展与现代化强国建设的思想困惑的角色担当,并在一系列重大问题上引导人民达成广泛思想共识。其中的思想困惑包括新时代的物质与精神的关系、效率与公平的关系、发展与安全的关系。这要求主流媒体能够澄清受众模糊认识、通过通俗易懂的说理来帮助群众辨析负面社会思潮。在一系列重大问题上,如中国现代化的实践途径、光明前景、世界贡献等,要引导广大群众坚信,中国特色社会主义道路是被实践证明了的符合中国国情的正确道路,是创造人民美好生活、实现中华民族伟大复兴的康庄大道。要求主流媒体通过对人民群众的思想引领,坚定人民群众的道路自信,不管遇到多少艰难险阻,都要沿着现有道路坚定不移走下去。在与新自由主义、历史虚无主义、西方所谓"普世价值"等的斗争中,在与污名化中国、宣扬"中国威胁论"的交锋中,主流媒体应站在时代前列,积极参与社会价值观的塑造和传播,弘扬社会主义核心价值观,倡导正能量,提升公众的道德素养和文明程度。通过讲述感人至深的故事、展示先进典型的事迹,以润物无声的方式激发社会正能量,凝聚人心、鼓舞士气。同时,主流媒体还应关注社会思潮变化,及时回应思想领域的热点问题,为公众提供思想引领和精神滋养。坚决遏制各类不良思想的喧嚣鼓噪和蔓延扩散,使主旋律的声音更加嘹亮、正能量更加强劲。

### 四、作为文化传承者的角色重塑

党的二十届三中全会审议通过的《中共中央关于进一步全面深化改革、推进中国式现代化的决定》要求要优化文化服务和文化产品供给机制。要以丰富多元的精神产品满足人民群众日益增长的精神文化需求。主流媒体应当积极响应,主动完成文化传承者的角色重塑,更好地服务于国家文化战略和人民精神需求。

#### (一)坚守文化立场,做智媒时代文化精髓的提炼者

二十届三中全会要求:"要深入挖掘和阐发中华优秀传统文化讲仁爱、重民本、守诚信、崇正义、尚和合、求大同的时代价值,使之成为涵养社会主义核心价值观的重要源泉。"媒体应当深思,如何顺应时代特色与需求,将中华民族最核心的文化基因与现代文化相融合,使之与当代社会和谐共生,焕发出崭新的时代魅力。主流媒体应始终坚守正确的文化立场,将社会主义核心价值观

融入文化传播的全过程,以高尚的文化品位和积极的价值导向引领社会风尚。展现中华文化的独特魅力和深厚底蕴,增强民族自豪感和文化自信心。

主流媒体需深入挖掘并提炼出中华优秀传统文化的精神象征,以及其中蕴含的对当代具有价值、对世界具有意义的文化精华。同时,要根据时代的新发展、新成就,对中国文化的深层含义进行丰富、扩展和完善,以增强其影响力和吸引力。需注重提炼承载中华文化和中国精神的价值符号和文化产品。这些提炼出的价值符号和文化产品不仅应体现中国文化的深厚底蕴,更应展现出与现代社会的紧密关联,从而引领价值导向,影响并塑造公众的文化价值观念。

### (二)不良文化的抵制者与批判者

智媒时代下,信息的生成与传播速度达到了前所未有的高度,媒介产品在流量的趋势下,往往追求强烈的视觉冲击力和快速的剧情反转,这使得职场爽文、反转微短剧等快餐式文化产品盛行,加剧了庸俗化、娱乐化、极端化的文化形态泛滥。相比之下,传统文化的庄重、深邃的审美意涵被忽视,甚至被边缘化,难以发挥"以文化人"的滋养作用,加剧整个社会心态的浮躁、焦虑与功利。因此,主流媒体在智媒时代中应努力成为不良文化的抵制者与批判者,揭示不良文化的本质和危害,引导公众树立正确的文化消费观念,积极倡导理性思考和文化批判精神;利用自身的专业优势,对各类文化现象进行深入剖析和批判,帮助公众提高文化素养和鉴别能力,促进健康向上的文化氛围的形成。

### (三)主流媒体应成为文化传播的"创新者"

强化内容创新,提升文化产品品质。主流媒体需要将中国文化的核心内容,通过恰当的提取、包装,转换为适合当代传播的形式,制作和传播具有思想深度、艺术魅力和文化价值的文化产品。运用当代传播中的诸多手段,打造切合当代人口味、与当代人现实生活相结合,符合当代人需求、易于当代人认知的文化。利用多种内容创新,实现个人价值信念与主流文化价值的同构。主流媒体应不断创新文化传播的内容与形式,注重挖掘和呈现具有时代特色、地方特色和民族特色的文化资源,打造一批具有广泛影响力的文化品牌。通过高质量的新闻报道、文化节目和文艺作品,提升文化品质,满足人民群众日益增长的精神文化需求。

构建适应智能媒体生态的文化传播新平台,以提升优秀文化的互动体验为核心。要充分利用新媒体平台的互动性、娱乐性和场景化特性,持续优化用户体验场景,打造多样化的"新闻＋文化"产品,深入挖掘并细腻呈现文化细节。借助 AR、VR、5G、虚拟技术等智媒技术,提高文化传播的参与度和感染力。

促进跨界合作,推动文旅创新项目。主流媒体应利用自身的传播优势,将文化的精髓与旅游体验紧密结合。推动文旅产业与其他行业的跨界合作,共同开发文化旅游产品,携手创造文化旅游产品的新篇章。此类跨界合作有助于消除行业界限,促进资源的有效整合与互补优势的实现,推动文旅产业的创新发展。主流媒体可以发挥自身的媒介平台作用,为跨界合作提供宣传和推广支持,促进项目落地和产业升级。培育新兴文化业态和文化产业增长点,打造具有创新性和竞争力的文化产品和服务,为文化传承与创新注入新的活力。

## 五、作为人民服务者的角色重塑

随着信息技术的飞速发展和社交媒体的广泛兴起,传播者与接受者的关系发生了深刻变化。对于旨在成为信息时代社会运转"神经中枢"的主流媒体来说,其本身就是一个连接和重组各种社会资源的平台和最广泛社会资源集中汇聚的节点,因而聚焦服务内容形式与范围的拓展,成为各级主流媒体寻求发展空间的必然之选。[①] 主流媒体应当在为广大用户提供充分信息内容的基础上,打破媒体思维在功能边界上的局限性和狭隘性,拓展信息服务与民生服务的空间和领域。

### (一)融合新闻与政务,做政务信息的精准服务者

主流媒体作为社会信息交流与传播的核心枢纽,其作为人民服务者的角色正经历着深刻的转型与重塑,特别是在新闻＋政务服务领域展现出了前所未有的活力与潜力。主流媒体不再仅仅局限于新闻报道的传统范畴,而是积

---

① 胡正荣,李荃.融媒十载:中国媒体融合的行动逻辑、价值意涵与实践路向[J].传媒观察,2024(7):5-12.

极拥抱数字化转型,主动对接政府系统,集成并优化政务资源,成为政务信息公开的重要渠道与平台。目前很多主流媒体通过主动对接政府系统,集成政务资源,实现政务信息公开、政务服务便捷办理的功能。在打通政务信息传递"最后一公里"方面做出了巨大的努力。然而,目前信息服务角色的发挥还有待进一步的提升,不足表现在四点。一为重政策传达、轻个性解读,主流媒体在信息服务上往往更侧重于政策的广泛发布,而在将这些政策细化、个性化解读以适应不同受众需求方面做得不够。这导致政策信息虽然得以广泛传播,但是政策信息的传递往往停留在文本表面,缺乏深度分析和政策背景解读,使得受众难以进一步全面、深入理解政策背后的逻辑和意图,对政策的具体内容、影响及如何操作往往一知半解,难以达到政策的"千人千面"信息服务效果。二为重信息发布,轻舆情回应:在信息的快速发布上,主流媒体表现出色,但在及时、准确回应民众关切和舆情动态上仍有不足。舆情回应的滞后或不足,容易引发误解和不满,影响政府公信力和社会稳定。三为重单向传播,轻双向互动,当前的信息服务往往侧重于单向的信息传播,而忽视了与民众的双向互动。民众通过媒体平台反馈的意见和建议,往往没有得到及时、有效的转达和回应,这削弱了民众的参与感和归属感。四为重意见收集,轻跟进反馈,主流媒体在服务 APP 中,重视收集民众的意见和建议,但在后续的跟进、改进措施的实施及反馈结果的传达上,仍显不足。这种"重收集、轻跟进"的现象使得民众的诉求难以得到有效解决,也影响了媒体平台的公信力和服务实用性。

在加强政务信息服务作用方面,应不断拓展服务边界,加深服务层次,主流媒体需进一步发挥其资源整合的优势,构建起一套涵盖信息采集、处理、发布到反馈的全链条工作监督责任体系。促进信息在媒体、政府、公众多主体间的顺畅流通与共享,在确保信息安全的前提下,进一步推动政务底层数据的深度联动与共享,以数据赋能政务服务,通过互通化的资源整合与差异化的服务策略,满足不同群体、不同场景下的政务服务需求,实现服务的精准化与个性化。形成集信息、互动、服务于一体的立体化政务服务生态系统。

(二)深化新闻与民生服务,做民众需求的贴心回应者

在政务信息服务的基础之上,主流媒体还应积极拓展服务边界,努力成为民生服务的权威提供者,如开发应用创新类新闻产品及拓展延伸服务。围绕

老百姓关心的民生大事,精准发掘民生痛点、堵点和需求点,提供一揽子有温度有力度的综合解决方案。如在教育和就业领域,通过摸索产教融合新模式,搭建学历教育、技能培训、创业孵化等全生命周期的教育和就业服务;在医疗健康领域,开通问答咨询、在线问诊、开方购药等一站式医疗服务,缓解医疗资源分配不均的问题。针对老龄化社会下,"养老""家政"等日益凸显的民生需求,主流媒体可利用自身影响力和资源整合能力,为用户推荐信得过的优质养老服务和家政服务。通过严格筛选服务提供商,建立服务评价体系,确保用户能够享受到安全、专业、贴心的服务,有效缓解老年人群体的养老难题和家庭的后顾之忧。

作为人民的服务者角色,主流媒体应以创新精神与角色担当,深度整合保健医疗、娱乐休闲、就业教育、交通出行等多领域的丰富资源,打造全方位、多层次的民生服务平台。响应人民群众日益增长的多样化生活需求,不断升级服务模式,为提升人民福祉贡献源源不断的力量,书写新时代媒体服务人民的新篇章。

## 六、作为社会治理者的角色重塑

党的二十大报告强调,要不断完善社会治理体系,建立健全共建共治共享的社会治理制度,以全面提升社会治理的效能。近年来我国智能城市和智能社会数字基础设施的迅猛发展及持续优化,为主流媒体参与社会治理提供了技术支持与物质保障,特别是人工智能相关技术的发展与应用,使得主流媒体得以打破原先文化符号生产的局限,深度融入社会运行的底层基础之中,进一步嵌入到社会治理的领域之中。以智能化主流媒体为骨干的现代传播体系已经成为国家新型基础设施的重要组成部分,形成了纵向贯穿各个层级、横向融合各行各业的综合传播网络,极大延伸了主流舆论的传播场域。传播从社会结构的一部分进一步演化为社会结构的基本要素,催生出了新的媒介理念——"传播即治理"[1],由此,时代也为主流媒体赋予了新的社会角色——社会治理创新的推动者。主流媒体需不断助力社会治理模式的创新,推动社会

---

[1] 王辰轩,沈致远."传播即治理"的逻辑和趋势下,主流媒体智能化,如何赋能社会治理现代化?[EB/OL].(2023-08-16)[2024-10-02].https://export.shobserver.com/baijiahao/html/643081.html.

治理向更高质量、更高水平迈进。这一新角色的定位,不仅彰显了主流媒体在新时代的重要地位,也为其未来的发展指明了方向。

## (一)社会共建的推动者,构建多元协同的治理新生态

社会共建要求人人有责、人人尽责,主流媒体应强化自身作为跨界资源整合者的角色定位,积极搭建各类资源联结和交汇的多元化互动平台,通过整合社会资源,促进政府、社会组织、公众等多元主体之间的沟通与协作,从而让各方共同参与到基本民生建设、社会安全建设、生态文明建设、区域协调发展等社会建设领域中去。这一过程中,媒体应充分发挥其治理角色,不仅促进媒体与用户之间、用户彼此之间的广泛连接,打破跨行业或跨领域导致的隔阂和壁垒,推动社会治理主体从单一的政府部门向社会公众、企业等不同主体扩展,协助构建多元化、立体化治理体系。

## (二)社会共治的参与者,成为社会治理的智慧引擎

社会共治即共同参与社会治理,打造全民参与的开放治理体系。对于党和国家制定的各项社会方针政策,主流媒体应成为社会治理的信息桥梁与智慧引擎。一方面,主流媒体应加强对政策进行灵活与个性化的宣传和解读,帮助公众更好地领会政策意图,促进政策的顺利实施。另一方面,应加强实时、高效地收集并反馈社会意见与行动的能力,在社会政策的执行、评估、反馈、修订、监督过程中发挥积极作用,确保政策的科学性与实效性。更进一步,媒体应通过其丰富的媒体资源数据库,结合历史报道素材,开展数据分析与研判,分析社会治理的难点、堵点,精准识别社会需求与矛盾,为政府社会治理决策提供科学依据,助力实现社会治理的精细化与智能化,从而形成集智慧沟通、社会感知和智慧决策三位一体的社会共治重要参与者。

## (三)社会共享的促进者,担当共享理念的倡导者与实践者

共享即共同享有社会治理的成果,使社会治理的成效更多更公平地惠及全体人民。主流媒体在推动社会共享中应扮演促进者的角色,做好社会共享理念的倡导者和实践者。应通过多种方式,促进社会中的资源、知识、技术、信息等被更广泛的人群共同拥有、使用和分享,从而推动社会的整体进步和和谐发展。通过广泛报道社会治理的成功案例和显著成果,生动展现共建共治共

享社会治理制度的独特优势。增强公众的获得感和幸福感,让民众切实感受到社会治理带来的实惠和变化。公众在了解和认同这些成功案例的过程中,会更加积极地参与到社会建设中来,形成人人参与、人人尽力、人人都有成就感的生动局面。除了展示社会治理的成功案例,主流媒体还应发掘成功背后的原因与经验,为其他地区和行业提供有益的借鉴和参考。提炼能够跨地区、跨行业推广的经验模式,推动各地根据实际情况制定更加科学、合理的政策措施,从而促进更大范围的社会共享的实现。

## 第三节　角色重塑的实践:主流媒体的前行路径与探索

在全面审视主流媒体在社会治理体系中的角色与功能的基础之上,需要以系统集成的思维,全面提升能力,综合运用开放合作的策略,从已有的优秀做法中学习精髓、不断深化,实现角色的深度履行与价值的全面释放,从而更好地适应社会发展需求,确保角色重塑工作有序推进。

### 一、以系统集成推动新闻宣传与网络舆论角色一体化管理

党的二十届三中全会《决定》明确提出"着力推进新闻宣传与网络舆论的一体化管理",这一战略要求直击主流媒体角色发展中的紧迫现实问题,对当前及未来一段时间内有效发挥新闻宣传角色与舆论引导角色具有重要的指导意义。在智能媒体环境下,新闻宣传与网络舆论呈现出日益紧密的融合趋势,如何系统集成二者优势,构建一体化的管理模式,成为主流媒体亟须解决的问题。

(一)思维集成:深化新闻宣传与网络舆论协同认知

在推进新闻宣传与网络舆论一体化管理的过程中,首要任务是深化二者之间的协同认知,实现思维的集成。坚持统一的工作指导思想。要将马克思主义指导地位贯穿到新闻宣传和网络舆论工作的全过程,确保两者在指导思想上的高度统一。这要求主流媒体始终坚持为人民服务、坚持党性和人民性

的统一，深入洞察广大人民群众最紧迫、最实际、最根本的信息需求，回应人民关切，反映人民意愿。

树立整体性观念。新闻宣传与网络舆论工作存在密不可分、相互依存、相互促进的整体关联。宣传工作是回应民意、上情下达，舆论工作是洞悉民情、下情上传。二者各有侧重，但核心目标高度一致，即高效的信息传播和积极的观念引导，以廓清发展疑惑、凝聚社会共识，维护人民群众最根本利益。

强化协同思维。要充分挖掘新闻宣传和网络舆论在工作理念上的契合点，作为推动二者一体化管理的核心动力。两者都致力于通过信息传播与认知引导，深入影响人的精神领域，旨在引领认知方向，明确价值取向。它们本质上都是对人民精神层面的牵引、教育与引导，搭建起国家与民众之间精神交往的桥梁，促进社会共识的形成与价值的传递。

### （二）管理集成：构建新闻宣传与网络舆论协同机制

在思维集成的基础上，需要进一步构建新闻宣传与网络舆论的协同机制，实现管理方式的集成。第一，要完善政策体系。在制度层面，要进一步完善相关政策体系，为新闻宣传与网络舆情管理的协同运作提供有力支撑。要精简流程，去除冗余环节，完善新闻宣传与网络舆情引导的联动机制，确保不同部门或主体之间的协同工作顺畅进行。第二，要推动技术融合。在技术层面，要积极利用智能技术提升组织的运营效率和管理水平。要搭建人机协同管理系统，实现决策辅助智能化、任务分配智能化、工作管理智能化。同时，要做好技术风险评估与防范，加强新闻宣传和网络舆情数据的安全保障。第三，要促进资源共享。应避免盲目扩大各类技术平台、重复建设导致的技术平台过剩问题。要有效整合技术资源，将现有的数据分析工具、内容分发系统等整合到系统化平台中，实现资源的共享和优化利用。

### （三）工作方式联动：强化新闻宣传与网络舆论协同作战

新闻宣传和网络舆论密切相关。通过宣传形成所要形成的革命舆论并使之深入人心和不断强化，历来就是中国共产党新闻舆论工作的优良传统。[1] 系统思维，本质是最优化的综合统筹设计，所要实现的目标是整体性能最优。

---

[1] 丁柏铨.毛泽东舆论思想的内涵、特色及启示[J].传媒观察，2023(12):16-27.

加强新闻宣传与网络舆论工作之间的协调配套与联动集成,推动各项管理举措同向发力,形成合力。这要求在实际工作中,以舆论引导思维谋划新闻宣传,以新闻宣传思维做好舆论引导。防止和克服各行其是、互相掣肘的问题,避免出现顾此失彼、合成谬误等现象。

以舆论引导思维谋划新闻宣传工作。在复杂信息场域中,新闻宣传工作的规划与实施应深植于舆论引导的思维土壤之中。需要从系统集成的战略高度出发,把握舆论环境的动态变化,借助舆论洞悉民情,捕捉社会焦点、堵点、痛点,并以此为依据调整宣传内容与宣传话语形式。湖北网络广播电视台在2023年7月推出的"2023防汛助手"系列融媒体报道,坚持"人民至上、生命至上"的总基调,深入一线展现湖北全省各地雨情、水情、汛情,密切关注防汛抢险救灾中的典型人物与典型事件。通过社交媒体和新闻平台,实时收集和分析公众对于灾情的讨论和关注点。基于对大量数据的分析,他们发现公众对于救援进展和后续安置等问题最为关心,于是第一时间安排记者深入一线采访受灾群众和救援人员,通过讲述现场鲜活的故事,展现救援工作的艰辛和受灾群众的坚韧,回应网络上的不实信息和谣言,有效防止了谣言扩散和恐慌情绪蔓延。此外,湖北网络广播电视台还联合湖北省水利厅、湖北省应急管理厅、湖北省气象局、武汉市应急管理局等部门共同构建了信息共享和协同工作平台,实时更新灾情信息和救援进展,为政府部门和其他救援机构提供决策支持和行动指导。

以新闻宣传为引擎构建舆论引导机制。从本质上看,舆论是观念的集合,属于意识范畴,而客观事实是舆论生成发展的基础,决定其总体形态和基本走向。因此,舆论引导重在用事实说话,用"事实"加以引导。[①] 宣传不仅能够塑造公众意见,还能对既定的舆论信息进行推广,确保其在更大范围内被大众所了解。在引导过程中,主流媒体应坚守新闻宣传的真实性原则,紧扣社会变动为受众提供纷繁复杂事物的事实依据和现实支撑。

同时,主流媒体还应充分考虑到舆论中事实的多样性和复杂性。在报道中,他们不仅要呈现主流媒体中的事实,还要揭示众声喧哗中的事实真相,防止错置和以偏概全的现象发生。通过有效地运用新闻宣传的议程设置等规律,主流媒体可以把握新闻舆论工作的"时、度、效"原则,实现新闻宣传与舆论

---

① 刘肖,董子铭.舆论引导力的学理解读[J].当代传播,2012(3):36-38.

引导的深度融合与协同作战。如重大主题跨省区联动直播节目《大国治沙》，是由国家广电总局指导、内蒙古广播电视台主办，联合宁夏、陕西、山西、辽宁、吉林、甘肃、青海、新疆8家省级媒体承办。节目聚焦黄河"几字弯"生态环境系统治理攻坚战、科尔沁和浑善达克沙地歼灭战、河西走廊—塔克拉玛干沙漠边缘阻击战三大标志性战役，连线9省区一线记者，展示了南方的草能治北方沙、科尔沁沙地里长荷花、螃蟹在库布其安了家等生动案例，通过故事化表达，增强感染力和传播力，通过沙沼地上治沙致富的女支书夏国云等典型人物、典型地区、典型事实，讲述治沙故事。展现各地人民在党的领导下，防沙、治沙经验取得的巨大成就。这是国内媒体首次以荒漠化治理为主题的跨省直播，连续6小时不间断直播。《大国治沙》全网观看量达到7051.65万人次，互动量达到120万人次，话题总阅读量达4亿。在时上，节目选择在全国生态日等重要节点进行播出，增强了节目的时效性和针对性；在度上，节目既不过度渲染治沙工作的艰辛，也不忽视其中的成就和经验，保持了客观公正的态度；在效上，节目通过广泛的传播和深入的报道，实现了良好的舆论引导效果，展示出共产党干部带领人民为全球荒漠化治理贡献中国经验和中国智慧。

## 二、以能力提升支撑思想引领与文化传承角色履行

### （一）深化内容创新能力，以艺术魅力强化思想引领

艺术化表达，增强审美体验。主流媒体在重塑思想引领者角色的过程中，首要任务是提升内容创新能力，将思想引领与艺术表达相结合，减少教诲意味，增强文本的审美作用。这意味着主流媒体需要借助文学、影视、音乐等多种艺术形式，将复杂的政策理念、社会思潮以更加生动、形象的方式呈现给受众。例如，通过制作高质量的纪录片、微电影、公益广告等，将社会主义核心价值观、国家发展成就等抽象概念转化为具体可感的视觉语言，让观众在享受艺术的过程中潜移默化地接受思想引领。在国家广播电视总局2024年8月公布的全国广播电视媒体融合典型案例中，新疆广播电视台推出的《国宝里的新疆》（第二季），通过短纪录片这一载体，将承载着中华民族共同体历史记忆的遗址和文物，进行创造性转化、创新性发展，多层次、全方位、立体式展现自古

以来新疆各民族交往交流交融的历史事实,让中华文化通过实物实景实事直抵人心,让文物"说话""发声",让文化"有形""可见",受到了社会各界的热烈反响。

情感共鸣,提供愉悦体验。主流媒体应注重挖掘社会热点、民生问题中的情感元素,通过讲述感人至深的故事、展示先进典型的事迹,激发受众的情感共鸣。同时,要顺应现代人的失落、焦虑、紧张情绪,提供积极的心理抚慰和情绪疏导,使受众在享受艺术魅力的同时,感受到心灵的慰藉和精神的鼓舞。在内容创作上,要避免浅薄庸俗,追求深度与广度的平衡,确保思想性与艺术性的高度统一。

创新传播方式,提升传播效果。主流媒体应充分利用互联网技术和新媒体平台,创新传播方式,提高思想引领的传播效率和覆盖面。通过社交媒体、短视频平台等渠道,以更加灵活、便捷的方式推送优质内容,吸引更多年轻受众的关注。同时,要注重与受众的互动,及时回应受众关切,增强受众的参与感和认同感。在传播过程中,要防止思想引领被简单等同于政治宣传,注重以理服人、以情感人,实现思想引领与受众需求的有机统一。如江苏省广播电视总台2023年制作的理论节目《中国智慧中国行》,聚焦"两个结合",即把马克思主义基本原理同中国具体实际相结合、同中华优秀传统文化相结合,围绕党的二十大报告中阐述的"天下为公、民为邦本、为政以德、革故鼎新、任人唯贤、天人合一、自强不息、厚德载物、讲信修睦、亲仁善邻"10个代表中华文化智慧结晶的古语,通俗化、大众化、视听化阐释重要思想的真理力量和实践伟力。节目通过多角度、多形态的浩大宣传声势,让正能量产生大流量。首轮播出后,十家卫视电视端覆盖观众共达1.08亿,单集最高收视率达2.175%;节目还在芒果TV、爱奇艺、优酷、腾讯视频、抖音、快手等重点视听平台播出,网络端相关视频总播放量破5.9亿,成为电视理论节目的"现象级"作品。

### (二)强化文化传播能力,打造文化品牌矩阵

坚守文化立场,提炼文化精髓。主流媒体在文化传承者的角色重塑中,应坚守正确的文化立场,深入挖掘和阐发中华优秀传统文化的时代价值。通过提炼文化精髓,打造具有中国特色、时代特征、世界影响的文化品牌。这要求主流媒体不仅要熟悉传统文化的内涵和外延,还要具备将其与现代社会相结

合的能力,创造出既符合时代要求又具有深厚文化底蕴的文化产品。例如,可以通过制作文化综艺节目、推出文化类APP等方式,将传统文化的精髓与现代人的审美需求相结合,实现传统文化的创造性转化和创新性发展。

抵制不良文化,净化文化环境。在智媒时代下,主流媒体应成为不良文化的抵制者与批判者。通过揭示不良文化的本质和危害,引导公众树立正确的文化消费观念。同时,主流媒体可以利用自身的专业优势,对各类文化现象进行深入剖析和批判,提高公众的文化素养和鉴别能力。在抵制不良文化的过程中,主流媒体要注重方式方法,既要坚决果断又要注重引导,避免引发不必要的争议和误解。通过净化文化环境,为健康向上的文化氛围的形成提供有力支撑。

跨界合作创新,推动文化传承与发展。主流媒体应充分利用自身传播优势,推动与影视、动漫、游戏等行业的跨界合作与创新发展,通过共同开发旅游项目、打造文创产品等方式,打造具有创新性和竞争力的文化产品和服务,进一步消除行业间隔阂,促进资源整合与优势互补。在此过程中,主流媒体可以发挥自身的媒介平台作用,为跨界合作提供宣传和推广支持,促进项目落地和产业升级,为文化传承与创新注入新的活力。

### (三)提升技术融合能力,构建智能传播体系

利用智能技术,优化内容生产。主流媒体应充分利用大数据、人工智能等智能技术,优化内容生产流程,提高内容生产的效率和质量。通过智能分析受众需求和行为特征,精准推送符合受众需求的内容。同时,可以利用智能技术辅助内容创作,提高内容创作的创新性和艺术性。例如,通过AI写作、智能剪辑等技术手段,可以快速生成高质量的新闻稿件和视频内容,为受众提供更加及时、准确、丰富的信息。如在国家广播电视总局2024年8月公布的全国广播电视媒体融合典型案例中,湖南广播电视台"文化+科技赋能现象级纪录片——《中国》第三季全链路融创探索",在内容上紧扣时代主题,厚植中华文明根脉和中华文化源流;在形式上探索历史文化纪录片的新范式,创造性采用"绘画+CG"形式,实现"思想+艺术+科技"的融合。节目前四期播出期间融合传播指数位居同期在播纪录片第一,且多次位列当日全网热播纪录片榜单、晚间黄金档电视节目融合传播榜单第一。《中国》第三季在人民日报上讲好中国故事,人民日报微博、视频号、客户端、视界APP连续直播,累

计观看近860万次,总互动量近1亿。节目相关热搜共计上榜20次,累计在榜时长101.2小时;微博热门话题累计传播19亿次,美誉度97.9,热议用户中"Z世代(1997—2021年出生)＋Y世代(1981—1996年出生)"受众占比超八成。

搭建智能平台,增强传播效果。主流媒体应搭建切合智能媒体环境的文化传播平台,增强优秀文化的互动体验。通过利用AR、VR、5G等智媒技术,打造多样化的"新闻＋文化"产品,提高文化传播的参与度和感染力。同时,要注重与新媒体平台的融合与联动,通过社交媒体、短视频平台等渠道扩大文化传播的覆盖面和影响力。在智能平台的搭建过程中,要注重用户体验和互动效果,不断优化场景设计和功能设置,为受众提供更加便捷、高效、愉悦的文化体验。如河南广播电视台于2024年6月推出的"大象元AI数字资产创作和应用平台",通过开放式三维模型建设,打造了国内独树一帜的海量国风数字资产平台;通过共享式创作计划,打造紧跟时代的XR及AIGC作品展示平台;构建创新生态系统,旨在创立国内顶尖的移动端AR技术革新应用平台。大象元所制定的《三维建模Easten标准虚拟现实(VR)数字媒体资产数据描述规范》,从五个不同方面对建模的创作流程进行了标准化界定。这一举措不仅是技术进步的体现,更是积极响应并推动国家文化数字化战略的重要实践。另一个展现主流媒体在智能媒体时代对文化传播方式的创新探索的案例是2024年8月湖南广电集团推出的数字文博大平台"山海"APP。该应用平台综合利用了AR、VR、5G等智能技术,将传统文化与现代科技深度融合,为用户提供了全新的"新闻＋文化"产品体验。通过智能化的采集与处理,平台能够在短时间内将大量文物进行数字化转化,并以高清晰度的形式呈现给用户,这种高效的内容生产方式正是智能平台新质生产力的体现。在用户体验方面,"山海"APP不仅提供了丰富的文物展示,还通过"文物展陈"、"社区互动"等功能,增强了用户的参与度和互动性。用户可以在平台上进行文物欣赏、学习交流,甚至参与AI二创等创作活动,这种互动性不仅提升了用户的文化体验,也促进了文化的传播与普及。尤为值得一提的是,该平台还探索了数字文博永久合伙共享机制,利用区块链技术构建新型生态,为全球创作者提供了一个共同参与、共同受益的中华文化资源宝库开发平台。这种模式的创新,不仅激发了创作者的积极性,也为文化产业的多元化发展提供了新的可能。

## 三、以开放合作促进人民服务与社会治理角色履行

### （一）深化开放合作，构建多元共治格局

强化政媒合作，推动政策精准落地。主流媒体应主动加强与政府部门的合作，通过搭建政策解读与宣传平台，实现政策信息的精准传递。利用大数据分析、人工智能等技术手段，对政策内容进行深度剖析和个性化解读，满足不同受众群体的需求，确保政策信息的广泛覆盖和深入理解。同时，主流媒体还应积极参与政策制定过程，通过举办政策研讨会、开展社会调查等方式，收集社会各界对政策的意见和建议，为政府决策提供科学依据。

拓展企媒合作，提升主流媒体自身经济造血能力，促进经济发展与社会效应的双赢。主流媒体应不断探索与企业深化合作的模式，通过联合举办公益活动、推出商业合作项目等方式，共同履行社会责任，推动经济发展。在合作过程中，主流媒体应坚持正确的舆论导向，积极传播正能量，引导企业树立良好形象。同时，利用自身平台优势，为企业提供品牌宣传、市场推广等服务，助力企业转型升级和高质量发展。如重庆市綦江区融媒体中心摸索的"乡村振兴四级直播体系"，坚持服务乡村振兴，助力农产品出村进城，拓展"新闻＋商务"的新模式，紧紧依托"直播带货"这一核心策略，在全市域内精心布局，成功搭建起涵盖市、区、镇、村四级的全方位直播网络体系。这一体系被誉为川渝黔地区的"云端致富工厂"，它不仅推动了电子商务深入农村腹地，还极大地促进了农产品上行通道的建设，让乡村的优质产品顺畅地走出乡村，进入城市市场，实现了城乡经济的有效对接与共赢发展。在 2019 年至 2024 年的 5 年时间里，建立起 4 个层级，21 个直播间，协调 500 余名公益主播参与，开展 1200 余场公益直播，推动线上线下销售 7000 余万元，惠及群众 540 万余人次。

推动公众参与，构建多元共治体系。主流媒体应充分利用自身平台优势，搭建公众参与社会治理的桥梁和纽带。通过举办线上线下的互动活动、开设民意反馈渠道等方式，鼓励公众积极参与社会治理，表达自身诉求和意见。同时，主流媒体还应加强对公众意见的整理和反馈，推动政府部门及时回应和解决公众关切的问题，增强社会共识和凝聚力。如在国家广播电视总局 2024 年

8月公布的全国广播电视媒体融合综合信息服务典型案例中,内蒙古广播电视台的融媒体节目《雷蒙帮忙团》,多年坚持为民解忧,主持人雷蒙在奔腾融媒和快手平台同步直播,视频连麦网友,根据群众所反映的问题,即时与相关责任部门的负责人连线,线上核实问题并协调解决,网、微、端、视一体联动,通过大屏小屏融合发力,推动问题解决。《雷蒙帮忙团》开播以来,平均每场直播观看人数超过50万。栏目组将直播经典内容浓缩成短视频4000余条,单条短视频最高播放量近千万,总播放量超6亿次,粉丝量突破400万,《雷蒙帮忙团》在为政府与群众搭建连心桥、解决群众急难愁盼问题及大小屏联动等方面走出了新的发展模式。

### (二)优化服务内容,提升社会治理效能

强化政务服务功能,提升政府公信力。主流媒体应加强与政府部门的合作,推动政务服务功能的优化和完善。通过整合政务资源、优化服务流程、提升服务质量等方式,为公众提供便捷、高效的政务服务。同时,主流媒体还应加强对政务服务过程的监督和评价,推动政府部门不断改进工作作风和效率,提升政府公信力。安徽芜湖传媒中心"大江看看APP——打造智慧生活综合信息服务平台",综合运用人工智能、大数据、云计算、区块链等智能技术,通过开放的接口和灵活的入驻形式,为县区政府职能部门、企事业单位、社会组织等提供便捷的移动化轻应用解决方案,构建一个综合性的移动端应用服务聚合平台,旨在集成工作、生活、社交及消费等多功能于一体,打造人民城市的全方位智慧生活服务平台。平台通过发展"新闻+政务",为政府职能部门提供高效服务;同时,利用"大V号"功能,邀请人力资源和社会保障、财政、住房和城乡建设等部门入驻,及时整合发布政务类信息;构建一个兼具公益性质与广泛群众参与度的智能化服务平台,该平台将集成查询服务,整合包括公积金信息、交通出行状况、乐惠分(即社会信用值)及不动产登记等大数据资源,实现群众通过一个简单操作即可快速查询所需信息的便捷服务。

拓展民生服务领域,满足公众多样化需求。主流媒体应积极拓展民生服务领域,围绕公众关心的教育、医疗、养老等问题,提供全方位、多层次的民生服务。通过联合社会力量、整合优质资源等方式,为公众提供便捷、实惠的民生服务产品。同时,主流媒体还应加强对民生服务过程的监管和评价,确保服务质量和效果。广东省广州市广播电视台花城+客户端摸索出"新闻+教育"

服务运营模式,充分利用大湾区丰富多样的教育资源,综合运用 5G、AI、VR、大数据等新技术,构建集最新教育资讯与全学段"线上＋线下"教育于一体的智慧综合平台。花城＋客户端推出全国首套 4K 超高清 K12 课程资源"广州共享课堂",录制上万节优质课程,全网浏览量超 20 亿人次,将共享优质课程资源共享到乡村和教育薄弱地区,助力国家义务教育均衡发展。与此同时,还推出"云团校""云队校"等线上学习平台,打造终身学习品牌"广州老年学堂",共建全媒体传播实践教学基地等实践,不断推进 5G、人工智能等新一代信息技术与教育教学的深度融合创新,吸纳更多高质量的国际教育资源,并强化粤港澳大湾区教育人才的共同培养与资源共享,致力于构建一个积极向上的湾区教育生态系统。

### (三)开放合作驱动,加速社会治理共享升级

在开放合作的总体实践思路下,主流媒体应通过搭建合作平台,促进政府、社会组织与公众之间的深度协作,成为加速社会治理共享的重要力量,促使社会治理成果能够更广泛、更公平地惠及全体人民。利用大数据、人工智能等先进技术,主流媒体可以与社会各界开展数据共享与分析合作,精准识别社会治理的痛点与需求,为政府决策提供科学依据,同时也为社会力量的精准介入创造条件。

主流媒体应成为共享理念的倡导者与实践者,与各行业广泛开展合作,通过联合调研、案例分析等方式,深入挖掘社会治理优秀案例背后的合作机制,提炼可复制、可推广的治理经验。同时,还需对相关应用效果展开持续跟踪,依据跟踪所得的反馈情况进行动态优化,以此加速社会治理共享升级进程,让治理成果更加公平地惠及每一位民众。

## 本章案例

### 南方号:社会治理新图景中的媒体角色履行与使命践行

南方号,是依托南方报业传媒集团"南方＋"客户端重点打造的新媒体内容分发平台。近年来,经过不断探索,南方号以其独特的策略与实践,在社会治理新图景中展现了主流媒体的责任与担当。

第九章　角色重塑：主流媒体参与社会治理新图景

一、奋力铸就正面宣传与舆论引导新高地

南方号在强化新闻生产与分发方面，通过"同题作文"模式，策划了一系列重大主题报道活动，探索出一条编辑主导、事件驱动、跨领域协作的新闻生产模式，有效提升了重大主题报道的内容质量和传播声量，形成正面宣传的"大声量"。[1] 在2023年广东省高质量发展大会结束后，南方号平台发起了"广东21地市高质量发展全景展现"主题征文活动，围绕地区发展主题，展现各地在推进高质量发展上的实际成效与未来蓝图。在全国两会前夕，又推出了"心系民生——广东民众心愿集结号"主题征文，记录成就，汇聚民愿，公开承诺，共谋发展。针对"百千万工程"，南方号策划了《秋收时节看百千万》融媒体系列报道，呈现了广东各级地方勇于探索、竞相奋进的生动场景。此外，南方号还采取矩阵传播策略，通过构建并运营多维媒体矩阵，实现了资源的快速整合与内容的高效协同创作，有效扩大了主流价值观的传播影响力。

在优化舆论引导机制方面，南方号坚持权威发布，培育了超过1000个政务发布首发号，确保了政务信息的首发权和优先性，加强了信息的权威性和时效性。通过加强政媒互动，南方号成为政务信息传播的重要渠道，有效引导了社会舆论，提升了公众对政务信息的关注度和认知度。

二、努力推进思想领航与文化血脉的传承实践

南方号通过高质量内容生产与主题策划，弘扬社会主义核心价值观，通过推出系列报道和专题策划，展示广东各地在高质量发展、粤港澳大湾区建设等方面的成就和经验，激发全社会的奋斗精神。在传承与发展中华传统文化方面，南方号深入挖掘和全面展示岭南文化的独特魅力，通过一系列文化报道和专题策划，让更多人领略到岭南文化的深厚底蕴和时代价值。在城市文化传播方面，南方号于2024年3月策划了"爱粤之城·为你写诗"活动，通过南方智媒云征稿平台，面向广州市中小学生征集诗歌。工作人员在最终征集到的335首诗歌作品中，精选出22篇佳作，进行了手绘诗歌海报创作，在世界读书日期间进行展播。与此同时，南方号平台联合南方日报官方微博，推出#小学生笔下的广东诗篇#微博话题，总阅读量超过了25万次。

---

[1] 龚玲,古嘉莹,梁钰莹.聚焦"三力"建设,打造"新闻＋政务"融媒生态:南方号平台的策略与实践[J].全媒体探索,2024(5):4-6,21.

## 三、积极践行为人民服务宗旨,深化社会治理角色担当

南方号通过构建政务服务新阵地,提供便捷高效的在线政务服务。吸纳广东省超过7000个政(党)务机构入驻,实现了省直、地市、区县政务机构的全覆盖。平台横向布局卫生健康系统、教育系统、应急管理系统、市场监管系统、公检法系统、税务系统等政务系统,纵向深垂下沉到区县镇街,进村进社区。同时,平台联合南方日报各部门和集团各分社、记者站,组建虚拟矩阵运营团队,为每个矩阵配备"矩阵主",在需要矩阵联动时由"矩阵主"完成联络和组织的工作。[1] 通过矩阵深垂运营,能够迅速调动和整合多种资源,有效提升了社会治理能力和服务效能。

在参与社会治理创新方面,南方号通过组织社区新媒体新闻大赛等活动,吸引公众参与社区治理相关内容的创作和传播。同时,南方号还通过数据分析和用户反馈,为政府决策过程提供坚实的数据支撑,以促进社会治理的精确性和智慧化水平提升。

(吴 越)

---

[1] 龚玲,古嘉莹,梁钰莹.聚焦"三力"建设,打造"新闻+政务"融媒生态:南方号平台的策略与实践[J].全媒体探索,2024(5):4-6,21.

# 第十章
# 全球视野:讲好中国故事的主流媒体担当

全球化时代背景下,国际传播能力已成为衡量一个国家文化软实力和综合影响力的重要标准。党的二十大报告明确指出:"坚守中华文化立场,提炼展示中华文明的精神标识和文化精髓,加快构建中国话语和中国叙事体系,讲好中国故事、传播好中国声音,展现可信、可爱、可敬的中国形象。"党的二十届三中全会《决定》进一步强调:"加快构建中国话语和中国叙事体系,全面提升国际传播效能。"一系列重要论述为构建具有中国特色的国际传播体系提供了根本遵循,也为新时代中国主流媒体的国际传播工作指明了方向。

当前,中国在国际传播领域机遇与挑战并存。一方面,经济持续发展和综合国力提升为增强国际话语权奠定基础,全球对中国发展经验的关注度与日俱增;另一方面,国际舆论场"西强我弱"的格局仍未改变,国际传播能力与中国的国家综合实力和国际地位不相匹配。在此背景下,如何扭转我国在国际舆论场的话语低位,消弭过去在国际传播领域的文化逆差成为摆在我国国际传播研究者面前的一个重要议题。[①]

作为国家对外传播的核心力量,主流媒体肩负着引领国际传播实践创新的时代使命。在构建人类命运共同体的大背景下,主流媒体亟需以全球视野重构传播范式:将中国发展成就与全球关切相对接,展现中国式现代化道路的世界意义;推动传统文化精髓与现代价值理念的创造性转化,彰显中华文明的当代价值;构建具有国际共鸣力的话语体系,实现中国叙事与全球话语的有效衔接。本章将围绕主流媒体的国际传播担当,探讨其如何在全球视野下通过系统性变革构建中国话语和叙事体系,着力打造融通中外的新概念、新范畴、新表述,突破传播壁垒,讲好中国故事,传播好中国声音。

---

① 段鹏.当前我国国际传播面临的挑战、问题与对策[J].现代传播:中国传媒大学学报,2021,43(8):1-8.

## 第一节　现状与挑战：从"他塑"到"自塑"的困境与突围

习近平总书记在党的新闻舆论工作座谈会上指出："我国综合国力和国际地位不断提升，国际社会对我国的关注前所未有，但中国在世界上的形象很大程度上仍是'他塑'而非'自塑'，我们在国际上有时还处于有理说不出、说了传不开的境地，存在着信息流进流出的'逆差'、中国真实形象和西方主观印象的'反差'、软实力和硬实力的'落差'。"[①]在国际传播领域，中国形象的建构长期受制于西方媒体的主导地位，形成了以"他塑"为主的被动局面。这种由外部力量定义的中国形象，不仅导致国际社会对中国的认知偏差和误解，更严重制约了中国在国际事务中的话语权和影响力。推动中国国际形象从"他塑"向"自塑"转变，提升国际传播的自主性和话语权，不仅关乎国家形象的塑造，更是提升国家文化软实力、增强国际话语权的战略选择，已成为中国主流媒体亟待破解的重要课题。

### 一、国际舆论场中国形象的"他塑"困境

中国在国际舆论场中的"他塑"困境，本质上源于全球传播秩序的结构性失衡。当前，以美国为代表的西方国家凭借全球广覆盖的互联网服务器和国际通讯社发稿量，以及英语作为"超语言"的霸权地位，形成了"信息帝国主义"的闭环生态。这种生态不仅垄断了国际舆论场的话语权，还通过"议程设置"和"符号暴力"等手段，将中国的发展实践简化为符合其意识形态预设的叙事脚本。如果这种"他塑"困境不能从根源上解决，那么中国的国际传播将始终处于被动局面，难以真正突破西方媒体的垄断。

**（一）国际舆论场中的话语权失衡与中国声音的弱势地位**

在国际舆论场中，话语权是衡量一个国家国际影响力的核心指标。然而，

---

① 中共中央党史和文献研究院.习近平新时代中国特色社会主义思想专题摘编[M].北京:中央文献出版社,党建读物出版社,2023:330.

由于历史、文化、政治等多方面的复杂因素,国际舆论场中的话语权一直呈现"西强东弱"的格局,中国在国际舆论场中长期处于弱势地位。这种弱势主要体现在中国主流媒体的国际传播竞争力不足、在国际组织中的代表性有限,以及在国际传播渠道和平台上的话语权缺失等多个方面,使得中国的国际传播陷入"逆差困境":一方面,中国的原创内容往往需要经过西方媒体的"二次编码"才能进入国际主流舆论场,导致核心话语在传播过程中出现"意义流失";另一方面,中国所倡导的文明多样性、发展权平等等价值理念,因与西方"普世价值"话语体系存在范式冲突,频繁遭遇"合法性消解",进而导致中国叙事在国际议题设置、危机事件解释和话语规则制定中处于"失语"状态。

落后就要挨打,失语就要挨骂。话语权旁落困境下,以中国主流媒体为代表的中国传播力量在国际舆论场中难以有效传播中国声音,也难以纠正西方媒体的片面报道和偏见,进一步加剧了国际社会对中国的误解,严重影响了对外合作的开展。例如,在"一带一路"倡议的推进过程中,西方媒体不断渲染"债务陷阱"和"地缘政治扩张"等负面论调,导致一些国家对中国的合作意图产生疑虑,甚至影响了部分合作项目的顺利推进。此外,话语权失衡还严重削弱了中国在全球治理中的话语权。以气候变化议题为例,尽管中国在减排、可再生能源发展等领域取得了显著成就,并积极履行国际责任,但一些西方媒体往往忽视中国的贡献,反而将全球气候问题的责任片面归咎于中国,削弱了中国在全球气候治理中的话语权和影响力。

因此,打破"逆差",提升中国在国际舆论场中的话语权,对外展现一个真实、立体、全面的中国形象,已成为中国国际传播能力建设的当务之急。

### (二)西方媒体主导下的中国形象建构与认知偏差

在全球化背景下,国家形象的塑造已成为国际竞争的重要领域,主流媒体作为对外传播的"主力军",对于国家形象的建构扮演着关键角色。但是,与中国综合国力和国际地位相匹配的国际传播话语权尚未形成,国际舆论格局"西强东弱"态势尚未改变,"有理说不出""说出传不开""传开叫不响"的国际传播话语困境仍存,新形势下加强和改进国际传播工作具有现实紧迫性。[①]

---

① 李明德,乔婷.中国国际传播:历史演变、现实背景与前沿问题[J].西安交通大学学报:社会科学版,2022,42(5):123-135.

一方面,西方媒体在报道中国时,往往采取选择性报道和负面炒作的策略。他们倾向于将注意力集中在中国社会问题、政治矛盾和人权议题上,而忽视中国的经济发展、科技创新和社会进步。例如,中国的环境污染、贫富差距和少数民族问题被频繁放大,而中国在减贫、基础设施建设和全球治理中的贡献则被边缘化。西方媒体还常常对中国进行污名化处理,随意"扣帽子"。例如在新冠疫情初期,有西方媒体将病毒溯源问题政治化,无端指责中国为"病毒源头",严重损害了中国的国家形象和国际声誉。

另一方面,西方媒体对中国形象的建构带有浓重的意识形态色彩和偏见。部分西方国家固守"文明冲突论"的零和博弈思维,将意识形态对立作为解读国际传播的主要框架,这种认知偏差不仅强化了文明间的隔阂,也阻碍了全球传播秩序的良性重构。[1] 依托其媒介霸权与技术资本优势,西方主流媒体构建了一套以"西方中心主义"为内核的认知框架。这种框架通过"议程过滤"与"符号暴力"双重机制,将中国的发展实践简化为符合其意识形态预设的叙事脚本。例如,中国的经济成就被解构为"国家资本主义"的威胁,社会治理被异化为"威权模式"的样本,而文化传统则被纳入"东方主义"的猎奇视角。这种系统性的认知偏差导致中国形象的"能指"与"所指"在跨文化语境中发生断裂,进一步强化了国际社会对中国的误解。

此外,西方发达国家媒体在国际传播中有先天优势。美国等西方国家凭借其历史积累、资本优势和技术实力,长期占据国际传播体系的核心地位。例如,美联社、路透社、BBC等西方主流媒体在全球范围内拥有广泛的分支网络和受众基础,能够迅速将信息传播到世界各地。相比之下,尽管中国媒体近年来在国际传播能力方面有所提升,但其话语权与传播力仍显不足。面对西方媒体的曲解和诋毁,处于弱势地位的中国主流媒体常常面临"有理没处说""说了传不开"的困境,导致了中国在国际舆论场中逐渐陷入更加被动的境地。

西方媒体主导下的中国形象建构与认知偏差是一个复杂而长期的问题。作为对外展示中国形象、传播中国声音的核心力量,中国主流媒体需要在国际传播能力建设、叙事方式创新和国际对话合作等方面持续努力,通过加强媒体

---

[1] 匡文波,曹荻儿,张峰.文明交流互鉴视域下国际传播的范式转型与实践创新[J].中国编辑,2025(2):12-18.

全球传播力、创新话语表达方式、积极参与国际舆论场对话,逐步打破西方媒体的话语垄断。

## 二、中国主流媒体的"自塑"探索

面对国际舆论场"他塑"困境,一些中国主流媒体在"自塑"方面进行了积极的探索和实践,主要体现在从"防御式传播"到"建设性传播"的转变,以及在国际舆论场中的角色升级与功能拓展上。

### (一)从"防御式传播"到"建设性传播"的转变

过去相当长一段时间内,中国主流媒体在国际传播中主要采取"防御式传播"策略,即针对西方媒体的负面报道进行回应和反驳,试图澄清事实、消除误解。然而,这种被动式回应策略往往被西方话语体系和价值逻辑所牵制,难以从根本上改变西方媒体对中国形象的扭曲塑造。近年来,中国主流媒体开始逐步转向"建设性传播",通过主动出击,积极向世界展示中国的真实面貌和发展成就。

在"一带一路"倡议的国际传播实践中,中国媒体突破了传统的回应式报道模式,主动构建叙事框架,打造了一系列具有国际影响力的精品内容。例如,《"一带一路"——大道之行》《"一带一路"十周年:从"大写意"到"工笔画"》等纪录片和专题报道,通过生动的案例、翔实的数据和感人的故事,系统展现了倡议给沿线国家带来的发展机遇和民生改善,成功塑造了"一带一路"作为国际合作新平台的建设性形象。这些作品不仅在国际主流媒体平台广泛传播,更引发了全球受众的积极讨论和共鸣。

在脱贫攻坚成就的国际传播方面,中国媒体创新采用了"以事实说话、以成效服人"的传播策略。面对西方某些势力在人权问题上的不实指责,中国没有陷入无谓的争论,而是通过与国际媒体合作制作专题纪录片、开展联合报道等方式,客观展现中国在短短5年内使超过5000万农村贫困人口脱贫、对全球减贫贡献率超过70%的卓越成就。同时,中国积极利用联合国等国际组织平台分享减贫经验,向发展中国家提供力所能及的援助,以实际行动赢得了国际社会的广泛赞誉。这种以建设性姿态开展的国际传播,不仅获得了广大发展中国家的高度认可,也促使包括美国在内的西方发达国家客观评价中国的减贫成就,有效化解了国际舆论场中的偏见与误解。

此外,中国主流媒体也在积极践行"走出去"的报道策略,不仅仅把视角局限于自身,而是以全球视野积极参与国际重大事件的传播与叙事。2023年新一轮巴以冲突爆发后,CGTN(中国国际电视台)迅速启动应急响应机制,先后派遣两批共8名资深记者和摄像团队深入战地一线,与当地2名加沙报道员协同作战,推出独家系列报道《战地纪实:巴以一线报道》。在多数国际媒体难以抵达冲突核心区域的情况下,CGTN报道团队克服安全威胁、通信中断等重重困难,发回了大量一手现场报道和独家画面,为全球受众提供了及时、客观、平衡的新闻内容。这些报道被BBC、CNN等国际主流媒体广泛引用,使CGTN成为全球重大事件报道的重要信源,彰显了中国媒体在重大国际事件中的报道实力和全球传播影响力,还有效引导了国际舆论走向,有效提升了我国媒体的国际话语权。

这种从"防御"到"建设"的传播范式转型,标志着中国国际传播能力建设的重大突破。通过主动设置议题、创新叙事方式、拓展传播渠道,中国主流媒体正在构建具有中国特色、国际视野的话语体系,为摆脱被动应对西方话语体系和价值观的困境提供了新思路、开创了新局面。

### (二)中国主流媒体在国际舆论场中的角色升级与功能拓展

随着中国综合国力的不断提升和国际地位的日益增强,中国主流媒体在国际舆论场中的角色和功能也实现了显著升级与拓展。从过去单一的新闻传播者到国际舆论的引导者、全球治理的参与者和文化交流的推动者,中国主流媒体正在以更加积极的姿态参与全球传播体系的构建。

在国际舆论场中,中国主流媒体正积极成为国际舆论的引导者。例如,CGTN与国际知名媒体机构合作,推出了《对话》《世界观察》等深度分析节目,聚焦气候变化、全球经济治理等全球性议题,通过多角度、多维度的分析,向国际社会传递中国的声音和立场,不仅展现了中国在全球事务中的积极参与姿态,还通过专业的解读和权威的视角,增强了中国话语的国际影响力。

随着中国国际地位的提升,中国主流媒体还积极融入全球治理体系,致力于成为全球治理的参与者。例如,新华社与联合国等国际组织合作,发布了一系列关于联合国可持续发展目标(SDGs)的专题报道,详细介绍了中国在减贫、环境保护、气候变化等领域的贡献。中新社重点专栏"东西问"依托中外知名专家学者,以融媒体形式播发高端访谈、中外对话、专家文章、深度评论等,着重阐释了中国式现代化、人类命运共同体、"一带一路"倡议、全球文明倡议、中华文明的突出特性、文化遗产保护与传承等重大主题,在海外 30 余个国家和地区的主流媒体精准落地,赢得了国际社会的广泛关注和认可。

一些主流媒体还致力于成为文化推广与交流的使者,通过丰富多彩的文化交流活动,有效助推了中华文化走向世界,增进国际社会对中国的理解与认同。例如,CRI(中国国际广播电台)推出的"中国文化系列"节目,通过多语种广播和社交媒体平台,向全球受众介绍中国的传统文化、现代艺术和社会发展,展现了中华文化的独特魅力。

此外,中国主流媒体还通过战略合作、举办国际媒体峰会、新闻培训项目等方式,成为全球媒体行业交流与合作的积极推动者。例如,新华社与路透社、美联社等国际知名通讯社建立了长期合作关系,共同发布新闻稿件,实现了资源共享和内容互补;CGTN 与 BBC、CNN 等国际主流媒体机构合作制作纪录片和专题节目,增强了中国媒体的国际传播能力。2020 年,由国务院扶贫办、CGTN、库恩基金会和 PBS(美国公共电视网)南加州电视台联合推出的专题纪录片《中国脱贫攻坚》,在 PBS 全美 210 家电视台播出,以外国人的视角和贴近海外受众的叙事方式,全面展示了中国"精准扶贫、精准脱贫"的方略与成就,赢得了国际社会的广泛关注和认可。由新华社主办的"世界媒体峰会"已成为全球媒体界的重要交流平台,吸引了来自世界各地的媒体机构参与,共同探讨媒体行业的未来发展方向。中国媒体还通过开展新闻培训项目,与发展中国家的媒体从业者分享经验和技术,助力全球媒体行业的共同进步。

然而,在"自塑"探索的过程中,中国主流媒体也面临着一些挑战和困难。例如,如何更好地应对西方媒体的负面报道和抹黑攻击?如何更加精准提升海外受众对中国的认知和认同?如何进一步拓展国际传播渠道和影响力?这些问题都需要中国主流媒体在未来的发展中通过不断提升自身的传播能力和水平去探索,以更好地向世界展示更加真实、立体、全面的中国和中国主流媒体形象。

## 三、主流媒体开展国际传播的更多挑战

除了话语权失衡与西方媒体的垄断带来的"他塑"困境，中国主流媒体在开展国际传播中，还面临文化差异导致的价值认同困境、传播渠道与平台建设不足、对外传播话语体系建设的滞后等等多方面挑战。

### （一）跨文化传播背景下的价值认同困境

文化差异是国际传播中不可忽视的障碍。不同国家和地区拥有各自独特的文化背景、价值观念和社会习俗，这些差异在信息传播过程中往往导致理解上的偏差和误解。主流媒体需要跨越这些文化差异，将中国的文化理念、价值观念以易于理解和接受的方式传递给国际受众。然而，这一过程中充满了挑战。

例如，中国媒体在传播中常常推崇集体主义、展示国家成就，而西方受众更倾向于个人主义和批判性思维。中国的集体主义精神、家庭观念等，在强调个人主义和独立性的文化背景下，可能难以被充分理解和认同，甚至引发误解和抵触。在新冠疫情期间，中国媒体对医护人员舍己为人、无私奉献精神的宣传，在国内文化背景下取得了良好的传播效果，为传递正能量、增强社会凝聚力发挥了重要作用。然而，在一些西方国家受众看来，这种宣传可能会被从"人权"视角进行负面解读，认为是对个人自由的压制。文化差异导致的认知偏差，凸显了中国主流媒体在国际传播中面临的挑战：如何在尊重文化差异的基础上，有效传递中国的价值观和理念，同时避免引发误解和抵触？

面对这种文化和价值观差异带来的传播隔阂，很难构建一种能够满足不同文化背景受众普遍期待的普适性价值与话语体系，要解决问题有两种思路，一是筛选具有全人类共同价值的议题，避免争议性主题。为了克服文化差异带来的挑战，主流媒体需要深入了解国际受众的文化背景和价值观念，尊重并包容文化差异，筛选出能够引发共鸣、体现人类共同价值的内容，并注重文化元素的融合与转化，以更加贴近国际受众的接受习惯。二是针对不同文化背景的受众进行定制化、分众化传播。跨文化传播背景下，"大水漫灌"式的传播显然难以取得理想效果，针对不同类型的国际受众，我国主流媒体可以筛选他们各自对中国感兴趣的、不涉及争议的议题进行传播，以"精准滴灌"的方式提

升国际传播效能。此外,主流媒体还应加强跨文化交流能力,通过举办文化交流活动、建立国际合作关系等方式,增进国际受众对中国文化的了解和认同。例如,通过国际电影节、文化节、艺术展览等活动,展示中国文化的多样性和现代性;通过加强与国外媒体机构的常态化合作,共同制作纪录片、专题节目等,增强中国声音的国际传播力。

### (二)传播渠道与平台建设不足

中国主流媒体在国际传播中面临的另一个重要挑战是传播渠道与平台建设方面的短板。尽管不少中国主流媒体近年来在海外社交媒体平台上开设了账号,并积极拓展国际传播渠道,但与西方主流媒体相比,仍处于弱势地位。例如,CNN、BBC等西方媒体在全球范围内拥有广泛的分支机构和记者网络,能够迅速将新闻传播到世界各地。相比之下,中国媒体在海外分支机构的数量和分布上仍显不足,导致新闻采集和传播的效率较低。且当下中国主流媒体也尚未建立起一个具有全球影响力的独立国际传播新闻平台。尽管新华社(Xinhua News Agency)、中国日报(China Daily)、人民日报(People's Daily)、CGTN等多家主流媒体已在Twitter、Facebook、YouTube等国际社交媒体平台上开设了账号,但在用户基数、互动率和全球影响力方面,仍与CNN、BBC等西方主流媒体存在显著差距。加之这些中国主流媒体在国际传播中的技术应用和资源投入也相对有限,导致新闻报道的时效性和内容质量竞争力十分有限。

此外,中国的主流媒体在与国际媒体合作方面仍然做得不够。尽管中国媒体与国际媒体有一定的合作,但在深度和广度上仍显不足,难以形成长期的战略合作关系,一些中国媒体与国际知名媒体机构的合作项目多以短期合作为主,缺乏系统性和持续性,影响了合作效果的积累和放大,其合作模式和机制仍需进一步完善。

### (三)对外传播话语和叙事体系建设的滞后

习近平总书记在党的新闻舆论工作座谈会上的讲话指出:"我们在国际上

有理说不清的一个重要原因,是我们的对外传播话语体系没有完全建立起来。"①党的二十届三中全会进一步明确提出:"加快构建中国话语和中国叙事体系,全面提升国际传播效能。"国际传播效能的提升,不仅体现在信息的传播速度和覆盖范围上,更体现在传播内容的说服力、情感感染力及文化共鸣能力上。在这一过程中,话语和叙事体系发挥着关键作用。话语是信息传递的基础工具,它决定了信息能否被有效接收和精准理解;叙事则是信息传递的结构框架,它决定了信息能否引发受众的兴趣和情感共鸣。缺乏一套完整、独立的对外传播话语体系,我们的国际传播工作就没有主心骨,不仅难以形成合力,更容易陷入"人云亦云"的被动局面,甚至出现"舍己芸人"的价值迷失。

然而,当前中国主流媒体在国际传播中,话语和叙事体系的建设仍存在明显滞后性,制约了国际传播效能的全面提升。这种滞后性主要体现在以下几个方面:首先,在报道国际热点议题时,中国主流媒体往往缺乏系统性与连贯性的话语体系,难以构建起具有国际影响力的叙事框架,加剧了"有理说不出"的被动局面。其次,中国主流媒体在国际传播中的话语体系相对单一,缺乏多样性和灵活性,难以适应不同受众群体的需求。因为媒体的传播力、辐射力较小或较弱,信息输出管道狭窄,导致信息传播的覆盖面较为局促,从而让整个新闻传播陷入逼仄和窘境之中,难以走出"说了传不开"的歧途与困境。此外,中国主流媒体在国际传播中的叙事结构较为僵化,缺乏创新性和灵活性,难以在多元文化背景下引发广泛共鸣,很多时候,国际社会虽然看到了、听到了中国主流媒体的声音,但是由于其缺乏吸引力的主题、内容和形式,并没有获得应有的关注和反响,给人留下"广种薄收""雪落无垠、雁过无痕"的表面与实质之间的传受落差和"亚媒介"与"亚传播"印象,造成了"传开叫不响"的结局。②

面对国际传播中话语和叙事体系建设滞后的困境,中国主流媒体必须带头行动起来。一方面,要着力丰富话语体系的多样性,根据不同国家和地区的文化背景、受众需求,灵活调整话语表达方式,使信息传递更加精准、更具亲和力。另一方面,要大力创新叙事结构,突破传统模式,运用多元化的叙事手法,讲述生动鲜活的中国故事,增强传播内容的吸引力和感染力。同时,还要深入

---

① 中共中央党史和文献研究院.习近平新时代中国特色社会主义思想专题摘编[M].北京:中央文献出版社,党建读物出版社,2023:331.

② 沈正赋.新时代中国话语与中国叙事体系的国际化建构[J].学术界,2023(2):67-77.

研究文化差异,积极探索应对策略,加快构建系统性的中国话语和中国叙事体系,从而推动中国主流媒体在国际传播舞台上实现更大突破。

## 第二节 破局与实践:中国主流媒体国际传播策略的创新探索

面对复杂的国际舆论环境和多元的文化差异,主流媒体需肩负起全面提升国际传播效能的责任使命。近年来,众多中国主流媒体在国际传播策略方面展开了一系列创新探索,涵盖传播议题筛选、叙事理念革新、传播渠道拓展等诸多领域,通过理念创新与实践探索的有机结合,具有中国特色的国际传播体系正逐步构建完善。

### 一、议题选择的智慧:从"敏感地带"到"共鸣空间"

近年来,中国主流媒体在国际传播中,逐渐摆脱了过去在敏感议题上的被动局面,转而通过智慧化的议题选择,以"求同存异"的理念构建更具包容性和共鸣性的传播空间。

#### (一)避雷针策略:绕开价值观雷区

在国际舆论场中,意识形态和价值观差异常常成为引发争议的核心焦点。近年来,中国主流媒体展现出其在国际传播议题选择和报道策略方面的智慧:通过巧妙避开敏感话题、淡化意识形态分歧、聚焦事实与成效,成功规避了价值观对立的潜在风险,为构建更加包容、多元的国际传播格局奠定了坚实基础。

一方面,中国主流媒体在国际传播议题选择中更多聚焦科技、文化、生态、环保等非争议性议题。例如,2020年,湖南卫视芒果 TV 推出《闪耀的平凡》系列纪录片,围绕中国在科技创新、环境保护、农业科学、天文科学、援外医疗等领域的发展成果,用真实的表达和个性化的分享,讲述中国人为世界科技文明和人类生存发展做出的努力和贡献,为全球提供脱贫攻坚、粮食安全、沙漠治理等世界难题的"中国方案",得到超 200 家国际主流媒体刊登转载节目报道。再如党的二十大召开前夕,中国日报社推出《同时照12000面镜子是什么感觉?》,融合动画、XR、虚拟制片等新技术,从科学实验的角度切入,让观众在科普中走近被称为"超级镜子"的敦煌100兆瓦熔盐塔式光热电站,从细节中感知非凡十年中国环保成就蕴含的深刻意义,仅中国日报官方账号发布的内容,传播量就超过1.5亿,海外评论正向率超过80%。这一趋势从近几年中国新闻奖国际传播类获奖作品中也可见一斑:《南方都市报》推出的系列纪录片《探宝觅踪——寻找湾区民间文化力量》,以粤港澳大湾区丰富的民间文化为切入点,展现了中华文化的多样性与包容性;青海广播电视台的电视消息《青海玉树:罕见雪豹妈妈岩洞中哺育幼崽》,通过珍稀野生动物的生存故事,传递了中国在生态保护方面的努力与成就;大连新闻传媒集团的电视纪录片《黑脸琵鹭》以濒危鸟类保护为主题,展现了中国在生物多样性保护中的国际责任;安徽广播电视台的《水墨徽州》则通过徽州文化的独特魅力,向世界展示了中国传统文化的深厚底蕴。这些作品以其非意识形态化的主题选择、生动的叙事方式和深刻的文化内涵,赢得了国际官方、媒体和受众的广泛认可,在海外社交媒体平台引发热议,实现了良好的跨文化传播效果。

另一方面,在涉及重大争议话题时,中国主流媒体会巧妙避开敏感点,通过聚焦成效、讲述事实,实现"润物细无声"的传播效果。例如在"一带一路"倡议的国际传播中,中国主流媒体现在更倾向于突破传统政治话语框架,将叙事重心转向区域经济合作与民生改善的实际成果。2023年,湖南日报社推出的《出海记·走进非洲》大型国际传播报道,以杂交水稻、工程机械、丝路电商等生动案例为切入点,通过深入采访非洲民众和政要,真实展现了中国企业在非洲基础设施建设、农业现代化和数字经济等领域带来的积极变化,展现了中非人民的深厚情谊。2020年新冠疫情期间,面对境外媒体的不实指责,吉林朝鲜文报社推出的《"我们是一家人"——患难与共的在华韩国人》系列报道,以在华韩国人的亲身经历为叙事主线,客观呈现了中国政府"以人民为中心"的防疫理念和科学高效的防控措施,展现了中国为保护包括外籍人士在内的全体民众生命健康所付出的努力。

此外,中国主流媒体在必要时也能坚定立场,直面恶意攻击。2019年,CGTN主持人刘欣在与美国主持人翠西的对话中,有理有据地回应了知识产权、关税壁垒等关键议题,驳斥了对华"经济战"的言论。2021年,针对瑞典快时尚品牌H&M公司被曝拒用新疆棉花事件,南方周末深度通讯《新疆棉花遭遇"明枪"与"暗战"》以充分的采访、翔实的数据、理性的行文与建设性的思考,有力批驳了新疆棉花所谓的"强迫劳动"之说,揭示了新疆棉花连续遭遇BCI(瑞士良好棉花发展协会)拒认及欧美知名品牌停购事件背后大国政经角力的本质。2023年,针对美国对华芯片出口管制,中国日报社发布《中国对关键半导体材料的出口限制符合公平、公正原则》一文,通过采访国际权威人士,清晰阐明中国举措的法理依据,引发国外网民热议,许多海外社交媒体平台评论直指美国"搬起石头砸自己的脚"。

### (二)共鸣点挖掘:寻找人类共同话题

在国际传播中,文化背景、价值观和信仰体系的差异往往导致信息传递的障碍与误解。然而,情感作为人类共通的语言,能够跨越文化鸿沟,激发全球共鸣。近年来,中国主流媒体通过深入挖掘人类共同关心的议题,以情感为纽带,讲述能够引发全球共鸣的故事,成功打破了文化隔阂,增强了国际传播的亲和力和感染力。

野生动物保护一直是国际社会高度关注、国际受众十分喜爱的话题。2021年云南亚洲象群北迁事件引发全球关注,央视新闻敏锐捕捉到了这一能够引发全球受众情感共鸣的话题,邀请美国视频博主郭杰瑞参与报道,通过直播展现中国在野生动物保护方面的努力,以幽默风趣的民间话语和多样化的传播形式(如短视频、表情包等),吸引了全球3000多家媒体报道,覆盖190多个国家和地区,全网阅读量超110亿次,成为国际传播的经典案例。2023年,三沙卫视推出微纪录片《回家 SAVING DOLPHIN CHESS》,通过真实记录对一只搁浅海豚的300天救援行动,呼吁全球共同保护海洋生态,引发国际媒体平台争相转发,各国网友纷纷留言点赞,展现了人类对自然生命的共同关怀;还有青海广播电视台广播电视新闻中心创作的《三江源国家公园内百余只白唇鹿横渡黄河》,内蒙古日报社制作的新媒体融合报道《野生黄羊为啥喜爱结伴"中国游"?》都受到了国际社会的广泛关注。

此外,在诸多重要议题的全球讨论中,中国主流媒体深入挖掘全球共鸣点,实现了从中国实践到世界共鸣的升华。例如,从脱贫攻坚推及人类发展:通过讲述贫困家庭在精准扶贫政策下的命运变迁,展现中国如何以创新实践帮助数亿人摆脱贫困,为发展中国家提供了可借鉴的经验,也引发了发达国家受众对全球减贫事业的思考;从生态治理视角展望绿色未来:通过报道塞罕坝林场从荒漠变绿洲、库布齐沙漠从"死亡之海"到"经济绿洲"的蜕变,向世界展现了中国在环境保护和可持续发展中的作为,提供了可借鉴的生态治理方案;从抗疫合作彰显命运与共:新冠肺炎疫情期间,通过报道中国与国际社会在疫苗研发、医疗物资援助等方面的合作,展现了中国在全球公共卫生危机中的责任与担当,更生动诠释了"人类命运共同体"理念。

## 二、叙事理念的革新:从"单向传播"到"互动对话"

在国际传播领域,叙事理念的革新是提升传播效能的关键。长期以来,中国主流媒体受传统传播模式影响,往往采用单向传播的方式,忽视受众的文化背景,缺乏对目标群体需求的深入研究,更未能建立有效的双向沟通机制和反馈渠道,导致传播内容难以真正触达国际受众。近年来,随着全球化进程的加速和传播技术的革新,中国主流媒体积极探索叙事理念的转型,实现了从"单向传播"到"互动对话"的跨越,国际传播效能大幅提升。

### (一)视角转换:从"自我中心"到"受众本位"

在当下的国际传播环境中,中国主流媒体逐渐认识到"受众市场"的重要性,开始重新审视自身的角色定位,厘清"我想传播什么"与"受众想看什么"之间的关系。这种转变的核心在于,中国主流媒体意识到传播内容首先需要吸引受众的关注,才能有效传递自身的传播意图。基于此,中国主流媒体在国际传播中摒弃了以自我为中心的叙事视角,转而以受众为中心,更加注重考察目标受众的文化背景和接受习惯,力求贴近受众的兴趣和需求。例如,在"一带一路"倡议的国际传播中,中国主流媒体不再仅仅强调中国的做法、贡献,罗列冰冷的数字,而是通过深入采访"一带一路"沿线国家普通民众,聚焦他们的生活变化,展现倡议如何惠及当地经济发展和民生改善,成功引发了国际受众的深刻共鸣。

此外,中国主流媒体也开始意识到,"王婆卖瓜"式的自我宣传远不如通过第三者视角展现中国形象更具说服力。因此,不少主流媒体开始邀请外国记者、学者或普通民众参与报道,以更加客观、多元的视角讲述中国故事。例如,中国日报社在中国共产党成立100周年之际推出的《求索:美国共产党员的中国行》,以美国共产党员伊谷然的第一视角"解码"百年大党的成功之道;四川广播电视台的电视纪录片《伊莎白——我的选择是中国》，则通过加拿大人伊莎白的视角，展现中国一个多世纪以来的沧桑巨变。这些作品通过外国人的亲身体验和观察，增强了叙事的中立性和可信度，赢得了国际受众的广泛认同。

在从"自我中心"到"受众本位"的转变中，中国主流媒体还特别注重针对不同政治体制、文化背景的受众进行分众化传播。例如，面向美国受众，广东广播电视台制作刊播了电视系列报道《一个美国制片人眼中的粤港澳大湾区》，邀请美国电视"艾美奖"双料得主、美国公共电视台著名制片人和主持人杰弗里·莱曼以美国观众喜闻乐见的主持人出镜的方式串联全篇，以亲身体验讲故事的方式，寻古问今，追溯中国新兴湾区——粤港澳大湾区的历史与今日，真实客观的画面记录了一个正在崛起的中国；中俄建交 70 周年之际，面对俄罗斯受众，黑龙江广播电视台采制、中央广播电视总台刊播的《我们的男孩》聚焦曾被苏联的医务人员救助过的孟宪国老人辗转万里的感恩寻亲之旅，用真挚、饱满的情感诠释了中俄两国人民守望相助、世代传承的深厚情谊，引起了俄罗斯观众强烈的情感共鸣；杭州亚运会开幕前夕，新华社针对亚洲受众推出的新媒体融合报道《看！〈我们亚洲〉，雄风更劲！》，通过分屏形式巧妙展现中国三十年变迁，以及中国与亚洲各国携手前行的时代主题；湖南日报社的《出海记·走进非洲》则聚焦非洲受众，通过采访非洲民众和政要，生动呈现中国企业为非洲带来的积极变化。这种分众化传播策略，不仅体现了中国主流媒体对国际传播规律的深刻把握，还通过精准定位和差异化叙事，增强了传播的针对性和实效性，为中国故事的全球传播开辟了新的路径。

### （二）话语创新：从"硬传播"到"软表达"

中国主流媒体在国际传播中，逐步摒弃了以往生硬的政治话语表达方式，转而采用更加柔和、生活化的叙事策略，实现了从"硬传播"到"软表达"的转型。

首先是政治话语的生活化转译。中国媒体将宏大的政治议题转化为普通人能够理解的生活故事，增强了传播内容的亲和力和感染力。例如，在宣传中国脱贫攻坚成就时，主流媒体更多将"精准扶贫"这一政策理念转化为生动可感的具体实践，使国际受众更容易理解和接受。山东广播电视台采制的《大山深处的公交车》，记者蹲点大山深处的几个村庄，跟踪采访，选取一条公交线路，以此记录沿线百姓生活面貌的变化，让世界真切看到了中国的扶贫成就及其背后的智慧与经验，在美国、澳大利亚、新西兰、加拿大等国家和地区落地调频播出,真实反映出当今中国的巨大变化,收到了良好的传播效果。

其次是宏大叙事的微观呈现。近年来,中国主流媒体逐渐摆脱了传统的宏大叙事模式,转而通过普通民众的生活场景和个体故事展现中国的发展成就。例如,天津大学"读懂中国"留学生品牌实践活动中,巴基斯坦博士生穆阿兹·阿万(Moaaz Awan)通过参与"一带一路"建设项目,用亲身经历证明倡议为合作国家带来的实际利益。四川广播电视台的纪录片《伊莎白——我的选择是中国》则通过加拿大教育家伊莎白的百年人生故事,展现了中国二十世纪的沧桑巨变,以小见大,增强了叙事的感染力和说服力;2020年,在全球共同抗疫的关键时刻,经济日报发布《小朋友们传递中意友谊》的报道,讲述了中国宋庆龄基金会幼教中心和意大利佩斯卡拉市的师生们通过网络携手战"疫"的故事,得到200多家海内外媒体转载,全网阅读量超过200万,得到大量国际友人和海外华人的转发、点赞和评论。中国气象报社2021年刊发的《我国南极昆仑站和泰山站气象站"转正"》以中国南极考察站昆仑站和泰山站气象站正式开展业务运行这一小切点切入,彰显了中国在提高极地天气预报和气候变化评估准确度、保障科学考察、保护极地环境的孜孜追求和不懈努力。

此外,中国主流媒体在国际传播实践中,注重通过挖掘共享的历史文化资源,构建跨文化传播的意义共通空间,以此提升传播效能。例如,广西广播电视台与东盟国家合拍的纪录片《茶船古道》,积极探寻以六堡茶文化为代表的中国茶文化绵延和出海的轨迹,从历史、文化、产业、社会等角度,深入挖掘中国与东盟各国山海相依、文化相通、民心相通、情意深厚的历史渊源,促进了中国与东盟国家之间的相互理解。中央广播电视总台与丝绸之路沿线国家合作制作的系列纪录片《丝路,从历史中走来》以古代丝绸之路的历史脉络为叙事主线,通过考古发现、文化遗产和当代经贸合作等多重维度,展现了中国与中亚、西亚、欧洲等地区在历史上的文化交流与经贸往来,以及"一带一路"倡议下各国在基础设施建设、经贸合作和人文交流等领域的新成果,唤起了沿线国家对丝绸之路共同历史记忆的情感共鸣,为构建跨文化叙事的认同基础提供了有力支撑。

这种从"硬传播"到"软表达"的话语创新,不仅增强了国际传播的亲和力和说服力,还为构建更加平等、包容的国际话语体系提供了重要借鉴。通过生活化的叙事和情感共鸣的建构,中国主流媒体成功实现了从"硬传播"到"软表达"的转变,为中国故事的全球传播开辟了新的路径。

### （三）互动升级：从"独白"到"对话"

随着新媒体技术的快速发展，主流媒体的国际传播模式正经历深刻变革，从传统的单向输出逐步转向双向互动。通过社交媒体、短视频平台、直播等新兴技术，主流媒体能够与全球受众实现即时互动，倾听他们的声音，回应他们的关切，改进传播方式，从而增强传播的亲和力与说服力。从"独白"到"对话"的互动升级，不仅提升了主流媒体的国际传播效能，也为构建更加平等、开放的国际传播生态奠定了坚实基础。

2022年，中国新闻社推出的系列新媒体报道《问答二十大》，邀请海外华侨华人、华媒记者及外国友人出镜提出问题，注重问题征集、拍摄制作、客户反馈各环节的传受互动，有效促成了海内外舆论场的热烈互动。2023年初，四川国际传播中心启动"中华文化＋出海游戏"项目，以三星堆为依托，利用《Minecraft》《原神》等在海外影响力巨大的游戏，通过活动征集、游戏内容植入、联合推广等方式，面向海外"Z世代"讲好中国故事。该项目吸引了海内外用户进行二次创作，UGC内容线上总播放量超过1073万，互动量超67万，系列报道海外流量突破3亿，覆盖《原神》手游端内超过2897万海外"Z世代"用户，全网曝光量超10亿，取得了显著的传播效果。

同时，中国媒体积极利用社交媒体平台，如Twitter、Facebook、YouTube等，与海外受众进行话题互动。例如，新华社在Twitter上发起"我的中国故事"话题，联合海外驻华机构、留学生群体发起接力挑战，形成"用户—媒体—机构"三级传播网络。话题上线3个月内，全球用户提交故事超20万条，覆盖英语、西班牙语、阿拉伯语等12种语言，吸引了大量参与和讨论。

除线上活动外，中国媒体还通过线下互动构建更加立体的传播空间。例如，在"一带一路"倡议的传播中，新华社联合文旅部推出"丝路青年行"项目，组织沿线国家青年记者、留学生重走陆上丝绸之路，通过驼队骑行、非遗工坊、农民夜校等形式，直观感受中国乡村振兴成果。这项活动覆盖了23个国家，直接参与人数超5000人，衍生短视频在TikTok播放量破亿，实现了线上线下的深度融合。

通过线上线下的多维互动，中国主流媒体不仅提升了国际传播的效能，也为全球受众提供了更加丰富、立体的中国故事，为构建开放、包容的国际传播生态作出了重要贡献。

## 三、传播渠道拓展：构建全媒体国际传播矩阵

### （一）中央媒体与地方媒体的协同发力

近年来，我国各级主流媒体深入贯彻落实马克思主义新闻观，构建起从中央到地方一体化的国际传播格局，形成上下联动、协同发力的传播矩阵。中央媒体凭借其权威性和全球影响力，负责顶层设计、战略布局和宏观视角的政策解读；地方主流媒体则充分发挥地域特色和贴近性优势，深入挖掘本土故事和文化资源，负责具体执行和内容供给。双方通过资源共享、优势互补，中央媒体提供平台和方向，地方媒体提供素材和细节，共同构建多层次、立体化的国际传播体系，显著提升了中国故事的国际传播力和影响力。

协同机制下，中央、省、市、县（区）四级媒体频繁联动，形成了"中央—地方"一体的对外传播格局，创作出众多优秀的国际传播作品，进一步放大了国际传播的内容和渠道优势。例如，2023年5月，中国日报社与武汉广播电视台合作成立长江国际传播中心，立足武汉、辐射长江流域，通过整合资源、共同策划报道，向国际社会生动展现了武汉及长江流域的发展成就和文化特色，取得了良好的传播效果。2025年，中老铁路跨国春晚成功举办，新华社、中央广播电视总台等20余家中央媒体联合云南广播电视台等地方媒体，共同展示了中老铁路上的春节联欢活动，凸显了中老友好合作的深厚情谊。此外，近年来的中国新闻奖国际传播类获奖作品，如《京之轴》《大山深处的公交车》《烟火乡国》《埃德温·马尔：归期未有期》等，均为多级主流媒体联动采制、刊登、播放的成果，充分体现了我国国际传播工作的协同效应和创新活力。

### （二）社交媒体与短视频平台的创新应用

丹尼尔·贝尔曾指出："当代文化正逐渐成为视觉文化，而不是印刷文化。"[①] 深刻揭示了视觉传播在当今社会的重要性。传统主流媒体的国际传播主要依赖文字和新闻发布等严肃形式，不仅容易因"高低语境"差异产生隔阂，还可能遭遇国外受众的抵抗式解码。

---

① 丹尼尔·贝尔.资本主义文化矛盾[M].赵一凡,蒲隆,任晓晋,译.北京:生活·读书·新知三联书店,1989:156.

基于视频的网络化社群构筑了极具价值的多层次对话,在线上与线下的交流互动中,实现心与心的相通,这是一种更值得期待的跨文化传播力。[①] 随着社交媒体和短视频平台逐渐占据用户的主要注意力,其创新应用对主流媒体提升国际传播效能起到了关键作用。这些平台凭借庞大的全球用户基础,帮助主流媒体突破地域限制,触达更广泛的国际受众。即时互动功能增强了传播的参与感和亲和力,提升了受众黏性;短视频、直播等形式使内容更加生动直观,吸引了更多国际关注;算法推荐功能则实现了精准传播,锁定了目标受众。此外,平台的低成本运营和数据分析能力优化了传播策略,多样化的形式推动了内容创新,增强了趣味性和感染力。

近年来,我国主流媒体充分利用社交媒体与短视频平台,取得了显著的国际传播效果。例如,2025年央视网的《飞越珠峰》以"中国互联网电视"为呼号进行全球传播,构建了覆盖海外社交媒体矩阵、客户端和本地新媒体的多维传播体系。其先导片在Facebook、YouTube、X、Sinow、VK及印尼电信IPTV等全球知名平台广泛传播,推送一个月内总展示次数达156万次,总观看次数达128万次。此外,近几年的中国新闻奖获奖作品《我在敦煌做研究》《探宝觅踪——寻找湾区民间文化力量》《出海游戏遇上三星堆》《一位武汉农民的人与自然——让"国宝鸭"爱上小龙虾》等,均通过短视频形式和国内外社交平台,实现了良好的国际传播效果,充分展现了社交媒体与短视频平台在提升中国故事国际传播力方面的巨大潜力。

### (三)与国际主流媒体的合作与内容共建

在经济全球化与信息互联的背景下,"国际合作+本土化策略"已成为跨文化传播的黄金组合。这种模式既能突破文化壁垒,又能实现精准触达,展现出独特的价值。中国主流媒体通过与国际主流媒体及其他国家主流媒体的深度合作,充分利用其全球影响力、专业传播渠道和庞大受众基础,显著提升了国际传播的效能。

合作形式包括联合制作、资源共享、内容互换、互为平台等,使传播内容更顺利地进入国际市场或当地市场。例如,中国中央广播电视总台与法国电视

---

① 辛静,叶倩倩.国际社交媒体平台中国文化跨文化传播的分析与反思:以YouTube李子柒的视频评论为例[J].新闻与写作,2020(3):17-23.

二台合作制作的纪录片《中国的重生》，以珍贵历史影像展现新中国成立初期的伟大成就。中方提供丰富素材和独特视角，法方运用专业制作技术和国际传播经验，使该片在法国及欧洲播出后引发强烈反响，有效提升了中国文化在欧洲的传播力。此外，新华社与路透社、美联社等国际通讯社在新闻共享、重大事件报道方面长期合作，通过交换新闻素材提升了全球覆盖范围。凤凰卫视与Sky News合作的《全球智库连线》节目，采用双演播室联动和"国际专家＋本地主持人"模式，融入粤语文化元素，实现大中华区收视率提升27%，欧洲触达量增长15%的效果。这种"全球化思维，区域化执行"的模式，充分展现了国际合作的高效性。

近年来我国不少优秀国际传播作品如《"千万工程"系列报道》《沿着运河看中国》《预见中国：从大湾区看未来》等，均是我国主流媒体与国际媒体合作的成果，说明国际合作与内容共建是提升中国故事全球影响力的有效途径。

## 第三节　未来展望：构建与中国国际地位相匹配的国际传播能力

近年来，中国在经济、政治、文化等各个方面取得了举世瞩目的成绩，综合国力显著提升。然而，与国际地位的快速提升相比，中国的国际传播能力仍显不足。为构建与中国国际地位相匹配的国际传播能力，主流媒体亟须在现有实践基础上，进一步优化传播策略，创新传播手段，引领中国话语和中国叙事体系构建，推动国际传播格局的转型升级，全面提升中国在国际舆论场中的话语权和影响力。

### 一、核心议题：主流媒体引领中国话语和中国叙事体系构建

习近平总书记指出："要加快构建中国话语和中国叙事体系，用中国理论阐释中国实践，用中国实践升华中国理论，打造融通中外的新概念、新范畴、新

表述,更加充分、更加鲜明地展现中国故事及其背后的思想力量和精神力量。"①为主流媒体改进国际传播策略、提升国际传播效能指明了发展方向、提供了根本遵循。

当前,国际舆论格局"西强东弱"态势尚未改变,"有理说不出""说出传不开""传开叫不响"的国际传播话语困境仍存。② 加快构建中国话语和叙事体系是应对当前国际舆论挑战、提升中国国际话语权的必要之举。体系的构建需以中华优秀传统文化为根基,以中国实践为源泉,以时代命题为导向,构建兼具民族性与世界性的话语体系。具体而言,中国话语体系需紧扣现代化、全球治理和人类共同价值等时代命题,强化对中国发展道路和逻辑的解释力,破除"传统—现代"二元对立的叙事框架,建立基于中华文明连续性的叙事逻辑。同时,要解构西方对中国的误读与偏见,构建中国式现代化的话语体系,围绕中国问题、中国实践、中国价值等核心要素,形成涵盖历史、政治、经济、文化等多维度的综合性话语体系,向世界展现真实、立体、全面的中国形象。

### (一)破西方话语霸权,立中国话语体系

在百年变局与全球信息秩序重构的背景下,破除西方话语霸权、构建中国话语体系已成为提升国家软实力的战略性课题。主流媒体作为国际传播的主力军,需在"破"与"立"两方面发力,引领中国话语体系的构建与实践。

"破"体现在我们必须首先破除西方的话语霸权。长期以来,西方在国际话语权领域占据垄断地位,中国学术、理论和话语体系长期处于"学徒状态",用西方理论解读中国道路,用西方话语裁剪中国现实,导致"有理说不出、说出传不开"的困境。在西方叙事框架下,中国的发展逻辑和价值观难以被真实呈现。因此,主流媒体亟需摆脱对西方理论的依赖,打破西方中心主义的桎梏,提出基于中国实践的"自我主张",为国际传播注入中国视角和中国智慧。

"立"指的是我们在破除西方话语霸权的过程中,还必须建立自己高效、精准、具有中国特色的话语体系,在此过程中,需要遵循以下原则:第一,坚持理

---

① 中共中央宣传部,中华人民共和国外交部.习近平文化思想学习纲要[M].北京:人民出版社,学习出版社,2021:87.
② 李明德,乔婷.中国国际传播:历史演变、现实背景与前沿问题[J].西安交通大学学报:社会科学版,2022,42(5):123-135.

论自主创新。主流媒体必须立足中华民族的历史实践与当代发展,从中国经验中提炼具有中国特色的理论,结合马克思主义新闻观,坚持独立自主的精神,避免对外国理论的盲目照搬,构建兼具中国特色、风格和气派的话语体系。第二,坚定文化自信。中华优秀传统文化是构建中国话语体系的根基。主流媒体应深入挖掘中华文化的精髓,将其融入国际传播实践,展现其世界意义,增强中国话语的文化底蕴与独特魅力。第三,扎根中国实践。中国话语体系必须深深植根于中国人民的伟大实践,充分体现其民族性、时代性和人民性。通过讲述真实、立体、全面的中国故事,传递中国精神,展现中国对全人类共同价值的独特贡献。第四,回应时代命题。中国话语体系需紧扣现代化进程、全球治理等重大时代议题,强化对中国发展逻辑的解释力,提升国际传播的说服力和吸引力。通过主动设置议题、创新叙事方式,增强中国话语的国际影响力与感召力。这些原则相辅相成,共同构成了主流媒体引领中国特色国际传播话语体系构建的行动指南。

## (二)多维度创新话语体系

话语是信息传递的工具,决定了信息能否被有效接收和理解。"话语"是"运用中的语言"和"谈话的内容",既是文化外化的重要表现形式,也是一种权力结构,具有鲜明的主体意识和价值立场。[①] 提升国际传播效能,创新话语体系尤为必要。习近平总书记指出,要创新对外话语表达方式,研究国外不同受众的习惯和特点,采用融通中外的概念、范畴、表述,把我们想讲的和国外受众想听的结合起来,把"陈情"和"说理"结合起来,把"自己讲"和"别人讲"结合起来,使故事更多为国际社会和海外受众所认同。[②] 为主流媒体进行多维度创新话语体系指明了方向。

主流媒体在引领话语体系创新时,可以从思想价值、理论知识和表达语态三个维度着手[③],构建兼具深度、广度和温度的国际传播话语体系。

---

[①] 曾祥敏,汤璇,翁旭东.加快构建中国话语和中国叙事体系[EB/OL].(2024-11-29)[2025-03-15].https://www.guangming.com.

[②] 中共中央党史和文献研究院.习近平新时代中国特色社会主义思想专题摘编[M].北京:中央文献出版社,党建读物出版社,2023:331.

[③] 曾祥敏,汤璇,翁旭东.加快构建中国话语和中国叙事体系[EB/OL].(2024-11-29)[2025-03-15].https://www.guangming.com.

在思想价值层面，必须坚持正确的方向和立场，突出中华文化的深刻性和引领力。要将中华优秀传统文化融入对外传播的话语体系之中，并结合新时代的伟大实践，赋予其新的时代内涵。例如，深入挖掘儒家"仁爱"思想、道家"道法自然"理念等传统文化精髓，以故事化、情境化的方式呈现给国际受众。在讲述中国乡村振兴故事时，可以融入"天人合一"的生态智慧，展现中国在经济发展过程中对自然环境的尊重与保护。通过这种方式，让世界看到中华优秀传统文化在当代社会的生动实践与创新发展，增强中国话语的文化吸引力和价值感召力。

在理论知识层面，主流媒体需要对传播话语进行逻辑凝练与规律总结，为思想价值层面提供坚实的理论依据和学理支撑。一方面，要以马克思主义新闻观为框架，系统总结主流媒体在政治、经济、文化等领域对外传播的经验与教训，凝练出具有普遍意义的传播技巧与规律，为实践提供科学指导。另一方面，学界和业界应结合当下实践成果，推动对外传播范式的革新，构建具有中国特色的国际传播理论体系。通过理论创新与实践探索的双向互动，为中国话语体系的构建提供源源不断的智力支持。

在表达语态层面，主流媒体需采用更接地气的话语方式以适应社交媒体时代的传播特点。当前，国际传播的对象已从宏观的群体转向微观的个体，对外传播必须符合国外用户的表达习惯，采用更丰富、更具共情力的话语表达，通过生动活泼的语言、贴近生活的案例、具有情感共鸣的叙事方式，拉近与国际受众的距离，让他们听得进、听得明白、听得认同，增强中国故事、中国声音的传播效果。

通过思想价值、理论知识和表达语态的多维度创新，主流媒体能够构建起兼具中国特色、时代特征和国际视野的话语体系，为中国故事的全球传播提供强有力的支撑。

### （三）多举措创新叙事方式

习近平总书记要求，要组织各种精彩、精炼的故事载体，把中国道路、中国理论、中国制度、中国精神、中国力量寓于其中，使人想听爱听，听有所思，听有所得。[①] 这对国际传播的叙事方式提出了更高要求。诸多实践证明，多举措创新叙事方式是主流媒体提升国际传播效能的必要手段之一。

叙事方式的全面创新，意味着主流媒体在内容选择上，需要立足全球视野，凸显中国价值。将中国故事、中国理念与全球共同关注的议题紧密结合，如气候变化、公共卫生、经济复苏等。例如，在传播"一带一路"倡议时，应突出其对沿线国家基础设施建设、贸易增长及全球经济平衡发展的积极作用，从全球视角展现中国方案的价值，增强内容的普适性与吸引力。同时，要深入挖掘中华优秀传统文化的精髓，以文化为桥梁连接世界。例如，通过阐释"和"文化在当代国际关系中的体现，展现中国外交中的和平共处五项原则和互利共赢理念，让国际受众理解中国文化的独特魅力与时代价值。

在传播形式上，主流媒体要紧跟技术发展趋势，充分利用短视频、直播、虚拟现实等新兴媒介，以生动、直观的方式呈现内容。例如，CGTN等媒体制作的以中国传统节日为主题的短视频，通过动画和情景演绎展现节日文化，吸引了大量海外受众的关注与互动。此外，主流媒体应摒弃传统的宏大叙事模式，采用故事化的表达方式，以个体或群体为主角，在中国特色叙事框架下引发情感共鸣，提升传播的感染力与吸引力。

主流媒体还需探索分众化叙事。"跨文化研究之父"爱德华·霍尔提出的"高低语境"理论指出，中国作为典型的高语境国家，传播意义更多蕴含于具体语境中；而西方国家多为低语境国家，依赖明确编码的信息传递含义。[②] 中西方文化类似的差异很多，针对这种差异，主流媒体需调整沟通风格，实施定制化传播。例如，面向欧美受众，可聚焦科技创新、环境保护等议题；面向亚洲受众，突出文化共鸣、经济合作等主题；面向"一带一路"沿线国家，重点展示合作成果和发展经验；面向非洲国家，则强调基础设施建设、医疗卫生合作等内容。通过分众化、精准化的传播策略，提升国际传播的针对性与实效性。

此外，在国际传播中，主流媒体还应注重受众对于当前叙事方式的反馈，通过分析点赞、评论、分享等互动数据，及时调整传播策略，优化内容呈现方式。例如，利用大数据技术追踪受众偏好，动态调整叙事重点和表达方式，确

---

① 中共中央党史和文献研究院.习近平新时代中国特色社会主义思想专题摘编[M].北京:中央文献出版社,党建读物出版社,2023:331.

② 爱德华·霍尔.超越文化[M].何道宽,译.北京:北京大学出版社,2010:90.

保内容更易被接受和认同。通过持续优化传播路径，主流媒体能够更有效地传递中国声音，塑造真实、立体、全面的中国形象。

## 二、技术赋能：以智能化、数字化提升国际传播效能

在提升国际传播效能的过程中，必须重视人工智能、大数据、VR与AR等技术的应用。这要求主流媒体树立数字化思维，全方位推动国际传播的数字化变革。从顶层设计到体制机制，数字化理念需贯穿始终，推动国际传播向数字化转型，加大数字化投入力度，并将资源力量向数字化领域倾斜，以技术驱动国际传播效能的全面提升。

### （一）人工智能与大数据

人工智能为解决国际传播过程中的基础性工作、重复性任务、个性化需求、情境化内容提供了有效支撑，并可基于对目标受众的偏好分析找寻价值契合点，进而在情感碰撞与共鸣中收获理解与认可。[①] 人工智能与大数据技术为国际传播的智能化、精准化提供了重要支撑。主流媒体应顺应技术发展趋势，深度挖掘生成式人工智能与大数据的潜力，从内容生产、传播到平台建设全方位提升国际传播效能。

在内容生产方面，主流媒体可利用人工智能策划精准化、个性化的选题，通过大数据分析全球热点、受众兴趣和舆情趋势，定位更具吸引力的内容方向。同时，借助AI写作、视频剪辑和语音合成等技术，提升内容生产效率，降低人力成本，实现多语言、多形态的内容输出。例如，国际在线的楼兰智能发布系统通过AI进行内容创作与优化，为全球受众定制传播方案，并根据反馈快速调整内容，显著提升了国际传播效果。

在内容传播方面，大数据技术能够精准捕捉受众特征、行为及传播效果，描绘清晰的用户画像，实现内容的精准投放。例如，新华社"中国好故事"数据库依托智能算法推荐技术，分析用户画像，实现个性化内容推荐。同时，通过知识图谱技术挖掘数据关联，匹配备选选题，推动精准传播与产品创新。这种

---

[①] 郭海威,胡正荣.人工智能驱动提升国际传播可及性：机制、困境与路径[J].中国电视,2025(1):73-82.

基于数据的传播策略,不仅提升了传播效率,还增强了内容的吸引力和针对性。

在平台建设方面,构建安全可控的国际传播数字平台是可持续发展的关键。例如,CGTN利用大数据技术打造的全球区域热点话题监测平台,能够智能筛选和分类海量信息,捕捉关键事件与舆情趋势,显著提升了国际传播的精准度和时效性,增强了中国媒体的国际影响力。通过技术赋能,主流媒体能够更好地适应全球化传播环境,推动中国声音走向世界。

## (二)VR与AR技术

在5G浪潮之下,VR与AR正在重塑国际传播逻辑:前者构建"身临其境"的平行宇宙,后者叠加"触手可及"的信息层。它们共同突破了二维平面的桎梏,把抽象概念(气候模型、历史长卷)转化为可感知、可交互的三维场景,让受众从"被讲述"转为"亲历者",显著提升传播穿透力与认知深度。

在国际议程设置上,VR/AR为主流媒体提供了"共情装置":戴上头显,北极冰盖的崩解声仿佛就在耳边;举起手机,抗疫合作的实时数据即刻浮现在街景之上——气候变化、公共卫生等全球治理议题由此拥有了可感知的"现场"。当VR复原驼铃悠扬的丝路盛景,AR叠加"一带一路"今日通衢,历史与未来在同一时空对话,中国故事的连续性、创新性被浓缩为一次跨时空握手。

在互动层面,VR会场让远在地球另一端的受众"列席"联合国气候大会;AR眼镜则把字幕、文化注解与实时翻译投射到演讲者的唇边,消弭了语言与文化的壁垒。2021年央视春晚的VR直播、CGTN在高峰论坛上的AR同声传译,已初显其跨越国界、直达人心的潜能。

面向未来,国际传播的内容供给必须从"记录过去"转向"预演未来",聚焦那些既关乎当下又指向长远的命题。[①] 主流媒体可借VR构建2050年的零碳城市:观众可穿梭风能摩天楼、体验无人交通的丝滑调度,亦可借AR在同一街角对比今日雾霾与明日光伏屋顶的清新图景。当可持续愿景变成可漫游、可试验的"未来生活样本",中国方案便不再只是政策文本,而是一场全球受众皆可步入的关于人类共同命运的沉浸式预演。

---

① 张毓强,庞敏.新时代中国国际传播:新基点、新逻辑与新路径[J].现代传播:中国传媒大学学报,2021,43(7):40-49.

## 三、人才培养：打造具有全球视野与跨文化沟通能力的人才队伍

### （一）主流媒体引领国际传播学科建设与人才培养

当前，国际传播领域面临人才短缺的困境，亟须培养一批既熟悉国际传播规律，又具备跨文化沟通能力和创新精神的国际传播人才。加强适应新时代国际传播需要的专门人才队伍建设，包括国际传播理论研究人才、区域与国别研究人才、多学科国际化人才及舆论斗争人才。[①] 主流媒体作为国际传播的主力军，拥有丰富的实践经验和资源优势，应在人才培养中发挥主导作用。首先，主流媒体可通过与高校共建实习基地、联合实验室等方式，为学生提供实践平台，帮助其将理论知识与实际操作相结合。其次，主流媒体可派遣资深从业者担任高校兼职教授或导师，参与课程设计、案例教学和论文指导，将一线经验融入课堂教学。此外，主流媒体还可与高校合作开展国际传播领域的课题研究，推动理论与实践的双向互动。

高校新闻院校是国际传播人才培养的主阵地，但目前存在的问题是高校培养模式与媒体人才需求的严重脱节。为此，主流媒体应当与高校新闻院所共同探索创新人才培养模式。一方面，高校可邀请主流媒体参与课程体系设计，增设国际传播实务、跨文化传播、国际舆情分析等课程，强化学生的实践能力和国际视野。另一方面，双方可联合开设"订单式"人才培养项目，根据主流媒体的实际需求，定制化培养国际传播人才。例如，针对"一带一路"倡议的传播需求，培养精通沿线国家语言和文化背景的专业人才。

把国际传播人才培养落到实处，主流媒体可探索与高校共建"产学研"一体化平台，双方联合设立"国际传播研究中心"，以全球前沿议题为靶向，同步推进理论创新与实践验证；定期共办国际论坛、工作坊，让国内外学者、记者、算法工程师同席碰撞，把最新案例、数据与困惑直接搬进课堂。还可合作共建"动态国际传播案例库"——把正在发生的热点事件拆解为可迭代的教学模块，让学生边学边做，在真问题中体会国际舆论场的复杂与多元。

在人才培养过程中，全球视野与跨文化能力不能仅靠书本"投喂"。主流

---

[①] 张毓强,庞敏.新时代中国国际传播:新基点、新逻辑与新路径[J].现代传播:中国传媒大学学报,2021,43(7):40-49.

媒体可携同高校搭建"双向流动"的国际培养网络：一方面，有实力的央媒和头部高校可充分利用自身资源优势，与BBC、NHK、路透社等头部媒体及世界知名新闻学院签署交换协议，选派优秀学生赴海外采访、写稿、运营账号，在跨文化火线中淬炼技能；另一方面，高校可引进国外优质课程与师资，常态化开设双语或全英文工作坊，实行"外教＋外记"双导师制，让学生在母语与外语、本土叙事与全球语境之间自由切换，让课堂成为连接世界舆论场的实时接口。

为吸引和留住优秀人才，主流媒体与高校需共同完善人才评价与激励机制。例如，主流媒体可设立专项奖学金，奖励在国际传播领域表现突出的学生；高校则可建立与国际传播实践相结合的学分认证体系，鼓励学生参与主流媒体的实践项目。此外，双方还可联合开展国际传播人才评价标准研究，建立科学的人才评价体系，为人才培养提供明确的方向。

### （二）推动主流媒体从业者参与国际化交流与实践

投身国际化交流与实践活动，主流媒体从业者能够全方位地感知全球多元媒体生态、传播模式及受众需求。因此媒体应举办国际媒体论坛、研讨会、新闻节等活动，为国际传播从业者提供面对面交流的机会，利用互联网搭建线上交流平台，例如国际媒体交流社区，方便媒体从业者随时分享经验、交流观点、探讨合作；媒体机构与国内外高校、研究机构合作，开展联合培养项目。例如选派媒体从业者到国外高校进修，或邀请国际知名学者到国内开展短期培训课程，提升媒体从业者的国际传播理论水平和实践能力。

在与国际同行的深度交流互动中，主流媒体从业者能够洞悉国际前沿的传播理论与技术应用实例。以欧美媒体为例，在新媒体融合发展进程中，借助大数据分析达成精准传播，实现了传播效能的最大化；而日本媒体则在文化传播领域，凭借对细节的极致把控与对情感共鸣的精准捕捉，成功塑造出独特的传播风格。这些珍贵经验犹如一把把钥匙，能够助力媒体从业者突破地域的桎梏，革新自身的传播理念，将国际先进的传播思路巧妙融入日常工作，从而在国际传播舞台上，以更为广阔的视野、创新的思维方式精心策划与制作内容，有效提升传播效果，让每一次传播都更具影响力与感染力。

国际传播的环境波谲云诡，时刻面临政治、经济、文化等多维度的挑战与未知变数。因此要促使我国主流媒体积极投身于国际交流与实践项目，置身真实的国际传播场景,全方位锤炼新闻采编、内容策划、危机公关等实操本领。以国际重大事件报道为例,媒体从业者需迅速熟知并适应不同国家的法律法规与舆论生态,机敏灵活地应对各类突发状况,确保信息传播的准确无误与及时高效。这种实战历练所积累的宝贵经验,能让他们在复杂棘手的国际传播挑战面前,处变不惊、沉稳应对,做出科学理性的决策,进而显著提升国际传播的专业水准与应变能力。

## 四、生态构建:引领多方参与的国际传播新生态

国际传播是一个浩大的系统工程,面对新时代下的新形势,我们需要打破工作边界,摆脱思维桎梏,充分调动各方面的资源和力量,投身于这场工程建设之中,利用一切可以利用的平台、渠道、手段、方法加强国际传播。[①] 主流媒体作为国际传播的主力军,肩负着引领构建多方参与的国际传播新生态的重任。通过打造具有国际影响力的媒体集群、推动与政府、企业及社会组织的协同合作,以及构建开放包容的国际传播合作网络,主流媒体能够全面提升中国声音的全球传播力、引导力和影响力。

### (一)打造具有国际影响力的主流媒体集群

主流媒体集群是提升国际传播效能的重要载体。通过打造具有国际影响力的主流媒体集群,中国主流媒体能够在未来的国际传播实践中实现从"音量"到"声量"的质变。对内,需要深化央地联动,形成全国一盘棋。央地联动模式是提升国际传播效能的关键路径。通过中央媒体与地方媒体的深度合作,能够实现资源共享、优势互补,形成全国一盘棋的传播格局。中央级媒体如新华社、CGTN等拥有丰富的国际传播经验和全球化的传播网络,而地方媒体则对区域文化和发展实践有更深入的了解。通过央地联动,中央媒体可以为地方媒体提供技术支持和传播渠道,地方媒体则能够为中央媒体提供丰富的地方故事和区域视角。例如,鄂尔多斯市国际传播中心通过与新华社的合作,在内容生产、渠道拓展和人才培养等方面实现共建共享,成为央地联动

---

① 郑保卫,王青.当前我国国际传播的现状、问题及对策[J].传媒观察,2021(8):13-19,2.

的典范。此外,通过建立常态化的联动机制,中央媒体与地方媒体可以在重大国际事件报道、主题宣传策划等方面协同作战,形成传播合力。例如,在"一带一路"倡议的传播中,中央媒体提供宏观视角和政策解读,地方媒体则通过具体案例和区域实践丰富传播内容,增强传播的立体性和说服力。

对外,中国主流媒体正在编织一张"多语种、全天候、立体化"的传播网以提升国际传播效能。语言是国际传播的重要桥梁,通过增加传播语种,中国主流媒体能够覆盖更广泛的受众群体,如CGTN在原有68个海外传播语种的基础上新增了12种国际语言,成为国际媒体机构中语种最多的机构之一,为"中国叙事"打开了更多声部。同时,通过在全球范围内设立分支机构或合作站点,主流媒体能够更快速、更精准地获取和传播新闻信息。如新华社在全球180多个国家和地区设立了分社,实现"现场—编辑部—受众"直线最短距离。此外,技术为主流媒体提升国际传播效能提供了新的可能性,主流媒体集群可以通过生成式人工智能、大数据等技术和社交媒体、短视频等平台增强传播的互动性和精准性。例如,CGTN就广泛利用TikTok、X、YouTube Shorts等国际性社交媒体平台发布多语种短视频,吸引了大量海外受众关注和互动。当语种、节点与算法三线合一,中国故事便不再是单点广播,而是一张自适应、可进化的全球神经网络——既能在重大议题上瞬间共振,也能在日常信息流中润物无声。

## (二)构建多元协同的国际传播新格局

国际传播是一项系统工程,需要多方力量共同参与。作为传播主力军,主流媒体应当成为连接各方的纽带,搭建政府、企业和社会组织优势互补的合作平台。

在政策引领方面,政府部门需要当好"总设计师"。近年来,国家通过实施国际传播能力建设工程,支持重点媒体建设海外采编网络和传播平台,设立"中华文化走出去"专项资金,对优质国际传播项目给予重点扶持,有效激发了主流媒体拓展海外市场的内生动力。外交部大力开展主场外交活动,构建中外媒体对话机制,中国记协借助"一带一路"记者组织论坛等搭建国际对话平台……一系列政策组合拳,正在为主流媒体开展国际传播工作开辟更广阔的空间。

企业力量正在成为国际传播的"生力军"。主流媒体不妨与华为、腾讯等

"出海"经验丰富的伙伴共同打造既有商业价值又具文化内涵的传播项目。比如,可以联合摄制展现中国企业创新故事的对外宣传纪录片,既推广了企业品牌,又传递了中国主流媒体价值观,"媒体搭台、企业唱戏"的模式,正在开创双赢新局面。

各类社会组织也是主流媒体开展国际传播必须动员的重要力量。例如,主流媒体可以携手文化团体在海外举办"中国文化周",让外国观众近距离感受中华艺术魅力;联合学术机构举办高端论坛,促进中外思想对话;协同公益组织开展志愿服务,展现中国社会的文明进步……当主流媒体与社会组织携手,中国故事就能讲得更亲切、更动人,从而收获意想不到的传播效果。

### (三)构建开放包容的国际传播合作网络

当前,国际传播生态正在经历深刻变革,单向传播模式已难以适应当下多元化的国际舆论场。中国主流媒体需要把握时代脉搏,创新国际合作范式,构建更具包容性和建设性的全球传播网络,实现从"走出去"到"走进去"的跨越式发展。

在合作理念创新方面,应当突破传统的地缘传播思维,秉持"和而不同"的文明交流理念。在具体实践中,中国媒体与BBC、CNN等国际主流媒体的合作,既要注重中国故事的国际化表达,也要为各国文明成果提供展示舞台。例如,新华社与路透社建立的"一带一路"新闻交换平台,双方每日交换30余条核心新闻素材,既传播了中国声音,也促进了东西方新闻理念的交流互鉴。

在合作方式上,要推动从"内容输出"到"价值共创"的转变。可借鉴CGTN与欧洲拉美地区语言节目中心于2022年8月联合推出的多语种海外传播重点项目"新时代的中国"的成功经验,通过共同策划、联合采编、协作传播等深度合作模式,实现文化价值的共建共享。此外,中法合拍纪录片《大黄一家人》、中巴合拍纪录片《从西安到瓜达尔港》、中哈合拍纪录片《我们到哈萨克斯坦拍电影》、中马合拍纪录片《碧海和风——郑和下西洋的再发现》等,均取得了良好的海外传播效果。

在合作机制建设方面,需要构建全方位、多层次的协作体系。一方面,深化与"一带一路"沿线国家的媒体合作,如建立"丝路媒体联盟"等常态化交流平台;另一方面,拓展与欧美主流媒体的合作渠道,探索建立联合新闻工作室等新型合作模式。同时,要注重发挥非政府组织、智库等民间力量的桥梁作用,形成政府引导、市场运作、社会参与的立体化合作格局。未来,中国主流媒体还需要在人工智能、元宇宙等新技术应用领域加强国际合作,共同探索国际传播的创新路径。

## 本章案例

### 《人民日报海外版》的国际传播策略探索

作为中国对外宣传的重要窗口和国际传播的核心平台,《人民日报海外版》(以下简称"海外版")始终坚守"讲好中国故事,传播中国声音"的使命,凭借多维度的传播策略创新,为提升中国声音的全球影响力作出了一系列卓有成效的探索。

在内容建设方面,海外版深谙"软宣传"与"泛传播"的精髓,通过其官网"海外网"等平台日均推送数十条精心打磨的帖文,注重以文化和社会类内容为切入点,通过讲述普通人的故事、展现中国风土人情,增强传播的亲和力和感染力。通过转换"软宣传"话语体系,真实、客观地展现中国社会的全貌。例如,《我在中国当大使》系列融媒报道,巧妙运用第三者视角,将外国驻华大使塑造成一个个鲜活的"跨文化体验者",通过他们的亲身经历和独特视角,拉近了距离,消解了成见,打动了人心。

在传播渠道方面,海外版通过构建全媒体矩阵,全面拓展传播网络。其大力布局新媒体领域,形成了涵盖海外网、学习小组、侠客岛等在内的全媒体矩阵,涌现出"海客新闻""海外网评""深一度""海叔聊经济""港台腔"等有特色的网络新媒体。同时,海外版积极寻求与多个国家和地区的主流媒体合作,与日本《日中新闻》合办《日本周刊》、与奥地利《欧洲华信报》合办《奥地利周刊》等,发行网络覆盖全球80多个国家和地区,并与多国主流媒体联合推出主题专版和专栏,触达超过1亿人次的读者。此外,海外版还与希腊《中希时报》、瑞典《北欧时报》、马来西亚《亚洲时报》、泰国泰华网等50多家海外华文媒体建立了紧密的合作关系,日均落地自采报道约400篇次,用户覆盖海外30多个国家和地区。这种多渠道、多层次的传播布局,显著提升了中国声音的全球影响力。

海外版还高度重视社交媒体平台的应用,其海外网已建立了覆盖广泛的社交网络账号体系。其中，Facebook 官方账号主要面向海外华人和港澳台地区用户，600 多万粉丝中七成为"Z 世代"年轻人。结合社交媒体个性化、情感化、碎片化的特点，海外版通过讲述普通人的故事，增强了传播的亲和力与影响力。其海外社交平台账号粉丝量和关注订阅数高达 3370 余万，发布的内容常获高点赞、高评论、高转发。例如，2023 年 5 月 23 日，针对香港国泰航空乘务人员歧视不讲英语乘客的事件，人民日报海外版率先在微博以"岛叔微评"形式发声，随后在微信端推出深度评析稿件，并同步制作"岛妹快评"短视频，在海外舆论场引发广泛关注，近 50 家境外媒体以"人民日报海外版社交媒体侠客岛"为标识转载相关观点，充分展现了其在国际舆论场中的影响力。

在重大国际事件和负面舆论中，海外版通过快速响应、深度评析和多平台联动，有效引导国际舆论，展现中国立场。例如 2022 年 3 月，以抹黑丑化中国为目的的"大翻译运动"刚一露头，海外网的"海外网评"栏目就第一时间亮剑，推出评论稿件《小偷小摸的"大翻译运动"抹黑不了中国》，在海内外引发强烈反响。

通过内容创新、全媒体矩阵建设、社交媒体运营及国际合作等多维度的实践，海外版成功探索出一条以文化为桥梁、以故事为载体、以技术为支撑的国际传播路径，为主流媒体改进传播方式、优化传播策略、提升传播效能提供了思路、指明了方向。

（闫利超　李依冉　李宛嵘）

# 第十一章
# 责任与规范：主流媒体的自律与他律

在技术加速迭代、传播格局巨变及价值导向多元化的背景下，主流媒体正面临前所未有的挑战。内容同质化、权威性弱化等内部问题与虚假信息泛滥、传播失序等外部压力交织，使得其公信力和社会责任受到严峻考验。在此背景下，唯有通过自律与他律的双重约束，才能为主流媒体的健康有序运行提供制度保障，为其系统性变革向纵深发展保驾护航。

自律是主流媒体坚守社会责任、提升内容质量的自我约束机制。作为权威信息源，主流媒体必须确保内容的真实性和客观性，避免误导公众。同时，媒体对公众价值观的深远影响要求其在传播过程中始终符合社会主流价值观，防止负面舆论或错误导向。然而，现实困境在于，技术依赖导致的内容生产机械化、算法推荐引发的价值导向模糊化，以及自媒体崛起带来的传播权威分散化，使得主流媒体在自律实践中面临诸多掣肘。

他律则是通过法律法规、政策监管和社会监督形成的外部规范体系。在信息爆炸的时代，他律手段能够有效防止媒体滥用权力或传播有害信息，确保其行为合法合规。然而，外部监管的滞后性与社会监督的碎片化，使得他律手段难以完全适应快速变化的媒介环境。因此，构建自律与他律的协同机制，不仅是破解现实困境的关键，更是提升主流媒体传播力、引导力、影响力和公信力的必由之路。

未来，主流媒体的系统性变革需要在自律与他律的协同中寻找平衡点。通过明确政治责任、社会责任和文化责任，强化内部自律机制；通过完善法律法规、优化监管体系、拓宽社会监督渠道，健全外部他律框架。唯有如此，主流媒体才能在信息爆炸的时代中坚守价值导向，在众声喧哗中重塑话语权威，在技术浪潮中实现内容创新，从而为中国特色社会主义媒体体系的建设提供坚实的理论与实践支撑。本章将围绕自律与他律的协同构建，探讨其如何为主流媒体的系统性变革保驾护航,并为媒体行业的可持续发展提供新的方向标。

# 第一节　自律与他律:主流媒体的内在追求与外部约束

作为社会信息传播体系的中坚力量,主流媒体的自律与他律机制建设直接关乎社会舆论生态的健康与稳定。在自律层面,主流媒体通过坚守新闻专业主义精神、践行社会责任担当,构建起内在的价值准则。这种自律不仅体现在恪守新闻真实性原则、坚持客观公正的报道立场,更反映在对重大社会议题的精准把握与正确引导上,彰显媒体的使命担当。在他律层面,主流媒体受到法律法规的刚性约束、政府部门的专业监管及社会公众的广泛监督。其中,法律法规为媒体行为划定明确边界,监管部门依法对违规行为进行查处,而社会公众则通过多元化的舆论反馈机制形成持续性的监督压力。

自律是媒体基于职业操守的内在自觉,他律则是确保媒体规范运行的外部保障。唯有将二者有机统一于社会效益最大化的目标之下,主流媒体才能在坚持正确舆论导向的同时,持续激发创新活力,切实发挥舆论引领作用,为社会发展大局提供强有力的舆论支撑。这种自律与他律的良性互动,既是主流媒体健康发展的必然要求,也是构建清朗网络空间的重要保障。

## 一、主流媒体的自律范畴

主流媒体的自律是指主流媒体通过自我管理来约束自己的传播行为。相比于法律和法规这些国家法律层面的制度规定,媒体自律是一种来自传媒界内部的且非强制性质的自我限制行为,它是传媒界、个人和社会三个方面之间的平衡权益及冲突的结果,为的是减轻传媒界与政府权力间的紧张关系,防止直接矛盾的产生,并减少与公众群体的摩擦,这是媒体界采用的一套自我完善和自我调节的专业机制。

主流媒体的自律方向有很多,其中以媒体应遵守的职业道德和伦理准则、对报道对象的隐私保护机制及媒体内部审核与问责机制为主要约束,这些自律机制同样也是主流媒体自律的重要规范,需要主流媒体在系统变革中不断修正、完善自身的自律机制,承担起主流媒体的行业和社会责任。

### (一)职业道德:新闻人的底线思维

每个人在日常生活和工作中都会遇到道德问题,而主流媒体新闻工作者对于塑造社会主流道德观念有着至关重要的作用。新闻工作者的职业道德水平不仅关系到他们所在行业的正常运作,也会对整个社会的道德风尚造成深远的影响。所以,提升从业人员的职业道德被视为主流媒体自律建设的重要方向,是新闻人在实践中应该坚持的底线思维。

马克思指出,道德的本质在于"自律"而非"他律"——前者体现的是主体的自由意志,后者则意味着对外在权威的屈从。对于新闻业及其从业者来说亦是如此:新闻职业道德既包含普遍性社会道德要求,又涵盖由媒介技术特性、权力监督职能和公共信托责任构成的特殊职业准则。我国主流媒体作为意识形态国家机器的重要组成部分,其从业者需要遵循更为严格的伦理标准体系,这种职业伦理要求体现为贯穿新闻生产全流程(信息采集、内容编辑、产品分发)的价值闭环,包括但不限于事实核查的严谨性、报道立场的客观性、价值判断的公正性、编辑决策的独立性及传播效果的社会效益性。这些专业操守既构成记者个体职业认同的核心,更是其所在媒体机构公信力的根基。

在全球化媒体发展的历史进程中,关于媒体职业道德规范与社会责任意识的学术探讨始终占据重要地位。自20世纪中叶以来,国际新闻传播领域逐步建立起行业自律机制,其中具有代表性的包括英国的新闻评议会(Press Complaints Commission)、荷兰的新闻理事会(Raad voor de Journalistiek)、印度的新闻评议会(Press Council of India),以及瑞典的新闻业公正委员会(Pressombudsmannen)等自律性组织。就中国而言,中国记协在媒体行业自律方面发挥着重要的制度性功能。

1947年,美国新闻自由委员会发布的《一个自由而负责的新闻界》研究报告,首次系统性地阐述了媒体社会责任理论。这一理论突破了传统自由主义新闻观的局限,强调新闻媒体在享有自由权利的同时,必须承担相应的社会责任。随后,传播学奠基人威尔伯·施拉姆于1956年在其著作《报刊的四种理论》中进一步深化了这一理论,强调新闻媒体在享有言论自由权利的同时,必须履行相应的社会责任与义务。

在我国,中国传统文化中的"文以载道"思想为媒体社会责任提供了本土化的理论渊源。清末思想家梁启超提出的"去塞求通"办报理念,深刻揭示了新闻媒体相较于其他行业在社会责任承担方面的特殊性。现代新闻事业的先驱邹韬奋则从功能主义视角出发,强调报刊应当发挥"人民的耳目喉舌"的作用,致力于推动民族解放与社会进步,切实履行服务公众的使命。这些理论观点共同构成了中国媒体社会责任思想的重要理论基础。

2012年,我国新闻传播领域迎来了一项重要的理论成果——《中国新闻职业规范蓝本》的正式出版。该蓝本作为我国首个系统化的新闻职业道德规范文本,从基本原则、职业角色、利益冲突及新闻业务四个核心维度,全面构建了新闻职业道德规范的理论框架和实践要求。其中,基本原则维度着重强调了新闻真实性、客观性等核心价值理念;职业角色维度明确了新闻工作者作为社会守望者的职责定位;利益冲突维度系统规范了新闻工作者在面临经济利益与职业操守冲突时的行为准则;新闻业务维度则对采编流程中的具体操作标准进行了详细规定。

2014年,国家新闻出版广电总局首次试行的媒体社会责任报告制度,标志着我国媒体社会责任建设进入了制度化、规范化的发展新阶段。该制度创新性地构建了包含正确引导、人文关怀、职业规范遵守及新闻从业人员权益保障等八个维度的评估体系。通过建立科学的二三级指标体系,对各项评估内容进行细化分解,不仅增强了评估指标的可操作性,还显著提升了媒体社会责任报告的实际应用价值。这一制度创新为媒体机构开展自我评估提供了明确指引,同时也为社会各界监督媒体履职情况提供了客观依据,成为推动媒体社会责任理念从理论建构向实践转化的重要制度保障,对促进我国媒体行业的规范化发展具有里程碑意义。

2019年发布的《中国新闻工作者职业道德准则》最新修订版共包含7条31款,该准则积极吸收了党的十八大以来新闻舆论工作的新成果和新进展,同时也顺应了全媒体时代的新需求,并且新增了"坚持用习近平新时代中国特色社会主义思想武装头脑""坚持以人民为中心"等表述,在更新了新闻传播职业道德内涵的同时,突显了对新闻事业的指导性、实践性和时代性。

从历史维度来看,主流媒体不仅是党的政策主张的传播者,更是社会主义意识形态建设的主阵地,在巩固党的执政基础、维护国家意识形态安全方面发挥着不可替代的作用,主流媒体必须始终牢记党的新闻舆论工作的职责和使命。首先,主流媒体新闻从业人员应坚持党性原则,确保新闻报道的正确政治方向,其次,要坚持以人民为中心的工作导向,反映人民群众的呼声和需求,维护社会公平正义,增强新闻报道的贴近性和服务性。此外,主流媒体新闻从业人员还需坚守职业道德,秉持真实性、客观性和公正性,杜绝虚假新闻和低俗内容,提升媒体的公信力和社会影响力。

在全媒体时代,主流媒体及其从业人员还应积极适应技术变革,创新传播方式,增强舆论引导能力,为巩固党的执政地位、推动社会主义文化繁荣发展贡献力量。总之,主流媒体的新闻从业人员必须始终以高度的政治责任感和使命感,履行好党和人民赋予的职责,为新时代的新闻舆论工作提供坚实支撑。

### (二)伦理准则:利益与责任之间的平衡车

伦理主要体现为人伦关系及其维系过程中所需遵循的规则与原则;而道德则更侧重于对道德主体自身行为的规范与约束。在日常生活中,人们容易将伦理与道德联系到一起,在伦理学学科中,这两个概念没有太大区别,"都指社会和个人经过一定的方式的治理、协调,使社会生活和人际关系符合一定的秩序和准则"[①]。

新闻伦理是"新闻界公认或新闻行政机关颁布的新闻工作者必须遵奉的道德规范或新闻准则"[②]。然而,在实际应用中,新闻伦理更多地体现为一种内化的道德规范,是新闻从业人员在新闻实践中平衡自身行为与利益的重要尺度。这种内化过程不仅要求新闻工作者将伦理准则转化为自觉的职业操守,还需要在复杂的新闻场域中,面对多方利益博弈时保持正确的价值坚守。一般而言,新闻伦理涵盖以下核心内容:新闻报道应坚持真实性与客观性;新闻工作者应维护公共利益、承担社会责任、遵守法律法规与道德规范,保持诚信与守信,尊重他人隐私与尊严;新闻报道应尊重多样性及多元声音,促进公众对事件与问题的全面理解。[③] 从实践维度来看,新闻伦理的内化程度直接影响着新闻报道的质量和公信力,是衡量媒体专业化水平的重要指标,是新闻传播活动中不可或缺的伦理基石。

新中国成立以来,新闻伦理研究取得了显著成果,其建设进程与党的思想

---

[①] 章海山,罗蔚.伦理学引论[M].北京:高等教育出版社,2009:2.
[②] 刘海.瑞典新闻伦理研究[D].北京:中央民族大学,2007:23.
[③] 罗彬.新闻伦理与法规[M].北京:北京师范大学出版社,2012:125.

道德建设紧密结合。改革开放以来,我国新闻伦理建设逐渐步入规范化、制度化的轨道,形成了较为完善的规章制度和法律体系。1981年,中共中央宣传部新闻局制定的《记者守则》在新闻单位内部试运行,标志着新中国成立后新闻伦理建设迈出了重要一步。这一守则不仅为新闻工作者提供了明确的行为准则,也为后续新闻伦理规范的完善奠定了实践基础。总体而言,我国新闻伦理建设在新中国成立后主要经历了三个发展阶段,每个阶段都针对特定历史时期的突出问题,推动了新闻职业道德体系的不断完善。

第一阶段为20世纪80年代,这一时期的新闻伦理建设以维护新闻真实性为核心目标。1984年,中宣部召开的"全国新闻真实性问题座谈会"首次系统探讨了新闻真实性的理论与实践问题,为新闻伦理建设提供了重要的理论支撑。在此基础上,中华全国新闻工作者协会于1991年颁布了《中国新闻工作者职业道德准则》,明确将"维护新闻真实性"作为新闻工作的首要原则,强调新闻报道必须客观、真实、全面,这一准则的出台标志着我国新闻伦理建设进入了制度化阶段。

第二阶段始于20世纪90年代,重点针对有偿新闻问题展开专项治理。随着市场经济的发展,新闻行业出现了以权谋私、有偿新闻等突出问题,严重损害了新闻媒体的公信力。为此,中宣部发布了《关于加强新闻队伍职业道德建设、禁止有偿新闻的通知》,该文件中明确禁止新闻工作者利用职务之便谋取私利,并在全国范围内开展了声势浩大的宣传教育活动。这一阶段的治理工作不仅规范了新闻从业人员的职业行为,也为新闻行业的健康发展扫清了障碍。

第三阶段聚焦于新闻社会作用的规范化建设。2001年,《公民道德建设实施纲要》的颁布对新闻媒体提出了新的要求,强调新闻媒体应当成为公民道德建设的重要推动力量。这一阶段,新闻伦理建设的重点从规范个体行为转向强化媒体的社会责任,要求新闻媒体积极营造有利于公民道德建设的社会氛围,通过舆论引导功能批判不道德行为和错误观念,引导公众明辨是非,抵制假、恶、丑现象。这一转变不仅拓展了新闻伦理的内涵,也凸显了新闻媒体在社会道德建设中的重要地位和作用。

随着新媒体时代的到来,主流传媒在信息的传播方式与内容上都发生了巨大的变化。新闻的信息变得鱼龙混杂,这对主流传媒的职业道德提出了新的考验。借助AI、大数据及算法等技术的运用,尽管新闻工作者能更快速、便利地完成新闻采、写、编、评，但同时也应认识到它们对新闻伦理造成的威胁，如大量假新闻的存在、网络暴力的蔓延、低级趣味的文章频繁出现、抄袭行为屡禁不止等。但无论媒介技术如何发展，新闻职业道德和伦理是所有主流媒体应该坚持的底线，是主流媒体必须履行的价值规范。主流媒体在新媒体时代更需要承担起应有的社会责任，在新闻职业道德和伦理上起到表率作用，树立起行业典范。

### （三）报道对象的隐私保护：尊重与边界的博弈

隐私权是指公民享有的私人生活安宁与私人信息依法受到保护，不被他人非法侵扰、知悉、搜集、利用和公开等的一种人格权。① 隐私权赋予权利人对私人生活的控制权，这种控制权包括防御他人窃取个人隐私与是否向他人公开隐私及公开范围的决定权。②

在新闻传播中侵犯隐私权主要有未经同意公开采访对象隐私信息、恶意挖掘并传播隐私、过度侵入私人生活领域等。尽管主流媒体的伦理自律及合规审查相对完善，但因对政策法规把握不足，仍存在无意识的侵权风险。

对于主流媒体来说，尊重与保护采访对象的隐私权，首先需要获得采访对象的知情同意，在任何采访与报道环节，均应取得采访对象的明示同意，若信息虽具新闻价值但涉及隐私且未获授权，则不得公开。其次，在报道呈现中，必须按规处理采访对象信息，对于采访对象，特别是未成年人、性侵受害人等群体，应主动实施保护性措施，包括隐去姓名、肖像打码、变声处理及模糊身份细节。报道灾难事件时，应避免以特写镜头、深度追问等方式消费受害者及其家属的情感创伤，造成"二次伤害"，在突发事件后至少 24 小时内暂缓对家属的直接接触，并采用远距离拍摄、剪影处理等技术手段降低侵扰。此外，对于批评性报道等线索提供人，更需严格保护其隐私，以免对方遭受打击报复。

### （四）媒体内部审核与问责：从制度到执行的闭环管理

要实现更高水平的自律管理，主流媒体必须建立系统化、规范化的内部审核与问责体系，形成完整的闭环管理机制。

---

① 张新宝.隐私权的法律保护[M].北京:群众出版社,1997.
② 谢远扬.个人信息的私法保护[M].北京:中国法制出版社,2016.

在制度建设方面,需构建标准化的内容审核规范体系。例如,制定科学的分级分类内容发布标准,明确界定禁止性内容和限制性内容的边界;建立"三审三校"质量把关制度,其中初审重点核查事实准确性和信源可靠性,二审着重评估法律合规性和伦理适当性,终审则全面考量价值导向和社会影响;还可充分利用"AI初筛+人工复核"的智能审核技术,以双重保障提升审核效率和准确性。

在流程管控方面,要完善全链条的质量监督机制。例如,"采编发"全流程数字化留痕管理,确保每个环节可追溯、可复盘;针对重大主题报道建立专家会商制度,组织跨部门的专业评估;为敏感题材和突发事件报道设置特殊审核通道,组建专项审核团队进行集体研判和决策。通过流程再造和数字化赋能,实现内容生产全过程的可控、可管、可溯。

在责任追究方面,建立科学的分级问责制度。主流媒体内部应当明确界定各岗位的权责边界,实行差异化的问责标准;按照"一般差错—严重失误—重大事故"三级分类实施精准追责;推行责任倒查机制,确保责任落实到具体环节、具体人员;将问责结果与绩效考核、职称评定等直接挂钩,增强制度约束力。同时建立合理的容错纠错机制,区分工作失误与主观过错,保护采编人员的正当权益。

制度建设要更好地赋能组织管理,必须形成动态优化机制。例如,媒体组织内部可建设差错案例数据库,定期开展警示教育;建立审核质量评估指标体系,实时监测制度执行效果;完善差错应急处置预案,最大限度控制负面影响。此外,还要配套建立审核人员常态化培训机制和标准动态更新机制,定期组织业务培训和案例研讨,及时调整优化审核标准,确保管理体系与时俱进、持续完善。

制度的建设不仅需要设计上的系统性,更需要执行层面的刚性约束,最终实现从"有形制度"到"有效治理"的转化。

## 二、主流媒体的他律规范

他律是指通过外部条件发生作用来规范和约束自己的行为,诸如法律、文件、制度都属此类。他律是主体为维护自身的权益或大众与社会的利益,采取行动遏制他人不良行为,使个人免受非法侵害,使大众与社会的利益得到保护,通过自身良好的示范去影响他人的道德认知和道德实践。主流媒体的他律,同样表现在诸多的外部关系上,并通过这些外部关系约束主流媒体的行为,对主流媒体构成某种外部压力,使主流媒体能够在有序的信息环境中运行。现阶段,我国主流媒体的他律主要包括来自外部法律法规的约束、政府的监督管理、受众的舆论监督及行业媒介批评的监督。

### (一)法律法规的约束:新闻自由的边界与保障

法律是最典型也是最有强制性的他律形式。中国的传统社会是伦理社会,公众比较喜欢讲的是道德,道德是法制的基础,道德和法律的关系是柔性和刚性的关系,道德和法律两者互补,缺一不可。在我国不论是法人还是公民个人,都需要在现代社会具有强烈的法律意识,知法、懂法、用法,将自身的行为约束在法律的框架内。

对我国新闻从业人员而言,新闻法规的缺位在一定程度上增加了新闻工作者对行为合法性及其边界把握的难度。目前,新闻传播行为的法律依据主要间接来源于《宪法》《民法典》等相关法律及司法解释,通过这些法律条文可以推导出主流媒体在新闻实践活动中的法律许可范围。然而,这种间接推导的方式难以全面、系统地涵盖新闻工作的特殊性,也无法为新闻从业人员提供清晰的法律指引,从而影响了新闻实践中的法律适用与行为规范。因此,新闻法的制定与完善对于明确新闻工作者的权利与义务、规范新闻传播行为具有重要意义。主流媒体在法律层面的他律主要依赖于相关条例的制定与实施。例如,《广播电视管理条例》和《出版管理条例》明确规定了媒体的注册、内容审查、责任追究等义务。这些法律构成了对主流媒体行为进行监督的基本框架,其核心在于保护公众知情权、维护社会稳定和传播真实的信息。特别是在涉及虚假信息、侵权行为及其他不当内容时,有关法律条款给予了明确的惩罚措施,确保其实施的有效性。

1999年,我国《宪法》修正案首次以根本大法的形式确立了依法治国方略,明确规定:"中华人民共和国实行依法治国,建设社会主义法治国家。"这一规定不仅标志着我国治国理政方式的重大转变,也为各领域的法治化建设提供了根本遵循。作为国家治理体系的重要组成部分,新闻传播业在法治框架下的规范化发展成为必然要求。

我国《宪法》第22条进一步明确了我国文化事业发展的方向,指出国家应发展为人民服务、为社会主义服务的文学艺术事业、新闻广播电视事业、出版发行事业、图书馆博物馆文化馆及其他文化事业，并开展群众性文化活动。其中"为人民服务、为社会主义服务"的方针，不仅确立了新闻业的政治属性和指导思想，也为媒体社会责任的理论建构和实践发展提供了宪法依据，体现了中国特色社会主义新闻事业的本质属性。

随着我国法治建设的深入推进，2020年《民法典》第86条对法人的社会责任作出了明确规定。该条款指出"营利法人从事经营活动，应当遵守商业道德，维护交易安全，接受政府和社会的监督，承担社会责任"。这一规定首次在民事基本法中确立了社会责任原则，为媒体机构履行社会责任提供了明确的法律依据。《民法典》的这一规定与《宪法》的相关条款形成了有机衔接，共同构建了媒体社会责任的法律基础，不仅强化了媒体在社会治理中的责任与义务，也为媒体社会责任的法治化实施提供了制度保障。

从宏观上看，我国的法制环境近十年来有了明显的改观，但就微观上而言，有些领域还存在法律的真空现象。随着新媒体发展，许多互联网上的传播违法行为成为法律真空地带之一。完善的新闻法不仅规定着新闻媒体的权利和义务，划分其禁止活动的禁区，而且对媒体违法的责任认定具有明确的处罚标准。

主流媒体在某种程度上可以说代表了我国传媒业的最高水平，在新闻报道上更应该遵守法律法规。主流媒体在进行新闻报道时，必须严格遵守相关的法律法规，包括但不限于未成年人保护法、妇女权益保障法等。在报道涉及妇女、未成年人、老人等特殊群体时，应严格遵守相关法规，尊重保护其合法权益。主流媒体在重大事件和热点话题上的舆论导向作用非常重要，面对重大法律事件时应提供全面、准确的信息，引导公众理性看待问题，避免因情绪化而导致的舆论失控。

### （二）政府的监督管理：平衡监管与自由的双重角色

媒体的他律除了法律条文的约束外，还有来自政府部门的条例和政策及指令等管理性条件的约束，媒体受到的这类约束称为媒体的行业监管。

国家的信息及宣传部门都是媒体行业监管的上级组织，其职责在于监督媒体的运营，确保其在法律框架内行使职责。这些机构通过许可证制度、内容审查及定期检查来执行法律规定及维护行业标准。这类行政组织的行业监管对行业自律起到补充的作用,通过发布指南、行为规范,促进媒体自觉遵守法律,并在出现违反行为时进行相应制裁。在我国,行业监管的相关机构如新闻出版总署、广播电视总局、国家互联网信息办公室等职能部门,承担着对主流媒体的监管职责。

在监管执行方面,具体的监督方式包括日常检查、突击检查及专项整治等措施。例如,针对网络媒体的监管,部门通常会采用多元化的手段,如数据监测、舆情分析及用户反馈等及时发现和处理问题。这些方法依赖于政府部门高效的信息系统,利用大数据分析技术,实现对媒体行为的实时监控。

目前,各级政府及相关部门不断修订、完善政策和监管要求,在标准化与透明化上也做出多方面努力以不断适应媒介技术的发展。例如,近年来网络直播、短视频平台的兴起,相关监管部门就明确了不得传播虚假信息、淫秽色情及其他违法内容的规定。同时,监管政策制定时越来越注重听取社会、行业内各方意见,以实现行政监管的公正性与适用性。监管政策的执行力度还与监管人员的专业能力和执法资源的分配密切相关,政府监管部门要加强对监管人员的培训,增强其法律意识,提高其专业技能,进一步提升监管政策和执行的准确性与有效性。此外,政府应实施监管执法曝光机制,定期公布媒体的违规案例,形成强有力的震慑效应,这在一定程度上也可以增强监管政策的执行力度。

针对媒体违规行为,我国的政府监管部门已建立了一套综合的惩戒机制,包括警告、罚款、停业整顿等多层次的处罚措施。数据显示,近年来因违规被处罚的媒体机构数量逐步上升,反映出我国政府部门对媒体监管力度的不断加大。此外,各地开展的媒体监管专项行动也显示出中央政策的传导与地方执行之间的良性互动,近些年在互联网上兴起的"清朗"行动,就体现了监管部门对于新媒体治理的要求。

对于主流媒体在信息传播上的变革,网络舆论引导与监管也成为政策执行的重要组成部分,相关政府部门要求各大主流媒体强化对主流舆论的把控能力,防止谣言与不实信息的传播。这方面的政府监管可以通过设立专门的舆情监测机构与评估机制来实现,另外,政府也积极鼓励主流媒体加强媒体职业素养履行社会责任,传播社会正能量。总之,对主流媒体的政策执行力度与监管的关键在于建立科学、有效的政府监管评估机制,通过不断优化政府监管政策和监管行为,能够保障主流媒体在良好的外部监管环境中健康发展。

### （三）受众的舆论监督：公众的力量与媒体的回应

在当代传播学理论中，受众的角色定位已从单一的信息接收者演变为多元的社会参与者。作为社会的群体成员，受众并非孤立存在，而是分属于不同的社会集团或群体，具有多元的社会背景。这种多元性体现在年龄、职业、教育程度、文化背景等多个维度，使得受众在面对相同传播内容时会产生差异化的解读和反应。

同时，受众也被视为信息产品的消费者和大众传媒的"市场"。在市场经济条件下，媒体的生存和发展依赖于受众的注意力资源，这使得受众在传播生态中占据重要地位。当我们将受众视为社会成员和公众时，受众便成为权利主体，享有正当的媒介使用权。这种权利不仅包括获取信息的自由，还包括参与信息生产与传播的权利。受众有权要求媒体从事高品位的传播活动，确保信息的真实性、客观性和公正性。

主流媒体的舆论监督是受众通过媒介表达意见的重要途径，也是主流媒体满足受众信息需求、改进传播行为的关键他律因素。传统意义上，舆论监督是指新闻媒体通过传递政府事务、社会事务及公共领域内涉及公共利益的信息，使公众了解相关情况，并在公众充分讨论的基础上形成舆论声势，从而对社会权力机构的行为进行约束和规范的传播活动。这种监督机制在维护社会公正、推动政策改革方面发挥了重要作用。然而，随着互联网的快速发展，舆论监督的话语权逐渐向受众转移。新媒体的兴起使得信息传播的门槛大大降低，普通公众可以通过社交媒体、微博、论坛等平台发布信息、表达观点。这种去中心化的传播模式使得一些事实真相得以公开并有效解决。

尽管互联网为舆论监督提供了新的平台和工具，但也带来了一系列挑战。网络媒体作为新兴媒介发展时间较短，管理机制尚不完善，互联网上的内容良莠不齐，部分内容可能对受众产生不良影响。例如，虚假新闻、网络谣言、恶意炒作等现象屡见不鲜，严重损害了网络空间的清朗环境。因此，受众在接收和传播信息的过程中，亟需提升媒介素养，合理运用舆论监督的权利。媒介素养不仅包括信息获取和鉴别能力，还包括批判性思维和道德判断的能力。面对海量信息，受众应以科学严谨的思维分析事件原委，鉴别信息的真实性与合理性，认清事实真相，并将"过滤"后的观点和建议通过媒体合法表达，为媒体实现正确的舆论引导提供支持。

受众的社会地位、社会环境及文化背景的差异,导致其面对相同传播内容产生不同观点和态度,进而影响传播效果。这种差异性要求媒体在传播过程中充分考虑受众的多样性和复杂性,采取差异化的传播策略,以改善传播效果。在我国社会主义制度下,网络媒体迅速发展,无论哪类受众群体在接收、发布和转载信息时,都应秉持明确的舆论监督态度,以有利于国家、人民群众和社会发展为原则,在法律法规允许的范围内,发挥舆论监督的功能,把握正确的舆论导向,形成强大的正能量,推动我国媒体事业的繁荣与发展。

### (四)媒介批评的监督:学术与业界的双重审视

"媒介批评"的概念是西方"media criticism"的舶来品,我国对媒介批评的理论研究始于1995年。媒介批评的概念最早由学者吴迪在《媒介批评:特性与职责》一文中提出,这一概念的引入被视为中国新闻传播学领域开始系统研究"媒介批评"的重要标志。吴迪在该文中不仅引入了"媒介批评"这一术语,还初步探讨了其特性与职责,为中国媒介批评研究奠定了理论基础。

媒介批评的引入背景与当时中国社会转型和媒体环境的变化密切相关。20世纪90年代,中国正处于改革开放的深化期,媒体行业迅速发展,市场化进程加快,媒体内容日益多元化。与此同时,媒体在商业化过程中也暴露出诸多问题,如虚假新闻、低俗内容、职业道德缺失等。这些问题引发了学界和业界的广泛关注,媒介批评作为一种理论工具和实践方法,逐渐被引入中国,用于分析和解决媒体发展中的问题。

媒介批评通过公开表达的形式,对大众传播媒介的内容及其相关要素进行判断与评价,这种评价既可以是批评性或否定性的,也可以是赞扬性或肯定性的。其对象不仅包括新闻和各类文化信息,还涵盖对媒体从业者、媒介现象、媒介理论、媒介体制及媒介产生的社会影响等相关因素的评价。从研究层次来看,媒介批评可以从宏观、中观和微观三个层面进行划分,从而形成多层次、多维度的分析框架(见图11-1)。

媒介批评的主体涵盖了个人、群体、机构或组织,既包括专家学者和普通公众,也涉及政府机构及媒体自身。有学者指出,媒介批评的对象应涵盖与新闻活动相关的各个领域与环节,其中包括新闻报道作品中所呈现的外部世界

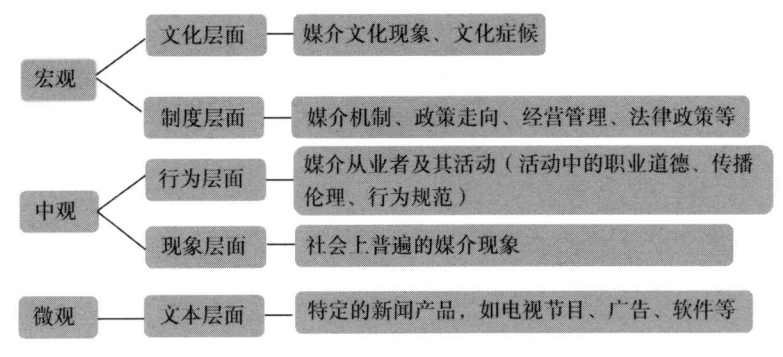

```
宏观 ─┬─ 文化层面 ── 媒介文化现象、文化症候
      └─ 制度层面 ── 媒介机制、政策走向、经营管理、法律政策等
中观 ─┬─ 行为层面 ── 媒介从业者及其活动（活动中的职业道德、传播伦理、行为规范）
      └─ 现象层面 ── 社会上普遍的媒介现象
微观 ─── 文本层面 ── 特定的新闻产品，如电视节目、广告、软件等
```

图 11-1　媒介批评的三个层次

及其表征。[①] 丁柏铨进一步提出，媒介批评可大致划分为四个层次：一是对媒体从业者及其职业活动的批评；二是对媒体产品的批评；三是对媒体机构本身的批评；四是对媒介文化的批评。[②] 这一分类框架为媒介批评的研究与实践提供了系统化的理论依据。

从受众的角度来看，媒介批评有助于提高公众的媒介素养，培养批判性思维。通过媒介批评，公众可以更好地理解媒介信息的本质和影响，避免被媒介误导或操纵。

对于主流媒体来说，媒介批评可以促进社会对主流媒体的监督和规范。外部力量的媒介批评可以从学术角度揭示主流媒体潜在的问题和不足，并引导公众对主流媒体的行为和内容进行批判性思考。媒介批评有助于提高主流媒体的质量和公信力，推动整个传媒行业的健康发展。同时，媒介批评还可以促进主流媒体行业内部的自我反思和改进，推动传媒行业的创新和发展。媒介批评不仅关注媒介的内容，还关注媒介的运作方式、传播效果及媒介与社会、文化的互动关系，这种全面的媒介分析有助于推动主流媒体行业的健康发展。同时，在面对主流媒体商业化和社会化的影响时，媒介批评需要保持独立的批评精神，以确保主流媒体行为的公正性和权威性。综上所述，媒介批评在提升公众媒介素养、促进主流媒体的社会监督和推动传媒行业发展等方面发挥着重要作用。

---

① 李岩.媒介批评：立场、范畴、命题、方式[M].浙江：浙江大学出版社，2005：150.
② 丁柏铨.新闻理论新探[M].北京：新华出版社，1999：136.

## 第二节　困境与破局：自律与他律的突围之道

在当代社会，信息技术的飞速发展正以前所未有的速度重塑全球格局，互联网、大数据、云计算及人工智能等现代信息技术迅速演进，深刻改变了信息传播的方式与模式。这使得主流媒体在自律机制建设和适应外部他律规范上也面临诸多问题和挑战，需要主流媒体直面发展中存在的自律和他律的问题，及时制定自律规范，调整相关行为适应外部他律的规范，为主流媒体系统变革提供内部和外部的机制保障。

### 一、新闻伦理失范与重塑职业道德

"有偿新闻"在新闻伦理失范上出现的问题比较多，主要是指新闻机构或编辑为获取金钱或其他利益而进行的新闻报道行为。这种现象不仅违背了新闻职业道德，也严重损害了媒体的公信力和社会形象。有偿新闻的本质是媒介权力与金钱之间的交易，属于行业腐败的一种表现形式。一些企业和个人通过向主流媒体工作者提供物质回报，以达到自我宣传和提升知名度的目的。这种行为不仅扭曲了新闻报道的客观性和公正性，还破坏了新闻行业的职业伦理和社会信任。

此外，还存在一种更为隐蔽的"软文"现象，即刻意模糊新闻与广告之间的界限，将新闻转化为一种明码标价的公关商品。软文通常以新闻报道的形式出现，内容上看似客观中立，实则暗含商业推广目的。这种形式的有偿新闻不仅更具欺骗性，还难以被普通受众识别和抵制。软文的泛滥不仅侵蚀了新闻媒体的独立性和公信力，还加剧了媒体市场的恶性竞争，导致优质新闻内容的稀缺。这种现象在新媒体平台尤为突出，某些文章表面上以新闻形式呈现，实则为特定公司或产品进行宣传。[①] 更为严重的是，部分媒体记者长期与权贵或富裕阶层接触，面对金钱与地位的差距，心理失衡，试图利用手中的采访权、编辑权换取直接利益。

---

① 郭琪.新媒体时代有偿新闻的演化及对策研究[J].新闻研究导刊，2017，8(16)：108.

在复杂的信息环境中面对利益选择时,主流媒体一定要守望新闻正义,坚守主流媒体人的职业道德,以公众利益为核心,确保新闻报道的公正性和权威性。在信息搜集与筛选过程中,主流媒体记者应尽可能清晰地交代信息来源,为受众提供准确的判断依据。此外,主流媒体记者还应具备较高的政治理论素养,严格遵守国家法律法规,始终坚持以人民为中心的新闻工作宗旨。主流媒体记者要坚持实事求是的原则,准确把握舆论导向,确保新闻报道的正确方向,在报道中应坚持事实真相,不夸大、不隐瞒、不歪曲,积极引导社会舆论,传播正能量。通过不断提升业务能力与职业道德水平,主流媒体记者应努力成为具备政治意识、职业操守和专业能力过硬的媒体人。

## 二、采编经营"混合症"与优化内部管理

市场经济条件下,主流媒体刊登广告、开展商业合作等经营活动作为媒体运营的重要组成部分,是新闻媒体生存发展、不断壮大的重要支撑,也是丰富人们文化生活、繁荣社会经济的需要。然而,在利益主体多元化、价值观念多样化的条件下,一些新闻媒体从业者在追求经济利益的"多种经营"中偏离了正确轨道,出现"有偿新闻""有偿不闻"等失范现象,乃至出现吃拿卡要、敲诈勒索等违法违规情况。主流媒体本应是服务大众、传播新闻、监督舆论的社会公器,然而,一些媒体机构或个人却将其异化为谋取私利或小团体利益的工具,背离了其公共服务的本质。

习近平总书记指出:"要抓紧做好顶层设计,打造新型传播平台,建成新型主流媒体,扩大主流价值影响力版图,让党的声音传得更开、传得更广、传得更深入。"[①]在目前的主流媒体中,一般都有采编部和发行部,新闻采编和发行需严格遵循"两分开""两加强"原则。"两分开"即采编与经营在职责上明确区分,避免因利益冲突而影响新闻的客观性和公正性。例如,采编部门应独立于经营压力,确保新闻报道不受商业利益干扰;而经营部门则专注于市场推广和资源整合,为媒体的可持续发展提供经济支持。"两加强"则说明采编和经营活动"两手抓、两手都要硬",既不能混为一谈,更不能顾此失彼,共同作用于主

---

① 《求是》杂志发表习近平总书记重要文章 加快推动媒体融合发展 构建全媒体传播格局[N].人民日报,2019-03-16(1).

流媒体机构的高质量发展。

新闻出版总署明确规定：全国新闻媒体必须坚决实行采编人员与广告、发行经营人员的分离制度，严格禁止有偿新闻及采编人员以权谋私的违法行为。这一规定的出台，旨在维护新闻媒体的独立性和公信力，确保新闻报道的客观性和公正性。采编与经营的分离不仅是新闻职业道德的基本要求，也是媒体行业健康发展的重要保障。为此，主流媒体需进一步完善相关制度，强化内部管理，严格把控人员准入，规范采编人员的职业行为，树立崇高的职业责任感与使命感，自觉抵制各种利益诱惑，确保主流媒体新闻的公信力与新闻记者的社会形象不受损害。

### 三、智媒时代"信息茧房"效应与受众媒介素养提升

在传播技术迭代升级的背景下，信息茧房现象已从理论概念演变为现实挑战。传统媒体时代由于传播渠道有限、内容供给不足，信息茧房的影响相对可控。然而，随着生成式人工智能等技术的快速发展，基于大数据分析和算法推荐的信息分发模式正在重塑整个传播生态。技术驱动的个性化服务虽然提升了信息获取效率，却也带来了信息过滤的"精准化"、兴趣社群的"圈层化"及偏好强化的"闭环化"等新特征，使得信息茧房效应不断加剧。

信息茧房效应对个体认知和社会发展都会产生危害。从个体维度看，算法构建的"信息舒适区"导致受众陷入认知窄化的困境，多元信息接触机会减少，批判性思维能力持续弱化。社会层面则表现为不同圈层间的信息壁垒日益加深，公共对话空间不断萎缩。

面对"信息茧房"，主流媒体需坚守报道平衡性原则，通过建立内容多元评价体系、开发智能破圈算法、构建跨圈层对话平台等方式，推送多元信息、打破信息壁垒。还要着力提升受众媒介素养，公开算法推荐逻辑，并将算法推荐的选择权和主动权交给受众。通过制度建设、技术创新和受众媒介素养提升等多种方式，才能有效破解信息茧房困境，在技术创新与价值引领之间找到平衡点，促进形成开放、多元、理性的网络传播环境。

## 四、触犯隐私与强化立法监督

在新媒体时代，由于市场资源有限，媒体竞争变得更加激烈，因此在播报新闻过程中，各个新闻媒体平台会出现"八仙过海、各显神通"的情况，有些媒体也会选择一些不正当的手段去挖掘更多的新闻内幕，希望以此抓住公众的注意力，有些新闻记者的这种做法甚至是十分极端的，如过度地挖掘当事人隐私，随后形成热点话题，这种行为会给当事人带来极大的伤害。作为主流媒体的新闻记者，在满足群众知情权的同时，更要坚守自己的底线，确保当事人隐私得到保护。

主流媒体在具体的新闻实践中，涉及个人隐私的报道需以公共利益为重要考量。报道过程应杜绝过度曝光与非必要的隐私披露，严禁传播未经证实的信息，并运用模糊化处理等技术手段保护当事人。针对未成年人等特殊群体和一些敏感议题更需秉持审慎原则，最大限度防范潜在的媒体伤害。

事实表明，由于法律无法将所有媒体职业道德失范行为纳入其规定范围，因此必须借助新闻法来保护公民隐私。目前，相关法律法规的不完善使得一些媒体违反职业道德的行为容易钻法律空子。为此，亟需不断完善新闻传播领域的法律法规，加强新闻法律体系建设。相关部门应加快制定与媒体发展相适应的新闻法律法规，强化对新媒体和自媒体的监管，对违背新闻职业道德和损害受众利益的行为进行严肃查处。

加强新媒体环境下的法律监管，是贯彻落实党的二十大关于全面依法治国、建设法治中国的重要举措。党的二十大明确提出，要全面推进依法治国，建设社会主义法治国家。在这一背景下，加强新媒体环境下的法律监管，不仅是维护网络媒体安全的需要，也是推进国家治理体系和治理能力现代化的重要举措。通过完善新闻法规，强化法律监管，可以有效遏制媒体道德失范行为，维护社会公平正义，促进社会和谐稳定，为主流媒体的良性发展提供坚实的法律保障，从而为推进社会主义法治国家建设贡献力量。

## 第三节　主流媒体的"双轮驱动"：
## 自律与他律的协同发展

未来主流媒体在自律和他律的系统变革中的主要困难，主要体现在自律与他律之间的协调发展上。一方面，自律机制的建设需要建立在媒体自身的伦理规范、行业标准的基础上，缺乏有效的自我约束可能导致信息传播的失真与失控。自律制度的有效性常常受到媒体盈利模式的影响，两者之间在现实中往往充满着矛盾，尤其媒体在短期利益的驱动下，自律机制难以得到长期的贯彻与实施。另一方面，他律机制的引入虽然能为媒体提供一定外部约束，但他律本身在实践中也面临诸多困境。比如监管机构的监管能力水平，直接影响其评价媒体行为的公正性。同时，现有的法律法规体系还未能有效覆盖新兴媒体的快速发展，对信息传播的时效性、准确性缺乏有效的应急干预机制。因此，主流媒体自律和他律的平衡发展还存在诸多不协调。主流媒体在系统性变革中还需要构建有效的协调机制，发挥自律与他律的优势，以最终促进主流媒体的可持续发展。

### 一、以自律为基石，他律为补充

自律是主流媒体发展的基本规范，外部法律约束可以起到重要的补充作用。自律机制通常通过行业协会、媒体机构和专业组织制定，涵盖内容生产、传播和信息反馈等多个环节。例如，我国的《新闻工作者职业道德规范》明确要求记者要遵循真实、客观、公正原则，自律规范为主流媒体的传播行为和传播内容提供了基本的道德约束。自律的实施不仅依赖于行业内部的自我管理，也与外部法律监管系统紧密相关，在法律无法及时介入或处理时，自律机制可以构建一个初步的内在约束机制，从而减少社会不良信息的传播。主流媒体的自律行为还可以通过内部的奖惩措施来强化，如行业奖项、认证制度等能够有效激励主流媒体提升自身行业标准。

主流媒体的自律机制具有多重价值：其一，规范从业行为。通过自律准则引导媒体工作者主动规避和纠正失当传播行为，降低法律风险。其二，优化监管效能。健全的自律体系可减少外部监管压力,拓展媒体自主管理空间,构建更健康的信息生态。其三,实现约束与公信力的动态平衡。行业自律与法律监管相互补充,共同促进主流媒体公信力的持续提升。其四,适应技术变革需求。在数字化时代,通过专业审查机构、算法筛查和用户反馈机制强化虚假信息治理,既增强自我约束能力,又为政府监管提供数据支持,实现更高效的监管。

综合来看,主流媒体自律在弥补法律约束不足之处发挥着不可替代的基础作用。二者之间的互动关系逐渐深化,相辅相成。自律不仅增强了法律约束的内在合理性,还显著提升了主流媒体的自我调节能力,良好的媒体自律也为整个社会提供了更加稳定健康的信息传播环境。

## 二、以他律为指南,自律为保障

他律对自律的引导作用体现在多个层面,主要包括法律法规的制定、行业标准的制定及行政监管和公众的舆论监督。这些外部约束通过多种途径促使主流媒体在自律方面做出积极调整,不断提高主流媒体的自我约束能力。

首先,法律法规作为他律的重要组成部分可以有效约束媒体自律行为。法律以刚性约束形式对媒体行为进行规范,明确了媒体在内容生产、传播方面的底线,从而迫使媒体在报道过程中更加自觉地遵循法律规范,减少虚假信息和不实报道的出现。在具体案例中,不少媒体机构因违反相关法律而遭受罚款乃至吊销许可证的惩罚,这种外部压力迫使主流媒体在自律机制上加大力度,逐步建立并完善内部审核及追责制度。

其次,行业监督在引导主流媒体自律方面同样具有重要意义。各行业协会及监管机构往往会发布一些行业报告、道德规范来引导媒体的自我审查与自我约束。例如,中国新闻社及新华网等主流媒体在其自律公约中,设定了自律报告内容的标准,强调了传播新闻内容的真实性与准确性,强化了主流媒体对自我审核的责任感。主流媒体严格遵循这些行业标准,不仅提升了媒体的可信度,也增强了公众对这些主流媒体的信任。

再次,公众的社会舆论作为一种隐性的他律力量,能够快速影响媒体的自律行为。公众的反馈和舆论压力在数字化时代愈显重要。尤其是在社交平台上,用户对不当报道的迅速反应,通过转发与评论形成声势,媒体因而在激烈的舆论竞争中面临巨大的声誉风险,不断激励媒体自我审查机制的完善。

最后,媒体管理机构也发挥着重要的外部引导作用。媒体的管理机构通过定期开展自律培训、宣传法律知识等方式,增强媒体从业人员的法律意识和自律意识,确保媒体对自律的重视程度得以提升。这种引导机制促进了媒体自律行为的自我强化,使媒体不仅能够在法律约束下行事,更能在道德层面上进行自我约束。

在整体运作中,他律与自律并非分割的存在,而是相辅相成的关系。通过他律的外在引导,主流媒体在自律落实上能够形成多维的外部动力,不仅提升了行业的规范性与透明度,还推动了全社会对新闻伦理实践的认同。法律法规、行业标准和社会舆论共同外力的引导作用,为主流媒体的自律发展提供了明确的方向和价值认同,使媒体在遇到信任危机中能够通过他律的惩戒手段恢复公众的信任。

### 三、自律与他律的协同,引领主流媒体可持续发展

主流媒体自律与他律的互相平衡发展,要探究自律与他律的相互作用和各自的约束内容。自律侧重于媒体自身的规范与道德标准,通过建立内部审核机制、完善职业道德准则强化主流媒体的责任意识。他律约束通过国家法规和行业规范为媒体提供外部制约,确保其内容不偏离社会公共利益,法律条文还明确虚假信息、侵犯隐私等违法行为,并规定违法者所应承担的相应法律后果。近年数据表明,实施严格的法律处罚可显著减少媒体违法违规事件的发生。

主流媒体自律与他律在新闻实践中要平衡发展、互为补充,最终实现"软约束"与"硬约束"的协同发展。主流媒体自律机制建设应成为媒体建设的主要手段,把自律规范视为他律约束的基础手段,鼓励媒体内部主动监管与自我纠错,避免过度依赖外部强制力量。此外,政府部门应对媒体自律机制的有效性进行监管,通过政府监管及反馈,确保媒体自律标准与法律规定相一致。主流媒体只有结合自律与他律的双重保障才能有效提升报道质量,提高公众的信任度,增强媒体的社会责任感。

互联网环境下信息的快速流通提高了对主流媒体的道德与法律约束的要求,一些主流媒体开始引入新兴技术如 AI 算法增强舆论监督及内容审核,并开始与媒体自身自律标准结合,形成基于数据的实时反馈系统,促使媒体发布

的内容更加及时、准确。例如,当 GPT(语言模型)被用于产生虚假或不可信的新媒体报道时,其产生的结果往往难以区分真假。而 GPTZero(也被称为识别语言模型)却采用了一种名为"用魔法打败魔法"的技术手段来解决这一问题。利用 GPTZero,我们可以有效地减轻记者和审查人员对新闻信息真实性的判断困难,如果两轮测试中均由 GPTZero 得出是 AI 生成的结论,那么该文章有很大可能是虚假消息,从而触发更深入的新闻审核流程。主流媒体通过新技术这些定量与定性的自律强化措施,将媒体自律和他律更好落地于实践应用,以确保自律与他律的有效结合。利用人工智能技术进行舆情监测与内容审查,提升内容发布信息的准确性和时效性。这种技术手段与人工审核相结合,形成"机器+人工"的双重审核保障体系,可以全面提升主流媒体新闻报道的质量和公信力。

在主流媒体自律与他律的协调发展中,建立有效的内外协作实践路径至关重要,主流媒体具体可以从以下方面入手:

第一,明确监督指标体系。以科学指标界定媒体内容的真实性、客观性和社会价值。例如,主流媒体可以通过制定一套包含"信息来源可靠性评分""报道全面性评估""社会影响力分析"等关键细化指标,实现对主流媒体内部运营的量化评估。

第二,促进多方利益相关者参与。通过召开定期的媒体自律与监管联合会议,汇聚政府机构、业内专家、社会组织及公众代表,举办行业研讨会,共同商讨自律规范的制定与更新,确保其适应性和前瞻性。通过业内专家、政府机构的研讨及培训还可以提升媒体工作者的道德素养和专业技能。通过定期组织行业研讨会与培训班,围绕新闻伦理、责任媒体及社会影响等主题进行深度交流,以增强从业者的责任感和使命感。

第三,建立信息反馈机制。鼓励公众对主流媒体报道进行信息反馈与举报。受众可以利用现代信息技术手段,如 APP 和网站平台,收集公众对主流媒体内容的评价和投诉,从而形成正向激励,促进主流媒体自我修正与提升。

第四,做到赏罚分明。主流媒体可以通过内部定期发布"自律报告",通报其自审和整改情况,以及时自省纠错。主流媒体通过构建"奖惩分明"的激励机制,通过设立"优秀报道奖"和"不当报道警示"机制,推动积极向上的媒体行为,减少不实报道的发生频率。

主流媒体在自律和他律方面通过上述策略的综合运用,可有效促进媒体自律与他律的系统性良性互动,实现社会信息环境的健康发展。在新的传媒时代,每个人都有表达的机会,而真正的权威的声音却容易被虚假的信息所覆盖,真实信息容易被扭曲和误读,一些荒谬的观点会被视为真理并广为流传。为了保证正确且客观的声音得到有效传播,防止错误和虚假消息的广泛传播,除了要求新闻媒体做好专业自律以外,还需建立更完备的法律体系来保障这一目标的实现。主流媒体的自律和他律需要共同协同发展,共同助力,互为补充以维护良好的信息传播的环境,最终不断提升主流媒体在全社会的影响力和传播力。

## 本章案例

### 《南方日报》记者不当言论评价奥运冠军引风波

2024年巴黎奥运会落幕不久,一位来自《南方日报》的记者朱某某发表了一番针对奥运冠军全红婵的不当言论,在网络上引起轩然大波。

朱某某是《南方日报》的资深体育记者,他在一次直播连线中评价奥运冠军全红婵在巴黎奥运采访中表现不佳,甚至说她不上进,还形容她"行为举止有些疯疯癫癫"。朱某某说:"全红婵虽然成长了,但作为一个人,她还并不完整,尤其是比赛场外,显得疯疯癫癫,她本身又不爱学习,幸好已经开始学习英语,这要是以后不跳水了,那不是跟白痴一样?"这番言论一出就让人大跌眼镜。作为一名主流媒体的记者,评论自己国家的奥运健儿却用这样侮辱性的词语,引发了广大网友的强烈不满和谴责,不少网友谴责道:"其言论不仅伤害了全红婵作为一名未成年女孩的感情,也影响了她奥运冠军的形象。""我很想问这位记者,你有什么资格以高高在上的态度去指点世界冠军?全红婵就算不学英语跳一辈子的水,人家也是成功的一生了。""可是这位记者除了会说英语还会干啥?"

网友们纷纷要求朱某某道歉,但朱某某迟迟不肯道歉。有网友扒出了朱某某的微博,里面存在对全红婵阴阳怪气的言论,甚至还说不知道为什么那么多人喜欢看跳水。事情曝光后,朱某某改名字、删除动态、注销账号等行为引发了众多网友的舆论讨伐。

2024年8月15日,南方报业传媒集团就"体育记者评论全红婵疯疯癫

第十一章　责任与规范：主流媒体的自律与他律

癫"发表声明称：集团一名体育记者违规私自参加网络连线节目，发表涉我奥运健儿的错误言论。集团对此高度重视，迅速组织开展调查，将根据事实对相关责任人依规依纪严肃处理。此时，本事件的舆论风波得以暂时告一段落。

图 11-2 《南方日报》关于记者不当言论事件的通报

作为报道国家荣誉的主流媒体记者，国家运动员在外比赛代表了国家的形象和水平，记者对奥运冠军任意批评指教，且完全依据个人看法，这显然违背了记者的职业道德和基本素养。主流媒体的记者更要重视职业道德操守，应该客观公正地报道新闻及新闻人物，不应该带有主观偏见和主观臆断。本案例的记者朱某某是《南方日报》的记者，直播连线尽管是他的个人行为，也从侧面反映出该报社在日常对记者的组织管理中存在疏漏。媒体对记者的日常管理松懈导致记者在公开平台发表不当言论，带来一系列不良后果，引发网友围观。

在新媒体环境下，专业媒体的道德素养显得尤为重要，亟须得到重视与重塑。主流媒体从业者在公共平台发声时，必须谨言慎行，因为你代表的不仅仅是个人，更是背后主流媒体的立场。新闻报道不仅需要传递事实，还应将伦理道德、情理道理及正确的价值导向融入其中，以实现信息传播的社会责任。同时，媒体应加强自律，严格遵守职业道德规范，同时接受外部监督，实现自律与他律的有机平衡。

（韩　树）

# 结　语

主流媒体的系统性变革是新时代赋予的重大历史使命，是关乎国家意识形态安全、国际话语权建设和文化软实力提升的战略性工程。不仅承载着媒体自身转型升级的时代重任，更是推进国家治理体系和治理能力现代化的重要支撑，是全面建设社会主义现代化国家、实现中华民族伟大复兴的战略需要。

同时，主流媒体的系统性变革也是一项兼具复杂性、长期性和战略性的重大系统工程，既不能寄希望于一蹴而就的速成，也不能满足于浅尝辄止的表面功夫，更不能陷入"头痛医头、脚痛医脚"的碎片化治理困境，需要以高瞻远瞩的战略眼光把握发展大势，以鞭辟入里的精准思维找准问题症结，以对症下药的务实态度破解发展难题，以时不我待的紧迫感和立行立改的执行力推进重点突破，更需要各级主流媒体机构以功成不必在我的胸怀和功成必定有我的担当保持战略定力、开展积极探索，在守正创新中实现质的飞跃，在久久为功中完成系统性重塑。

本书立足新时代媒体融合发展的大背景，以媒介生态学理论为基础，构建了"变革逻辑—实践路径—未来图景"三位一体的研究框架，从媒介生态嬗变、内容生产创新、技术赋能路径、组织架构重塑、经营模式转型、人才战略优化、受众策略调整、正面宣传与舆论监督协同、社会治理功能优化、国际传播能力建设及责任规范体系构建等维度，全方位、多层面地探讨了主流媒体在新时代的转型逻辑与实践路径。通过理论创新与实践探索的深度融合，为推进主流媒体系统性变革，构建具有强大传播力、引导力、影响力、公信力的新型主流媒体提供坚实的理论支撑与实践指引，以实现传播生态的深度重构与传播版图的进一步拓展，为开创中国特色社会主义主流媒体发展新格局贡献智慧力量。

在此过程中，本书始终秉持系统性思维与辩证方法论，既强调主流媒体变革的全局性与颠覆性,又注重对过去十年媒体融合实践的经验总结与理性扬弃。这种变革既需要对阻碍发展的体制机制进行根本性革新,也需要对经实践检验的有效经验进行创造性转化,以此适应日新月异的传播生态和日益多元的公众期待。基于对主流媒体系统性变革实践的深入观察与理论思考,本书认为,主流媒体系统性变革的生态重塑策略与未来发展路径可以总结概括为以下七个维度:

第一,坚守价值引领,重塑核心竞争力。在"流量至上"的媒介生态和"众声喧哗"的舆论场中,主流媒体必须始终坚守"社会公器"的价值定位,在政治立场上保持战略定力,在专业操守上坚持自律自觉,在价值引领上彰显使命担当。具体而言,必须坚守新闻真实性原则,深化新闻专业主义实践,以高品质的新闻产品和深度的专业报道,巩固其作为权威信息源和深度报道引领者的核心优势,通过构建"内容+技术+价值"三位一体的新型竞争力体系,在信息过载的时代确立不可替代的媒体价值。同时,要积极探索传统优势与新兴技术的融合创新路径,推动深度报道、调查报道等传统优势的数字化转型,在媒体深度融合中实现价值引领能力的跨越式提升。

第二,深化体制机制改革,全面激发活力。主流媒体的系统性变革必须直面制约发展的深层次体制机制障碍,以刀刃向内的勇气和系统集成的思维推进改革攻坚。针对当下突出存在的组织架构层级过多、决策链条冗长、创新活力不足等结构性矛盾,必须构建扁平化、网络化的新型组织形态;改革僵化的分配激励机制,建立以创新价值为导向的绩效考核体系;打破部门壁垒,构建跨部门、跨平台的协同创新机制;优化资源配置方式,建立适应媒体融合发展的新型运营模式。通过系统性、整体性、协同性的体制机制创新,破除制约内容生产、技术创新、传播效能的制度性障碍,为构建新型主流媒体注入持续发展的内生动力,打造具有强大创新活力的现代传媒治理体系。

第三,创新传播策略,增强传播效能。在坚守新闻专业主义与党性原则的基础上,主流媒体必须以更加开放包容的姿态拥抱传播生态的深刻变革。要真正实现"主力军全面挺进主战场"的目标,就要求新型主流媒体既不能迷信流量,也不能完全忽略流量。要深入研究移动化、社交化、智能化的传播规律,把握新媒体时代的内容生产逻辑、用户互动机制与信息扩散路径,以互联网思维优化资源配置,实现传播理念与传播方式的现代化转型。着力创新话语表达方式,打造既有思想深度又有情感温度,既保持权威性又富有亲和力的新型传播语态，通过构建"内容＋技术＋平台"深度融合的新型传播矩阵，实现主流价值与用户需求的精准对接，打造现象级传播产品，提升优质内容的触达率、阅读率、点赞率，推动主流声音实现跨平台、跨圈层、跨地域的有效传播。

第四，强化技术赋能，引领创新发展。在数字技术革命纵深推进的新时代背景下，主流媒体必须将技术创新作为系统性变革的核心驱动力。各级主流媒体必须以前瞻性思维把握技术演进趋势，重点布局生成式人工智能、元宇宙、区块链等前沿技术领域，构建"大模型＋小场景"的技术应用生态。通过建设新闻行业大模型夯实技术底座，开发垂直领域专业化定制模型实现精准赋能，打造人机协同的新型内容生产体系。同时，要建立健全技术伦理规范，确保技术创新始终服务于正确价值导向，实现技术赋能与价值引领的有机统一，推动新闻生产力实现质的飞跃，为推动系统性变革提供强有力的技术支撑。

第五，构建评价体系，推动经验共享。鉴于主流媒体的系统性变革缺乏成熟范式可循，在推进过程中，需要采取"渐进式创新"与"突破式创新"并举的策略。要系统总结过去十年媒体融合发展的实践经验，对成功案例进行多维度、深层次的剖析，提炼具有普适性和可操作性的方法论体系。加快构建适应全媒体生产传播的新型评价指标体系，建立涵盖内容生产、技术创新、传播效果、社会影响等多维度的综合评价机制。同时，应当探索建立健全经验共享平台，通过建立创新案例库、举办经验交流会、开展跨区域协作等方式，促进优秀经验和创新成果的跨区域、跨媒体、跨平台流动，形成开放共享、协同创新的良好生态，为系统性变革提供可借鉴、可复制、可推广的实践范式，推动媒体融合向纵深发展。

第六，实施人才强媒战略，锻造专业队伍。面对当前人才队伍结构性失衡、创新活力不足、全媒体人才匮乏等突出问题，主流媒体必须以战略眼光推进人才队伍系统性重塑。必须下功夫、花心思构建"选、育、用、留"一体化的人才发展生态，创新人才引进机制，拓宽高层次人才引进渠道；完善人才培养体系，建立常态化、系统化的全媒体人才培养机制；优化人才使用机制，打破身份壁垒，建立以能力为导向的用人机制；健全人才激励机制，构建多元化、差异化的激励体系，重点培养一批政治过硬、业务精湛、作风优良的全媒体采编人才、技术研发人才和经营管理人才，打造结构合理、梯次分明、充满活力的创新型人才队伍，为全面推进系统性变革提供坚实的人才保障和智力支撑。

第七，布局国际传播，提升国际话语权。面对百年变局加速演进和国际舆论场复杂博弈的新形势,主流媒体必须以构建人类命运共同体为引领,以讲好中国故事、传播好中国声音为使命,系统谋划国际传播能力建设。为了突破西方话语霸权,主流媒体必须发挥先锋带头作用,创新协同机制,构建政府主导、媒体发力、多元主体参与的国际传播矩阵,在此基础上,深入研究国际传播规律和受众特点,创新传播策略和叙事方式,引领构建融通中外的新概念、新范畴、新表述,打造具有中国特色、国际视野的话语体系,增强对外传播的亲和力、说服力和感染力。通过打造多语种、全媒体、立体化的国际传播体系,向世界展现可信、可爱、可敬的中国形象,不断提升中国话语的国际影响力,为构建与中国综合国力和国际地位相匹配的国际话语权贡献媒体力量。

我们期待通过理论创新与实践探索的双向赋能,为主流媒体在百年未有之大变局中把握历史主动、实现跨越式发展提供有力支撑。同时,我们也期待与学界、业界的专家学者进行更深入的交流与合作,共同推进主流媒体系统性变革向纵深发展,为打造具有传播力、引导力、影响力、公信力的新型主流媒体贡献力量。

# 后 记

本书是西安交通大学新闻与新媒体学院李明德教授学术团队集体智慧的结晶。在李明德教授的整体统筹和悉心指导下，由左畅、魏雨欣、李宛嵘、张收鹏、焦铭、李龙飞、王子燊、李灿、吴越、闫利超、李依冉、韩树等十几位老师和硕博研究生共同执笔完成。研究团队学术背景多元互补，既涵盖新闻传播学、马克思主义理论等学科领域，又汇聚了多位具有丰富主流媒体从业经验的青年学者，这种多元背景的碰撞与融合，使得本书能够在理论与实践之间架起一座桥梁，为读者呈现出一个立体、全面的主流媒体系统性变革新图景。

在成书过程中，我们始终秉持着严谨的学术态度，力求做到尽善尽美。然而我们深知，当前媒体生态正处于快速迭代的变革期，新技术、新平台、新受众不断涌现，部分议题的探讨受限于研究周期，其深度和广度都有待进一步拓展，因此本书所呈现的仅是主流媒体系统性变革研究的一个阶段性剖面，距离全面、深入地把握这一复杂议题尚有较大的提升空间。此外，作为一项集体研究成果，各章节在写作风格和论述深度上的差异难以完全避免。

主流媒体的系统性变革是一场关乎国家战略全局的深刻转型，既肩负着巩固主流舆论阵地、推动中华优秀传统文化创造性转化和创新性发展的历史责任，也承载着提升国际传播效能、讲好中国故事、传播好中国声音的时代使命。本书的出版只是在探索这一时代议题道路上迈出的一小步，未来还有更多的问题等待我们去发现、去思考、去解答。尽管如此，我们还是真诚期待本书能够成为引玉之砖，为学界和业界提供有价值的参考视角，激发更多关于媒体融合发展的创新思考，也真诚期待学界同仁和业界专家不吝赐教，提出宝贵的意见和建议，以帮助我们不断改进提升。

本书的出版承蒙厦门大学出版社的大力支持和责任编辑的辛勤付出，在此谨致谢忱。